雪球系列丛书

U0650174

超额收益

价值投资在中国的最佳实践

刘哲（502的牛）◎著

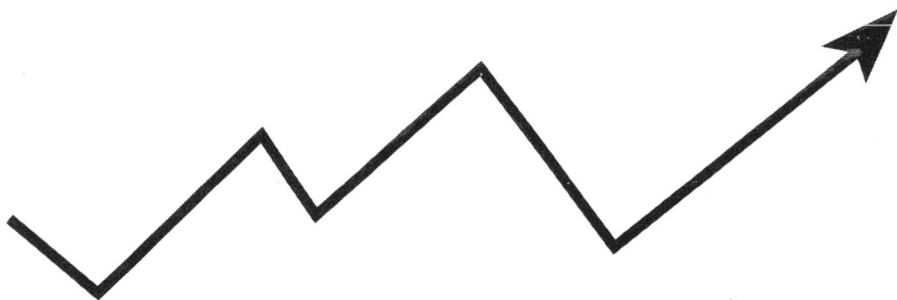

中国铁道出版社有限公司
CHINA RAILWAY PUBLISHING HOUSE CO., LTD.

图书在版编目（CIP）数据

超额收益：价值投资在中国的最佳实践 / 刘哲著. — 北京：
中国铁道出版社，2016.5（2022.5 重印）
ISBN 978-7-113-21610-8

Ⅰ.①超… Ⅱ.①刘… Ⅲ.①股票投资-基本知识-中国
Ⅳ.①F832.51

中国版本图书馆 CIP 数据核字（2016）第 050724 号

书　　名：超额收益：价值投资在中国的最佳实践
作　　者：刘哲（502 的牛）

责任编辑：张亚慧　　编辑部电话：（010）63560056　　邮箱：lampard@vip.163.com
封面设计：宿　萌
责任印制：赵星辰

出版发行：中国铁道出版社有限公司（100054，北京市西城区右安门西街 8 号）
印　　刷：三河市宏盛印务有限公司
版　　次：2016 年 5 月第 1 版　　2022 年 5 月第 15 次印刷
开　　本：700mm×1000mm　1/16　印张：22.25　字数：389 千
书　　号：ISBN 978-7-113-21610-8
定　　价：55.00 元

年轻的价值投资者，新鲜的价值投资书

巴菲特的搭档查理·芒格曾经说过，四十岁以下没有真正的价值投资者。不过，凡事都有例外，巴菲特是一个，本书的作者刘哲也是一个。

对于一个价值投资者来说，成为价值投资者的时间当然是越早越好，时间是价值投资者的好朋友，时间越长，复利就越能发挥它那不可思议的作用。

那么，如何才能更早地跨入价值投资的大门？

阅读相关书籍是一条光明大路。以格雷厄姆的聪明才智，尚且要经过1929年大萧条的洗礼，才能在40岁左右真正成为一名价值投资者。然而，当他的思想通过书籍传播开后，为数众多的读者们就可以免受他那么大的苦难了。如果不是因为阅读了本杰明·格雷厄姆的不朽名著《聪明的投资人》，巴菲特可能还要过很多年才能成为价值投资者。

问题是，格雷厄姆的著作固然经典，却因时代久远、国情不同而显得有些晦涩、难于理解。据说，有些相当有名气的投资人也没有通读过《证券分析》一书。"李杜诗篇万口传，至今已觉不新鲜"，这也是人之常情。就我个人而言，也曾受益于《巴菲特的护城河》、《投资者的未来》、《股市真规则》、《价值的魔法》、《投资最重要的事》等书籍，这些书的作者既不是格雷厄姆，也不是巴菲特，美中不足的则是仍为"舶来品"。

从这个意义上讲，刘哲写这本"新鲜"的中国版的价值投资书"功德无量"，我希望有很多的读者能因为阅读这本书，了解、认同并践行价值投资，从而远离股市投机之苦。

这本书的一大特色是书中有许多作者本人的投资案例，秉承真正价值投资者的诚实品质，这些案例既有成功的，也有失败的。这有助于读者正确地认识价值投资的优点和难点。

　　或许会有读者因为作者年轻而生怕书中的观点不尽正确，这大可不必。价值投资提倡独立思考，巴菲特的价值投资就不雷同于格雷厄姆，巴菲特之后的价值投资也不会与他雷同。只要我们坚守"安全边际"，或者说，遵循格雷厄姆搭建的价值投资的基本框架就可以了。事实上，本书中涉及的价值投资者是否应该关注宏观经济、价值投资能否结合趋势投资等问题在价值投资者中也还存在较大的争议，有争议不可怕，可怕的是面对问题不敢于思考、不勤于思考、不善于思考。对我们来说，尽信书不如无书，如果一本书的观点能够帮助我们更全面、更深入地思考一个问题，这本书就有其独特的价值。

　　写书是整理投资思路、系统化投资体系的一个有效的方法，我希望看到刘哲将来写出更多的佳作，也希望有更多的价值投资青年才俊能够出版他们的作品。

北京群鲤投资咨询有限公司总经理　孙旭东

2015 年 12 月 10 日

价值投资，谁都可以拥有，也值得拥有

收到刘哲的书稿，我很欣慰。我印象中的刘哲，还停留在当年他大学毕业，进京求职时的形象。转眼多年过去了，虽然本职工作并非主流的投资机构，却能始终坚持自己的投资研究，在价值投资的道路上一路前行，并取得如此巨大的进步，实属不易。本书的内容很完整，基本涵盖了投资分析所涵盖的全部范畴，也是刘哲一路思考和实践历程的真实记录，包括很多具体的案例分析，相信都能给读者以相当大的启发。

投资的目的很单纯，就是为了获利。但就是这么一个单纯的经济活动，评价起来却相当困难，因为显而易见的收益之后是不那么显而易见的风险，可精确度量的短期收益之后还有无法明确度量的长期收益。正是因为短期和长期、收益和风险的相互交织，使得投资评价变的相当困难，也使得很多立志于投资事业的人们在道路选择上无所适从。

应该说各种投资方式都有其可取之处，都有功成名就的顶尖高手。快进快出的趋势投资者中也不乏高手，涨停敢死队也一度声名鹊起。那么在投资方式的选择上，具体的某个人该何去何从呢？我个人觉得，可能要考虑三个原则。

原则一，风险收益比低且长期来看正收益。投资不是选美，胖的、瘦的、高的、矮的、单眼皮、双眼皮，只要你喜欢，都无可厚非。如前所述，投资的目的是单一的，就是赚钱，长期不赚钱的投资方式，无论其理念多么完美，都是画饼充饥。另外，投资也不是赌博，虽然不确定性是投资活动的一个重要内容，但和赌博的不确定相比，投资讲求的是大概率，或者说风险比收益更小。市场上的很多人，都是在赚钱的时候大声吆喝，在赔钱的时候默不作声，真正做到长期赚钱的人并没有想象的那么多。

原则二，自己能不能掌握。人生中有很多扬名立万的机会，比如，像梅西那样在球场上过人和进球，像郎朗那样用指尖征服世界，像屠呦呦那样用科学造福人类，……，各种方式无法穷尽。但为什么我们还是我们，还是那个并没有扬名立万甚至有点乏善可陈的我们呢。因为别人可以成功的路径并不一定适合我们，我们没有那样的基因、没有那样的天赋、没有那样的能力。对投资来说也是一样，最赚钱的方式，如果你不能理解和掌握，对你来说也无疑是一味苦药，适合的才是最好的。

原则三，有没有影响生活。回顾左右，因为股票投资而生活受到重大影响的并不鲜见。精神抑郁的、家庭不和的屡见不鲜。投资无非是获一些利，改善一下生活，最后如果落得个毁坏生活的地步就实在是得不偿失了。

从这三个角度来看，价值投资无疑是大部分人投资方式的最好选择，正如刘哲在书中所讲，几乎所有的价值投资者都是风险厌恶型的。所以巴菲特才有那句名言，投资的第一原则是保证本金的安全，而第二原则是在任何时候参照第一原则。保证这些原则能够实现的就是能力圈和安全边际。其次，价值投资的本质是从实业的角度理解股票投资，这一理念从格雷厄姆开始就一直被视为价值投资的精髓。那些围绕在我们周围的各种实业，具体而鲜活，没有什么神奇莫测的东西，林奇的《战胜华尔街》就是这种思路的完美注释。基于以上两点，而不是博弈厮杀的观念，价值投资人生活和投资一样也相当平和，费雪的《夜夜能安睡》就是这一原则的最好注解。

当然，易行并不是毫无门槛，仍然需要付出艰苦的努力，刘哲的历程无疑给准备投身价值投资事业的人们以很好的榜样。无论什么时候，投资的道路都还很长，孔子说："朝闻道，夕死可矣。"努力吧！刘哲，努力吧！所有立志于价值投资的朋友，祝大家的路越走越宽。

中能兴业业务总监　　郑伟征

2015 年 10 月于北京

我与价值投资

这是最坏的时代，这也是最好的时代；这是愚蠢的时代，这也是智慧的时代；这是怀疑的时期，这也是信仰的时期；这是黑暗的季节，这也是光明的季节；这是失望之冬，这也是希望之春；人们面前应有尽有，人们面前一无所有；人们正在踏上天堂之路；人们正走向地狱之门。

——狄更斯的《双城记》

一、懵懂

在说我与价值投资的故事前，我想先谈谈我爸和股市的故事。我爸应该算得上是新中国第一代股民，在两个交易所开张没多久后，他就有了股票账户。在那个要排队认购新股的时代，他也集资去认购过新股，据说，队伍人太多，把营业部的玻璃大门都给挤破了，我爸的手也给划破了，不过后来貌似赚到了 5 000 元，这是我爸在股市上尝到的第一个甜头，从此，激发起了他对股市至今二十多年的热情。现在回过头来看，不知是福是祸，尝过了甜头，也跌过一个又一个的坑，关键是连他儿子也给"坑"进去了……

在我小时候，关于股票的记忆大多是逢年过节时亲戚们一起吃饭火热聊股票的场景，这当中既有眉飞色舞谈论股票赚钱，也有感叹赔钱和没赚到的。我和妈两个外行始终对我爸亏钱感到不解，赚到了见好就收，如果赔了就继续持有直到赚钱，每当我和我妈说出上述永不赔钱理论，我爸竟然也说不出什么反驳，只好说你们不懂！现在回想这番理论实在傻得可爱，完全没认识到市场的复杂性和残酷性。

我小时候还觉得券商特别好，我爸每天中午可以免费从券商营业部领一份盒饭回家当作加菜，那饭菜我一直觉得特别好吃。长大后才知道原来羊毛出在羊身上，券商肯下如此血本都建立在股民频繁交易所带来的佣金上，而这成为中国股民整体亏损的重要原因。那些盒饭其实挺贵的！

后来，我参加了高考，出于对神秘股票市场和复杂经济系统的好奇，报了中南财经政法大学的金融学专业。

二、学习

中南财大的金融学是国家重点学科，不过学校的课程与投资实践和本质仍然有相当大的差距。我感到比较幸运的是，在大学这个平台，有机会接触到了证券投资，为我打开了金融世界的窗口，认识到了价值投资。巴菲特以他的经验说过，能成为价值投资者的人，一听到价值投资理论五分钟就接受它，而五分钟接受不了的人基本上一辈子也不会接受。这句话说得有些夸张，但其实很对。入学后，通过对股市半年左右的了解，我知道了价值投资，价值投资符合逻辑和常识，又具备成功的实践案例，它独辟蹊径的方式和我特立独行的性格也有一丝相似，从此，我就知道自己必须选择价值投资。自从了解到价值投资后，我会从投资应用的角度去看待每一门专业课程，看待每门课程和证券投资的联系。可以说每本专业教材我都至少全书通读过，而且从来不是出于应付考试的目的。在大学里，最美好的时光莫过于自我学习的时刻，了解到了大量新的知识和令人启发的思维。我一直用的网名"502 的牛"其实是对那段学习时光的怀念。我住财大南湖校区中区 7 栋宿舍楼 2 单元 502 号房，同学大多为湖北人，他们分不清"牛"与"刘"的发音，所以我被称为"小牛"，"502 的牛"就是这个来历。这段宝贵的学习经历应该是我人生中迄今为止最快乐的时光。

除了阅读专业书籍，我很多时候都在阅读财经报纸杂志，当中以《经济观察报》和《证券市场周刊》最为喜欢，两者的共同点就是报道有深度。毕业时，我托运回家的资料中除了经典教材外都是大袋的上述两种报纸杂志。《证券市场周刊》应该是全国宣扬价值投资理念最多的杂志，我很多关于价值投资的认知都源于此，因此，我对周刊的感情很深，很感谢周刊的记者和编辑对中国证券市场所做的贡献。后来我人生的第一份工作也和周刊有关，而我24岁时能以特约作者的身份在周刊上第一次发表文章，也是我万万没想到的。

投资只有阅读远远不够，还必须思考，而写作能够帮助思考。从我上大学起，网络个人博客就方兴未艾，从第一次写关于证券投资内容的文章至今，竟然已经不知不觉九年了，其间网络主阵地从东方财富博客搬到新浪微博再搬到雪球网，我很庆幸写作的习惯一直延续下来。写博文的最初目的在于记录自己当时对投资的思考和认识，但后来慢慢发现，写作本身很能够帮助思考，你写下来的东西必须具备逻辑，考虑得比较周全，还要将思路清晰地表达出来，这一过程就能够使你思考得更深刻，所以想要提升自己投资水平的投资者不妨多将想法写出来。再后来，由于所写的东西有些价值，会有一些网友看，当中的网友不乏真知灼见，指出所列的投资事实错误或者存在认识误区，还能够提供我未曾知道的信息和独特的观点，这些对于提高投资水平也是有益的。很难想象，一个很普通的投资爱好者的博客慢慢积累，粉丝数量竟然也达到数万人之多。

三、成长

毕业了，天南海北地找工作，有次要去北京面试，就在博客上跟当时《证券市场周刊》研究部主任孙旭东说了，他说那好我们见一面。与孙先生的渊源还得从一个小故事说起，孙先生一直是我学习的榜样，那时他在周刊工作，发表过很多关于上市公司和价值投资的文章，其中有一个评论中国金融学术研究网里的学术论文的系列文章。那我就想把我关于中国证券市场分析师盈利预测的学年论文传上去看看，谁曾想孙先生在新一期周刊评论起了我的这篇论文，还称我为学者，我觉得世界奇妙极了。在北京见过孙先生后的第二天，面试也完了，就在我准备打道回府时，接到北京中能兴业投资咨询有限公司的面试电话，说是周刊那边推荐过来的。中能兴业，我了解他们，经常在周刊上发表过很多研究文章，质量很高。

出于向高人学习的目的，我去了中能兴业工作，最终证明这是一个受益终生的决定。中能兴业曾为多家基金、证券、保险等金融机构提供过基本面分析及财务模型培训，在那里，我感受到了两位老总对价值投资和基本面分析的执着和专注，让我知道了什么叫专业水准。中能兴业的郑总此前评论我"理念不错，但逻辑仍显粗糙"，在他引领下，我学习到了如何搭建财务模型，如何更加细致深入研究上市公司及这一套研究思路与方法。后来出于其他原因，我最终离开了中能兴业，我始终认为我只学到些皮毛，但足以让我对公司基本面与价值的理解上升到更高的一个层次。我对两位老总，尤其郑总心存感激！在我走后，中能兴业做了一些在证券市场名噪一时的事件，例如检测茅台塑化剂，质疑康美药业和乐视网，被称为中国版"浑水"，不过很可惜在 A 股市场中卖空的大背景不佳，不然成为卖空机构的调查公司或许能够成为中能兴业的又一主营业务。

离开中能兴业后，我到一家中小板上市公司任职，负责上市公司的信息披露与投资者关系管理业务。如果说以前我只能以投资者角度从公司外部进行研究，现在我则可以从内部的视角更好地观察公司的运作了。目前的这份工作让我更好地了解到公司运营的流程，明白了公司治理，我可以看到上市公司披露出去的信息是怎么生成、传递、制作、发布与引导的全部过程。这里面确实大有门道，我们披露出去的内容及其次序都经过精细安排，每一句话都经过反复琢磨。从公开信息中收集有用信息，特别是别人没能解读出来的信息，还是需要一定功力的。

在我逐步加深对价值投资理解的这一过程中，我还想要感谢众多乐于分享观点、事实和数据的网友，人数众多，无法一一列举，你们对我在证券投资上的成长至关重要。互联网是个神奇的地方，它能够将一群志同道合的人们聚焦起来，彼此相互学习，更是互联网让价值投资迅速在中国传播。尽管有的文章对价值投资的认识不足或者片面，投资者对价值投资的误读也很深，毕竟价值投资这一个概念在中国普及并没有几年，所以我觉得仍然要以宽容和正面的心态去看待。

四、关于本书

一开始听到出书的提法，我感到诚惶诚恐，毕竟我又没有取得什么巨大成就，查理·芒格也说了不见 40 岁以下的投资者，我对投资的认识不过十年。但转念一想，现在出书也是很平常的事了，市场上充斥着太多的书籍，它们对投资的某些认识有待完善的，投资者接受后将危害很大，我觉得有必要为价值投资正名，毕竟这一名称被某些人误解太深。至于资历的事情，厚着脸皮看，相信也没人敢轻视在 25 岁创办合伙投资公司的巴菲特。回归一名投资爱好者写作的初心，记录和整理自己曾经对投资的思考和认识，并希望能够对读者有所帮助。

价值投资被某些人误解很深，我想存在以下原因：

（1）投资者的基本功不扎实，对公司价值的理解片面和不深刻，就说价值投资无用。价值投资有长期持有，低换手率，投资低市盈率、低市净率股票的特征，但并不意味着长期持有，低换手率，投资低市盈率、低市净率股票反过来就是价值投资。事实上，公司价值有很多个层面，价值投资所衍生的投资策略也远比大部分人所认为的丰富。

（2）中国经济高速发展，公司短短几十年走完国外相同公司上百年历程，公司发展变化快，内在价值也易变，并不容易把握。

（3）上市公司侵犯中小股东权益屡见不鲜，很多上市公司没有什么价值，价值投资自然无从说起。

（4）赚快钱心态严重，通常以赌博方式进行投机，不关心公司运营，对自身权益漠不关心，上市公司也迎合这种心态，大部分时间价格高于价值。

（5）证券市场自身的复杂性，短期是对的决策长期看可能是错，短期错的决策长期看是对的，价值投资虽然终将有效，但不是一直有效，这就使得投资者更难以抓住投资的本质规律。

虽然上述都是中国特色，但价值规律确实普遍存在，本书将以丰富的案例证明价值投资在中国一样可行。本书以 2015 年初就已经编制好的证券投资学教学课件为基础，写作时间集中在 2015 年的 5～8 月，其间中国的证券市场经历了大涨大跌，好在自认为书中大部分观点是经得起考验的。写作此书的意义在于：① 西方经典价值投资书籍，例如《聪明的投资者》、《证券分析》都是以西方上市公司案例作为说明，且年代较为久远，中国投资者缺乏相应的背景，不容易理解，本书希望以国内案例为证，向读者展示丰富的价值投资内涵。② 虽然价值投资的本质从未改变，但形式上随着时代的发展而改变，诸如营销学、管理学、产业经济学等学科的发展，丰富了价值投资理论，我希望能够从上述角度阐述公司价值。③ 价值投资的观点散落于网络上的各个角落，初学者的认识因而零散，我希望能够系统向各位呈现价值投资的各个要素。最后希望本书能够令更多的投资者更加关注公司运营和内在价值本身，降低炒作氛围，不要让垃圾公司大行其道，占用稀缺资源，让真正具有产业抱负的优质公司顺利脱颖而出，实现应有价值，增强投资者的股东参与意识，维护自身利益，净化投资环境，这对于包括我本人在内的所有投资者都是受益的。

五、致谢

第一，要感谢我的 MBA 同学任青青，如果不是她，我不会有在院校兼职讲授证券投资的机会，也就不会系统整理本书的写作雏形——教学课件。

第二，感谢本书的编辑刘伟，如果不是他的鼓励，我也不会有写作该书的动力，他对该书的面世起到了至关重要的作用。

第三，感谢万得资讯的施静，她所提供的 Wind 金融数据库无与伦比，为本书的研究提供了大量的便利。

第四，感谢我的妻子和父母，是他们在我写作期间，辛苦地照料儿子的一切，包括喂饭、睡觉、陪伴等，让我有更充裕的时间用于专心写作。不知道儿子长大后阅读此书是什么感觉，那时的世界又发生了怎样的变化。

第五，感谢购买此书的读者，你们能够购买一部关于价值投资的书籍，并且有耐心看完和接受其中的观点，我感觉是一种缘分。当然，我对价值投资的认识同样存在片面，希望读者辩证看待，但仍然希望能给读者思维上的启发，不会后悔购买此书，如果你真心觉得本书物有所值，也请不要吝啬向别人推荐，你的朋友和我都需要。^_^

编　者

2016 年 5 月

第 1 章　为什么要投资

1.1　如果我们不理财 2

1.2　各项资产的长期回报率 2

1.3　投资错误很悲惨 3

1.4　证券投资与交易门派 8

1.5　应有正确的投资理念 11

1.6　应具备的投资知识 13

1.7　应具备独立思考能力 14

1.8　价值投资与处世哲学 14

个人总结 15

第 2 章　什么是价值投资

2.1　证券主要定价原理 17

2.2　市场的有效性 21

2.3　能力圈 21

2.4　寻找竞争优势公司 22

2.5　安全边际 24

2.6 以所有者角度买入和持有 27

2.7 知道何时卖出 32

2.8 投资组合 32

2.9 控制情绪及人性弱点 33

2.10 价值投资难点 36

个人总结 36

第 3 章　宏观经济重要吗

3.1 宏观经济内在的复杂性 38

3.2 人为干预宏观经济的复杂性 38

3.3 股市通常是经济的先行指标 39

3.4 经济与股市关系不一 39

3.5 经济的长期增长潜力很重要 40

3.6 宏观经济对周期股投资很重要 40

3.7 经济大趋势因素很重要 41

个人总结 44

第 4 章　如何选择行业

4.1 行业的供需和分类 46

4.2 行业生命周期与证券投资 52

4.3 行业结构分析 54

4.4 值得长期投资的行业——来自大师共同的选择 59

4.5 行业与区域 65

个人总结 68

第 5 章　定性分析公司基本面

5.1 基础信息收集 70

5.2　商业模式 ·· 71

5.3　竞争优势 ·· 74

5.4　公司战略 ·· 89

5.5　公司治理 ·· 105

5.6　公司失败的原因 ······································· 114

个人总结 ··· 117

第 6 章　定量分析公司基本面

6.1　财务分析 ·· 119

6.2　财务预测 ·· 165

6.3　财务造假识别 ··· 166

6.4　分析技巧与方法 ······································· 190

个人总结 ·· 203

第 7 章　系统的价值评估

7.1　估值体系 ·· 205

7.2　DCF 估值模型及思维 ··································· 212

7.3　市盈率 ·· 214

7.4　市净率 ·· 229

7.5　市盈率与市净率的组合 ································· 238

7.6　估值五要素简化模型 ··································· 253

7.7　估值的四个层次 ······································· 259

7.8　现金股息再投 ··· 261

个人总结 ·· 267

第 8 章　股价趋势的含义

8.1　股价的趋势 ·· 269

8.2 价值与趋势 278

个人总结 285

第 9 章 构建投资组合

9.1 构建投资组合步骤 287

9.2 投资组合的意义 287

9.3 资产配置选择 288

9.4 资产动态再平衡 289

9.5 投资组合风险 291

9.6 个股仓位控制 292

9.7 忘记初始成本 294

个人总结 294

第 10 章 价值投资策略

10.1 低估绩优 296

10.2 困境反转 305

10.3 隐蔽资产 312

10.4 业绩提升 315

10.5 周期波动 321

10.6 事件驱动 322

10.7 相对价值 332

10.8 可转换债券/优先股 334

10.9 指数定投 336

个人结语 337

参考文献

CHAPTER 01

为什么要投资

　　投资股票是最适合普通居民理财的方式,但是证券市场上充满着各种噪声和谬论,证券投资的流派也五花八门,究竟投资者应该选择怎样的投资方式,才更有可能打开财富之门?

1.1 如果我们不理财

万元户，是指存款在万元以上的家庭。万元户这个词是在 20 世纪 70 年代末产生的，当时万元户是相当了得的人家，因为 1 万元可以买到很多的东西，那时候米价 0.14 元，肉价 0.95 元，走亲戚送礼 2 元左右，压岁钱 0.1～0.2 元。那个年代存款有 1 000 元的都比较少，工人工资一般是每个月 28 元左右。

然而，如今我们收入稍微高点的工薪阶层每个月的收入就可能达到万元，一般水平积攒几个月也可达到。30 多年前万元对应的购买力，如今至少数倍甚至数十倍才能够达到。来自国家统计局的统计数字，改革开放 30 多年，CPI 年平均涨幅大约是 5.6%，但货币供应量却以远高于经济增长速度增长。广义货币供应量/国内生产总值 （M2/GDP）比例能说明货币与实体经济之间的量化比例关系。一般而言，M2/GDP 越大，货币超发越严重。到 2014 年年底，中国 GDP 总额约为 63 万亿元，是 1978 年的 174 倍，而同期的 M2 从 1978 年到 2014 年年底增加了 1 429 倍，超发货币导致货币购买力下降和物价上涨。

纵使你守着财富寸步不离，但辛苦积攒的财富仍会像掌中的水、指间的沙，在不经意间悄悄溜走。

1.2 各项资产的长期回报率

为了避免上述情况，我们唯有进行投资，用钱来生钱，使积蓄的资金不断增值。杰里米 J. 西格尔所著《股市长线法宝》一书研究了美国各类资产长达 200 余年的回报。如果你在 1802 年用 1 美元进行投资，至 2006 年，投资股票资产扣除通货膨胀后，实际回报能增长至 75.5 万美元，投资债券资产实际能增长至 1 083 美元，投资国库券资产实际能增长至 301 美元，投资黄金资产实际能增长至 1.95 美元，什么都不投资，扣除通货膨胀后将贬值到 0.06 美元。过去 204 年，股票实际年均回报率为 6.8%，加上平均每年 2.5%的通货膨胀率，平均名义回报率能够达到 9.3%，而同期长期债券实际年均回报率为 3.5%，加上通货膨胀率，平均名义回报率达到 6%，股票为长期投资回报率最佳资产。在中国，股票资产也取得不俗成绩，上证综指从 1990 年末发布，期初点位为 100 点，至 2015 年约为 4 000 点，25 年平均年化收益率为 16%左右。沪深 300 指数从 2005 年初发布，期初点位为 1 000 点，至 2015 年约为 4 000 点，11 年平均年化收益率为 14%左右。

也许有人说了，中国房地产、古玩、珠宝等实物在过去收益率更高，或许如此，不过我认为这很可能是阶段性产物。想想看，几百年间土地还是那块土地，古董还是那件古董，但是人类创造的财富已经远远超过几百年前，恰恰是人类的财富增加后，购买力提升才拉动了土地、地产、古董等实物资产价格的提升，如果没有人类的辛勤劳作、经济的发展，这一切价格的提升都无从谈起。人类劳作大多以公司形式组织，因而公司是人类财富最重要的载体。世界上最富有的人几乎全部是企业家，拥有价值不菲的股权或者股票，从来没听过哪个富人能通过守着一块地，一些房产持续待在富豪榜上的，都必须靠公司不断的发展从而实现财富的增值。当然，房地产投资的优势在于可以通过稳定且长期的债务进行杠杆投资。

那么，去创业好不好？有能力的人自然好，但是绝大部分的人并不具备创业的野心、条件、资源和能力，创业成功回报高，也面临极大的失败风险。对于普通人，最省心省力的办法还是购买各行各业最优秀的公司的股票。股票是公司股权的分割，流动性好，很少　笔钱就能够投资，而创业还有房地产之类的实物投资的资金门槛就较高。

当然，人们对股票的长期收益率也不抱太高的期望，一般在 10%左右。如果能够长达几十年做到平均每年 20%或者以上的增长，那就是世界级顶级投资大师的标准，而如果能够做到长期平均每年百分之十几的收益率，则能够被称为国际一流的投资大师。可别小瞧了每年百分之十几的收益率，复利几十年累积下来的财富已经足够超越 99%的人。那些赚到百分之几百利润的某些年份是不正常的年份，不是运气太好，就是承担的风险过高。

1.3　投资错误很悲惨

读者可能问了，你说中国股市长期收益率那么好，我怎么没有觉得。是的，我说中国股市的长期收益率高没错，但绝大部分的投资者是连指数都跑不过的，如果你的投资理念错误、方法错误，整天过分追逐的是短期收益，干的都是高买套牢和高买低卖的事，没亏光就不错了。股票市场入门门槛低，人人都可以开户，有几百元就可以炒股，是个充分竞争的市场，中国证券市场里又到处充满谬论与噪声，长期存在着十人炒股"七赔二平一赚"的规律。证券市场之所以令人难以捉摸，因为短期是对的投资行为，长期或许是错的；短期看起来是错的投资决策，长期可能是对的。一些投资者依靠错误的投资观念和好的运气开始赚到了一点钱，就以为股市的运行规律就是如此或者觉得股市的钱很好赚，实则不知水深，从此深陷其中，在错误的道路越走越远，最终可能倾家荡产，危害终生。那么证券市场存在哪些不靠谱的投资方式呢？

一　听媒体炒股靠谱吗

　　媒体为了吸引读者眼球，会竭尽所能渲染主题。2008 年金融危机时，媒体喜欢用的词汇诸如"金融海啸、崩盘、坍塌、跳楼、失血"等，看到这些你会不会觉得世界要毁灭了。而 2015 年媒体讲 4 000 点牛市才刚起步，还有改革牛不停歇之类的言论。投资者受到媒体影响，情绪波动更大，往往买在最高，卖在最低。

二　听专家炒股靠谱吗

　　券商的分析师都是各大名校高学历毕业，满口专业术语，还喜欢谈各种理论和逻辑，给人一种知识渊博，非常可靠的感觉。这其实是个悖论，如果他们说得那么准，他们为什么还打工赚工资。他们只是动嘴，而投资者可是用真金白银投进去的，不管赚还是赔，券商都有佣金赚。当然，分析师干的活也不是没有意义的，他们会很辛苦地帮客户整理各种资料。

　　2014 年是 A 股一轮涨幅不错的牛市，上证综指上涨了 53%，点位最终达到 3 200 点。我们来看看 2013 年底中国各大知名券商给出的 2014 年投资策略。

　　1. 长江证券：明年将维持一个向下的弱平衡格局，绝对收益将产生于一季度，全年收益率达到 10%～15%将是不错的战绩。

　　2. 中投证券：前半段在 2 000～2 400 点振荡，全年波动范围 2 000～2 600 点。

　　3. 银河证券：改革无牛市，整顿将成为 2014 年的主题词。

　　4. 华泰证券：2014 年一季度市场活跃，应积极排兵布阵，二季度边打边撤，下半年市场面临深渊。

　　5. 中信建投：周期波动，传统产业地位下降。

　　6. 广发证券：指数先上后下，上半年更有利于股市，下半年对市场形成压制。

　　7. 民生证券：市场中枢预计在 2 250 点左右。

　　8. 申银万国：上证综指 2014 年核心波动区间为 2 000～2 600 点。

　　9. 西南证券：1 849 点、2 078 点均为有效底部，上行目标位 2 950 点附近（可看作比较接近的一个。）

　　10. 东方证券：2014 年上证综指波动区间预计 2 100～2 600 点，改革措施不达预期，通货膨胀上行。

11．中信证券：上证综指核心运行区间 1 900～2 500 点，通货膨胀上行，流动性收紧下的弱平衡格局。

12．国信证券：非典型滞胀，上证综指核心波动区间 1 800～2 400 点，市场整体性机会仍然是跌出来的。

13．信达证券：无风险利率上升，A 股难有整体性机会，2014 年上证综指运行区间 1 900～2 600 点。

14．平安证券：趋势改善一波三折，反转非一日之功，上证综指核心运行区间 2 100～2 600 点。

15．国金证券：防范系统性风险，控制仓位为上，上证综指全年核心波动区间 1 700～2 400 点。

16．国泰君安证券：2014 年三波反弹，极可能出现一次高过一次的结果，主题轮动机会。

17．方正证券：爆发系统性金融风险，改革低于预期，上证综指运行期间为 1 850～2 550 点。

2015 年 6 月份左右，券商又发表了看起来非常可乐的判断。

2015 年 5 月 28 日兴业证券首席策略分析师张忆东：风险快速释放，继续干！最近发了这么多产品的公募和私募的同胞们，大家一直苦苦等待的加仓机会终于来了，接下来要做的只是"眼到、手到"！

2015 年 6 月 1 日民生证券首席策略分析师李少君：在当前牛市中我们建议：不下车，做个安静的美男。

2015 年 6 月 12 日平安证券近期发布了策略中期报告指出，下半年市场继续保持乐观，牛途不停歇，建议拥抱美梦，预测下半年上证指数运行中枢应在 6 000～8 000 点。

类似言论不一一列举，结果中国 A 股 6 月底和 7 月发生了几乎是历史最严重的股灾，以至于国家不得不动用各种手段进行救市。

更远些，2008 年有一些人高喊上证综指 8 000～10 000 点，结果最后跌到 1 600 点。

券商有此表现，毫不稀奇，因为预测未来总是依靠历史和现在，过去一段时间行情如何就预测未来如何，牛市说牛，熊市说熊！如同让我预测明天天气如何，我会说跟今天一样，而且准确率不会差。拐点只是一瞬间，成功预测到的概率本来就很小，因而最稳妥的预测就是和过去一样，不敢打破过去系统的均衡。不过，证券市场往往就是拐点决定胜败。

专家预测不准大行情、大格局，短期实操同样。2014 年中国投顾大赛于 2014 年 11 月 17 日开赛，12 月 31 日落幕，共有来自 100 余家券商（几乎全国的券商都参加了）及投资机构的数千名投资顾问报名参赛。大赛选取各券商其中成绩最好的 10 名投资顾问，如表 1-1 所示，算出平均收益率，得出券商综合投顾实力榜。比赛期间沪指涨幅为 29%，结果仅 6 家机构能够跑赢指数，而且每家机构计算的是收益率最好的前十名！

表 1-1　券商投顾实力榜

排名	券商	综合收益率	排名	券商	综合收益率
1	中国银河	53.8%	6	恒泰证券	30.1%
2	宏源证券	46.6%	7	民族证券	23.8%
3	长城证券	45.4%	8	大通证券	23.0%
4	中山证券	30.9%	9	湘财证券	20.0%
5	国泰君安	30.8%	10	大同证券	19.6%

三　跟庄炒股靠谱吗

跟庄炒股是最为危害股民的思想。第一，股民怎么能够知道某只股票里有没有庄，有几个庄，有大庄还是小庄。第二，股民想跟也跟不上，无法得知庄家真实的意图，包括操纵股价的节奏、目标价位等。第三，因为庄家内部分裂，庄家和上市公司及大股东分裂，面临监管等因素，庄家自己都会套牢。根本原因是庄家违背股价自身运行规律，想要人为地控制股价。事实上，没有庄家能够持续操作市场。历史上，德隆系控制的新疆屯河、合金股份、湘火炬三年里分别上涨 11 倍、15 倍和 11 倍，结果还是崩塌了，核心人物唐万新锒铛入狱。号称"庄家教父"的吕梁，将中科创业股价做成 72.88 元收盘，两个 8 收尾当作贺礼，最终畏罪潜逃。

虽然我国证券市场股价操纵现象严重，但也未必处处有庄。很多时候庄家只是投资者无法掌握市场，而幻想出来的能够操作市场的神秘力量。失败的投资者同样不会认为他们理念错误、水平低，而把亏损归结于无所不能的"庄家"。

四　听内幕消息、小道消息炒股靠谱吗

首先，普通投资者和上市公司高管圈子不同，怎么能够得到内幕消息，普通投资者得到的内幕消息，首先，一般是满大街都知道的消息，要不就是有人捏造出来的谣言。其次，得到真的内幕消息来钱特别容易，下次还会接着打探，这就好比吸毒上瘾，内幕消息会完全改变投资人的行为模式，使得他们不依靠自己的判断，而依赖内幕消息。这种模式重复运用后，规模做大，会碰上三种风险，一是监管风险，二是内幕信息所对应项目失败的风险，三是假内幕风险。内幕消息模式基本是全部仓位压上，甚至借钱买入，因为对内幕信息自信满满，但是稍微闪失，就会全盘皆输。

现在网络发达，出现了很多荐股股群，投资者好像花些钱，各种牛股就轻易到手了，可是要真的这么赚钱，那些"大师"为什么还那么辛苦出来干嘛，应该早就发财了。这些"大师"基本都是骗子，反正碰到牛市随便推哪只股，上涨的概率都很大，真的亏损了或者熊市来临，钱也骗到手了，就消失吧。为啥骗子在投资者没交钱前推荐的股票都很准呢？原理是这样的：骗子第一轮给一万人发推荐股票信息，划分为 100 个组，每组各推荐 1 只股票，到了第二轮，推荐的 100 只股票有涨有跌，骗子向股票涨的那些组再分别推荐不同的股票，这样四五轮下来，就会剩下几组人觉得"大师"推荐的股票真准，每推必涨。骗子这时说，还想要牛股吗？缴费吧。最为可悲的是啥都不懂的小散户，本来炒股亏钱已经郁闷，还要被骗子再骗一次。

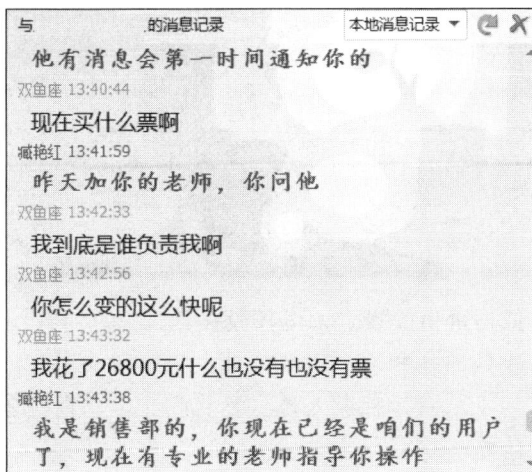

五　委托理财靠谱吗

相对上述方式委托理财可能靠谱些，不过也要看委托的是谁，如果所托非人，则面临把钱亏光或卷钱跑路风险。一般而言，即便我国公募基金业面临着基金经理频繁变更，老鼠仓等问题，但机构作为一个整体仍然能比散户取得更好的收益。

显然，最值得信任的是我们自己！只能依靠自己不断提升对投资理念、知识和品种的认识。

1.4　证券投资与交易门派

证券市场就像一个大江湖，不论是谁，一旦进入，有意或者无意间都会选择加入某一门派。在我看来，证券投资与交易的门派可以分为五大门派。

一　价值投资派

投资原理：以证券的内在价值为基准，低于价值买，高于价值卖，例如 0.5 元买价值 1 元的东西，2 元卖价值 1 元的东西。

门派鼻祖：本杰明·格雷厄姆

秘籍：《证券分析》、《聪明的投资者》、《巴菲特致股东的信》

传承人：沃伦·巴菲特

细分派别：低估价值股投资、成长股投资

缺点：价值投资曲高和寡，需要掌握大量学科知识，门槛高，在实践中需要独立思考，不从众，控制人性贪婪、攀比、恐惧等弱点，反人性，因此，价值投资简单，却不容易。

价值投资也是本书专门讲解的主题。

二　技术分析派

投资原理：依靠 K 线图去预测股价的未来走势。

门派鼻祖：查尔斯·亨利·道

秘籍：道氏理论、《股票作手回忆录》

代表人物：杰西·利弗莫尔（下图左）、威廉·江恩（下图右）

细分派别：图形分析、指标分析、趋势跟踪、波浪理论

缺点：图形形态或趋势易变，与公司基本面和价值割裂，强调与人博弈，赌性强，容易大起大落。杰西·利弗莫尔最终自杀，遗书写道："我的一生是一场失败。"威廉·江恩死后，据他的儿子说只留下十几万美元，靠卖股票书籍挣钱。

三　事件派/热点派

投资原理：选美理论，不是你认为最美的美女就会得冠军，而是猜大家都觉得最美的美女才能得冠军。金融投资如同选美，买大家认为会涨的股票，而不是买自己认为会涨的股票。

代表人物：乔治·索罗斯

细分派别：主题炒作、环球宏观投资、公司事件投资。

缺点：虽然考虑到了人的情绪、基本面情况，但容易忽视资产内在价值。

正常案例：巴西下雨，买星巴克股票。巴西盛产咖啡豆，雨水充沛，咖啡豆丰收，价格下跌，星巴克成本下降，公司盈利增加，股价上涨。

非正常案例：神奇的 A 股——奶茶妹妹章泽天闹分手，结果天泽信息持续走跌；奥巴马当选，澳柯玛涨停；文章出轨，伊利股份大跌；李天一被抓，天一股份跌 6%；章子怡每次情变，獐子岛都涨停；2 月 14 日情人节，东方宾馆涨停，海南橡胶大涨。

你在猜别人的心理，别人也在猜你的心理，中国 A 股的逻辑又特别奇怪，只有极少数极具天赋的人能够在这种与人博弈的游戏中最终胜出。事件派/热点派与技术分析派有亲缘关系，投机者通常同时运用两者。

四　套利派/对冲派

投资原理：多方、空方两头下注，利用相关资产价格的价差的收敛或者扩大盈利。

对冲门派鼻祖：阿尔弗雷德·温斯洛·琼斯

代表人物：詹姆斯·西蒙斯

绝门武器：计算机程序化交易、高频交易、数学模型、杠杆

细分门派：股票多空、市场中性、事件驱动、可转债套利、危机证券对冲、固定收益套利对冲

缺点：运用者需要掌握高深的计算机编程、数学建模和金融知识，配备巨资打造的专业计算机和软件，普通投资者难以企及。套利、对冲派因为价差小多运用高杠杆，价差一旦不按预期方向走，容易大幅亏损。此外各家机构利用的程序高度一致，利润空间越来越小，需要不断开发新策略，高度一致的程序一旦出错容易引发市场闪崩。

五　指数投资派

投资原理：绝大部分投资者很难跑赢市场指数，跑不赢指数就投资指数，指数有什么股票，指数基金就买什么股票，不必操心选股，化有为无为，化主动投资为被动投资。

门派鼻祖：约翰·博格

优点：基金收费低，为提高长期盈利奠定基础。

缺点：指数在高点，估值很高时仍在买入，遭受损失。

投资方式：基金定投。

指数投资派如果稍微学习一下价值投资派对证券价值的看法，便能够很好地回避在指数高点买入所面临的风险。价值投资派会建议懒惰或者学艺不精的门徒转投指数投资派。

如果证券市场中有 100 个投资者，那么起码会有 70 个人属于技术分析和事件/热点这两大帮派，当中可能只有极具天赋的 2～3 人到死的时候通过证券投资获得巨额财富。可能会有 10 个人属于价值投资派，但当中会有大半例如 6 人因为学艺不精，认为价值投资无用而中途转投其他门派，剩下 4 人不断学习，最终会获得巨额财富。还有 10 人属于指数投资派，当中有耐心持续投资又稍微懂价值投资的投资者终将富有，但应该只剩下 5 个。最后剩下 10 个人是套利派/对冲派，其中多为机构投资者，能够存活的应该也不到一半。所以，证券市场是残酷的，以目前我国状况，一百人中只有十几个人最终能够通过证券市场富有。

1.5　应有正确的投资理念

价值投资和指数投资是我认为正确的投资理念，而技术分析、事件/热点两派容易演变成纯粹的投机行为。正确的投资理念能够使财富安全、稳步、长期地增长，符合绝大部分人的长远利益，而投机更像是赌博，追求短期迅速暴利，但往往留给人们的是一无所有和无尽的伤痛。

价值投资和指数投资对于投资者其实是更接近财富的道路，尽管不好走，但别的路更难走通。本书通篇在讨论价值投资，读者阅读完后，如果觉得价值投资之难，转而进行指数投资也是幸事一件。为什么我如此提倡价值投资呢？① 价值投资原理简单。以公司内在价值为基准，低买高卖，同时靠公司内在价值的提升来赚钱，而不是靠与市场内的其他投资者博弈赚钱。② 可以复制。价值投资鼻祖本杰明·格雷厄姆教出了一大堆通过价值投资而成为真正富翁的学生，那些抱价值投资理念深入骨髓的投资者都取得良好的业绩，这是靠嗅觉、直觉、盘感取胜的技术分析派和事件/热点派所无法比拟的。③ 符合常识。价值投资教人买便宜货，公司赚钱股东才赚钱，这些都是符合人们的常识，此外在投资中，会运用到一系列常识作为投资判断。

沃伦·巴菲特是价值投资派的大师兄，迄今为止全球最成功的投资家，他依靠在证券市场进行投资赚取了数百亿美元的财富，但是他似乎又置身证券市场之外，他没有股票行情接收机，也从不使用价格走势图表。他每天阅读大量的财务报表及企业、行业的相关资料，对企业形成完整的"概念"后，才决定是否买进或卖出股票。他拒绝融资也绝不进行杠杆交易，其信奉的理念和操作策略使其资产五十多年连续成长，年复利增长达到20%。在 2000 年、2008 年中，美国股市出现巨幅的调整，而他却继续屹立潮头，其管理的伯克希尔·哈撒韦公司仍然呈现良好的增长，个人的资产则不断再上新台阶。

价值投资的理论令人信服，又诞生了许多取得惊人成绩的投资大师，难道不值得广大投资者学习吗？不过，价值投资不仅在中国，在全世界范围也都从未大受欢迎。巴菲特早就明白鲜有人理会价值投资，"这个秘密为世人所知已经 50 年了，在我奉行这一投资理论的 35 年中，我不曾目睹价值投资法蔚然成风。喜欢把简单的事情弄复杂似乎是人类偏执本性的原因。最近 30 年来，学术界实际上是冷落了价值投资。情况可能继续如此。就像船只将环绕地球而行，但地平之说仍会被追捧。在市场上，价格与价值之间还会存在显著的差异，而奉行格雷厄姆与多德都市理论的人将继续致富"。

2015 年伯克希尔股东年会上，有来自中国的投资者问了一个很多中国股民感到困惑的问题，价值投资是否只针对发达市场？是否适用于过去十几个月翻了两倍的 A 股？巴菲特回答说，"价值投资不局限哪国。在中国、印度、德国都可以运用价值投资理念。股票上下起伏是有利的。中国投资者承担风险能力很强。中国股票如果很火，会变得与硅谷一样，但是中国还是不要进行过多炒作比较好。中国的投机力量比美国还要大，这可能会创造出机会。人们都寻找容易的方式，但容易的方式往往是错误的"。巴菲特的老朋友芒格则认为比起投机，中国人可以在价值投资上做得更好。

1.6　应具备的投资知识

为什么说价值投资原理简单，但却并不容易，其原因之一就是价值投资需要综合的学科知识，几乎涉及人类所有的学科知识，需要不断地学习，门槛很高，与拿一张 K 线图就可以进行的技术分析形成鲜明对比。

证券投资宏观方面知识涉及：政治学、宏观经济学、微观经济学、货币银行学、财政学。

中观方面知识涉及：各行各业的行业专业知识，需要各种基础学科支持（数学、化学、物理、生物、地理、历史等），产业竞争结构，产品、技术发展。

微观方面知识涉及：公司战略、公司金融、市场营销、供应链、人力资源管理、公司管理、会计、经济法律、公司法律、公司文化、公司估值。

想要上升到量化方面还需要掌握计算机编程、统计学、数学建模等工具方面的知识。

此外，对于地理、人文、社会、心理等各个方面都需要涉及，因为投资需要运用一些常识作为判断。某种角度，证券投资是一个很好玩的游戏，每天都有新的知识学习，巴菲特和芒格在八九十岁时还在坚持阅读和学习。如果你对世界和人类的智慧不感到好奇，没有持续学习的动力，你将与价值投资无缘。

价值投资的原理简单，但是要深刻理解这种简单需要拥有大智慧。不要被庞大的学科知识吓到，知识是永远学不完的，掌握最核心几门知识后，边实践边学习。巴菲特曾经说："投资没那么复杂，只需学好两门课程：一是如何给企业估值，二是如何看待股市波动。"

不论是价值派还是其他派的投资大师，其实绝大部分都拥有学历背景。约翰·伯格毕业于耶鲁大学，彼得·林奇从宾夕毕业于法尼亚大学沃顿商学院，詹姆斯·西蒙斯毕业于麻省理工学院，索罗斯毕业于伦敦政治经济学院，巴菲特毕业于哥伦比亚大学，查理·芒格毕业于哈佛大学，约翰·邓普顿毕业于耶鲁大学，菲利普·费雪毕业于斯坦福大学商学院。没有高学历也不必灰心，还有一名大师沃尔特·施洛斯仅高中毕业，但他拜格雷厄姆为师，仍然不断地学习。如果求知欲没有那么强，怎么办？那就学习一些简单的金融知识，了解一下证券估值的方法，转投指数投资派，选择指数基金被动投资，运用简单的办法也可收获财富。

1.7　应具备独立思考能力

在自然环境中，牛群会抱团取暖以对抗寒冷的天气，羚羊会抱团过河以避免落单被鳄鱼吃掉，小鱼会抱团躲避鲨鱼攻击。人类虽然经过进化，但动物本能很难消失，演化出从众的心理，总以为人多的地方会更加安全，恰恰因此遭受灾难。

2014 年 12 月 31 日晚 23 点 35 分，在上海黄浦区外滩陈毅广场发生拥挤踩踏事故，造成 36 人死亡，49 人受伤。人多的地方不要去同样适用于证券市场。1987 年 10 月 19 日，一个被金融界称为"黑色星期一"的日子，道琼斯指数当日跌幅超过 22%，令人瞠目结舌。投资组合保险理论被认为是股灾原因之一。当时，太多的投资者采用相同的投资策略，计算机程序看到股价下挫，便按已在程序中设定的机制加入抛售股票，令股价加速下挫，而下挫的股价又令程序更大量地抛售股票，形成恶性循环。证券市场形成羊群效应或者对某一事物形成高度一致的看法是件可怕的事情。

证券投资是一场没有标准答案的考试，对于任何消息都需要有质疑精神，做出独立判断，然而从众的心理，将大部分人的独立思考的能力给抹杀了。

此外，成功的投资者还需要控制自身的情绪和人性弱点，这部分内容将在第 2 章阐述。如果有丰富的经验就更好了，经验可以逐步积累，最后再加一些好运保佑。

1.8　价值投资与处世哲学

人们选择的投资方式与其处世哲学是一脉相承的。太过精明或者是有小聪明的人往往不会选择价值投资，会选择看起来更加快速赚钱的方式，例如技术分析派和事件/热点派，或者直接进行内幕交易。选择价值投资的人当然也聪明，不过这种聪明更为内敛，实则充满着大智慧。价值投资强调公开赚光明正大的钱，强调简单的投资原理和简单的为人处世，所投资的公司高管拥有正直、善良、热爱事业的优秀品质，价值投资者对其信任将资本由其使用。价值投资是为了赚钱，但价值投资者并不骄纵奢侈。如巴菲特就赚了很多钱，但和大多数人一样，喝的是可口可乐，去小餐馆吃牛排，住着几十年前买的旧别墅，开着普通的美国轿车。巴菲特的财富观值得倡导，他虽然生活中比较节俭，但却将几百亿美元捐出用于慈善。

个人总结

　　人人都想从股市中赚钱，但股市的钱其实是最难赚的。几乎每一个进入股市的初学者都必须先亏钱，关键是亏损的代价是多大，亏损的时间会多久，有的人长期亏损达几十年，却依然找不到财富之门，这与投资理念和态度相关。价值投资之路并不好走，但其他方式的股市发财之路更难走得通。

CHAPTER 02

什么是价值投资

什么是价值投资？简单来说，就是花5角钱买价值一元钱的东西，价值投资的本质就是低买高卖，但其中涉及两个问题：第一是折扣问题。究竟价格是价值的几折才购买；第二是价值问题。什么是资产价值？如何确定资产的价值？如何确保价值在短期内尽可能不发生变化或者贬值？

2.1 证券主要定价原理

股票价值的多种形式，比如清算的价值、账面的价值、重置的价值、盈利的价值、成长的价值、不同所有者不同价值，这一套体系我们在第 6 章系统的价值评估中将会介绍。不过，证券的主要定价原理仍然是其所对应的资产未来能够带来的现金流贴现的总和。

这里我们先来理解贴现的概念。大家都知道今天的 100 元一般比未来的 100 元更值钱，这就是货币的时间价值。因为未来货币可能会通货膨胀贬值，此外，我们放弃了今天获得 100 元用于消费，而选择用于投资，就是希望未来获得投资收益率。如果我们预期的投资收益率是每年 10%，那么今天的 100 元在一年后的价值是 110 元。将一年后的 110 元，除以（1+贴现率）^{1}，这里贴现率取 10%，还原成今天的价值就得到 100 元，这一过程就是未来现金流贴现。如果是两年后获得 110 元，那么等同于今天的多少钱呢？等同于 110÷（1+10%）^{2}=90.9 元。三年、四年以及之后的钱的现值依此类推。

一 债券定价公式

对于普通的按期付息的债券来说，其预期现金流收入有两个来源：到期日前定期支付的债券利息和到期日偿还的债券本金。其必要收益率也可参照可比债券确定。因此，对于一年付息一次的债券来说，价格决定公式为：

$$P = \frac{C}{(1+r)} + \frac{C}{(1+r)^2} + \cdots + \frac{C}{(1+r)^n} + \frac{M}{(1+r)^n}$$

$$= \sum_{t=1}^{n} \frac{C}{(1+r)^t} + \frac{M}{(1+r)^n}$$

其中：C 为每一期的债券利息，M 为到期偿还的债券本金，r 为贴现率，n 为债券的期限。

二 股票定价公式

债券的价值相对容易计算，毕竟期限、未来现金流都是确定的，但是股票就困难了，一是我们不知道公司究竟能够持续经营多少年，虽然我们经常假设永续经营，二是公司未来每一期的现金流是不确定的，只能通过预测和假设。所以，理论上股票价值的决定公式为：

$$P = \frac{D_1}{(1+r)} + \frac{D_2}{(1+r)^2} + \frac{D_3}{(1+r)^3} + \frac{D_4}{(1+r)^4} + \cdots$$

其中：D 为各期公司现金流，r 为贴现率。

三　零增长模型

为了能够计算股票的价值，人们把公司未来每一期的现金流假定为不变，是个常数，于是演化成零增长模型，该模型在现实中可以运用到微利润，行业能够长期保持稳定，处于成熟阶段的公司的价值计算，多见于公共事业类型股票。零增长模型如下：

$$P = \frac{D}{(1+r)} + \frac{D}{(1+r)^2} + \frac{D}{(1+r)^3} + \frac{D}{(1+r)^4} + \cdots$$

因为，D 是永远一样的，通过数学上的等比数列推导，零增长模型又可写成：

$$P = \frac{D}{r}$$

如果某一公司未来每年的净利润均为 1 元（这里假定公司未来现金流等同于净利润，后面章节将介绍它们实际并不完全等同，这里仅为了方便举例使用），贴现率或者称为股权的投资收益率要求为 10%，则该公司的价值为 1/10%=10 元。

四　常数增长模型

零增长模型的运用过于狭窄，毕竟随着经济的发展，公司的未来现金流或者盈利一般都会不断增长，如果日后的盈利都按照一个固定的常数比例增长，则衍生出了常数增长模型。

$$P = \frac{D_1}{(1+r)} + \frac{D_2}{(1+r)^2} + \frac{D_3}{(1+r)^3} + \cdots$$

$$= \frac{D_0(1+g)}{(1+r)} + \frac{D_0(1+g)^2}{(1+r)^2} + \frac{D_0(1+g)^3}{(1+r)^3} + \cdots$$

其中，D_0 为当前现金流，D_1 为在 D_0 基础上以固定比例（1+g）增长的未来第一期现金流，D_2、D_3 依次在前一期基础上以（1+g）速度增长，依此类推。

通过数学上的等比数列推导，常数增长模型又可写成：

$$P = \frac{D_0 \times (1+g)}{r-g} = \frac{D_1}{r-g}$$

值得注意的是，g 不能大过 r，事实上 g 的取值也不会太大，至少不会超过宏观经济增长的速度，否则增长到最后，全世界就完全被这一个公司所占领。假设公司未来一期的净利润为 1 元，此后每年利润均按 2% 的速度增长，贴现率取 10%，则公司价值为 1/（10%–2%）=12.5 元。常数增长模型也告诉我们，**增长公司的价值比不增长公司价值要高。**

五　二阶段增长模型

为了更加贴近现实，我们可以再假设得复杂些，公司的增长大多分为高增长阶段和低增长阶段：第一个阶段，公司较小，可供开阔的市场大，因而增长速度快；第二个阶段，由于市场规模有限，可供增长的资源也有限，公司增长速度放缓，随着行业或者经济的长期增长速度而增长，第二阶段仍可以由常数增长模型表示。那么一个高速增长期为 3 年的二阶段增长模型可以表示为：

$$P = \frac{D_1}{(1+r)} + \frac{D_2}{(1+r)^2} + \frac{D_3}{(1+r)^3} + \frac{P_3}{(1+r)^3}$$

$$P_3 = \frac{D_3 \times (1+g)}{(r-g)}$$

其中，D_1、D_2、D_3 为高增长第一阶段各期的现金流，P_3 为在 D_3 基础上以固定常数增长各期的现金流贴现回第三年时的现值，还需继续除以（$1+r$）^{3} 才能贴现回最初的现值。

上述简化的现金流贴现模型均表明股票的内在价值并不能够计算得和债券的内在价值一样精准，它含有各种假设条件，只能说**股票的内在价值会在一个宽泛的区间内**，而所录入的各种假设条件就看投资者对公司基本面的理解是否到位，是否尽可能地接近公司真实的发展情况，因而，股票估值某种程度被认为是科学和艺术的结合。

不能精准计算股票的内在价值并不意味着价值投资无用武之地。当一个公司的股票根据所掌握信息，内在价值被我们估计为 6～10 元，如果它的价格是 3 元，则可以认为很大概率上这只股票是被低估的，而如果它的价格是 20 元，则可以认为很大概率上这只股票被高估。内在价值是指导我们进行股票买卖的锚，如果投资者不知道股票的内在价值，非常容易陷入胡乱买卖的境地。

六　贴现率确定

如果我们的钱存放银行，基本属于无风险投资，根据收益与风险匹配原则，银行一年期定期存款利率较低，大约 3%，可以被认为是无风险的贴现率。如果我们的钱用于投资债券，根据债券的历史收益率水平，贴现率为 6%左右。如果我们投资股票，根据股票长期的历史收益率水平，一般回报在 10%左右，所以股权的贴现率应该为 10%左右。公司为获得利润所承担的风险偏高，贴现率可以上调；风险偏低，则可下调。

七　内在价值与市场价格

科斯托兰尼是德国负有名的投资大师，他曾对经济与证券市场做了一个"主人与狗"的比喻，有一个男子带着狗在街上散步，像所有的狗一样，这狗先跑到前面，再回到主人身边。接着，又跑到前面，看到自己跑得太远，又再折回来。整个过程中，狗就这样反反复复。最后，他俩同时抵达终点，男子悠闲地走了一公里，而狗跑来跑去，走了四公里。主人就代表着经济，狗则是证券市场，长远看来，经济和证券市场的发展方向相同，但在过程中，却有可能选择完全相反的方向。

股票的价格与价值也如同主人与狗一样，如果你只看到价格，你的操作将跟随着市场起伏而波动。股价短期波动毫无逻辑可言，不一定完全反映价值，贵的股票可以继续大涨变得越来越贵，便宜的股票仍然可以继续大幅下跌变得更加便宜，上述情况甚至能够维持相当长的一段时间。市场疯狂之时令人瞠目结舌，脱离了正常人类的一切常识和逻辑，它会吞没绝大部分的投资者，令绝大部分在生活中智商、情商正常的人们甘心成为它的奴隶。但从长期看，价格终将反映出股票的价值。这也是为什么科斯托兰尼会在《一个投机者的告白》一书中提到他学开车的经验，他的驾驶教练说道："只盯着方向盘的人，永远也学不会开车。"这就像我们投资股票，如果眼中只有每天波动的价格，就会跟着狗（股价）做折返跑，追高杀低，不仅赔了交易成本，而收益率也不会因此而有所提升。

为什么长期看股票价格必向价值回归？因为如果股票太贵，前几大股东（多为产业股东）就会纷纷减持股票，直到卖光，只需要花费套现所得的一小部分钱便可再造同类型公司。其他产业资本见该类型公司股票能够卖得如此之贵，就会纷纷创办该类公司加剧行业竞争，或者上市增加该类股票的供给。一些此前低买的精明投资者会因股价太高，股息收益率下降，股票长期回报下降的因素卖出股票。上市公司本身因为股票处于高估值也会加大融资力度。这些因素都会增加流通中股票的供给，促使股价下降。相反，如果股票太便宜，识货的产业大股东会纷纷增持股票，因为物超所值，而其他产业资本也可能借机收购公司。股价便宜，公司业绩又不断增长，股息收益率会越来越高，股票会吸引越来越多的投资者购买。上述因素都会促使股价上涨。股票价格向价值回归是种客观规律，这种规律蕴含着巨大的力量，投资者不要试图与这种巨大的力量进行对抗。

2.2　市场的有效性

　　猜想一下，如果你掌握的信息别的投资者同样掌握，你掌握的证券评估方法别人也同样了解，市场会变得如何？在市场上如果存在一支精明的队伍，其中有证券分析者、套利者和投机者，他们几乎耗尽全部精力去获得当前可用的资料，并且掌握齐备的方法与技巧，借助高速运转的计算机对获得的信息进行加工、分析，搜寻当前被误定的价格，并果敢快速地采取行动，那么市场定价非常有效，谁都获得不了超额收益。上述理论来自金融学派中的有效市场学派。

　　问题是投资者交易的目的不相同，掌握的信息不尽相同，知识结构、投资理念完全不同，交易经验不同，关键的是控制自身情绪能力更不同，证券市场从来没有处在完全有效的状态。

　　价值投资就从市场错误定价中获利。巴菲特曾说过："就我个人过去在葛拉罕-纽曼公司、巴菲特合伙企业与伯克希尔公司连续 63 年的套利经验，说明了效率市场理论有多么的愚蠢。理论支持者从来就不会去注意理论与坝实如此的不相符，确实现在他们讲话已不如过去那么大声，但据我所知却没有任何一个人愿意承认错误，不管他们已经误导了多少个学生，市场效率理论还是继续在各个企管名校间列为投资课程的重要教材之一，很显然的，死不悔改、甚至曲解其意，不是只有神学家才做得出来。"巴菲特还说过："如果市场总是有效的，我只能沿街乞讨。"

　　不过，我们仍需敬畏市场，市场并不总是有效，但往往非常有效，特别是市场在消息反应的速度上非常有效，你知道或者不知道的消息，市场早已反应。市场问题最多之处在于股价会出现过度反应消息的情况，存在涨过头与跌过头，归根到底，人类会因为自身情绪等因素把近期或者现在发生的情况当成会永久持续。

2.3　能力圈

　　价值投资者应该是有自知之明的，知道自己知道什么，还知道自己不知道什么，所交易标的都应该是他们了解和熟知的标的，处于他们认识的能力范围之内。价值投资者从来不应该因为某些标的最近在赚钱，就去买入。**世界上有无数种赚钱的方式，但我们只能赚我们最明白和最能把握的**，其他的人赚再多都与你无关。糊里糊涂买入不明白的标的赚到的钱，最终会糊里糊涂地亏回给市场。

那么对标的公司究竟了解多深才能够说处于自己认识的能力范围内呢？我认为至少需理解以下方面：① 公司的产品；② 商业模式；③ 业务或运营流程；④ 管理层；⑤ 行业竞争情况与公司地位；⑥ 公司长期发展前景；⑦ 财务报表。如果你在 5 分钟内不能向别人阐述清楚一家公司卖的是什么产品，靠什么盈利，业务模式如何，建议你不要购买它的股票。

恪守能力圈强调将资源和时间集中研究自己能够理解的公司，这样才能更准确评估公司价值，能力圈不一定能帮你赚很多的钱，但主要用来规避风险，规避你看不懂的，规避别人忽悠你的。能力圈能够通过不断的学习而扩大。

让我们来看下股神恪守能力圈的案例。20 世纪 90 年代后期，网络高科技股大牛市，巴菲特却一股也不买，尽管这让他在 1999 年盈利只有 0.5%，而当年股市大涨 21%。巴菲特却依然坚持能力圈原则。著名投资杂志《巴伦周刊》还把他做成封面人物，大标题就是"沃伦，您哪儿出错了？"结果从 2000 年开始，美国网络股泡沫破裂，股市连跌三年，跌幅超过一半。巴菲特这三年却盈利 10%，大幅跑赢市场。

巴菲特与比尔·盖茨是好朋友，按理说可以随时打探微软的消息，但他却一股也不买微软的股票。巴菲特说："这也许很不幸，但答案是不。我很崇拜安迪·格鲁夫和比尔·盖茨，我也希望能通过投资他们将这种崇拜转化为行动。但当涉及微软和英特尔股票，我不知道 10 年后世界会是什么样子。我不想玩这种别人拥有优势的游戏。我可以用所有的时间思考下一年的科技发展,但不会成为这个国家分析这类企业的优秀专家,第 100 位、第 1 000位、第 10 000 位专家都轮不上我。许多人都会分析科技公司，但我不行。"

我们投资可以连续赢 99 次，但最后一次我们跨出能力范围，交易我们不理解的品种，只要输一次就全部完了。

2.4　寻找竞争优势公司

股票最根本价值来源于公司未来现金流的贴现。只有具备长期竞争优势的公司才能够生存，未来现金流才会源源不断并且逐步扩大，公司价值才会不断提升。当然，价值投资并不是说一定要投资伟大的公司，但至少要确保所投资的公司能够比较好地生存下去，公司价值就算不增长也不会贬值。

长期来看，公司股价表现和经营业绩密切相关。图 2-1 和图 2-2 所示为贵州茅台和水井坊 2000 年至 2015 年 8 月的股价走势图，它们分别为这期间白酒行业股价表现最好和最差的一名。十几年间贵州茅台股价上涨了几十倍，而水井坊即便期间股价也曾经涨幅高达 10 倍，但最终跌回，十几年后股价基本原地踏步，只是在巨幅波动。

图2-1   贵州茅台股价走势图

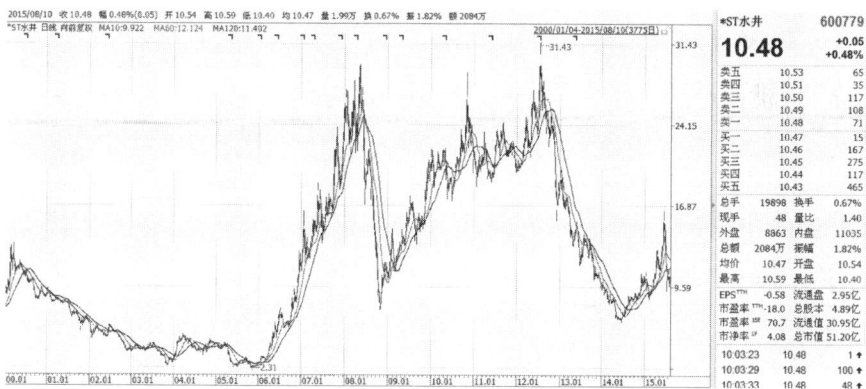

图2-2   水井坊股价走势图

为什么两者的差异会如此之大，当我们了解其背后的经营业绩后就会明白。茅台 2001 年净利润为 3.28 亿元，至 2014 年净利润已增长到 153.5 亿元，利润增长 46.76 倍，股价增长 38.91 倍，与利润增幅接近。水井坊 2001 年净利润为 1.73 亿元，是茅台的一半，但 2014 年反倒亏损 4.18 亿元，股价仅涨 17%，与茅台相比已是天壤之别。考察白酒行业其他公司利润变动情况和股价表现情况基本也呈现出利润增长多，股价涨幅高的规律，经过统计回归分析，两者相关关系高达 0.85。为什么有的公司利润增长快，而有的公司利润增长慢，这就要理解公司背后的竞争优势，如表2-1所示。

表2-1　2001—2015年8月白酒公司利润变动情况及股价区间涨跌幅

排名	证券代码	证券简称	2001年净利润（亿元）	2014年净利润（亿元）	区间涨跌幅	利润增长倍数
1	600519.SH	贵州茅台	3.28	153.50	3 891%	46.76
2	000568.SZ	泸州老窖	0.85	8.80	835%	10.34
3	600559.SH	老白干酒	0.22	0.59	625%	2.71
4	000858.SZ	五粮液	8.11	58.35	570%	7.19
5	600809.SH	山西汾酒	0.29	3.56	531%	12.39
6	000596.SZ	古井贡酒	0.67	5.97	332%	8.90
7	000860.SZ	顺鑫农业	0.73	3.59	236%	4.90
8	600197.SH	伊力特	0.77	2.68	147%	3.49
9	600702.SH	沱牌舍得	0.31	0.13	146%	0.43
10	600199.SH	金种子酒	0.35	0.89	131%	2.52
11	000799.SZ	*ST酒鬼	1.02	−0.97	71%	−0.96
12	000995.SZ	*ST皇台	0.02	−0.39	22%	−15.84
13	600779.SH	*ST水井	1.73	−4.18	17%	−2.42

数据来源：wind资讯

2.5　安全边际

　　安全边际探讨究竟以价值的多少折买入标的证券的问题。安全边际有两个作用：① **防范错判风险**。即便我们恪守能力圈，我们的认识也是有限的，世界到处充满未知和出乎意料，5角钱买1元钱物品，假设物品真的只值5角或者更少呢？安全边际提供了减少亏损的空间。② **投资利润来源**。便宜本身是上涨理由，价格向价值回归，5角买1元钱东西，本身就提供了盈利100%的空间，如果再加上资产本身再增值，盈利空间更大！价格是价值的七折值得轻仓投资，五折值得重仓，折扣越多越值得投入，也就是说如果一个股票没有 50%～100%的盈利空间，购买意义不大。

这里再探讨 5 角钱买 1 元钱东西的两种含义：第一种含义，人们对现在的信息判断错误，根据已知绝大部分信息，现在价格比现在价值便宜很多。第二种含义，人们对现在的信息判断正确，但是低估了公司长远的发展，造成现在的价格远远低于未来的价值。由此价值投资演化为两大流派，低估价值投资和成长价值投资。

低估价值投资强调现在的价格要比现在的价值低，但也要确保公司未来的价值不会下降，最好仍然能够上升，如图 2-3 所示。

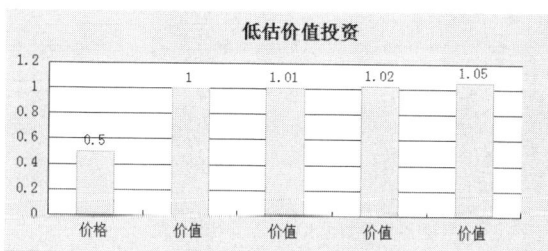

图2-3　低估价值投资

成长价值投资强调公司未来的价值快速增长，即便现在以合理价格买入，相对未来的价值也是非常便宜的。1 元钱买目前值 1 元钱的东西，但未来价值快速增长，如图 2-4 所示。

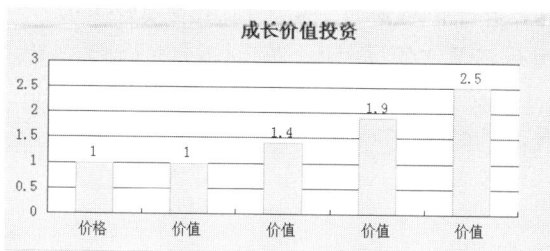

图2-4　成长价值投资

中国资本市场是一个特殊的市场，存在一些公司既在 A 股上市，又在 B 股上市，或者既在 A 股上市，又在港股上市。一般而言，B 股和港股上市公司估值较 A 股更为便宜，这就给了我们观察安全边际或者低价买入对投资收益率影响程度的机会。

金桥 B 股（SH：900911）是 A 股上市公司浦东金桥（SH：600639）发行的 B 股，两只股票背后对应的是同一家公司。通过将两只股票收益率叠加，发现 1993 年 5 月至 2015 年 7 月，金桥 B 股二十多年的收益率约为 13 倍，而浦东金桥同期的收益率仅为 4 倍多，同一家公司，为何股票长期收益率竟然相差了近 10 倍？奥秘就在于估值，金桥 B 股长期的估值为浦东金桥的一半甚至不到一半，即同样的股权在 B 股市场买较 A 股便宜了至少一半，如果算上现金股息再投资，便宜的 B 股收益率会更高，如图 2-5 所示。

图2-5　浦东金桥A股与B股走势

中国石化（HK：0386，SH：600028）则是一家 A 股和港股两地上市公司，可以看到 2000 年 10 月～2015 年 7 月，中国石化港股股价收益率接近 9 倍，而中国石化 A 股股价收益率仅为 2 倍多，相差近 7 倍。中国石化港股股价走势已经接近历史新高，而中国石化 A 股股价还趴在历史低位。之所以产生如此差异，仍然是因为港股较 A 股便宜了很多，直至最近中国石化的 A 股和港股估值才变得相近，如图 2-6 所示。

图2-6　中国石化A股与港股走势

上述案例不是独特现象，而是普遍存在于 A 股、B 股和港股中，案例揭示一个天然的道理，买的便宜，投资收益率自然会更高。非常有趣的是流动性好、短期涨得快、热衷炒作的 A 股长期收益率竟然远远逊于成交冷清、没人想炒的 B 股和港股，所以，一个交易品种经常被人热衷炒作是件好事吗？这背后的道理值得大家慢慢品味。

2.6　以所有者角度买入和持有

巴菲特曾经说过："如果你不想持有一只股票十年，你就不要持有一分钟。"这句话表面上是在说投资股票要长期持有，但实际上更强调以所有者的角度持有。买股票买的其实是背后的公司，股东是公司的所有者。价值投资要求投资者选择股票要像一个小业主对他的店铺、农场或者公司做决策一样，需要把眼光放长远，避免像鼠目寸光的交易者一样迅速易手。农民不会经常把苗拔出来看看是否长大，而炒房者因为税负高，很少易手，反倒收益率最高。股票价格回归价值需要时间，公司价值增长同样需要时间。

如果经营的是实业，碰到短期困难，大多数的人会咬牙坚持，例如山西煤炭低迷时，许多私人煤老板一年赚到的钱不如下井的矿工多，还需要承担安全事故所造成的巨额赔偿风险，他们如果轻易选择结束生意，就不会迎来日后煤炭行业的大繁荣，也就不会成为闻名全国的山西煤老板。但是，在证券市场上恰恰因为流通性太好，公司稍有不顺或者股价稍微不涨，投资者就会迅速卖掉，不愿意承担风险自然也就不会迎来日后的暴利。从某种程度上说，利润是靠坚持持有赚出来的。

一　快牛与慢牛模式谁更好

做生意的人多喜欢生意源源不断，不是只做一锤子买卖，购进的商品价格越低越好，这样利润才丰厚。但是在证券市场上，炒股的人想要股价短期涨得越快越好，赶快卖掉再买下一只股票，股票只是一个交易代码和筹码，而真正的价值投资者则是希望股价缓慢上涨甚至下跌，以便后续资金源源不断买入，经过十年、二十年公司的不断成长，投资者持续投入及现金股息再投，到时仅公司的现金股息分红就远超投资总额。

A 股炒作模式如图 2-7 所示，一有利好消息，股价会立刻炒上去，不仅涨到合理位置，通常会涨过头，形成快牛走势，然后通过长时期的不断下跌回归到价值或者价值之下，形成慢熊。这样的模式是 A 股长期处于高估区间，因为涨得太快，仅有少量资金能够在快速上涨前投入股市，而源源不断的后续资金只能面临着购买物无所值的 A 股，大量的资金加仓在高位。所以 A 股市场大多只是做一锤子买卖生意，那些想卖掉股票再炒另一只股票的人，面临的不过是另一只同样甚至更昂贵的股票，无法逃脱快牛慢熊命运。

如果以所有者角度投资，最理性的股价增长模式如图 2-8 所示。股价增长缓慢，慢牛，最好慢过公司价值的增长，这样源源不断的后续资金可以从容进入，而且买到的都是物超所值的股票，加上公司发放的现金股息再投资，长期累积下来利润惊人，这样的生意才是可以持续的，而且风险很低。这种模式下股价表现平淡无奇，肯定没有快牛模式走得激动人心，但是却是走得最为久远的方式。2014 年中，A 股市场高达 8%股息的股票随处可见，虽然这些股票股价表现平平甚至糟糕，但是这种状态是有利于投资者长期利益的，投资者可以持续买入。2014 年末，A 股迎来一波酣畅淋漓的牛市，股价上涨满足了投资者一时的利益，但投资者却永久失去了购买 2014 年股息 8%而 2015 年股息就会增长到 9%这样公司股票的机会。不过，话说回来，股息收益率不断增加，投资回报吸引力越来越高，本身也是促成价格向价值回归的内在动因之一。

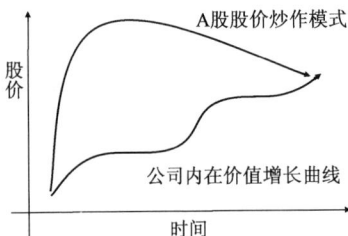

图2-7 A股股价炒作模式 图2-8 理想股价增长模式

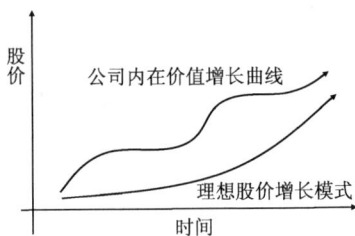

快牛模式下，投资者面临大量资金高位套牢风险，而慢牛模式下，投资持续买入物超所值的股票，就算股价不涨，股息收益率越来越高，而越来越高的股息收益率最终会引发股票价格向价值回归，基本没有风险。这就是只做一锤子买卖和以所有者角度持续做生意的巨大区别。

三 波段操作为何困难

中国股民就败在急功近利，妄图迅速发家，我们的投资者没有股东意识因而只能被称为股民，不是投资股票而是炒股票。中国是全球股票换手率最高的国家，股民将炒股一词发挥得淋漓尽致，2014 年末中国 A 股日成交金额已达万亿元，对应三十万亿元市值，扣除交易少的大股东持股，相当于不到一个月，股民就会将手中的全部股票换遍，至 2015 年日成交金额最高竟然达到两万亿元。疯狂换手的代价是中国股民承担的交易印花税和交易佣金全年将高达数千亿至万亿元，远多于从上市公司获得的现金分红（上市公司现金分红大部分被交易少的产业大股东拿走）。所以，炒股一开始就是负和游戏，中国股民从进入股市起就注定集体亏损，受益的群体是高位减持的大股东，Pre-IPO 私募股权基金，圈走大笔钱的上市公司，收印花税的财政机构和收佣金的券商。

股票高换手率背后是股民们相信能够通过波段操作，低吸高抛快速获利。短期内，股价大多随机游走，事后看高抛低吸很清楚，但事前高抛很难抛在最高，因为阶段高点只有一个，猜中的概率就很低，很容易抛在路上，高抛了继续涨，买不买回？高抛了没跌到预想的位置又涨了，怎么办？低吸也很难吸在最低，因为阶段低点也只有一个，容易买在山腰，买了继续跌卖不卖？事实上，因为情绪因素更容易高买低卖，涨时更容易追涨，跌时反而不敢买入。如果真的有人能够持续做到短期的低吸高抛，那么他完全可以凭借杠杆和期货在十几天的时间内成为世界富豪，然而事实上根本没人做得到，如图 2-9 所示。

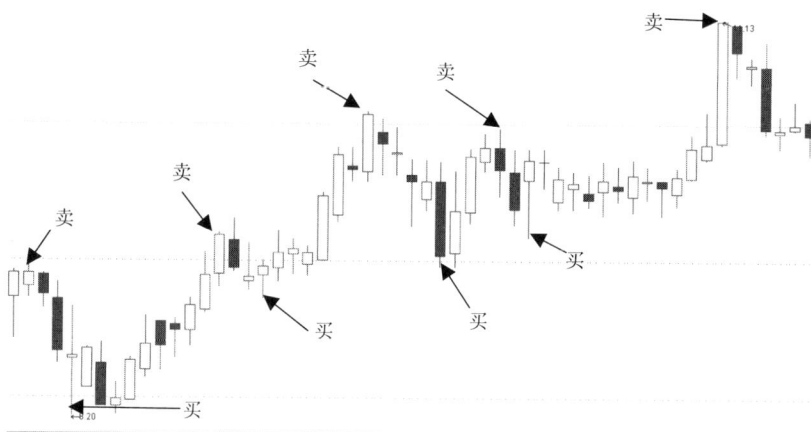

图2-9　不可能做到的低吸高抛图

金融市场中存在着奇特现象，这种现象使得短期的高抛低吸更为困难，**即某几天的行情可能就决定了一年大部分的收益率**，你错过了涨幅最好的那几天，全年收益会差很多，你规避了跌幅最厉害的那几天，全年收益则高很多。类似美国 1987 年股灾，一天就跌了 22%，而 2015 年中国 A 股指数有几天跌幅超过 5%，正是那几天的行情造成了投资人的亏损或者盈利大幅回撤。2012 年和 2014 年的 12 月份，如果你是银行股投资者但当时却选择空仓，你将错过银行股几年中最大的涨幅。行情变化之快，时间之短，投资者根本无从把握，想要成功择时更是难上加难。而且**跌得比较凶的那几天和涨的比较多的那几天常常是混在一起**，一年 240 个交易日，能逃过最差几天和抓住最好几天的概率实在太小了。往往恐慌性抛盘出现时，大家都想要卖，最差的几天说不定已经过去。

查尔斯·艾里斯的《投资艺术》一书研究显示，从 1982 年至~1990 年间，标准普尔 500 指数的年均收益率为 18%，如果去掉 8 年中股市涨幅最好的 10 天，平均投资回报率就会少 1/3，从 18%降为 12%，这 10 天占整个交易期间的比率不到 0.5%。再去掉次好的 10 天后，几乎又使投资回报率再少 1/3，降为 8.3%。去掉表现 8 年中最好的 30 天后，这 30 天占整个期间的 1.5%，年均投资回报率就会从 18%降到 5%。

詹姆斯·赛伯的《华特·米提的生涯》一书做了时间跨度更久的研究。书中仍用标准普尔 500 种股价指数的回报率作为衡量依据，得出下述结论：1926—1996 年，在这段漫长的 70 年里，股票所有的回报率几乎都是在表现最好的 60 个月内缔造的，这 60 个月只占全部 862 个月的 7%而已。我们都想知道是哪些月份，想想看获利会有多高！但是，我们做不到，以后也不可能做到。我们的确知道一个简单而珍贵的事实，就是如果我们错过了这些表现绝佳，但不算太长的 60 个月，我们会错失掉整整 60 年才能积累到，而且几乎等于所有的投资回报率。其中的教训很清楚："**闪电打下来时，你必须在场。**"

三　换股操作可行吗

除了短期的低吸高抛外，股民还喜欢进行不断地换股操作，可是卖掉的股票一定比新买入的股票走势差吗？频繁换股导致股民根本不清楚手中买的究竟是什么样的公司。每次换股都有一定成功概率，但当股民做的换股决定越多，连续正确的概率会越小，最终失误越大。如果有股民靠短期内不断换股赚到了钱，一来可能是他运气极好，二来可能是处于市场普涨行情，所有股票都在涨。

股民进行换股操作往往喜欢卖掉不涨的股票，买入股性活跃，处于交易热点，涨得好的股票，这样真的能够获得良好的收益率吗？恰恰相反！申银万国证券编制了一个活跃股指数，该指数从 2000 年开始运行，期初指数点位为 1 000 点。编制原理为选取每周换手率最高的前 100 家公司，每周调整样本股，典型的追涨策略。这个策略并不是在换手率最高时买入，而是标准的放量买入，缩量卖出。每周调整，保证了留在指数里面的都是周级别持续放量的标的。结果至 2015 年 7 月，该指数竟然跌到 37.52 点，年化收益率是惊人的-18%，如图 2-10 所示。

所以，慎做买卖决定，只做最有把握的决定。巴菲特有个"打孔机"理论，如果你有一张打孔的卡片，卡上只能打 20 个孔，你每投资一次就需要在卡上打一个孔，直到 20 个打孔机会用完。如果预先想好一辈子只准备打 20 个孔，那每打一个孔的时候就会非常谨慎。事实上我们绝大部分的盈利或者亏损就来自那少数几个决定。最优的办法是，将股票研究清楚，确信公司价值大幅贬损的风险较低，在股票低估区间持续买入，高估区间逐渐减持卖出，其他时间公司运营正常则持股不动，不管波动。这种看似很笨、很慢的方法其实才是真正大波段的低买高卖，一生只要做对几次这种决策，足以富足。

图2-10　活跃指数走势图

四　一个股价 8 年不涨的案例

　　格力电器是中国制造企业的代表，可哪里想到 1997—2005 年的 8 年期间，格力股价只是巨幅震荡，几乎零涨幅。价值投资者可能不会一直持有格力电器 8 年之久，因为早期格力估值偏高，价值投资者也许不会买入，后几年无疑也必须忍受股价反复震荡的煎熬，如图 2-11 所示。

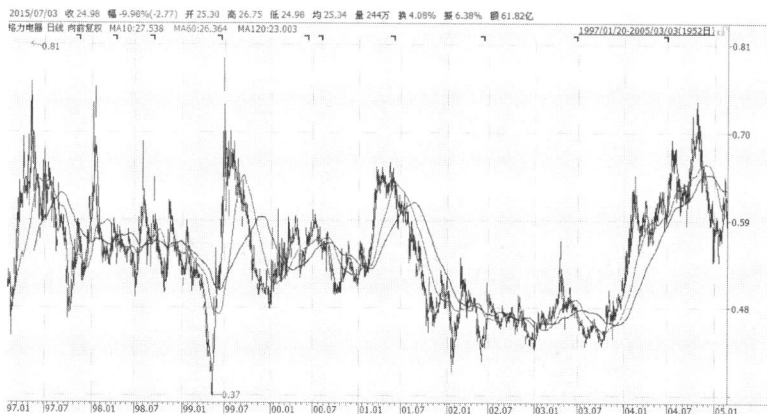

图2-11　8年股价不涨的格力电器

然而，如果你无法承受长达好几年股价不涨的煎熬，你也将无缘在2005—2015年十年间格力电器股价上涨44倍的丰厚回报。这一切都需要投资者以所有者的角度看待所投资的公司，具备长远的目光和坚毅的耐心，如图2-12所示。

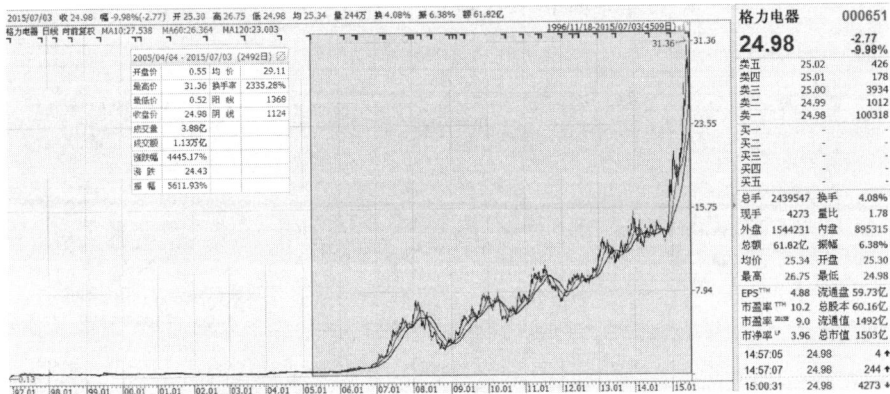

图2-12　十年股价上涨44倍的格力电器

2.7　知道何时卖出

价值投资并不等于简单机械地长期持有，也会寻求卖出股票的机会。对于价值投资者而言，最喜闻乐见的是市场发疯，愿意以一个极高的估值和价格买走手中的持股，股价透支了未来好多年公司增长的业绩，为何不卖呢？此外，如果价值投资者找到比原有持股更好的替代品种，例如，存在更好的公司基本面和更低估值的股票，价值投资者会选择换股。价值投资者最不愿意见到的是公司基本面恶化大幅超出预期，而被迫卖出股票，这种恶化不是短期能够改善的，是公司长期价值的减损。因为股价往往走在前面，当价值投资者看清楚事实，已经遭受巨大的损失。

至于其他时间，如果没有看错公司，低估区间还是拿着别动。

2.8　投资组合

当有人问我买什么股或者对某只股票的看法时，我会觉得比较为难。可能只是花了10%的资产买入某只股票，但听者可能会拿全部身家买入，万一我看错了，我只会损失部分资产，但对于别人则可能会输光全部身家。

世界充满未知，而人类的认识是有限的，我们曾经自信满满的投资最终可能会一败涂地。世界上会发生各种突发和偶然的事件，例如高铁建造公司可能遭遇铁路交通事故，食品公司可能碰上食品安全危机，航空公司可能遭遇飞机失事，远洋石油公司可能遭遇钻井平台泄漏，金融公司可能因经济危机而崩溃，影视公司可能遭遇影片连续不卖座，还有各种天灾人祸，任何红火的生意可能转眼就变得门庭冷清。因此，需要通过分散投资来规避单一持股风险，以防范黑天鹅事件。单一持股或者行业持有比例建议不超过总资产的 25%。让我们再来看一个因为重仓某一行业而遭受惨痛损失的案例——比尔·米勒之败。

美盛集团（Legg Mason）董事长兼首席投资官比尔·米勒（Bill Miller）曾经是华尔街唯一一位连续十五年击败标准普尔 500 指数的基金经理，被誉为最伟大的基金管理人之一，然而这个辉煌的纪录却在 2006 年戛然而止。对于米勒而言，2006 年是噩梦开始的一年，当时由于没有买入市场热炒的石油和大宗商品股票，错过了能源股的大牛市，导致旗下基金当年涨幅仅 5.9%，同期大盘涨幅 15.79%，首次跑输大盘。到了 2007 年，金融市场开始出现信贷危机，美联储在 2007 年 8 月 17 日和 9 月 18 的连续两次降息使米勒错误地认为危机已经解决，并重仓金融股，导致基金当年收益下跌 6.7%，而同期大盘上涨 5.49%。一年以后，米勒仍坚持自己的判断，继续重仓金融股。但他投资的贝尔斯登、华盛顿互助银行、花旗集团、美林证券、房地美和 AIG 等公司最后不是被收购就是被政府接管，给基金造成了惨重损失。在雷曼兄弟倒闭，金融危机爆发的 2008 年，美股大盘整体暴跌 37%，而米勒的基金损失则高达 55%。虽然米勒的长期业绩仍然不错，但濒临退休却遭此结局，不免令人惋惜。

2.9　控制情绪及人性弱点

价值投资鼻祖格雷厄姆曾说过："投资者最大的敌人不是股票市场而是他自己。如果投资者在投资时无法掌握自己的情绪，受市场情绪所左右，即使他具有高超的分析能力，也很难获得较大的投资收益。"他还举了一个生动的"市场先生"案例。

假设你和"市场先生"是一家私营企业的合伙人。每天，"市场先生"都会报出一个价格，提出他愿以此价格从你手中买入一些股票或将他手中的股票卖给你一些。尽管你所持有股票的合伙企业具有稳定的经济特性，但"市场先生"的情绪和报价却并不稳定。有些日子，"市场先生"情绪高涨，只看到眼前光明一片，这时他会给合伙企业的股票报出很高的价格；另外一些日子，"市场先生"情绪低落，只看到眼前困难重重，这时他会给合伙企业的股票报出很低的价格。此外，"市场先生"还有一个可爱的特点，就是他从不介意被冷落。如果"市场先生"今天所提的报价无人理睬，那么他明天还会来，带来他的新报价。格雷厄姆告诫投资者，处于这种特定的环境中，必须要保持良好的判断力和控制力，与"市场先生"保持一定的距离。当"市场先生"的报价有道理时，投资者可以利用他；如果他的表现不正常，投资者可以忽视他或利用他，绝不能被他控制，否则后果不堪设想。

股票价格是边际定价，假如上市公司有 100 个股东，99 个股东不交易，剩 1 个股东与潜在投资者交易，那么全体股票的价格就由这一笔交易价格决定。市场的高点往往是最疯的交易者买出来的，而低点是最恐惧的交易者卖出来的，难道正常人应该由这些偏执的人控制？

"市场先生"的情绪很容易被感受到。股市火热时，当你打开电视机，不论哪个台都在播放股票节目；在公交车上、在路上、在电梯、在吃饭，到处都有各行各业的人在看股票或者讨论股票；搜索百度指数，股票类似关联词热度也是越来越高。外加高估值，产业资本已经不断减持，市场融资行为越来越多，成交量放出天量，垃圾股都在群魔乱舞，龙头股反倒走软等这些信号，这时资本市场其实已经很危险了。而股市低迷时，以上表现恰恰相反。

证券市场从不缺乏掌握许多专业知识的精明投资者，但是当中有很多人在即便深知股票很贵的情况下，仍然寻找各种理由继续参与市场，赌股价会更贵，而且一旦他们赌对一回，下回他们会下更大的注，直到输光。他们也知道股票便宜，但因为股价不涨，所以寻找各种理由证明股价不会涨，并继续对估值便宜的股票熟视无睹。

投资者还很难不将自己与其他人比较。本来某个投资者赚到了钱，应该开心，但和别人一比较，别人赚得更多，他反而难受了，相反如果他亏了钱，本来应该难过，但只要比别人少亏，他倒是欣慰了。人们在盈利的时候，往往喜欢和别人分享他的喜悦，但是亏损的时候却选择独自承受，所以我们一直会形成一个印象，怎么赚钱的都是别人，而亏钱的都是自己呢？其实是因为别人亏损时，你压根不知道。当我们看到别人手中的股票每天都在大涨特涨时（类似 2015 年上半年创业板的股票平均每天都涨 2%～3%，就像没有风险似的，赚钱效应还传播得特别容易），而我们手中的持股涨得很慢，甚至不涨，不管别人还是自己的内心都在说"换股吧，赶快换吧"，我们的理智是否还存在，能否经受得住别人的嘲笑呢？不从众确实很难，而从众后你能找到认同感、安全感，于是，大部分的人最终换股了，那么原先只是少赚，后来就变成了真亏。

历史上杰出的大人物在证券市场中人性的贪婪、攀比等缺点同样暴露无遗。著名物理学家牛顿 1720 年 4 月 20 日卖出自己持有的南海公司股票获得 100%的利润，获利 7 000 英镑。这原本是件很开心的事，然而，随着接下来南海公司股价一路攀升，他那些没有卖南海股票的朋友们变得更富有了，牛顿改变了南海公司股票过高即将下跌的看法，忍不住再次入市而且投入资金量更大，结果最后损失 2 万英镑。2 万英镑对牛顿意味着什么呢？以 1699 年牛顿就职英格兰皇家造币厂厂长（牛顿不但懂物理，还懂金融）时年薪 2 000 英镑计算，牛顿在南海公司股票上赔掉了 10 年的薪水！在这一年内，南海公司股票股价从 128 英镑蹿升至 1 000 英镑，又回落到 124 英镑，最终清算时，其资产已所剩无几。由此牛顿写道："**我可以计算天体运行的轨道，却无法计算人性的疯狂。**"他再也不愿意听到"**南海**"这个词。 1725 年，英国出台南海法案，禁止个人建立股份公司，一直到 1830 年左右才重新放开，股票市场停顿了一个世纪，如图 2-13 所示。

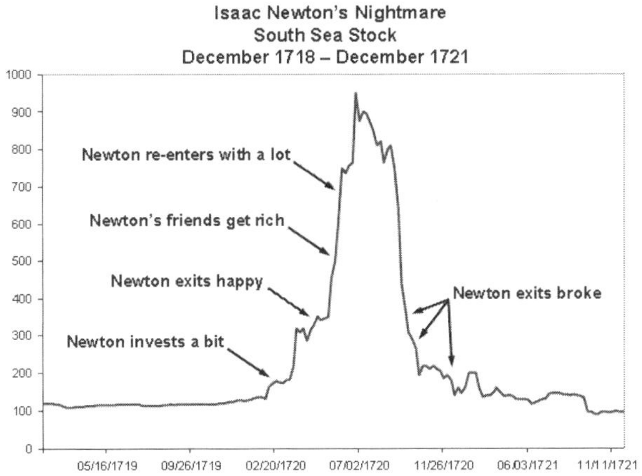

图2-13　牛顿与南海泡沫

牛顿是世界著名人物，想要抄底逃顶都做不到，更何况资质平庸的普通人呢。顶部往往是收益率上升最快，投资者最开心的时刻，难以离场，而在底部投资者赔了又赔，避之唯恐不及。图 2-14 所示为绝大部分的投资者根据股市循环而做出的反应。

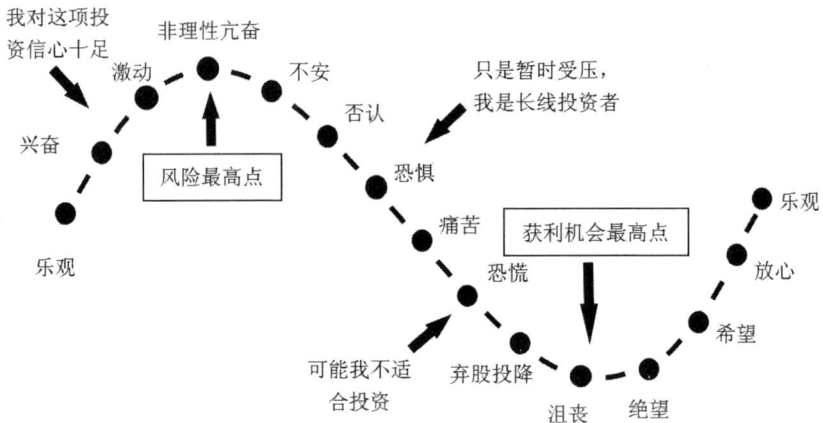

图2-14　股市与情绪循环图

2.10　价值投资难点

企业价值短期内虽然比较稳定，但是却肯定会发生变化，因为世界本身就在不断变化当中，而且影响因素非常复杂。价值投资难点在于：① 投资者自身认识有限，收集到的信息与利用的评估方法有限，不能客观地评估公司，对公司价值认识错误。② 世界变得太快，企业的发展出乎意料。③ 无法控制自身情绪和人性弱点。

因此，一方面要将我们的投资局限在所能理解的范围内，另一方面需要不断地学习扩展我们对世界的认识，投资时拥有一定安全边际作为潜在损失的缓冲空间，以概率思维构建分散的投资组合，上述价值投资要素构成了一个完整的逻辑体系用来应对各种风险。至于控制自身情绪和人性弱点，可能更多的是与生俱来的特质。

个人总结

价值投资骨髓里是保守、保守、再保守的投资态度，避免各种高杠杆和投机炒作的高风险投资行为，它比拼的不是能够在多短时间内不问风险获得多高的收益，而是谁能在市场存活下去并且活得最久，避免那唯一一次的重创。

CHAPTER 03

宏观经济重要吗

宏观经济因素对证券投资重要吗？可能有的人觉得重要，股票、债券这些大类资产价格难道不是和宏观经济紧密相连吗？不过，有人在2015年的伯克希尔·哈撒韦股东大会上问巴菲特对美国宏观经济的看法时，巴菲特说："我实在想不起来，我曾经基于宏观经济因素而决定做过任何一桩买卖，我从来不会仅凭宏观因素将收购或关闭一家公司。如果一家企业雇用一位经济学家，那意味着公司费钱多雇了一个人手。"此前，巴菲特也表示类似观点，"形成宏观的看法，或者听别人的宏观或市场预测，纯属浪费时间。事实上，它还是很危险的，可能让你的视野变得模糊，看不清真正重要的东西。"

3.1　宏观经济内在的复杂性

为什么巴菲特会认为宏观经济不重要呢？因为宏观经济涉及因素过于复杂，如图 3-1 所示，这些因素互相关联，彼此影响。同样的宏观数据，可以得出截然相反的结论，宏观经济的分歧无处不在，以至于经济学界有一个难以摆脱的笑柄：10 个经济学家会有 11 种不同观点。即便有哪位经济学家预测对了一两次经济走势，但很难持续判断正确。

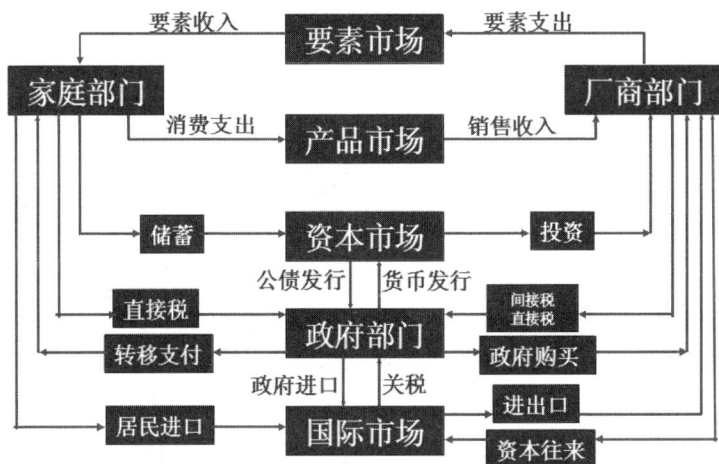

图3-1　宏观经济循环图

3.2　人为干预宏观经济的复杂性

宏观经济的复杂性还在于存在人为的干预，当宏观经济过热时，政府会通过货币和财政政策对经济进行抑制，而当宏观经济过冷时，政府仍然会通过各种政策进行刺激，政策传导的机制复杂，生效的时间和力度也都是未知的。当经济内生的作用力和人为的反作用力共同发力时，经济就更加无法准确预测了。我觉得有意思的是，当美国传出要退出量化宽松货币政策时，市场人士反倒慌了，他们担心上涨的基础——流动性消失后会造成市场的下跌。这就好比一个重伤的病人经过治疗，快要出院了，他反倒不愿意出院，说，"药不能停，药停了我可怎么活！"，如图 3-2 所示。

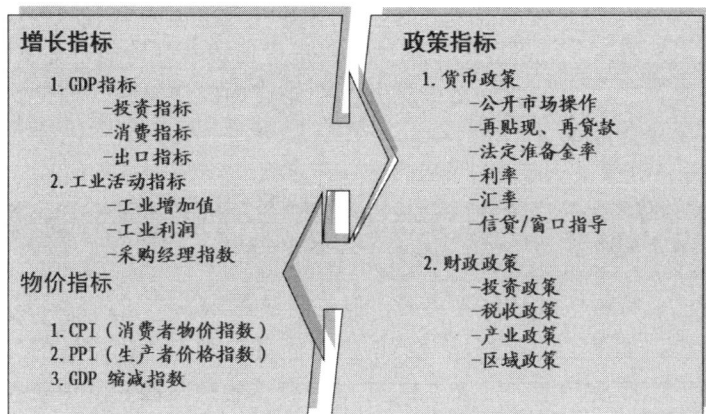

增长指标

1. GDP 指标
   -投资指标
   -消费指标
   -出口指标
2. 工业活动指标
   -工业增加值
   -工业利润
   -采购经理指数

物价指标

1. CPI（消费者物价指数）
2. PPI（生产者价格指数）
3. GDP 缩减指数

政策指标

1. 货币政策
   -公开市场操作
   -再贴现、再贷款
   -法定准备金率
   -利率
   -汇率
   -信贷/窗口指导
2. 财政政策
   -投资政策
   -税收政策
   -产业政策
   -区域政策

图3-2　经济与政策的相互作用图

3.3　股市通常是经济的先行指标

即便投资者真的判断对了经济的形势，可是当你判断出来的时候，股价早已经先你一步反应了。一般而言，股市是经济的先行指标，不过我们居然想用预测经济的方式来预测股市，当然这还不是最愚蠢的，还有人用滞后经济的指标失业率来预测股市，他们的逻辑是失业率上升证明经济不行，股市应该下跌，逻辑完全颠倒了。巴菲特曾经说过："如果你想等到知更鸟报春，那春天就快结束了。"当你看明白经济形势时，股市行情也已经结束。

3.4　经济与股市关系不一

2001—2005 年，中国经济一直很好，A 股却跌了多年。2006—2007 年时，中国经济过热，通货膨胀严重，央行不断加息，仍然抑制不了中国股指的不断上涨。2014—2015 年，中国经济增幅放缓，通货膨胀压力减轻，央行不断降息，中国股指也是在不断上涨的。按照前面提过的经济吃药理论，不断降息相当于吃越来越多的药，说明经济状况更为糟糕，那么为啥股市还可以大涨呢，只能说明经济对股市的影响是复杂的，股市对经济的反映更复杂。

理论说得很完美，经济复苏时，持有股票，繁荣中后期卖出股票，衰退期持有现金，萧条期末买进股票，还有在各种时期进行行业股票轮动，问题是我们判断不出经济的周期怎么走，周期的大小和长短根本不知道，即便预测对了经济，也预测不了股市的反应。所以，对于绝大部分的企业家而言，与其耗费大量精力研究复杂还没有准确结论的宏观经济，不如把心思放在经营管理上，思考怎样能生产出更受消费者喜欢的产品更为实在。对于投资者而言，也没有必要因为某几个季度的经济衰退，而放弃一个具备长期增长潜质的优秀公司。

3.5　经济的长期增长潜力很重要

尽管巴菲特说宏观经济不重要，但是同样在 2015 年的伯克希尔·哈撒韦股东大会，面对着心中充满对美国宏观经济与股市不确定性的外国投资者，股神巴菲特反问道，**过去 238 年中，有谁看空美国并从中获益了呢？**在那次大会上，巴菲特不仅将自己的伯克希尔·哈撒韦公司的成功归功于搭了美国经济和投资环境的顺风车，同时还声称美国的潜在商机远比现在表现出来的多。巴菲特认为自己一直是很幸运的，很大程度上是因为他是生在美国的男性。上述言论都在说明**一个经济体的长期增长潜力对投资而言非常重要**。为什么世界上最富有的投资家出现在美国，为什么巴菲特依靠投资美国企业获得空前成功，而不见他投资过某些战乱、贫穷的国家。这些都是基于美国是一个经济长期增长良好的伟大国家，凭借着政治、法制等因素保障，以及美国人的创新精神，美国一直引领着世界经济的增长。

反观我们国家，中国的经济增长短期内面临着模式转变、产业结构升级等挑战，中国在法制、政治、环保、创新意识、自由市场干预等诸多方面都存在问题，但相比过去已经取得长足进步。只要中国制度的改革红利能够源源不断地释放出来，基于中国各方面仍然比较落后，但却又是全世界最大的市场，经济增长空间依旧非常广阔，中国人的勤奋加上释放出来的才能，会使得中国经济的崛起势不可当。从某种角度来说，价值投资就是在赌国运，赌国家的长期经济增长，价值投资者更是爱国者，毕竟只有我们最了解中国的一切，这种优势是我们去投资别国或者外国人投资中国所不可比拟的，我们更为担忧的是会对经济长期稳定发展产生不利影响的任何因素。

3.6　宏观经济对周期股投资很重要

如果你投资的公司大多为弱周期型公司，确实可以不太需要关注宏观经济，但是如果你投资的公司为周期型公司，那么宏观经济对公司价值的变动就有显著影响了。宏观经济会对大宗商品的价格产生明显影响，而大宗商品的价格对周期型公司的营业收入和营业成本又明显影响，进而影响到公司利润和股票表现。当然，如果购买的周期公司估值非常非常的便宜，公司又是行业龙头，经营稳健，做好长期持有打算，宏观因素可能也没那么重要，因为周期股始终会复苏，只要有足够耐心等待。

3.7　经济大趋势因素很重要

会有一些大的趋势性因素影响经济的发展，对于投资者而言，抓住能够从大的趋势性因素中受益的公司股票将会获利颇丰。下面列举几个大的趋势因素。

一　人口

人口数量和结构的变化将对经济产生重要影响。大部分的人都会做与年纪相符的事情，例如，6～18 岁上小学初中，18～22 岁上大学，22 岁开始工作，女性 25 岁，男性 27 岁左右开始结婚生子购房，30～40 多岁开始承担抚养子女和赡养老人义务，50 岁以后，对健康保健需求增加，60 岁后在旅游和医疗支出更多。

美国婴儿潮一代是人口学上最有名的现象，他们结婚成家时抬高了房价，他们有钱投资时造就了 2000 年前后的美国最大的股市泡沫，当他们大部分进入老年退休时，很多与养老有关的医疗、药品、公寓等都被看好。

新中国成立以来，出现过三次人口高峰，分别在 1954 年、1963 年、1987 年前后。不同年龄结构的人的消费需求不同。第一波人口高峰期人群目前面临的养老、医疗、保健问题更为迫切，他们同时存在旅行出行需求。第二波人口高峰期人群目前掌管着中国最多的财富，相对应产生的理财与消费需求巨大。第三波人口高峰期人群个性更为鲜明，衍生出丰富的消费品、文化、娱乐等需求，未来他们的子女还要开始上学，衍生出教育的需求，而这波人的购房需求一旦完结，中国的房地产景气程度将会有所下降。就总体而言，中国已经步入老龄化社会，劳动力紧张，出现农民工荒，劳动密集型产业受损，智能机器人产业受益，如图 3-3 所示。

如果公司有强大产品定位，又处于某一个特殊年龄段人口的消费高峰，将会导致公司业务暴涨，业绩飞升，是绝佳的投资机会。

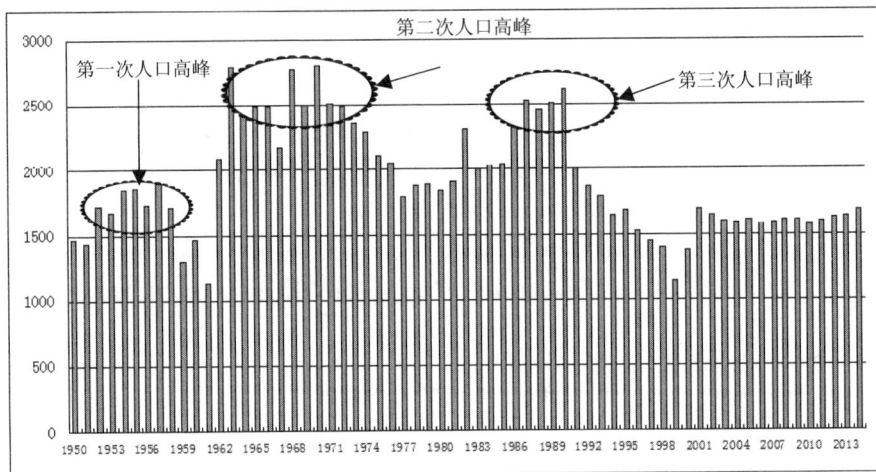

图3-3　中国每年出生人口分布图（单位：万）

二　技术

　　西方传统经济学从人口、资本、工资、利润、地租等经济变量在数量上的增长来认知经济发展，而现代创新理论的提出者——熊彼特通过分析技术进步和制度变革在提高生产力过程中的作用，揭示并强调创新活动所引起的生产力变动在经济、社会发展过程中的推动作用，从一个全新的视角来阐释和认知经济发展的内在动力。纵观西方经济发展历史，如表 3-1 所示，每一轮大的经济向上周期都归结于一类新技术的扩散，而每一次新技术的扩散都会产生引领当时股市的龙头股。新技术、新产品的推出往往造就大牛股，这些创新能够多大程度地改变人们的生活方式，股价的涨幅就能多高。值得一提的是，新技术的运用往往也会刺激每轮资本市场的股价泡沫的生成。

表 3-1　历次科技所引领的产业革命

第一次产业革命 18 世纪 70 年代	第二次产业革命 19 世纪 40 年代	第三次产业革命 20 世纪 40～70 年代	第四次产业革命 20 世纪 80 年代至今
•标志：蒸汽机和纺织机的发明和应用。	•标志：蒸汽机广泛应用、铁路网建设和近代炼钢技术形成。	•标志：电子、宇航、原子能、高分子产业迅速发展。	•标志：信息技术的广泛应用。
•钢铁、机械、煤炭、造船、铁路、纺织等产业得到了极大的发展。	•以电的广泛应用为核心，以内燃机、石油、化学、钢铁等新兴工业为特征。	•发达国家先后完成工业化过程，产业结构变迁都经历了农业比重下降、工业比重上升后趋于下降、服务业比重上升的发展过程	•信息产业的迅速发展带动微电子、半导体、激光、超导等技术的发展
•奠定大机器工业体系的基础，经济中心从农业转向工业	•由传统轻工业的劳动密集型向资本密集型转化		•主要发达国家开始向后工业社会过渡

当前要素投入、全球化、人口红利所提供的长期增长动力都在衰减，主要依靠低成本刺激的出口超高速增长逐渐回归常态增长，以大量增加资源资金投入维持的粗放型增长模式也将渐渐走到尽头，因此必须寻求依靠制度创新和技术创新来推动经济增长。

三　制度

好的经济制度能够使得资源配置效率高，交易费用低，确保了科技顺利转化，推动社会经济的发展。当年"洋务运动"学习了西方的科技，但却没有一个好的制度保障，最终导致失败。类似十一届三中全会，开启了中国的改革开放，塑造了如今中国的格局，意义深远。20 世纪 90 年代末，中央进行国企改革，竞争性行业的国企纷纷退出，释放了经济活力，而重点抓的垄断行业大型国企在此后的发展中越发强大。资本市场上，股权分置改革使得大股东和中小股东的利益更趋于一致，公司基本面得到改善，促生了 2006—2007 年大牛市。而如今，资本市场推行注册制改革，推行港股通，逐步对外开放资本账户，意义重大。每一次的制度改善都将深刻影响资本市场，其中就存在一些大的历史性机会。

四　政策

经济的增长依靠投资、消费和出口三驾马车，中国此前的经济发展政策首推投资、其次出口，最后消费，这和国情是密不可分的。在以投资为导向的经济发展模式中，工程机械类、基础设施建设类公司获益颇丰，许多这类公司在过去十几年间股价曾上涨了几十倍。而鼓励出口的政策也使得港口等相关行业颇具成长性。20 世纪 90 年代末，中国终止了福利分房，推行住房商品化，从此拉开了房地产行业的黄金时期，2002—2003 年，土地出让开始实施土地招拍挂制度，大型地产公司竞争优势得到加强，大地产商股票在过去十几年间也上涨了几十倍，土地出让金也成为各地重要的财政来源。近来，中国南北车合并，如果不是站在"一带一路"的国家战略角度看待，股价恐怕也不会炒得如此之高。

宏观经济唯一可以确定的是经济周期将会反复循环，但是市场最常犯的一个错误是，在经济繁荣时将繁荣当成了常态，公司价值全部按照持续繁荣计算，造成高估，而当经济萧条时，又会认为萧条是永恒的，极度悲观。不论繁荣还是萧条，经济会在均值回归的力量下再次达到均衡增长。巴菲特的厉害之处在于，几乎每次经济低迷或者危机时，他总有大笔的现金用来抄底，一个是他的商业模式导致，另一个原因应该是他保守的资产配置，总会留有现金以备不时之需。

个人总结

如果投资者精通宏观经济分析，自然是好事，但不懂也没太大关系，只要记住宏观经济是有循环往复周期即可。宏观经济学家们有很多是通过股市投资致富的吗？相反，他们当中不少都赔了钱，甚至包括最为著名的经济学家。为什么会这样呢？因为，从宏观的变化到公司的发展有一段距离，从公司的发展到股价的变化又有一段距离，股价的变化到成功的投资还有一段距离。

CHAPTER 04

如何选择行业

　　行业与行业之间的盈利能力是不一样的，有的行业中大部分的公司能够轻易获得长期超额利润，而有的行业竞争激烈，鲜有公司获得超额收益。行业深刻影响着公司的绩效，有句投资谚语——只要站在风口，猪也能飞起来。这里的风口指的就是行业因素，行业蓬勃发展，就是再差的公司也能收益；相反，行业低迷，再优秀的公司股价都很难表现得好，此所谓形势比人强。

4.1 行业的供需和分类

一 行业的种类

行业是指按生产同类产品或具有相同工艺过程或提供同类劳动服务划分的经济活动类别。从大的类别看，股票市场可以划分为 30 种左右的行业，如图 4-1 所示，这些行业与行业又存在相互关系，共同构成了整个经济的运行系统。

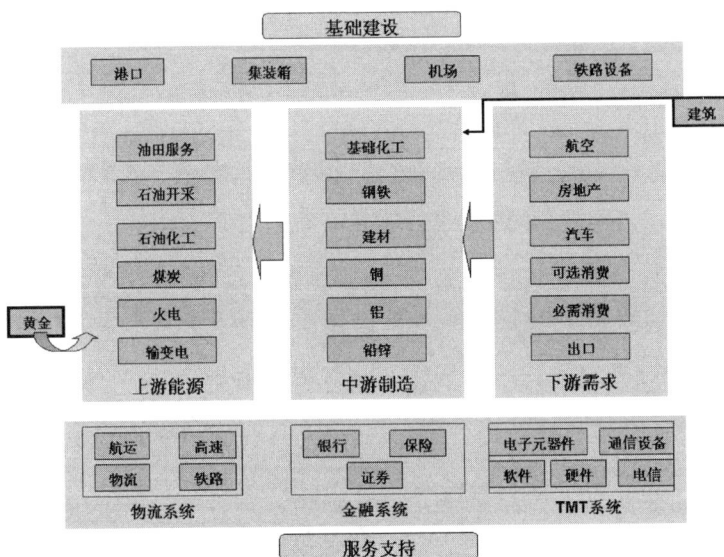

图4-1 行业关系链

二 行业的需求与供给

行业分析的项目之一就是分析需求与供给，供不应求，价格上升，行业内的公司受益，供过于求，行业竞争加剧，公司利润下滑。分析的难点在于产品和服务的价格往往是边际定价，需求大过供给一点，买方就会彼此竞争提升报价，产品价格可能就会出现更大幅度的上升，供给大过需求一点，价格也同理可能会出现巨幅下跌。

（一）需求分析

需求是如何估计与预测的呢？可以通过市场调查、权威资料查阅、建模预测、经验估计等方式得出。在预测的时候有一种总量预测法，即预测行业产品总的需求量和经济增长的关系，这种预测不考虑产品的细分品种和用途；第二种就是细分产品预测法，根据产品用途分别统计需求量。例如，煤炭可以划分动力煤和焦煤，而动力煤中又可按发电用煤、建材用煤、锅炉用煤、生活用煤等细分用途划分，通过预测各种需求部分加总得到总量预测。

如果已知人均拥有量和产品年限，可以推算出行业平稳时期的需求量，与行业的实际产量对比，看是否达到行业的天花板产量。例如，假设平均每人拥有 1 台空调，总量 13 亿台，平均使用 10 年，每年需要稳定更新 1.3 亿台。如需每年需求量继续增长，则必须提高人均拥有量，或者缩短产品更新年限。

影响需求变化的因素如下：

1．产品价格。供给和需求在影响着产品价格，但是产品价格也会反过来影响供给和需求，究竟价格变动幅度能够改变多少需求变动幅度才值得考虑。有时候产品不断提价未必是好事，或许是客户在咬牙承受，但是一旦到了某个临界点，发展到压死骆驼的最后一根稻草的地步，可能一夜之间需求会下降大半。

2．顾客购买力。当顾客的收入增加，购买力上升，购买的产品数量就可能越多，有些产品例如私人游艇，需要收入水平达到一定水平才会集中爆发。收入的增加也使得消费产品的结构发生变化，例如经济不景气，消费者可能更多购买价低质次商品，而经济好转，收入提升，消费者可能会享受更丰富的购买体验。

3．相关产品销售。例如房地产销售景气会拉动装饰、家电、家具等行业销售。

4．替代产品。产品因为技术进步和其他原因会产生替代产品，例如微博对传统新闻报纸的替代。

5．消费习惯。各个国家和地区的消费者对于同一产品的消费习惯是不同的，因此消费水平不同，比如南方人多吃米，北方人多吃面。

6．政策因素。政府政策会影响消费者的决策，例如新能源汽车补贴鼓励人们多买新能源汽车，而汽车限制牌照则限制了汽车销量。

7．价格预期。如果预期产品的价格上涨，顾客会更早购买和购买更多数量的产品，从而进一步推涨了价格，即上涨本身引发了上涨。这种现象使人们对商品的实际需求判断产生了迷惑，属于不正常的情况。

8．需求结构的变化。因为技术的进步，虽然顾客对某类产品或服务的需求仍然存在，但是结构会发生巨大变化，例如，手机从"大哥大"经过不断发展演变，发展到了触摸屏智能手机，电视机从显像管时代演变成液晶屏时代，现在则变成互联网电视，相机从胶卷时代发展到数码时代。如果企业无法跟上行业不断进化的需求，肯定是要被淘汰的。

（二）供给分析

研究供给，可先看目前行业内各公司的产能利用率如何，产能利用率低，行业产能供给富余，行业整体盈利状况普遍不佳。产能利用率不断上升，行业则在持续好转，产能利用率超过100%，处于超负荷运营状态，则是行业盈利最好阶段，原有投资回报率最高，但问题是未来必定伴随着资本支出用于建造新的产能，新的产能集中释放后，相互竞争，产能利用率开始下降，周而复始。所以，研究产能利用率时，同样需调查行业内目前的在建产能，各公司是否拼命进行产能扩张，如是，而行业需求又不会大幅上涨，则往往是行业见顶的迹象。一般来说，如果行业的产能新建周期和产品的使用周期均较长，供需错配的可能性更大，行业的波峰和波谷变动幅度更加剧烈。新建周期短和产品使用周期短，一方面供给能够迅速匹配需求，另一方面需求能够被反复观察得到，这样的行业周期性就弱，后续还将有所探讨。

影响供给变化的因素如下：

1. **投入资源价格**。为了生产产品，供给需要各种投入，包括原材料、固定资产、人员、能源等，有的行业某些方面的投入比重会很高，这些投入要素价格上涨，而产出产品价格不涨，生产企业利润变少，供给就会减少。

2. **技术**。技术的演变能够使产品的产出效率越来越高，生产成本得以降低，增加了产品的供给量。

3. **价格预期**。如果厂家预期产品价格会上升，厂家会把生产的产品囤积起来，待价而沽，减少了当前的市场供给，反过来进一步刺激了当前的价格上涨。

4. **卖方数量**。卖方的数量减少，市场的供给将会减少。而卖方数量的减少往往发生在行业的困难时期，竞争力差的企业倒闭或者退出行业，最终能够存活继续支撑下来的企业将获得退出企业的市场份额，于是每经过一轮行业萧条，行业内的强者越强，它们对供应的控制越来越强。此外，如果行业内的公司发生重大生产事故或者因政治动荡等因素停产，对于其他的公司则是利好。

5. **供给结构变化**。企业的低端产品产能可能不适应高端产品需求。

6. **政策因素**。政府会鼓励行业发展，但因为安全、环保等因素，政府也会整顿行业，缩小供给，市场向龙头集中。

三 行业的划分

（一）根据与经济周期关系分类

- **成长型行业**：销售收入和利润增长速度相对不受经济周期影响，依靠技术进步、推出新产品、提供更优质服务等实现持续快速增长。例如爆发的互联网行业。
- **周期型行业**：销售收入直接与经济周期相关，行业波动较经济波动更大，经济衰退时的产品购买被延迟到经济复苏，如珠宝业、耐用品（收入弹性大）、证券行业、钢铁、采掘业、航空、机械设备等。
- **防御型行业**：价格受经济周期影响小，销售收入和利润缓慢增长或变化不大，如食品业、医药、烟草、公用事业中的水、燃气、高速公路等。

对企业所在行业划分为周期和非周期行业是十分必要的，它显著影响着公司的风险因素，从而影响公司的价值判断，后面第七章我们将有所论述。成长、周期、防御三种类型的界限不一定非常清楚，有些行业可能兼具当中两种。例如目前的医药行业，它既是防御型行业也是成长型行业。而 2007 年以前的钢铁行业具备周期属性，因为中国城镇化进程，本身也处于快速发展时期，属于成长周期，但我们看到它快速增长时千万不要忘记周期属性，否则会盲目付出过高溢价。周期公司具备的特征是供给周期长、产品使用周期长、高收入弹性、高运营杠杆、高财务杠杆，并且没有垄断地位。

（二）根据发展前景分类

- **朝阳行业**：未来发展前景看好的行业，创立之初常常十分弱小（幼稚行业），但拥有巨大的增长空间，如信息行业、新材料、新能源等。
- **夕阳行业**：未来发展前景不乐观的行业，营业收入通常会萎缩的行业如钢铁业、纺织业等。

如何判断行业的增长前景是否广阔呢？第一是这个行业的**目标顾客群**，有的行业几乎涉及所有的人，例如食品、医疗，而有的行业只涉及小众人群，例如户外探险、极限运动，目标顾客群大的行业未来必定会发展出大市值公司。第二是目标顾客群**产品的渗透率**，如果渗透率不高，存在继续增长的空间，当大部分顾客都拥有了产品时，则该行业变为成熟行业。图 4-2 所示为美国各个行业产品的渗透率的演变。

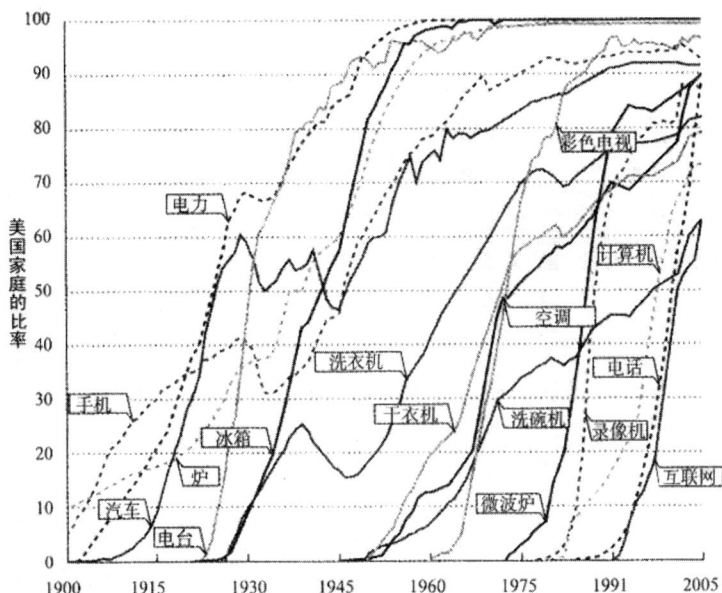

图4-2 美国各行业产品渗透率

图片来源：《价值：公司金融的四大基石》

值得说明的是，增长速度越快，渗透率提升越快，但增长的持续能力在降低，如图 4-3 所示，沃尔玛用了 40 年的时间变成了增长速度很慢的成熟公司，但是 eBay 由于增长迅猛，仅 15 年不到，就变成了成熟公司。

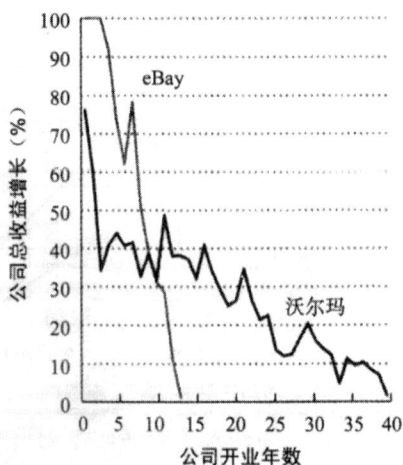

图4-3 增长速度与成熟时间（图片来源：《价值：公司金融的四大基石》）

第三是顾客的**人均消费水平**，人均消费水平由产品单价和消费频率决定，显然产品单价高，消费频率高的行业越可能诞生大市值公司。随着收入水平的提升和消费习惯的培育，分析顾客的消费单价和消费频率有没有继续提升的空间。第四是**产品的结构**，随着行业的演变，虽然消费的产品不变，但是产品的结构可以不断优化，继续为行业提供发展空间。

朝阳行业和夕阳行业不是一成不变的。例如 2000 年时，白酒行业被认作夕阳行业，因为中国的人均白酒消费量已经很高，而且销量下降，但是随着居民收入水平的提高，需求的结构发生变化，中国人对白酒的消费需求已经不是数量上的要求，而是变成对质量上的要求，喝好酒喝名酒，具有历史积淀的白酒企业脱颖而出，成就了中高端白酒的黄金十年。类似的是 20 世纪 90 年初，电视的普及使得观众去付费的电影院次数越来越少，电影院看似成了夕阳行业，但是随着居民生活水平的提升，环境和设备大幅提升的电影院顾客体验感增加，又成了人们社交和娱乐休闲的好去处，电影院变成了朝阳行业。朝阳行业也可能因为技术等因素，一夜之间变夕阳行业，例如 20 世纪 90 年代初，在还只有固定电话的时代，寻呼机发展迅猛，但手机一开始普及，寻呼机没几年便销声匿迹。商业是不断演变的，老树会发新芽，夕阳行业也会有重放光芒的时候。

朝阳行业即便未来增长潜力大，但不见得是好投资，因为朝阳行业如果进入门槛低，谁都知道前景好，一窝蜂进入，竞争激烈，终将变成差生意。而夕阳行业因为预期低，股票估值低，如果发放的现金股息可观，现金股息再投，投资回报率也会很高，例如吸烟人群不断下降的香烟行业。即便处于衰退的夕阳行业，仍然可能会存在持续增长的公司。例如钢铁行业是美国获利性和成长性最差的行业之一，但是纽柯公司创新商业模式，不用铁矿石，而采用回收废钢铁的方式炼钢，具备低成本优势，利润不断增长，最终从不起眼的小厂成为全美利润第一的钢铁厂。

（三）根据所采用技术的先进程度分类

- **新兴行业**：采用新兴技术进行生产、产品技术含量相对高，如电子商务、航天、基因工程等。
- **传统行业**：采用传统技术进行生产、产品技术含量相对低，如农业、资源型企业、电力、食品饮料等。

技术进步对行业的影响是巨大的，一项新技术的出现可以促使一个新兴行业的产生或快速发展，如计算机、互联网等；也可以使一个传统行业走向衰退，如汽车代替马车的交通工具变更。技术的进步对原有行业也未必是好事，可能会加速行业竞争激烈程度。

新兴行业看上去高大上，但却并不一定是投资盈利的保障，新兴行业涉及非常多的专业知识，投资者理解起来更为困难，承担着更高的风险。新兴行业具备技术更新快的特点，行业格局不稳定，一旦所投资的公司跟不上行业技术发展的趋势，面临的风险不言而喻。传统行业最根本的技术很可能是很早以前就流传下来使用至今，但却仍然没有被颠覆，经得住时间考验。例如，今日人们所熟知的知名酒企，大多和几十年前，甚至几百年前没有发生太大变化。

此外，新兴和传统行业的区分是具备时效性的。我曾经看过一部纪录片《青岛制造》，片中讲述，现在比拼品牌、营销的青岛啤酒行业，一百年前比的是生产线、技术。目前啤酒业无疑是传统行业，而一百年前却是具备高科技的新兴行业。而现在看来毫无技术和利润可言的制砖行业，一百年前也是个技术和资本密集行业，当时青岛就两家砖厂，且新式建筑需求旺盛，砖厂保持了相当长一段时间的超额收益。行业的演化真神奇，现在看起来差的行业，以前是好行业，而现在看起来好的某些高科技行业说不定不久就变成了稀松平常的传统行业。

（四）根据要素集约度分类

- **资本密集型行业**：需要大量投资的行业，例如钢铁、重工业、房地产等。由于此类公司需要大量资本支出，自由现金流低，因而公司合理估值都不会太高。
- **技术密集型行业**：技术不断更新的行业，例如手机、计算机、互联网行业。此类公司则面临前述技术变革的风险。
- **劳动密集型行业**：需要大量人员劳动力的行业，例如纺织、制造业、餐饮业等。在中国人口红利结束的背景下，未来面临着人员工资不断上涨的压力，如何更有效地提升人员的工作效率成为公司的竞争优势来源。

4.2　行业生命周期与证券投资

行业生命周期是指一个行业从产生到成长到衰落的发展演变过程，典型的生命周期分为如下四个阶段，初创期、成长期、成熟期、衰退期。如同此前所述，现实是复杂的，商业是动态的，行业不会完全清晰地遵循这四个阶段发展，有的行业会直接从成长期步入衰退期，有的行业在衰退期之后又重新回到成长期，有的行业会长期处于成熟稳定期，有的即便是在成长期也会巨幅变动，发展得一波三折，如图4-4所示。

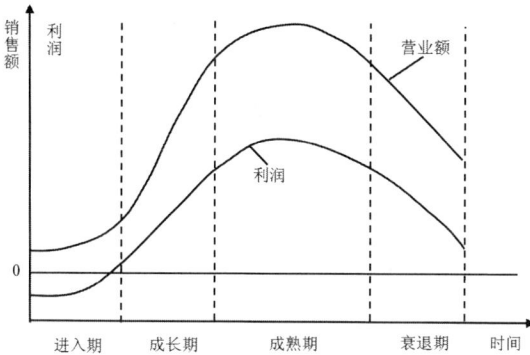

图4-4 行业生命周期

通过表 4-1 可知：行业初创阶段（幼稚期），由于行业刚刚诞生，进入壁垒低，企业的数量少，市场竞争相对较弱，技术相对不成熟，产品品种单一，质量较低且不稳定。由于大众对其产品尚缺乏全面了解，市场规模狭小，而企业的商业模式不成熟，研发和产品推介的投入大，造成行业利润微薄甚至亏损。属于初创期的行业，未来增长空间想象大，但发展不明晰，承担的风险高，具备高风险、高收益特性，适合风险投资机构投资。

行业成长阶段（黄金时期），市场需求增长迅速，市场规模增大，技术日渐成熟稳定，产品呈现多样化和差别化，质量提高，行业利润迅速增长，利润率较高，行业内部竞争压力不断增大，进行价格竞争，破产率和并购率高。成长期企业适合 Pre-IPO 的私募股权基金及证券市场二级投资者投资。由于行业利润快速增长，证券价格大多快速上扬，估值也很高，行业内部公司之间的分化会使个别证券表现不佳。

行业成熟阶段（稳定期），市场需求继续增长、但增长速度明显减缓，行业的集中程度很高、出现垄断、规模壁垒，行业利润水平很高，市场份额稳定从而风险较低，竞争逐渐转向非价格竞争，如提高质量、改善性能和加强售后服务等。成熟行业成长性下降，但垄断利润丰厚，能够分享现金股息，具有长线持股的价值（蓝筹股）。

行业衰退阶段（暮年期），新产品和替代品大量出现，行业竞争力下降，市场需求逐渐减少、销量下降、利润下降，企业开始退出。投资者如果能够识别所投资的公司处于即将衰退的行业，将会避免重大损失。衰退期行业企业更适合通过清算、分拆、卖壳、资产重组等方式获利，适合特殊投资机构的需要。

表 4-1　行业生命周期特征

	初创期	成长期	成熟期	衰退期
厂商数量	很少	增加	减少	很少
消费者数量	少	增加	稳定	减少
进入壁垒	低	提高	最高	企业退出行业
市场增长率	较高	很高	趋于稳定	下降
利润	较低或亏损	增加	较高	降低或亏损
竞争	对手少，竞争低	对手多，竞争加剧	竞争趋于稳定	对手少，竞争低
风险	很高	较高	减少	较低
风险形态	技术风险 市场风险	市场风险 管理风险	管理风险	生存风险
企业规模	较小	扩大	最大	变少
适合投资者	VC	PE 或二级市场	二级市场	特殊投资机构

4.3　行业结构分析

一　市场类型分析

　　如果外部的需求无法改变，对于商家而言，就只能控制供给，而想要控制供给，就需要良好的产业结构，供给不会轻易增加，行业保持超额收益的时间就更长。行业结构是指主营品种和范围基本相同的企业群体的数量及其构成比例。在某一市场中，商家的数量越少，市场份额越集中，供给就越容易控制，我们按商家数量的多少和行业的集中度，划分了四种市场类型，完全竞争、垄断竞争、寡头竞争、完全垄断，如表 4-2 所示。

　　● **完全竞争**。完全竞争是指许多企业生产同质产品的市场情形。完全竞争的特点是：生产者众多，各种生产资料可以完全流动，产品无差别，例如小麦等初级产品；厂商是市场价格的接受者。该类行业经营业绩波动较大，无法长期获得超额收益，股票价格受此影响波动也较大。

　　● **垄断竞争**。垄断竞争是指众多生产者生产同种但不同质产品的市场情形，既有垄断又有竞争。垄断竞争市场的特点是：生产者众多，各种生产资料可以流动；生产的产品同种但不同质，即产品之间存在着差异，例如啤酒、服装、鞋类、家用电器、快餐等；企业对产品的价格有一定的控制能力。建议关注生产规模大、质量好、服务优、品牌知名度高、运营效率高的企业。

● **寡头垄断。** 寡头垄断型市场是指相对少量的生产者在某种产品的生产中占据很大市场份额的情形。寡头垄断市场的特点是：企业数量较少，但产量很大；各企业生产的产品仍具有一定的同质性且相互替代性强；进入该行业的门槛较高，一般为资金密集型或技术密集型；个别企业对其产品价格有较强的控制能力。行业例子：石油冶炼、移动通信、汽车制造、飞机制造等行业。

● **完全垄断。** 完全垄断是指独家企业生产某种特质产品的情形。特质产品是指那些没有或缺少相近的替代品的产品。完全垄断市场的特点：市场被独家企业控制，其能够决定价格和产量以获取最大利润；垄断者在产品的价格与生产数量方面可能受政府管制。完全垄断的企业可能来自政府的独家特许经营权，也可能来自市场竞争中的最终胜出。相比而言，我更喜欢后者，因为后者受到政府对价格等方面的管制较少。在现实经济生活中，公用事业（如机场、港口、发电厂、煤气公司、自来水公司和邮电通信等）和某些资本、技术高度密集型或稀有金属矿藏的开采等行业属于这种完全垄断的市场类型。

表 4-2　行业的市场结构分析

	完全竞争	垄断竞争	寡头垄断	完全垄断
生产者特点	众多	众多	相对少量	独家企业
生产资料特点	完全流动	可以流动	很难流动	不流动
产品特点	同质、无差别	存在差别	有差别或无差别	唯一产品
价格特点	价格接受者	对价格有一定的控制力	对价格具有垄断能力	垄断定价
进入壁垒	很容易	比较容易	比较困难	很困难
典型行业	初级产品	制成品	资本密集型、技术密集型	公用事业、资本或技术密集型

虽然垄断为绝大部分消费者厌恶，但却是股东的福音，我们投资就是要投资具备垄断优势的行业和公司，当然处于完全竞争行业的公司也可以投，只要价格足够便宜。

二 波特五力分析

　　行业的超额收益只考虑市场内的竞争者因素仍然太过片面，波特五力模型是哈佛教授迈克尔·波特于 20 世纪 80 年代初提出，它认为产业中存在着决定竞争规模和程度的五种力量，这五种力量综合起来影响着产业的吸引力（长期超额收益能力）。五种力量分别为进入壁垒、替代品威胁、买方议价能力、卖方议价能力以及现存竞争者之间的竞争，如图 4-5 所示。

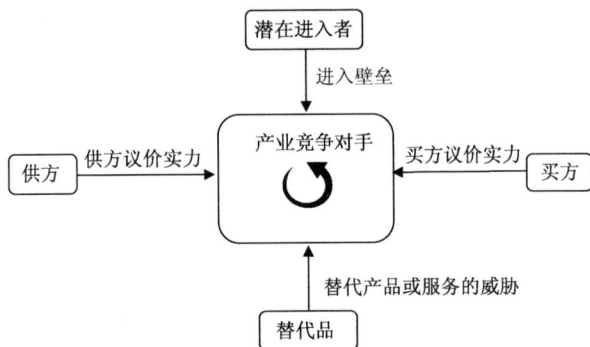

图4-5　五力模型图

　　1．新进入者的威胁。行业的新进入者会对价格和利润造成巨大的压力，甚至当其他公司还未真正进入该行业时，进入威胁也会对价格施加压力，行业的进入壁垒越高，新进入者的威胁越小。

　　2．现有企业之间的竞争。当在某一行业中存在一些竞争者时，由于它们力图扩大各自的市场份额，于是市场中会出现价格战，从而降低了利润。

　　3、替代品的压力。如果一个行业的产品存在替代品，那么就意味着它将面临与相关行业进行竞争的压力。替代品的存在对厂商向消费者索取高价作了无形的限制。

　　4．买方的议价能力。如果一个采购者购买了某一行业的大部分产品，那么它就会掌握很大的谈判主动权，进而压低购买价格。

　　5．供方的议价能力。如果关键投入品的供应厂商在行业中处于垄断地位，它就能对该产品索取高价，进而从需求方行业中赚取高额利润。

　　上述五种力量的合力最终对行业内公司的盈利产生影响，买家多、供应商多、潜在进入者少、替代品少、竞争者少是产业结构的理想模式。当然，产业结构理想并不意味着厂商就完全掌控整个行业，行业的供需仍会发生作用。厂商的数量就算很少，但是为了自身利益会不断扩产，如果厂商之间没有建立良好的合谋规则，理想的产业结构仍然会面临着供过于求，行业利润下降的情况。此外，顾客需求也可能会存在各种意外，面临需求下降或消失的局面。相反，所处的产业结构不佳，例如航空业，但是也会存在美国西南航空之类的公司凭借独特的商业模式曾经创造出优秀的业绩。

在五种力量中又有细分因素决定各自力量的大小，如图 4-6 所示，如果读者想要更深入理解波特五力模型，详见波特著作《竞争优势》《竞争战略》。

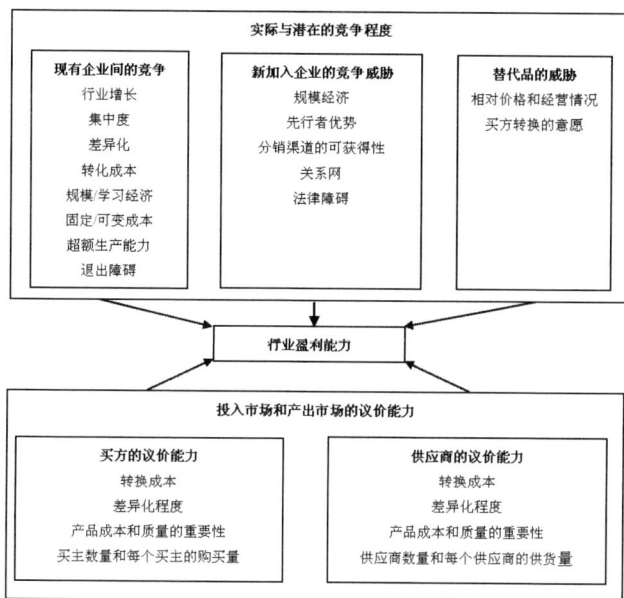

图4-6　五力模型细分图

三　产业链分析

产业链分析则是站在产业的上、中、下游的角度来看待价值或者说利润如何在行业的各个环节中分配，很可能某个公司所处的行业前景不错，但其却是处于利润分配的最低环节。拿走企业利润的不仅是竞争对手，也可能是产业链中的上下游企业，微笑曲线理论很形象地说明了大部分行业中的这一规律。微笑曲线分成左、中、右三段，左段为技术、专利、研发、设计，中段为组装、制造，右段为品牌、服务，而曲线代表的是获利，微笑曲线在中段位置为获利低位，而在左右两段位置则为获利高位，整个曲线看起来像是个微笑符号，如图 4-7 所示。

钢铁产业链分为铁矿石开采、钢铁冶炼、钢铁贸易、交付用户。铁矿石开采商集中度很高，占有上游资源，处于优势地位，过去几年铁矿石供应又偏紧张，可以随需求增加而提价。而由于大部分钢铁产品属于无差异化的大宗商品，属于同质化竞争，中游钢铁企业根本无法掌控钢铁的最终用户，因而处于不利地位。钢铁企业即便提价，也往往是被动的提价，提价所形成的利润大部分被铁矿石企业拿走，因此，过去几年钢铁企业的利润微薄。

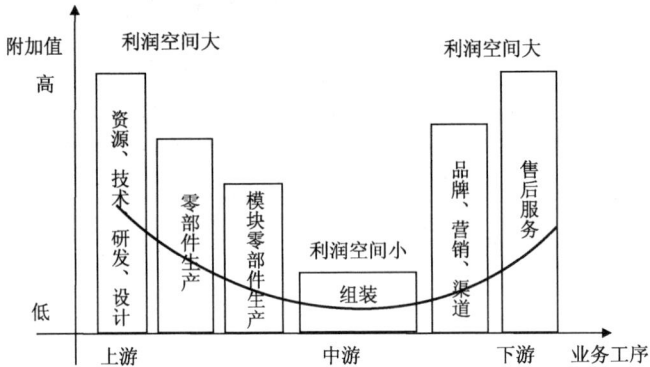

图4-7 微笑曲线图

"飞跃"鞋诞生于 1959 年的上海，原来深受中国人民喜爱，但随着生活水平的提高，"飞跃"鞋款式老旧，逐步落伍，加之全国各地仿冒，造成了市场价格 12～26 元不等，质量也参差不齐，生产厂家处在破产边缘。但就是这样一双被国人抛弃的鞋，被法国"球鞋怪人"派特斯·巴斯坦在上海街头无意中发现后，命运发生了 180° 的大转弯。派特斯初次看见飞跃鞋就被它简约的设计震撼了，最终取得了"飞跃"的海外拥有权。他用飞跃的拼音 FEIYUE 注册了商标，并赋予了其新的含义 flying forward（向前飞）。派特斯按照欧洲时尚品要求和消费者审美需求对"飞跃"鞋进行重新设计和改造，使得"飞跃"鞋有了时尚印记，穿着舒适，品质精致，与中国本土粗制滥造的低端产品不可相提并论。在品牌推广上，ELLE 杂志更是在 2006 年和 2007 年 4 次对 FEIYUE 进行报道。著名的 PLAY BOY 女郎安娜·尼古拉·史密斯亲自上阵为其代言。很快，这个牌子开始被时尚圈关注，各个国际明星纷纷以穿 FEIYUE 为时尚。在销售渠道上，FEIYUE 法国有 160 多家零售代理商，在各大知名商场和专业运动鞋点都有出售，而且被摆在货架显眼之处，售价高达 500 元人民币。显然，设计与品牌是"飞跃"鞋价值提升的关键因素。

类似的例子还有生产智能手机的苹果，它之所以能拿走全球智能手机行业 93%的利润份额，强在设计、研发和销售上，而技术含量低、替代性强的中国制造商并未分得多少利润。

虽然大家都知道微笑曲线的两端好赚钱，但是处于中端的厂商未必容易向两端延伸，一是他们只有传统制造的思维，并未有产品设计、研发和品牌运营的思维；二是没有储备与之相应的人才、文化及其他资源和能力。

4.4 值得长期投资的行业
——来自大师共同的选择

有的行业里的公司只适合阶段持有，例如处于高增长势头的行业，或者景气程度向好的周期股，而有的行业里的公司，如果价格不是高估太多，超长期限的投资和持有能够最大限度地享受复利的增长。这背后的逻辑是这些行业能够长时期稳定地保持较高的超额收益。令人惊奇的是，一些世界闻名的投资大师在对超长期持有的行业选择上，表现出高度的一致。

一 《投资丛林》中的长期投资行业

斯蒂芬·A.加里斯洛夫斯基是一位在加拿大声名显赫的投资富豪和慈善家，他在79岁时写了自己一生唯一的一本书《投资丛林》，总结自己50年的投资经验。以下为他对一些值得长期投资行业的看法。

"你成功的关键点是选择在非周期行业内领先公司的股票，然后坚持持有它们多年。这种投资途径因为很少变动所以看似平淡枯燥，但这种做法是有效的，尤其是在你借鉴了专家的分析研究之后。谨守规则并留在投资的高速公路上，不要四处观望。"[1]

"对**花生酱、谷类食品、软饮料，或者剃须刀片**的消费基本上是非周期性的。不仅如此，随着冷战结束，这些产品已经扩张到全球。业内领先公司具有单位产品成本较低的好处，从而能积聚更大的利润，进而提供更多的资金来推动它们的扩张。它们的市场网络非常强大，能被用于推广新开发的产品或者是通过收购而获得的产品。身为引领者，更大的利润空间允许它们在追求成长的同时获得股利，而第二名或第三名的公司很可能要从两者中选择一个。

像**吉列、可口可乐、菲利普·莫里斯、联合利华、家乐氏、康尼格拉**等这样的公司，就是值得考虑的公司类型。你应当查验它们在一个时期，例如，10年期的收益和股利增长率。如果它们每5～7年增长一倍，那么这些公司就是你投资计划的候选者。更进一步，如果股价在10年中上涨了4倍而同时市盈率没有提高，那么这样的股票，就是你本应该在10年前就去

---

[1] 斯蒂芬·A.加里斯洛夫斯基：《投资丛林》，第89页。

购买的股票！"[1]

"供你探寻的另一个非常肥沃的领域是**医疗**，包括业内领先的医疗产品供应商的股票。像**雅培、强生、诺华（瑞士公司）、豪夫迈-罗氏（瑞士公司）、卡地纳健康集团（Cardinal Health）、辉瑞、安进（Amgen）**等。这些都是重点关注对象，有着坚实的特许权和出色的研究设施。在我看来，这是一个绝妙的领域，其内的公司股票在我的投资组合中总是占有很大一部分。"

"**零售和分销物流行业**也会产生一些好股票，但这是一个比较微妙的领域。例如，业内领先的**药品连锁店**有着很棒的经过时间检验的业绩。但零售概念股经常只有有限的生命周期，并且很难延长。顶尖的**食品连锁店**被证明更可能比百货公司或专卖店存续得长久。不过，如果你能及早抓住一个好概念股，就像**沃尔玛或者家得宝（Home Depot）**，它能在许多年里向你提供 15%的成长率。"

"在**银行或保险**领域很难找到 15%的稳定成长，但这样的增长确实存在，尤其是近来。竞争法律的变革模糊了证券包销、经纪业、保险业和银行业之间的界限，为发展创造出新机遇，其结果是世界范围的业务扩张。在这个领域中有许多股票提供每年 12%～13%的稳定收益。当然，你应当看到利率，因为高利率倾向于抑制这些股票的价格。寻找那些常年提供高所有者权益收益率的金融股票，它们还要有一条增长的收入线，要显示出不论是在顶端（毛收入）还是在底端（净收入）都有稳定的增长。我要再次说明，主要是要寻找业内领导者；如果管理良好，那么规模就能提供较低的单位成本和竞争优势，也就是这个道理，导致了现在强劲的兼并趋势。"[2]

加里斯洛夫斯基对长期投资行业的选择：消费品、医疗、零售和分销物流、银行、保险。而他对高科技和强周期行业是持否定态度的。

"你要避免的，是不满足上面所讨论的行业范围。在**高技术行业**中，有许许多多公司可以在很多年里做得非常好，但之后就垮掉，正如**苹果、王安电脑（Wang Labs）、优利系统（Unisys）和数字公司(Digital)**，它们就是例子。"

"在全世界我可以选择的几万只股票中，我真正需要看得最多只有 50只。我不需要买加拿大贝尔或者通用汽车，因为我不认为这些公司能在今

[1] 斯蒂芬·A. 加里斯洛夫斯基：《投资丛林》，第 87 页。
[2] 斯蒂芬·A. 加里斯洛夫斯基：《投资丛林》，第 88 页。

后持续多年一直产生每年 14%～16%的收益。同样的事情也适用于造纸业公司的股票，因为这个产业严重受周期支配，并且农林矿产品的收益很少能提供 14%～16%的长期成长空间。"[1]

二 《戴维斯王朝》中的长期投资行业

《戴维斯王朝》讲述了戴维斯家族的祖孙三代——父亲斯尔必·库洛姆·戴维斯、儿子斯尔必、孙子克里斯，通过对投资的执着，成就伟业的故事。第一代的库洛姆·戴维斯，在 1947 年 38 岁时，辞掉纽约州财政部保险司的官职，拿着妻子的 5 万美元用于股票投资，到 1994 年去世时，资产接近 9 亿美元。戴维斯第一代 40 年来的年投资回报率为 23%。第二代的斯尔必·戴维斯，在 1969 年开始经营纽约风险基金的 28 年中，有 22 年维持击败市场的表现。第三代的克里斯·戴维斯，继续活跃在基金管理的前沿，管理着规模达几百亿美元的戴维斯基金公司。戴维斯家族靠什么成就传奇呢？保险和银行业。在选择什么样的公司方面，他们信奉："所售产品或服务永不过时。"下面为他们对一些行业的看法。

"保险公司同生产商相比，拥有许多得天独厚的优势。保险商的产品总是推陈出新，将客户的钱投资以获取利润，无需昂贵的工厂和实验室，也不制造污染，还能抵御经济衰退。经济低潮来临时，消费者推迟大宗购买（房屋、汽车、家用电器等），但他们不能推迟交纳住房、汽车以及人寿保险费用。"

"一些保险公司已经度过了他们 200 岁生日，而销售的产品基本上没变，还是创始人在世时的那些产品。他们把客户的钱用于投资，从中渔利；而生产商永远得不到这样的机会。"

"银行不制造任何产品，因此不需要昂贵的工厂、精密的机械、仓库、研究室或高薪博士。银行不会造成污染，所以不用花钱购买控制污染的设备。它不出售小器具或成衣，因而无须聘用销售人员。它不用装运货物，因此没有运输费用。银行唯一的产品就是货币，从储户手中借款再贷给借款人。货币表现为多种形式（硬币、纸币和证券），但永远不会过时，银行之间相互竞争，但银行业本身永远时兴。但这一点却不能套用到马车、油灯、客车、电报机、打字机、留声机和赚钱的名片夹，等到新点子一出现，这些知名产业就会遭到淘汰。帕洛阿图市的一个人哪天灵光一现发明的小玩意儿也可能会使硅谷一半的公司破产，但是银行业仍能继续存在。"

---

[1] 斯蒂芬·A. 加里斯洛夫斯基：《投资丛林》，第86页。

"银行业永不过时，因为金钱永不过时。斯尔必受雇的公司便是证明。纽约银行早在 18 世纪就已经创立，除了长命百岁，银行业还惹上了俗气的名声。正因为银行不会过时，所以也不能引领潮流，那么投资者就不会情愿花大力气购买银行股票。这样一来，你可以总是以较低价格买到银行股票，不用花许多钱，就能为银行的发展投资。银行是借他人之财发家致富的，但资金的配置必须谨慎才行。不计后果地发放贷款是职业劣根性，但风险可以由老练的经营者降到最低；说是老练，不如说是不让利欲熏心。"

"戴维斯对铝、橡胶、汽车或混凝土公司丝毫不感兴趣。诸如此类的生产商都需要造价很高的厂房，修理和不断革新会让他们的现金所剩无几。他们会在经济萧条期赔钱，因此股票收益也不牢靠。他们总要引进新工序或新发明，这会使他们面临破产危机。纵观生产制造业的历史，没有几个公司能够长寿，只有那些不断革新改造的公司才能不被淘汰。"[1]

"道琼斯指数由重工业巨头所主宰，橡胶、汽车、水泥和铝业公司（如今它们中的大多数已不如当年）。这些行业中的公司都被吹捧为高质量、低风险、适于任何投资组合中的长期投资。尽管当时罗尔兹金属公司和美国铝业公司已经开始站不稳脚跟，但大多数分析师都没有预测到，废弃的精炼厂和关闭的厂房将会闲置破败；更没有分析出，这些本是坚韧不拔的工业怎么会陷入亏损的泥潭而一蹶不振，又怎么让投资者始终摇头叹息。**快餐店、购物中心和连锁专卖店**将会红遍全国，但谁又料到**麦当劳、唐金甜甜圈和肯德基**能够有朝一日比无所不能的美国钢铁公司还要更有价值，给予股东更为丰厚的回报？"[2]

"他也忘不了罗尔兹铝业公司。事情过去 40 年，斯尔必仍然后悔在 1960 年的一篇报告中推荐它。罗尔兹铝业是四大铝业公司之一，其余三个是美国铝业公司、加拿大铝业公司和恺撒铝业公司，四家公司主导世界铝市场。"二战"前，美国铝业公司享受垄断特权，为了重新引入竞争机制，政府建造铝厂，并出售给罗尔兹和恺撒公司。为了加大企业存活概率，政府提供零利息贷款，让这两家公司买下工厂，贷款被称作"需求证明书"。同时，这一反托拉斯行动迫使美国铝业公司新建了其加拿大子公司，即加拿大铝业公司，成为四强之一。市场对铝的需求很高，所以四家公司的生意都源源不断。工人们加班生产，在朝鲜战争期间拼命完成订单。公司声称从汽车到家具、机车到桥梁，几乎每件东西都能用这种轻质金属制造，

---

[1] 约翰·罗斯查得：《戴维斯王朝》，第 140 页。
[2] 约翰·罗斯查得：《戴维斯王朝》，第 137 页。

还向飞机制造商承诺了巨大的潜在销售量。"[1]

"金属铝的新用途确实让人兴奋,但市场供给却远远大于需求。价格下降、利润全无,股价演绎蹦极。40 年后,罗尔兹和其他金属公司股票要比艾森豪威尔总统时期、强尼马塞斯还是童星的时候还要廉价。斯尔必亲眼目睹了购买高价成长股的后果,也终于了解到公司经营者一般都会尽量地报喜不报忧。"[2]

三 《投资者的未来》中的长期投资行业

西格尔所著《投资者的未来》一书研究了从 1957—2003 年 46 年间标准普尔 500 家原始公司的股价收益率,其中表现最好的 20 家公司与标准普尔 500 指数的整体收益差距极大。

在表现最好的 20 家公司中,有两个行业牢牢占据着统治地位:高知名度的消费品牌公司和著名的大型制药企业。这些公司都获得了广泛的认同和消费者的信赖。它们在过去半个世纪里经历了经济环境和政治气候的巨大变化并最终生存下来。此外,这些公司都积极地开拓了国际市场。表 4-3 所示为 20 家公司收益率情况。

表 4-3 美股收益率最好的前 20 家公司名单

排名	名称	行业	年收益率(%)	每股收益增长率(%)	股利率(%)	平均市盈率
1	菲利普·莫里斯公司	消费	19.75	14.75	4.07	13.13
2	雅培实验室	医药	16.51	12.38	2.25	21.37
3	百时美施贵宝公司	医药	16.36	11.59	2.87	23.52
4	小脚趾圈公司	消费	16.11	10.44	2.44	16.8
5	辉瑞公司	医药	16.03	12.16	2.45	26.19
6	可口可乐公司	消费	16.02	11.22	2.81	27.42
7	默克公司	医药	15.9	13.15	2.37	25.32
8	百事可乐公司	消费	15.54	11.23	2.53	20.42
9	高露洁棕榄公司	消费	15.22	9.03	3.39	21.6

[1] 约翰·罗斯查得:《戴维斯王朝》,第 138 页。

[2] 约翰·罗斯查得:《戴维斯王朝》,第 139 页。

排名	名称	行业	年收益率（%）	每股收益增长率(%)	股利率（%）	平均市盈率
10	克瑞公司	制造	15.14	8.22	3.62	13.38
11	亨氏公司	消费	14.78	8.94	3.27	15.4
12	箭牌公司	消费	14.65	8.69	4.02	18.34
13	富俊公司	消费	14.55	6.2	5.31	12.88
14	克罗格公司	零售	14.41	6.21	5.89	14.95
15	先灵葆雅	医药	14.36	7.27	2.57	21.3
16	宝洁公司	消费	14.26	9.82	2.75	24.28
17	好时食品公司	消费	14.22	8.23	3.67	15.87
18	惠氏公司	医药	13.99	8.88	3.32	21.12
19	荷兰皇家石油公司	能源	13.64	6.67	5.24	12.56
20	通用磨坊	消费	13.58	8.89	3.2	17.53
21	20家公司平均值		15.25	9.70	3.40	19.17
22	标普500指数		10.85%	6.08%	3.37	17.45

数据来源：《投资者的未来》

　　其中11家是世界知名的消费品公司。小脚趾圈公司一直生产棒棒糖，好时食品也是糖果、巧克力生产商，箭牌公司生产口香糖，它们生产的产品和100年前如出一辙。亨氏则是番茄酱的代名词，大部分家庭的餐桌少不了它。可口可乐和百事可乐生产碳酸饮料，菲利普·莫里斯和富俊公司是烟草企业。高露洁棕榄和宝洁都是生产家用卫生品的公司。西格尔认为这些公司的持续成功，源于在美国乃至全世界树立强有力的品牌形象。备受尊敬与信赖的品牌使得公司可以将产品价格提高到竞争价格之上，为投资者带来更多利润。

　　其余还有6家知名制药企业：雅培、百时美施贵宝、辉瑞、默克、先灵葆雅、惠氏。即使经济低迷的时候，人们也会生病，需要治疗，而且医生开出什么药，患者就要买什么药，不能自主选择，无法讨价还价，需求稳定，利润率高，这自然成就了医疗行业。

四 巴菲特的重仓行业

让我们看看伯克希尔公司 2014 年前几大重仓股，如表 4-4 所示。

表 4-4　巴菲特重仓股

单位：亿美元

排名	公司名称	持有市值	排名	公司名称	持有市值
1	富国银行	224.5	9	DIRECTV	27.3
2	可口可乐	159.8	10	达维塔公司	25.5
3	IBM	133.8	11	菲利普斯 66	21.1
4	美国运通	129.9	12	高盛	19.4
5	宝洁	42.6	13	穆迪	18.6
6	埃克森美孚	40.3	14	USG	13.1
7	沃尔玛	37.9	15	通用汽车	14.4
8	美国合众银行	32.1			

巴菲特目前持有的五大重仓股可口可乐、IBM、富国银行、运通、宝洁，都有 100 年以上经营历史，占他所持股票市值 70%以上，前十大重仓股占市值 90%以上。重仓的行业分布在金融、消费品、能源、传媒、零售、医疗、科技等。

在第 6 章统计了中国各个行业的长期经营收益情况，可供投资者参考。

4.5　行业与区域

行业往往在某些区域特定集中，在这个区域内的公司可能是全国、全世界该行业最好的群体，因为该区域有相关的产业配套、资源、信息流、资金流、物流、人员流、传统文化等多种因素共同支持行业的发展。例如，澳门的博彩业，泉州的体育服饰业，山西、内蒙古的煤炭，浙江义乌的小商品批发，香港的金融业，美国硅谷的高科技，这些都是区域优势行业的代表。处在好的经济区位内的上市公司，一般具有较高的投资价值。

一　钻石模型

迈克尔·波特的钻石模型很好地阐述了行业与区域的关系，该模型用于分析一个国家或地区某些产业为何在国际上的竞争力较强。钻石模型认为，某种产业需具备四个因素才有竞争力。

1. 生产要素，包括天然资源、基础设施、知识资源、人力资源、资本资源。

2. 需求要素，主要为本区域市场的需求。如果一国内的消费者是成熟复杂和苛刻的话，会有助于该国企业赢得国际竞争优势，因为成熟、复杂和苛刻的消费者会迫使本国企业努力达到产品高质量标准和进行产品创新。

3. 企业的战略、结构、竞争对手的表现。一个行业中存在激烈的国内竞争与该行业保持竞争优势二者之间存在密切的联系。激烈的国内竞争引导企业努力寻求提高生产与经营效率的途径，并促使它们成为更好的国际竞争企业。

4. 相关产业和支持产业的表现。行业从来就不是孤立存在的，需要上下游及配套产业支持才能够发展，例如汽车整车行业需要大量周边零配件行业作为支持。相关产业是否有国际竞争力，是否形成关联行业集群对行业尤为重要。

四大要素之外还存在两大变数：机遇和政府，这是另外两个能够对国家菱形条件产生重要影响的变量，机会是无法控制的，政府政策的影响是不可漠视的。比如，包括重大技术革新在内的一些机遇事件会产生某种进程中断或突变效果，从而导致原有行业结构解体与重构，给一国的企业提供排挤和取代另一国企业的机会。政府部门通过政策选择，能够削弱或增强国家竞争优势。例如，法规可以改变国内需求条件，反垄断政策能够影响行业内竞争的激烈程度，政府在教育领域的投资可以改变人力资源等。值得注意的是，政府鼓励的行业不一定会好，例如中央每年一号文件都是鼓励农业的，但农业仍然是盈利最差的行业之一，而且政府的鼓励有可能使得行业一哄而上，形成产能过剩，竞争加剧，例如前几年由盛而衰的多晶硅行业。政府调控的行业也未必是真心想打压，例如此前的房地产行业，越调控房价越涨。政府的高效、透明、廉洁、开放就是对区域产业最好的支持。

由于生产要素竞争优势的变化，行业会转移到不同区域。例如美国的纺织业转移到中国再转移到东南亚。

二 什么是中国的优势行业

如果我们跨出区域的因素思考行业，提升到国家的角度思考，那么哪些行业会是国家的优势行业呢？前面提到的值得长期投资的行业更多的是具备美国特色，而美国的优势行业就是金融、高科技、消费品。这三大行业向全球输送，闻名全球，获得了空前的市场，也使美国称霸全球。各国产业结构不同，优势产业不一，类似的还有瑞士的钟表业，欧洲的奢饰品，日本的机器人产业，澳大利亚的矿产业等。那么，中国的优势行业会是哪些？我认为应该从这个行业特别受中国人喜欢，中国特有的资源，中国特有的行业这几个角度考虑。

赌，中国人特别爱赌，不仅在国内赌，甚至在国际上都有名声，因此澳门的六大牌照赌场上市公司受益，永利澳门（HK：1128）、澳博控股（HK：0880）、银河娱乐（HK：0027）、美高梅中国（HK：2282）、金沙中国（HK：1928）等，此外还有相关彩票行业。

中国中药，与西药形成鲜明对比，全世界只有中国才有的行业，相关上市公司有东阿阿胶（SZ：000423）、片仔癀（SH：600436）、云南白药（SZ：000538）、白云山（HK：0874）、同仁堂（SH：600085）。

中国的白酒也是全世界独有，还存在独特的宴请饮用习惯，相关上市公司有贵州茅台（SH：600519）、五粮液（SZ：000858）、泸州老窖（SZ：000568）、洋河股份（SZ：002304）。

中国的古董，中国人历来爱收藏古代文玩字画，有经营收藏品拍卖的上市公司保利文化（HK：3636）。

中国的大好山河和人文景观，代表有香港中旅（HK：0308），黄山旅游（SH：900942）、峨眉山（SZ：000888）、中青旅（SH：600138）、中国国旅（SH：601888）等。

中国的工程施工，中国人习惯服从，吃苦耐劳，从古代修长城可见，中国的工程施工未来有机会向全球输送。

中国的互联网行业，中国其他行业管制太多，互联网行业是监管相对宽松的行业，可以渗透到各个行业。

中国的茶，很可惜这么一个大的市场居然没有出现一家很有名望的企业，目前能找到的是天福（HK：6868）。

中国特色产品，例如生产梳子的谭木匠（HK：0837）。

中国特有的矿产资源，例如稀土，不过行业被人为做差。

中国特色调味品，酱油代表中炬高新（SH：600872）、海天味业（SH：603288），醋代表恒顺醋业（SH：600305），辣椒酱代表老干妈，可惜它不上市。

个人总结

　　在宏观经济下行时，更应注重投资行业的选择。日本自 1989 年泡沫经济破裂以来，经济长期低迷，股市走熊二十多年，股指至今尚不及当年鼎盛时期的一半，世间少有。即便如此，仍然有集中在几个行业里的公司股价创出历史新高，这些行业是汽车、制药、消费品、部分电子行业和服务业，它们要么是日本的优势产业，生产出闻名全球的产品，要么受益于日本人口老龄化这一宏观大趋势因素。如今，中国宏观经济情况同样不算良好，在此背景下如何侧重选择行业投资，日本的例子可以给予启示。

CHAPTER 05

定性分析公司基本面

公司分析在整个证券分析中处于最为关键的环节，它具有承上启下的作用。先说承上，前面介绍过宏观分析和行业分析，哪怕宏观和行业前景一片光明，但要投资的公司竞争力差，那么美好的前景和这家公司又有什么关系？因此，公司的研究是宏观和行业分析的最终落脚点。再说启下，公司股票的价值判断紧密联系着对公司的认识，脱离了对公司的深入理解，任何价值判断都是无源之水，无本之木。本章介绍对公司基本面定性分析的思路，使投资者避免在投资方向或者本质上出现重大的错误，正如巴菲特所说，"宁要模糊的正确，也不要精确的错误"。

5.1　基础信息收集

可能有的投资者会问，自己都没有经营和创办过公司的经验，又怎么能够分析得好公司呢？的确，经营或者创办公司的经验能够加深对公司的理解，是有助于股票投资的，但是，没有相关经验并不妨碍我们判断公司的好坏，这就好比虽然我们不是世界级的短跑冠军，可是我们通过比赛可以看出谁跑得最快。一些经营模式简单的公司就好比上述跑步选手，我们只要依赖简单的常识就可以当好裁判，不过如果我们评判的是一场十米跳台跳水比赛，就需要相当专业的评判知识才能够细致区分出谁好谁坏了。同样，一些经营模式更复杂些的公司，需要投资者加以学习和训练才能够分出公司的好坏。

做好公司研究的第一步是对公司基础信息的收集，可以通过招股说明书、公司年报、新闻等方式对公司有个初步的了解。基础信息包括如下几个方面：

1．成立时间、创立者、性质、主营业务、所属行业、注册地、所有权结构、股东背景等。值得说明的是要尤为关注公司大股东或者实际控制人的背景，因为公司命运与其紧密相连。大股东的经营思路、业务版图、发展方向、风险偏好直接影响到上市公司。有的公司事实上完全靠大股东或者大股东的关系支撑起来，一旦大股东被抓或者人际关系出问题，公司日子普遍不好过。例如著名的佳兆业地产公司，实际控制人涉及政府官员贪腐案件，公司可供出售房源被政府锁定限制，现金流断裂，导致公司陷入破产边缘。此外，大股东的品德尤为关键，大股东对公司治理有着最直接影响，公司治理糟糕，上市公司就沦落为大股东的操纵工具，中小股东利益受到侵害。因此，要求对大股东和实际控制人的信息了解程度不亚于对上市公司的了解，应关注其发家史、关系网络，旗下业务板块等。

2．公司组织结构、业务流程、主管单位等。对于公司组织结构和业务流程的理解构成了我们后续一系列分析中的基础常识。另外，主管单位因为其发布的相关政策、管理方式从外部环境上影响着公司。

3．公司历史沿革与重大事件（如公司的重组、并购、业务转型等）。通过对公司历史的研读，投资者会知道公司是怎么成为如今的公司的，公司是一直专注主营业务，还是反复变换营业范围，是否具备战略眼光，是否有劣迹斑斑的侵犯中小股东利益的前科等。

5.2 商业模式

公司基本面分析应当最先研究商业模式，它回答了公司最为关键的问题，公司是怎么赚钱的。商业模式学术化的定义为利益相关者的交易结构，通俗的解释，就是谁是公司的顾客，怎么找到顾客，提供什么样的产品或服务给顾客，怎么安排生产、销售等环节，怎样获得收入。二级市场投资者在证券市场上投资的大多是具备成熟商业模式的上市公司，而不具备成熟商业模式的公司基本为风险投资机构所投资，具备高风险、高收益特征，两者在专业分工上有明显区分。商业模式涵盖定位、业务系统、关键资源能力、盈利模式四个要素。

一 定位

企业首先应当明确自身定位，即企业为什么样的客户提供什么特征的产品或服务，提供什么产品或服务直接决定日后商业模式的设计。例如，抓住客户想要品质高的住宿条件但又想要价格便宜的如家快捷连锁酒店就成功避开了直接同豪华大酒店和低价宾馆的市场竞争。定位的关键是先行一步占据人们的心智，让消费者一下就能想起它来。人们的大脑中有很多心智的小格子，有些位置已经被占据，还有一些位置空着。当心智的位置已经被先行者占据之后，其他品牌进入这样的位置就非常困难。提起某种商品或者服务，我们通常首先想起来是行业第一品牌，前三的品牌消费者也能够想起，可是如果你再让消费者继续往后数品牌，消费者就会越难以说出，基本上消费者不会记得行业第八名以后的品牌。正是由于人类大脑的特质，消费者只会购买品牌排名前列的产品，因此，行业的前几名的公司获得了几乎行业全部的利润。行业的第一名几乎都是新品类的开创者，比如：可口可乐是第一个可乐饮料品牌；麦当劳是第一个汉堡连锁品牌；肯德基是第一个炸鸡连锁品牌；红牛是第一个能量饮料品牌。而当我们想到了某种商品的品类就很容易想到这个品类的开创品牌，例如提到智能手机我们就会首先想起苹果公司的 iPhone，无疑这也正是苹果在全球智能手机市场获取高额利润的重要原因。值得注意的是，品牌在消费者心中往往代表着某种商品和服务，但是一些公司见该品牌非常成功，就将品牌扩展到其他商品，特别是关联度不大的商品，例如做房地产的恒大地产将恒大的品牌用来做恒大冰泉，一旦消费者开始模糊品牌所代表的是什么商品或服务，那就危险了。

2009 年初，长城汽车确定了聚焦品类战略。此前，长城有商用车、SUV、小型面包车等多种产品，也有很多品牌。公司选择在众多的品牌中聚焦哈弗经济型 SUV 的车型。当时长城有很多的生产线，要砍掉其他的产品比较难，但是必须要聚焦于单一的产品——15 万元以下的经济型 SUV。聚焦战略 4 年后，长城销售增长了 5.1 倍，盈利增长了 8.6 倍，股价上升了 12.3 倍。

所以，在我们进行投资前，不妨先想想我们要投资的公司所提供的品牌是消费者最先想起来的那几个品牌吗？

二　业务系统

业务系统是指企业达成定位所需要的业务环节、各合作伙伴扮演的角色以及利益相关者合作与交易的方式和内容。即使定位相同，但设计业务系统却可大不相同。如何安排生产、销售等环节，如何确定企业与合作方的关系，如何与相关者分工合作、分配利益，都有很多种组合方式。例如，雀巢原来卖蒸馏咖啡机，自己要负责这种咖啡机的制造，还有蒸馏咖啡的销售渠道建设，由于整个产业链都涉及，投入的资源巨大，无法把资源集中在自己最擅长的方面。原先的业务体系也是最传统的模式，后来雀巢将业务体系进行改造，自己不再生产咖啡机，而将生产权授予在制造方面更有优势的松下、飞利浦等小家电生产商，生产商通过自身的销售渠道卖出咖啡机，雀巢再利用生产商的销售渠道和一些著名的零售商来卖自己的咖啡。原先的盈利模式也从卖咖啡机和咖啡变成了以卖咖啡为主和卖机器生产权为辅，利润也变得更丰厚。苹果公司自己并不负责 iPhone 的生产制造，只负责研究开发和销售环节，将生产制造环节外包给中国企业代工。所以，好的业务系统安排能够使得企业只做自己最擅长的关键环节，其他环节则充分利用各种社会资源，避免了全面大规模投资，使得资金投入大幅减少，资金周转速度提升，企业投资回报率高。一般而言，同相关利益者之间的关系有租赁、特许、参股、控股、合资、外包等。企业可以在上、中、下游同利益相关者展开多层次的合作。

三　关键资源能力

企业得有核心的资源和能力，在整个价值链的某一个或者几个方面有核心的竞争力，才能使得企业在价值链中作为主导者，按照自己的想法设计业务体系。比如，如家快捷酒店的优势在于能将连锁店质量标准化和管理标准化，消费者相信其提供的酒店服务品质才纷纷入住，而如家的加盟商酒店的所有者也正是见到如家的酒店管理能力和顾客招揽能力才放心将酒店交之管理，与之合作。再来谈谈游戏产业，索尼游戏机强在游戏画质和音响，而弱在游戏开发，因此利用第三方软件商的研发能力来抗衡研发能力强的任天堂，提出了"所有游戏在此结合"理念，通过亏本卖游戏机来扩大游戏终端设备的影响力，也吸引来了众多游戏软件商开发该游戏机平台的游戏，游戏开发商交给索尼游戏平台权利金，双方达到互惠。同样是做游戏产业，微软则强在自身的操作系统和网络优势，用同一平台可以同时开发电脑和 Xbox 游戏，节约了软件商的成本，用户可以凭此机玩网络对战，微软则收取网络增值服务费。所以，不同企业有不同优势，有的强在设计研发，有的强在销售终端，业务系统设计和盈利模式需要根据企业的资源能力来设计。

四　盈利模式

盈利模式指企业如何获得收入、分配成本、赚取利润。良好的盈利模式不仅能够为企业带来收益，更能为企业编制一张稳定共赢的价值网络。有了制定好的业务系统和资源能力，还需要清晰的盈利模式。传统观念中，卖给客户商品，收入就来自客户，但新的商业模式下，收入可以不来自客户而来自第三方伙伴，成本也可以由合作方支付。最普遍的案例是传媒行业，电视台向我们播放电视内容，却不用我们支付费用，因为电视收入是向广告商收取。苹果卖 iPhone 手机不仅赚销售硬件的钱，iPhone 手机中有 App Store 软件销售平台，消费者在 App Store 下载某些应用软件需要缴费，苹果就与软件开发商分成，应用的开发成本却不用苹果承担。新的盈利模式中很可能是卖 A 物品，却靠 A 物品引发出的 B 物品盈利。例如，在牛奶包装行业中，利乐公司通过低廉价格将包装机器卖给客户，甚至免费赠送包装线来迅速抢占终端，客户因不用支付巨额资本支出，而欣然同意，利乐通过后续不断地卖包装纸来盈利。腾讯通过免费的 QQ 号、微信吸引顾客人气，再通过卖广告、游戏、电商、增值服务等方式盈利。

基本上，传统商业模式的特征为自己投资 + 重资产 + 高负债 + 低周转 + 高净利率，而新型商业模式特征为外包、租赁、业务合作等 + 低投入 + 高周转 + 低净利率 + 现金流好。总的来说，好的商业模式节约投资，充分利用社会资源，将公司有限的资源、资金集中在自己最擅长做的事上，获得利润最丰厚的环节，公司利润增速快，资本支出现金流相对低，因而能在资本市场上获得更高的估值。

5.3　竞争优势

一　产业结构与竞争地位

关于产业结构的分析方法见此第 4 章中波特五力的分析框架。这里主要研究公司所处的行业地位。怎样判断公司是否处于优势的行业地位？有几个角度。一看业绩，即盈利状况，即利润是否高，通常，行业的地位和公司的盈利呈正向关系，排名越靠前的公司，拿走行业中越大比重的利润。二看资产规模、产能规模，公司拥有较大的资产或者产能规模能够分摊巨额的管理、销售、研发等费用，可能因此存在规模优势。三看产品的市场占有率（市场份额），资产和产能规模并不一定代表着行业优势，因为如果对应的是销售状况差的产品也没用，所以关键是看公司的市场规模，公司的市场份额是否是行业前列，市场份额能否保持稳定甚至持续上升。四看公司的价格策略，是否具有制定市场价格的能力。通常有地位的企业领导市场价格，而不是一味降价。例如钢铁行业中的宝钢股份，只有当它的产品价格发生变动时，其他厂家才敢跟进。

我们需要弄清楚行业中前三、前五、前十名竞争对手分别是谁？它们各自有哪些经营或者产品上的优势或者特色。而公司又处于当中哪一个梯队。通常来说，如果一提到某个行业，顾客第一会想到谁，我们就购买那家公司的股票，因为绝大部分的行业是会越来越向行业龙头集中，不过也并不是说行业中的小公司不值得投资。如果有的小公司在大的行业中并不是主流公司，但是在大行业中的细分行业，它是龙头公司，也是值得考虑的标的。而有的小公司虽然目前的规模和市场份额比不上领先公司，但是其具备创新的商业模式，或者效率更高的管理和组织能力，又或者能够生产更受消费者欢迎的产品，存在后来居上的可能性，同样值得投资。

二　经济护城河——以往经营能力和资源的体现

"经济护城河"是巴菲特所提出的一种特有的投资的概念，是指企业在短期内无法被模仿和替代的竞争优势。1995 年在伯克希尔的年度会议上，巴菲特对"经济护城河"的概念作了详细的描述："美丽的城堡，周围是一圈又深又险的护城河，里面住着一位诚实而高贵的首领（指管理层）。最好有个神灵守护着这个城池，护城河是一个强大的威慑，使得敌人不敢进攻。首领不断地创造财富，但不独占它。"粗略地转译一下就是，我们喜欢的是那些具有控制地位的大公司，这些公司的特许权很难被复制，具有极大或者说永久的持续运作能力。经济护城河是企业能常年保持竞争优势的结构性特征，具有使其竞争对手难以复制的品质。拥有经济护城河的公司可以在更长时间内为投资者创造更多的超额利润（投入资本所获得的收益率超出社会平均要求收益率）。有些公司或者行业收入和利润可能会表现出爆发式的增长，但是其不具备经济护城河的话，终究是昙花一现。帕特·多尔西《巴菲特的护城河》系统阐述了经济护城河概念，该书指出经济护城河包括无形资产、顾客转换成本、网络效应、成本优势等四大方面。

（一）无形资产

现在的公司价值很大程度已经不依靠有形资产，而是无形资产，无形资产才是公司获得超额收益的主要因素。无形资产包括公司的品牌、拥有的专利以及法定许可。

品牌是能够将所生产产品与其他厂家的产品区分出来的标志。值得注意的是，并非所有公司的品牌都是经济护城河，只有那些具有定价权或者能使顾客重复购买的品牌才是强大的经济护城河。如果一个企业仅仅凭着品牌就能够以更高价格出售同类型产品，那么这个品牌就很可能是一个强大的护城河。例如都是钻石销售商，但蒂芙尼品牌的钻石就可以卖得更贵些。同在货架上出售的饼干，消费者更可能会选择重复购买卡夫食品旗下品牌的饼干。

在制药和高科技领域，专利是这些公司的护城河。一种药品的生产成本可能非常便宜，但在市场上的售价非常昂贵，拥有这种药品专利的制药公司获得超额利润，因为其他制药公司不能够进行生产和出售。制药行业内的公司正是因为药品种类繁多，各种专利保护，因此整个行业都长期享有超额利润。当然，也要有小心的地方，例如专利是有期限的，期限届满就会被仿制，此外，即便在保护期内也会不断地被对手钻空子。专利要成为名副其实的竞争优势需要企业拥有历史悠久的创新传统和一大批的专利产品。

在政府法定许可方面，中国市场上存在大量此类型的公司，例如城市供水、电网、高速公路、铁路、机场、港口、燃气公司等，因为在同一地区都不适合存在多家公司进行竞争，否则会形成巨大的投资浪费，从而形成自然垄断。此外，中国的银行业、电信业、烟草业、澳门的博彩业等因为各种安全、习俗等原因都限制进入，均获得超额收益。虽然拥有政府的特许经营权，但是这些行业往往必须接受来自政府的价格监管，如果存在可以自由定价却不受任何政府管制的经营权，那么这才是最为宽广的护城河。

（二）顾客转换成本

即使竞争对手开出了更低的产品或者服务的报价，但是企业能让客户不选择竞争对手的产品或服务，那么它就拥有顾客黏性。为什么顾客宁愿忍受更高的价格而不选择竞争对手呢？答案就在转换成本。顾客选择别的供应商，可能会面临各种兼容的问题，例如新的生存设备与原有生产体系的兼容问题。还可能碰上转换需要时间成本的问题，员工需要重新学习新的机械设备或者软件才能够继续上岗，例如在医疗器械行业，操作医疗器械的医师需要经过相当时间的培训才能够熟练使用器械，出于为患者生命安全的考虑，一旦用惯了某一品牌器械并不会轻易更换。在软件行业，各种专业软件都需要相当的时间培训才能够熟练使用，因而顾客也不会轻易更换。我在大学时接触了 Wind 金融数据库软件后，至今就只使用该款软件，因为我对其界面非常熟悉，能够最快速找到所需数据，而换其他软件则不够熟练，习惯所致，所以不会更换。顾客还会因为安全因素不会更换厂商，如果顾客是高精尖设备的生产商，所生产的产品在安全性、精度、品质上都有极高要求，为了保证自身信誉，那么它也不会因为仅是低价就更换供应商，否则一旦产品出现问题，所造成的损失将无法挽回。金融公司因为安全因素也不会轻易更换系统或者数据库公司。

（三）网络效应

企业可以受益于网络效应，随着用户人数的增加，他们的产品或者服务价值也在提高。例如，占中国电商绝大部分份额的阿里巴巴所拥有的淘宝和天猫，如果卖家去别的网站根本找不到在淘宝网那么多的买家，而买家也只有在淘宝网才发现更多的卖家和商品，因此，越多的卖家推动了越多的买家，越多的买家又推动了更多的卖家，两者互相促进，网络价值极高。在银行的信用卡网络中，持卡人越多，接受的商户越多，商户越多，持卡人越多。拥有众多上市公司和交易者的股票和期货交易所，例如港交所，即时通信领域的 QQ、微信，互联网社交领域的微博，以及拥有庞大网络的第三方物流公司也是基于同样道理。网络效应是异常强大的竞争优势，虽然并非不可超越，但绝大多数情况下，能令对手望而却步。

（四）成本优势

成本优势可能来自 4 个方面：低成本的流程优势，更优越的地理位置，与众不同的资源和相对较大的市场规模。

流程优势的案例是美国西南航空和戴尔电脑。戴尔取消分销环节，采用直销模式，并且按照订单生产，库存最小化，生产成本低。西南航空采用单一机型，使用更为便宜的二线机场，在员工中培养厉行节约的企业文化，通过各种流程加快飞机的周转速度，因而成本低。问题是它们的低成本策略已经众人皆知，两者却仍能独霸一方。这是因为对企业的历史路径依赖导致无法选择新的经营模式，加上经营作风改变不易，而新模仿者暂时无法迅速复制其生产流程，达到规模效益。不过也要辩证地看待流程优势，美国西南航空、戴尔在 10 年后经济护城河不如昔日，如今流程优势是建立在竞争对手懒惰和犯错误基础上的护城河，显然不够坚固。因为在竞争对手复制这种低成本流程或者发明新成本流程后，这种成本优势往往转瞬即逝。

优越地理位置的案例是水泥厂，水泥厂能在一定半径内建立起竞争优势，这是因为该地域外的水泥要进入该市场需要花费额外的运输成本，使得其竞争不过当地水泥厂，相同的案例也发生在采石料企业上。这些产品通常具有较低的价值重量比，且消费市场接近生产地。

独特的资源优势。之前我认为掌握自然资源可以构成竞争力，事实上错了，掌握相对低的采掘成本的资源才是竞争优势，当大宗商品价格上涨时，具备低采掘成本的厂家更容易获得超额盈利，则能熬过行业低谷。例如澳大利亚和巴西两国的铁矿石储量占据世界总量的 40%左右，矿石品位高，开采成本低，因而两国铁矿石生产厂家具备成本优势。

市场规模优势，因为规模带来的成本优势可以进一步划分成 3 种：配送，生产和利基市场。配送的案例主要是物流企业和超市零售企业，企业的物流网络越大，运输规模越大，单位成本越低。

生产的规模优势也好理解，只有产能或者销售规模足够大，才能够分摊高额的研发、管理、销售等费用。例如格力电器每年花费 40 亿元的研发费用，其背后是基于每年上千亿元的销售额作为支撑，试想一下某个销售额不足百亿元的空调厂家可能花出高达几十亿元的研发费用吗？如果不花如此高昂的研发费，怎么确保产品技术领先，又怎么同行业龙头竞争呢？

比较有意思的是利基市场，指的是小市场的垄断者，市场小到只能容纳一家公司，新的竞争者即使看到利润也不敢加入竞争，因为如果该市场存在着两家公司就会两败俱伤。我想起了巴菲特参与过为数不多的企业经营，巴菲特控股的某城市的一家报社和该城市另一家报社进行市场争夺，该市场很小，容不下两家报社，最终巴菲特控股的报社凭借资本击垮了另一家报社。

（五）经济护城河不是万能的

很多投资者在运用经济护城河理念投资时容易陷入一个误区，即仿佛找到了具备经济护城河的公司就能够一劳永逸地赚大钱了。事实上，第一，具备经济护城河的公司并不容易找到，投资者很可能只是用了经济护城河的概念来安慰自己罢了。第二，影响企业的因素有很多，除了自身，跟外部环境（例如行业供需、竞争程度）也密切相关，商业竞争始终是动态的，没有一成不变。最后，我想说，经济护城河是竞争优势的一种体现，但是两者又不完全相同，举几个案例证明。

案例一：邮政快递网点多，符合护城河之说的网络优势，但据我亲身经历，EMS 送的东西从来不亲手交给我，只丢在楼下保安室，连声招呼都没打过。而顺丰快递总会亲自投递到用户手中。为什么顺丰的价格那么贵，还有那么多客户选择。所以认为邮政快递与顺丰快递相比竞争优势如何？市场份额的数据也告诉了我们答案。

案例二：沃尔玛门店众多，具有网络效应，物流成本低，被认为是竞争的法宝。当它还是家村镇小店时，护城河是什么？凭什么和别人竞争，就是靠沃尔顿大叔一点一滴细节之处节约起来的。

案例三：加多宝苦心经营的王老吉判给了广药集团，无疑广药集团获得了品牌这样的护城河，但广药集团真的能够建立起竞争优势吗？又能轻易学习到加多宝在营销、销售方面的能力吗？如果真能，为何十多年前轻易把王老吉出租给加多宝。

案例四：白酒历来被投资者认为有深厚的护城河，其历史底蕴、品牌或者说口感就属于无形资产。但要知如今净资产收益率超过 40%的泸州老窖 2006 年以前也烂公司一个，还是靠新管理层推出国窖 1573 的新品种才跻身白酒行业前列。五粮液 20 世纪 90 年代比茅台地位更高，人们更喜欢喝五粮液，为何如今茅台是老大？现在营销能力强的洋河又杀进来了。护城河真的护住什么了吗？还得看公司的能力与经营效率。

案例五：医药企业的药品专利被认为是护城河，但其背后仍然是靠研发能力作为支撑，研发能力下降，即便目前专利仍然很多，医药企业的实质竞争力也是下降的。

案例六：同样是机场，都拥有特许经营权，这是经济护城河，但是依然无法解释为什么有的机场回报率高些，而有的就很差。不能够说净资产收益率高的机场就有护城河，低净资产收益率的机场就没有。

那么什么是竞争优势？我倾向于一个系统整体，我倾向能力说与资源说。一个企业的竞争优势体现在研发能力、生产管理能力、营销能力、财务能力、组织管理能力上，而带来竞争优势的资源包括有形资源、无形资源及组织资源。经济护城河更多的是对竞争优势的奖励，反过来维护竞优势与超额收益，也可以说是过去竞争优势在现在的体现。经济护城河的概念应该划分到波特关于产业结构的五力模型，是关于产业结构的说法。护城河更多是一种被动的东西，更重要的还是护城河之内的能力。投资者喜欢空谈表象的、静态的经济护城河，但更应看到实质上的竞争优势和商业的动态演变。

三　经营能力分析

　　去赛马场赌马的人都会面临着一个纠结，到底是选择一匹能跑的马，还是选择一个会骑的骑师。投资者同样如此，是选择一个处于良好竞争结构的公司，还是选择一个管理能力强的公司呢？事实上，马和骑师都重要，马不行，再好的骑师也跑不快；骑师不行，控制不了马的奔跑节奏，还是赢不了。只有企业的各项能力都较为强大，才能够将企业既有的优势和资源充分发挥。

　　那么如何分析企业各项能力呢？迈克尔·波特的《竞争优势》一书提供了价值链的分析方式。每一个企业都是在设计、生产、销售、发送和辅助其产品的过程中进行种种活动的集合体。所有这些活动可以用一个价值链来表明。如图 5-1 所示。企业的价值创造是通过一系列活动构成的，这些活动可分为基本活动和辅助活动两类。基本活动包括内部物流、生产经营、外部物流、市场营销、服务等。而辅助活动则包括采购、研究技术开发、人力资源管理和企业基础设施等。

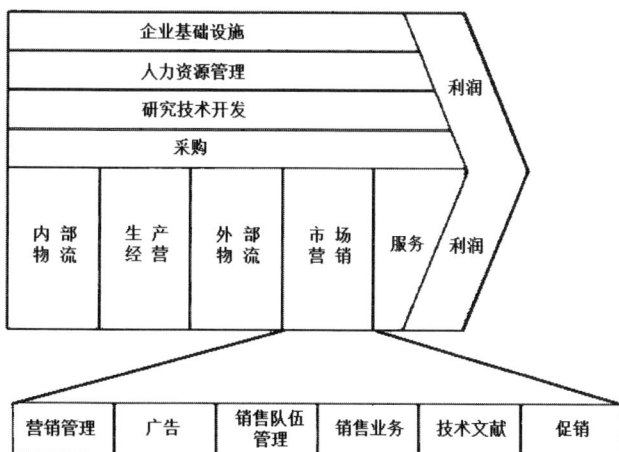

图5-1　企业价值链

　　其中内部物流是指诸如原材料搬运、仓储、库存控制以及向供应商退货等活动。生产作业是指机械加工、包装、组装、设备维护等活动。外部物流是指将产品发送给买方的各种活动，例如产成品库存管理、送货车辆调度、订单处理等。市场营销是指广告、促销、销售队伍管理、营销管理、销售业务、技术文献等活动。服务是指，提供服务增加或者保持产品价值的有关活动，例如安装、维修、培训、零部件供应等。

而辅助活动的四种活动贯穿各种基本活动。采购是指购买物品或服务用于企业价值链各种投入的活动，例如生产原材料由采购部门购买，而机械设备由工厂经理购买，在销售环节由于销售所产生的各种所需则由相关营销人员购买，公司总裁则可能购买战略咨询。研究技术开发同样贯穿基本活动，不单是产品需要研发创造，生产过程的工艺也需要研究更新，此外在销售环节创新的销售模式、顾客信息管理系统都属于技术开发范畴。人力资源管理则涉及所有类型，包括研发、生产、销售等人员的招聘、雇佣、培训和报酬等活动，只有企业与员工的关系理顺，具备良好的激励机制，才能够发挥团队的能力，公司各种业务意图才能够得到执行。企业基础设施则由大量活动组成，包括总体管理、计划、财务、会计、法律和质量管理，企业基础设施通过整个价值链而不是单个活动起辅助作用。

这些互不相同但又相互关联的生产经营活动，构成了一个创造价值的动态过程，即价值链。

价值链理论的基本观点是，在一个企业众多的"价值活动"中，并不是每一个环节都创造价值。企业所创造的价值，实际上来自企业价值链上的某些特定的价值活动；这些真正创造价值的经营活动，就是企业价值链的"战略环节"。企业在竞争中的优势，尤其是能够长期保持的优势，说到底，是企业在价值链某些特定的战略环节上的优势。而行业的垄断优势来自于该行业的某些特定环节的垄断优势，抓住了这些关键环节，也就抓住了整个价值链。这些决定企业经营成败和效益的战略环节可以是产品开发、工艺设计，也可以是市场营销、信息技术，或者认识管理等，视不同的行业而异。在高档时装业，这种战略环节一般是设计能力；在餐饮业，这种战略环节主要是餐馆地点的选择以及产品口味的标准化；发电企业，采购燃料的成本则是公司的战略环节；服务行业，员工的管理培训则是公司的战略环节；汽车行业，核心环节是引擎和动力传动的设计与制造；在某些产品稀缺的行业，产能则是关键环节。企业如果能够在这些环节表现得效率更高，差异化程度更大，将更具竞争优势。

当然，价值链并不是说只抓住关键环节，其他环节就可以不要理会。第一，企业各项活动之间都有密切联系，如原材料供应的计划性、及时性和协调性与企业的生产制造有密切的联系；第二，每项活动都能给企业带来有形或无形的价值，如售后服务这项活动，如果企业密切注意顾客所需或做好售后服务，就可以提高企业的信誉，从而带来无形价值；第三，价值链不仅包括企业内部各链式活动，而且更重要的是，还包括企业外部活动，如与供应商之间的关系，与顾客之间的关系。通俗来说，企业需要有一技之长，但是其他技能也不能太弱。

价值链理论揭示，企业与企业的竞争，不只是某个环节的竞争，而是整个价值链的竞争，价值链各环节的差异与各环节的能力，综合在一起决定了企业竞争力。用波特的话来说："消费者心目中的价值由一连串企业内部物质与技术上的具体活动与利润所构成，当你和其他企业竞争时，其实是内部多项活动在进行竞争，而不是某一项活动的竞争。"

问题来了，上述活动大部分发生在企业内部，投资者又不是公司内部人士或者行业人士怎么知道公司做得好不好呢？其实从公司自身宣传、新闻报道、行业信息等渠道可见。例如格力电器，其广告宣传语为掌握核心科技，翻看公司年报，会发现几乎从一开始就讨论技术研发问题，而且在整个董事会讨论中占据了大量篇幅，讨论的技术开发也非常具体，涉及家用空调、中央空调、光伏空调、热水器、生活电器等细分产品，并非言之无物。另外，格力电器多次获得国家科技进步奖项和行业授予的各类奖项，可以认为研发能力就是格力的核心竞争力。投资者如有机会走访相关上市公司或者询问行业专家应该更能够加深对公司各项经营活动能力的认识。在第 6 章的分析技巧与方法中，归纳了一套分析公司综合能力的方法，考察公司说什么，做什么，做得怎么样（经营数据），效益如何（财务数据），同行情况等方面，通过逻辑交叉检验的方式来判断公司能力高低。

投资者最容易了解公司的渠道仍然是通过亲身接受其产品或者服务，通过这些产品或者服务的使用，可以反过来窥见公司内部的各种能力。出色的产品或者服务一定是在各种细微之处做到极致，超越竞争对手，超越了顾客的期望。乔布斯所领导的苹果公司就是其中的典范。苹果公司花费大量时间在产品细节之处，目标只是为了让苹果产品比其他产品要好，苹果对细节的专注不仅体现在产品外观上，还体现在内部组件的选择上，这些组件非常重要，影响整个设备性能的发挥。乔布斯专注的地方有多细微？例如不同字符之间的间距。这些小细节体现在从 Macintosh 到 iPhone 在内的所有苹果产品中，这也是乔布斯区别于其他 CEO 的主要不同点。在MacBook 笔记本电脑中有用于睡眠指示的小灯，尽管其他笔记本也有这一功能，但 MacBook 笔记本电脑有所不同。MacBook 睡眠指示灯的闪烁频率与成年人正常呼吸频率一致，即每分钟 12 次，而也只有乔布斯才会关注这样的细节。这些正是苹果成为全球市值最大公司的重要原因。

我曾经到希尔顿酒店用餐，希尔顿酒店的服务员见到顾客都是微笑打招呼。在用餐时，服务员发现一顾客感冒咳嗽，就亲切地询问是否需要送上红糖生姜水。我相信一碗生姜水不值几个钱，但是服务员对顾客的关怀体贴，才让顾客觉得选择到此消费物有所值。而要让服务员达到如此程度，背后肯定需要一套强大的培训、管理和激励的机制才能做到。经查询，原来希尔顿酒店市值为全球纯酒店业务公司中最高，接近 300 亿美元。

不过，投资者也别仅局限分析公司的产品，分析公司的产品只是公司分析的一个切入点，一个受欢迎的产品并非买入其公司股票的充分理由。很可能投资者所看到现象只是局部的、阶段性的，深受欢迎的产品可能只是风靡一时，可能非常容易被模仿，可能公司完全赚不到钱，还可能股价已经非常昂贵，因此分析公司产品并不能够代替对公司其他方面的考察。

除了产品或服务，公司营销广告是投资者最容易接触的。公司要有什么动作和意图，最先也是由广告传递的。怎么看公司的广告做得好与差呢？广告有三个层次：较差的广告只介绍产品属性、功能与质量。一般的广告强调它对消费者有什么益处。最好的广告强调的是产品与消费者的人生态度、价值观、信仰、情感、生活方式等的融合！举个案例，如果卖洗衣粉，较差的厂商的广告只会告诉消费者，这是洗衣粉，能够洗衣服。稍微好的广告则会告诉消费者这个洗衣粉洗出来的衣服特别干净洁白，不伤手不刺激肌肤。而最好的广告则会告诉消费者，通过该品牌洗衣服洗出来的洁白衣服，给老公、孩子穿上后，代表着一个妻子和母亲对亲人满满的关爱！我特别赞赏必胜客做的广告，广告持续更新，总是一群朋友或者家人一起开心地在必胜客餐厅吃着新的菜品，然后在最后打上一行字"远不止比萨"或者是"欢乐时光"。必胜客的广告告诉消费者其实必胜客卖的不是比萨，而是和家人、朋友待在一起的欢乐时光，这就把简单的饮食销售融入了人们的情感因素。同必胜客一样，肯德基也是百胜餐饮旗下的品牌，很显然中国消费者对肯德基广告的印象明显比麦当劳深刻，这也是肯德基在中国发展比麦当劳更好的原因之一。百胜餐饮本土化的成功使得中国地区贡献的利润占整个公司的一半，百胜餐饮的盈利能力也超高，净资产收益率高达 50%～80%，远超其他餐饮公司，因而股票估值也相当高。我曾经从一篇名为《中央电视台 2009 年广告客户运行盘点》的新闻报道里选出了 30 只在央视做广告的上市公司的股票。能在央视做广告的公司实力大多雄厚，我统计了其收益率，发现 2009 年这 30 只股票平均收益率是 124%，剔除收益率最高和最低共 6 只股，剩下 24 只股票平均收益率也为 114%，均高于沪深 300 指数 2009 年 96%的收益率。当然上述统计可能存在片面性，不过也能一定程度说明问题。投资者不妨多从营销学的观点看待公司，看公司的广告、产品、包装、价格、渠道等方面究竟与同类型产品有没有差异，从而形成自己独特的定位。

谈了这么多，并不是让投资者关注公司运营方方面面的细节，事实上，耗费大量时间、精力去关注公司营运的各种细节并不明智，而且这些细节未必对投资决策有所帮助，过度关注细节反倒可能忽视对公司发展的大势研判，投资者最好能培养出化繁为简的能力，关注那些深刻影响公司长期发展的因素。

四 管理层分析

超越公司经营能力再深一层次的分析就上升到对公司管理层的分析。正是公司的核心人物董事长或者总经理的组织安排形成了公司业务的各种流程和经营能力，他们对公司重大事项的判断决策能力，才推动公司的发展。对于管理层的分析可以从三个方面入手，愿景与企业家精神、企业家能力以及价值观。

（一）愿景与企业家精神

优秀公司的领导人总是有理想和抱负，而公司都有远大的愿景，诸如提供一流产品或者服务，为消费者创造更美好的生活，成为行业中的领袖公司等，甚至不乏以改善人类生活为使命的公司。乔布斯有一句名言"活着就是为了改变世界"。我相信这些伟大的企业家并不是单纯为了钱去开创事业，而是他们觉得在开创事业的过程中本身就是一件有意思、有意义的事情，因此倾注了全部的兴趣、热情与干劲，赚钱只是水到渠成，只是这一过程的副产物。在干一番事业的过程中，淋漓尽致地展现了他们的企业家精神，包括冒险、创新、执着、专注、不断学习等。企业家创办一番事业，绝对不是一时头脑发热，不是因为这个行业现在发展好就进入，而是即便行业低迷也非常专注地提高自己的产品或者服务水平，正是这种超常的专注和执着才能够赚到后面令人惊叹的财富。

案例：从湘鄂情到中科云网

湘鄂情成立于 1999 年 9 月。公司主营业务为中式餐饮。2009 年 11 月 11 日，公司在深圳证券交易所正式挂牌上市（证券代码：002306），成为我国第一家在 A 股上市的民营餐饮企业。

中央八项规定后，湘鄂情高端餐饮一蹶不振，湘鄂情进行业务转型。2013 年 5 月，湘鄂情宣布支付 5 000 万元意向金以收购江苏中昱环保科技有限公司股权；12 月，湘鄂情又宣布与合肥天焱绿色能源开发有限公司设立合资公司，欲收购对方 51%股权；此外，湘鄂情还公告将意向收购北京中视精彩影视文化公司 51%股权。

2014 年 7 月，公司决定将名称变更为中科云网，此次变更公司名称背后，是湘鄂情与中国科学院计算机研究所的全面深度合作。中科云网发展方向和定位为，基于大数据生态环境，寻求产业模式创新，以市场需求为导向，通过互联网数据进行垂直整合，提供云服务平台，围绕移动互联网、家庭智慧云终端等产品进行应用推广，力争建立行业领先的商业化应用和规模化效益，为用户提供优质的新媒体服务体验。

经过多次失败的转型试探，中科云网终于下决心退出老本行，将旗下"湘鄂情"的有关商标以及相关餐饮企业一一售出。

总结：不想做大数据的传媒环保公司不是好的餐饮公司，呵呵，但炒菜的大师傅能做好上述领域吗？那些高深的概念恐怕连公司都弄不太清楚吧。公司前董事长孟凯已辞去职务，发出"我精神濒临崩溃，已无力回天"的感慨。中科云网已经连续亏损两年，股东权益为负数，公司债券还不起，处于破产边缘，但是其市值截至 2015 年 5 月仍然高达 70 亿元左右，购买该公司的股东只能寄希望于有人重组公司了。

（二）企业家能力

有了愿景也需要有相应的能力才能够将目标达成。事实上，企业家的综合素质要求极高，他不但需要在企业经营管理中具备某一方面的专业才能，对企业方方面面的理解也要异常深刻，可谓全能型人才。杰出的企业家需要懂得市场营销、员工激励、制造工艺、财务管理等多项基础技能，由于在行业内浸淫多年，具备丰富的行业经验，对行业的发展、竞争格局应有着深刻认识，对公司重大事项的判断决策能力以及把握业务机会的能力也提出了很高要求。听才华卓越的企业家的言论，看其写的文章，总能够获益颇丰，给人思维和认识上的启发。投资者也不用担心没有机会去理解他们，因为他们自己就会发声。

伟大的企业家总喜欢倾诉

（注：此文发表于 2010 年 12 月 4 日的新浪博客）

今晚在逛大润发超市时，路过格力空调的专柜，看到摆着本小书，是格力的总裁董明珠女士写的。说起董明珠，多年前，我在《经济观察报》上读过对她的专访，觉得她还真不是一般的人物。这也让我想到我曾经读过万科董事长王石的自传，王石其实也是很爱上媒体表达的，那个争议颇多的任志强同样也是。通用电气的杰克·韦尔奇写了自传，巴菲特以每年至股东的信闻名，彼得·林奇出版了他的三部曲，招商银行的马蔚华也写了很多银行方面的文章和做过很多宣传，马云与俞敏洪也都有很经典的言论。

为什么历史上伟大的企业家总喜欢著书立说呢？在我看来，伟大的人物都很有理想和思想，但被世人理解的太少，内心或许感觉太孤单，很有倾诉的欲望，被认同的欲望。他们之所以喜欢表达言论和写文章，是能够带来好处的。

1．对于股东而言，增加公司的透明度，使股东更加了解企业领导人的意图和想法。

2．对于企业而言，塑造了公司文化，使员工认同价值观。

3．对于社会而言，表达了诉求，扩大了影响力，有利于取得各方力量的支持与认同。

因此，我希望所投资企业的企业家能够对公司、行业或者社会有深刻的、启发性的见解，或者企业家本人对生活与人生有深刻的见解，让人觉得他是个值得信赖、真诚的人。领导伟大企业的企业家不可能在历史中不留下一丝痕迹。企业家的言论将成为我重仓股份与否的重要标准之一。

（三）价值观

一个人仅有才华是不够的，关键还要看其品德。企业家是否是个正直、坦诚的人，是否拥有我们认同的价值观极其重要。管理层需要将企业营运状况完整而且翔实地报告股东，而非隐瞒企业营运状况，选择保守的会计政策，不能对股东忽悠或者吹牛，需要以股东价值最大化为行事准则。除了善待股东以外，同样应善待供应商与员工，善待消费者，不对消费者坑蒙拐骗，提供具有品质保障的商品，对于同行业竞争对手不能以不道德方式进行竞争。最后，企业应当承担一定的社会责任，不能通过侵害社会公众利益、破坏环境等方式来满足自身利益。

五　企业文化与风格

（一）企业文化

企业文化是员工共同的价值观念和行为规范，不管有没有明文写出来，企业文化总是深深地扎根在企业里。企业竞争到一定阶段，企业之间的差异会直接体现在企业文化上。实际上，企业文化很大程度上反映出一位企业家的思想境界。企业文化不仅影响着公司内部，甚至影响着消费者。例如乔布斯不羁、创新的性格塑造了苹果公司的文化，而果粉就是冲着这种不羁、创新的个性才会疯抢其产品。优秀的企业文化能够使企业在激烈的竞争中持续胜出。

案例：领跑者——万科

万科是中国最大房地产商，致力于建设"阳光照亮的体制"，坚持规范、诚信、进取的经营之道。万科把人才视为资本，倡导"健康丰盛的人生"，重视工作与生活的平衡，为员工提供可持续发展的空间和机会，倡导简单人际关系，致力于营造充分发挥员工才干的工作氛围。与之对应的是万科的品牌标识语，"让建筑赞美生命"。

我们可以从万科员工热爱的一项运动——跑步来感受万科的企业文化。万科董事长王石比较潇洒，常年在外游历，把世界的高峰都爬遍了，但是作为万科总经理的郁亮显然无法做到，就选择了跑步这项运动。以前的郁亮是个体重 200 斤的大胖子，跑 800 米就累趴下，现在他已是中国企业家俱乐部里马拉松成绩最好的总裁。他治下的万科也有了一个特殊的称号——运动员股份有限公司。郁亮的三句名言被媒体广为传播："不重视员工健康的公司不是好公司。""只有管理好自己的体重，才能管理好自己的人生。""没时间运动，就有时间生病。"这就是郁亮的"跑步管理学"。郁亮几乎用一种罕见的强势的方式在万科内部推行"乐跑"运动。他去分公司视察，首先看有没有淋浴间。没有淋浴间的公司是一个没有跑步传统的公司，会受到他的批评。郁亮说，员工不跑步的借口有三个：伤膝盖、忙、不够睡。他告诉他们："伤膝盖是懒人思维，一个再忙的人也会有时间生病的，睡眠不在时间而在质量。"

郁亮最绝的一条是：把员工健康与管理者的奖金挂钩，管理层奖金的1%是和员工的健康直接挂钩的。如果员工的身体出了问题，管理者是要扣奖金的。经过一年的推广，自上而下的跑步风潮成为万科的一大传统，万科的管理团队和员工很少有高血压、高血脂、高血糖。除了郁亮外，万科还有6个副总裁跑过全程马拉松。

已经离职创业的万科副总裁毛大庆曾这么说，"今天可以不让我在万科干工程，但是没人可以不让我跑马拉松"。毛大庆开始是抵触运动的，因为工作应酬关系，患有脂肪肝、尿酸高，已到糖尿病的边缘，但通过跑步，他觉得给了他健康的身体，第二次的生命，现在的毛大庆是狂热的马拉松爱好者，到处传销似的宣传跑马拉松。一名万科的普通员工则说："如果你平时运动很少的话，部门的同事会跟你说，你快运动，你快运动，虽然跟氛围有关系，但你还是觉得我应该跑，我需要跑。"

郁亮对未来万科的设想是，树立以"乐跑"为标志的体育公益形象，建立乐跑基金会。郁亮说，他想影响企业家，尤其是商学院的企业家。郁亮和万科正在把跑步这种生活方式推广给更多人。2013年开始，万科便在北京、上海、广州和深圳四个城市先后发起并主办了城市"乐跑"赛，2014年乐跑旋风席卷全国60个城市。每个城市50万元的投入并不多，却让更多人知道这家公司的志趣与众不同。

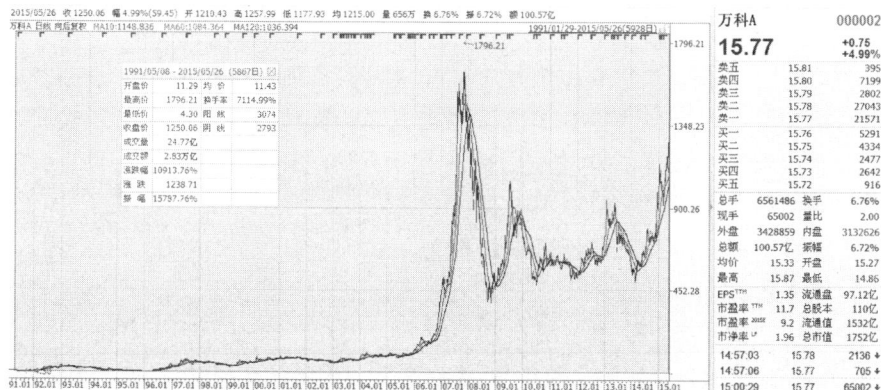

图5-2　万科A股价走势图

跑步这项活动不仅使得万科员工之间关系更为融洽，团队战斗力提升，更是通过跑步影响了一批企业，通过跑步向外界输出万科的企业文化和价值观。跑步这项运动本身就很阳光，万科在各个城市开展"乐跑"运动，事实上也告诉了各位潜在的消费者，万科是一家阳光的企业，值得信任，那么购买万科的房子品质是有保障的。万科推崇跑步运动，事实它自己就是中国房地产行业持续领跑者。正是强有力的企业文化保障，给万科带来持续的竞争优势，公司股价自上市以来上涨了近百倍，如图 5-2 所示。

（二）企业风格

（注：此文发表于 2013 年 1 月 3 日的雪球博客）

这些年投资下来有点感受，企业风格是很难从报表里阅读出来的，需要长期跟踪，碎片化地阅读或者观察关于企业的方方面面，才形成一个大致的判断。

在我有过印象的企业中，不乏财务报表曾经一直很出色的，但是出于对企业经营理念或者风格的不认同，我是绝不会投资的。

美的电器是一个案例，它同格力电器形成鲜明对比，就在一两年前还大有赶超格力电器之势，但 2012 年两者股价走势和财务数据天差地别。美的电器据说信奉"狼"文化，在我阅读过关于美的的新闻中都有体现，美的疯狂挖格力员工，营销的时候和格力、九阳打架，大幅裁员等新闻时有出现，这些都让我对它没什么好印象。反观格力董明珠的言论和价值观就正常很多，例如专注、注重研发等。

银行股中的民生银行也是非常激进，有各种不良贷款的新闻，还有什么剃光头军令状，行长说"利润多得不好意思"，增发损害其他股东利益，高管薪酬过高，收购美国联合银行等。在我看来，民生银行股权过于分散，股东无法有效控制。银行又是经营风险的行业，尽管 2012 年涨幅很高，但我是不会投资它的。

保险股里的中国平安，当年千亿元增发买富通，但没搞成，不过富通也给平安亏了几百亿元。马明哲薪酬也很高。街边经常接到的是平安无抵押贷款保险的宣传单。有时候也说不上哪不好，就是感觉不好，身边买中国平安的朋友，我都劝他们不要买。

工程机械里是三一最好，中联次之。

大牛股很多都是诞生于大的时代背景，正所谓大势所趋，不过也需注重企业微观的细节，千里之堤，溃于蚁穴。宏观、微观两手都要抓。

如果把价值投资比喻为滚雪球，在这个复利增长的过程中，稳健尤为关键。如何控制所投资企业风险呢，除了投资组合、估值等因素，企业自身的财务杠杆、经营杠杆、收入对经济的弹性以及企业经营风格都是至关重要的因素。

5.4 公司战略

公司战略是指为实现公司总体目标，对公司未来发展方向作出的长期性和总体性战略。它是统筹各项分战略的全局性指导纲领，是公司最高管理层指导和控制企业的一切行为的最高行动纲领。战略决定了公司中长期的增长来源，或者说为公司业务发展以及成本降低获得了哪些关键性资源。公司战略深刻决定了业绩的表现，影响着公司价值及中长期股价表现。公司因为战略决定进入新领域时，一定要考虑在资源和能力上是否进行了充分准备，否则失败概率较大。公司总体战略包括三种类型：成长型、稳定型、收缩型。

一 成长型战略

成长型战略以发展壮大企业为基本导向，致力于使企业在产销规模、资产、利润或新产品开发等某一方面或某几个方面获得增长。成长型战略的三种基本类型：一体化战略、密集型战略、多元化战略。

（一）一体化战略

企业对具有优势和增长潜力的产品或业务，沿其经营链条的纵向或横向扩大业务的深度和广度，扩大经营规模，实现企业成长。

1．纵向一体化战略

表 5-1　纵向一体化战略

战略类型			适宜条件	存在风险
纵向一体化战略（沿着业务链条前后延伸）	前向一体化	获得分销商或零售商以加强对销售过程和渠道的控制	（1）现有销售商销售成本较高或者可靠性较差，难以满足企业的销售需要； （2）企业所在产业的增长潜力较大； （3）企业具备前向一体化所需的资金、人力资源等； （4）销售环节的利润率较高	（1）不熟悉新业务领域所带来的风险； （2）纵向一体化，尤其是后向一体化，一般涉及的投资数额较大且资产专用性较强，增加了企业在该产业的退出成本
	后向一体化	后向一体化就是企业通过创立、收购或兼并若干原材料供应商，拥有和控制其供应系统，实行供产一体化	（1）供应商成本较高、可靠性较差而难以满足企业需要； （2）供应商数量少而需求方竞争者众多； （3）企业所在产业增长潜力较大； （4）企业具备后向一体化所需的资金、人力资源等； （5）供应环节的利润率较高； （6）企业产品价格的稳定对企业而言十分关键，后向一体化有利于控制原材料成本，从而确保产品价格的稳定	

案例：自建渠道的格力电器

一般的家电生产商会委托专业的家电经销商销售产品，因为专业经销商的销售效率更高，但是也产生了一些问题，例如家电生产商对经销商的价格无法把控，容易扰乱价格体系，此外，经销商一般采用"先货后款"销售模式，压榨生产商。格力电器反其道而行，自建渠道。格力早在1997年就自建渠道，当时格力湖北经销商互抢地盘，大打价格战，厂家和经销商两败俱伤。时任格力销售总经理的董明珠，提出一个大胆的想法：成立以利益为纽带，以格力品牌为旗帜，互利双赢的联合经营实体，由此，湖北格力空调销售公司诞生。区域销售公司由企业与渠道商共同出资组建，各占股份并实施年底共同分红。它的核心理念是渠道、网络、市场、服务全部实现统一，共同做市场共同谋发展。在这其中，格力只输出品牌和管理，在销售分公司中占有少许股份。后来2004年，不堪国美电器压榨的格力脱离国美渠道，大力发展自建渠道。格力以股份制形式在每个省和当地经销商合资建立销售公司，"以控价为主线，坚持区域自治原则，确保各级经销商合理利润"，由多方参股的区域销售公司就使经销商之间化敌为友。区域销售公司董事长由格力出任，总经理由经销商共同推选，各股东年终按股本结构分红。格力以统一价格对区域销售公司发货，区域销售公司再将产品批发给由各地市级批发商组成的相应合资分公司，合资分公司向所在区域的零售商供货。上述模式节约了格力大量的自建网络开支，消除了与经销商之间的价格战，解决了经销商在品牌经营上的短期行为，促进品牌的长期发展。以自有渠道为主的经销商网络，增强了格力在产业链上的话语权和价格掌控力。这张庞大而稳定的销售网络，以及"先款后货"模式为格力带来了充裕资金，使得格力几乎不用借有息负债发展。近十年来，格力电器销售额迅猛增长，也造就了股价十年涨幅近50倍的超高收益，取得这一成就和自建渠道的战略执行不无关系。

案例：煤、电、运一体的中国神华

中国神华（SH：601088，HK：1088）是世界领先的以煤炭为基础的一体化能源公司，原先主要业务为煤炭生产、销售，后向前延伸产业链至电力生产、热力生产和供应，相关铁路、港口等运输服务。最为难得的是公司在上述领域均是生产效率最高的公司之一。公司的煤炭业务已经成为中国煤炭行业大规模、高效率和安全生产模式的典范。神华煤炭资源储量为中国第一，单位生产成本低，约为行业成本的一半，具备竞争优势，产量占中国煤炭总产量的8%。煤炭占到公司全部收入的70%，也是公司最主要的利润来源。中国神华拥有电厂 25 家，是中国第五大发电企业，燃煤机组平均利用小时高，毛利率基本处于电力上市公司的最高水平，有较强的竞争优势。煤炭成本占发电成本的六至七成。近年来，国内煤炭价格大幅下跌，电力企业盈利成倍提升，中国神华电力业务业绩基本平稳，为煤炭业务盈利提供了空间。此外，公司拥有由铁路、港口和航运船队组成的大规模一体化的运输网络，包括包神、神朔、朔黄、大准和黄万五条铁路（其中神朔、朔黄铁路是中国西煤东运的第二大通道），黄骅港、神华天津煤码头两个港口和神华航运公司船队。公司运输业务很好地衔接了上下游产业，保证了煤炭的运输销售及对电厂等下游产业的顺畅供应。公司在保障一体化系统安全运营的同时，运输业务业绩实现了明显增长。近年来，国内煤炭供需逆转，半数煤企上市公司亏损，半数处于盈亏平衡，而中国神华因其上下游一体化，较大程度规避了单一行业风险，盈利能力仍能保持超过10%的净资产收益率，实属难得。

案例：踏错节奏的中国钢企

钢铁行业中铁矿石成本是炼钢成本的重要构成，因而铁矿石价格变动直接影响着钢铁公司的利润水平。因为世界范围内的铁矿石资源分布不均，澳大利亚和巴西的力拓、必和必拓和淡水河谷三大铁矿石公司几乎垄断了全球铁矿石供应。20 世纪 80 年代开始一直到 21 世纪初国际铁矿石价格长期保持相对稳定，基本保持在 20 美元/吨水平，从 2004 年开始，中国超过日本成为国际铁矿石贸易的最大买家，"中国需求"开始成为影响铁矿石价格变动的主导因素，国际铁矿石价格也由此开始出现大幅上涨。2004—2008年，三大铁矿石厂商制定的长期协议价格分别上涨 19%、71.51%、19%、9.5%、65%，疯狂上涨的铁矿石价格压得国内钢企喘不过气来。而日本钢企却没有如此感觉，它们早已深入到了上游产业，由于先前对矿山的投资回报，足以弥补铁矿石涨价对日本钢铁企业的影响。根据统计，在澳大利亚 24 个主要铁矿中，8 个有日本公司直接参股，其余的 16 个铁矿，日本企业也间接参股；在巴西的 22 个铁矿中，日本公司同样有参股，其中在淡水河谷，日本钢企持股比例高达 15%。所以当时每年长期协议谈判时，日本钢企总是率先痛快同意价格上涨，造成了后面谈判的中国钢企被动。正是由于缺乏战略眼光，中国钢企没能在铁矿石价格上涨之前投资矿山资源，反而在价格上涨之后的较高位置才意识到上游的重要性，但是进入的价格早已不能同日而语。中国钢企的高位接盘，再加上自身并无异国开采矿石的经验，对开采的难度估计不足，为日后投资失败埋下伏笔。表 5-2 所示为中国钢企主要海外矿山投资情况，投资数量最多和规模最大的时期均在铁矿石价格表现较好的那几年。

表 5-2　中国钢铁企业海外投资矿山情况

年度	中方企业	国家	境外矿山/企业	储量（亿吨）	中方持股	成品矿（万吨/年）	权益矿（万吨/年）
1987	中钢集团	澳大利亚	恰那铁矿	2	40%	1000	400
1992	首钢集团	秘鲁	马科纳铁矿	16.6	98.40%	680	680
2001	宝钢集团	巴西	Agua Limpa 铁矿	4.76	50%	600	600
2002	宝钢集团	澳大利亚	帕拉杜伯铁矿	1.85	46%	1 000	1 000
2004	唐钢集团等	澳大利亚	威拉拉铁矿	1.75	40%	1 200	1 200
	包钢集团	蒙古	巴日格力图铁矿	0.44	49%	150	—
2005	昆钢集团	越南	贵沙铁矿	1.12	45%	138	62
	包钢集团	蒙古	额仁矿床	1.17	73%	100	—
	海城西洋集团	俄罗斯	别列佐夫铁矿	7.47	100%	545	—
2006	中信泰富 中冶集团	澳大利亚	Sino 铁矿	10	100%	2 400	2 400
2007	通钢集团	澳大利亚	凯恩斯山铁矿	0.15	8%	150	40
	鞍钢集团	澳大利亚	卡拉拉铁矿	14	52.16%	800	400
	中冶集团	阿根廷	布拉格兰德铁矿	2.6	70%	120	84
2008	中冶集团	澳大利亚	拉姆贝特角铁矿	15.6	25%	1 500	375
	首钢集团	澳大利亚	吉布森矿业公司	1.6	40%	700	300
	沙钢集团	澳大利亚	萨维奇河铁矿	8	90%	210	200

续表

年度	中方企业	国家	境外矿山/企业	储量（亿吨）	中方持股	成品矿（万吨/年）	权益矿（万吨/年）
2008	中钢集团	澳大利亚	Midwest 矿业公司	5	100%	1 500	1 500
	湖南华菱钢铁集团	澳大利亚	Golden West 矿业公司	1.2	11.39%	1 000	500
	包钢集团	澳大利亚	邦戈露铁矿	2.5	50%	300	—
	天津荣程钢铁集团	澳大利亚	Balla Balla 铁矿	1.04	10%	300	30
2009	宝钢集团	澳大利亚	Aquila 矿业公司	—	15%	1 890	投资性
	武钢集团	澳大利亚	CXM 矿业公司	20	60%	1 000	600
	武钢集团	澳大利亚	WPG 矿业公司	5	50%	530	265
	湖南华菱	澳大利亚	福蒂斯丘公司	42	17.40%	5 500	1 000
	重钢集团	澳大利亚	伊斯坦鑫山铁矿	17.8	—	1 000	1 000
	武钢集团	加拿大	布鲁姆湖铁矿	23	25%	1 600	400
	武钢集团 广新钢铁等	马达加斯加	Bekisopa 铁矿	5.8	100%	542	542
2010	武钢集团	巴西	MMX 矿业金属公司	30	21.52%	3 360	723
	山钢集团	塞拉利昂	唐克里里铁矿	100	25%	4 500	—
	武钢集团等	利比里亚	利比里亚邦铁矿	13	100%	1 700	1 700
	中铝集团	几内亚	西芒杜铁矿	22.5	44.65%	7 000	—
2011	洪桥集团	巴西	SAM 铁矿	62	70%	2 500	—
2012	河北钢铁集团	加拿大	Kami 铁矿	4.9	25%	800	480
	宝钢	澳大利亚	NorthStar, GlacierValley	52	12%	—	150

由于此前利润丰厚，力拓、必和必拓和淡水河谷三大矿业巨头继续扩大低成本铁矿石的供应（三大矿企开采铁矿石成本在每吨 30 美元左右）和继续利用规模优势削减生产成本，同时中国需求放缓，铁矿石价格已经从 2011 年高峰的每吨 190 美元不断下跌至 2015 年的每吨 50 美元，而铁矿石的历史记录出现在 2008 年的每吨 205 美元。三大矿厂公司股价也从 2011 年至今出现了 40%～80% 的下跌。即便如此下跌，三大矿厂仍然继续增产，淡水河谷计划从 2014 年的 3.1 亿吨增产至 2018 年 4.5 亿吨；力拓从 2.7 亿吨增产到 2017 年 3.6 亿吨；必和必拓预计产量从 2.25 亿吨增长至 2015 年的 2.45 亿吨。铁矿石供应已经不再紧缺，供需逆转。如此，大部分中国钢企都是在矿价高的时候进入，成本相对较高，加之所投资矿产资源开采条件相对较差，中国钢企投资上游矿石产业节奏基本踏错，如图 5-3 所示。

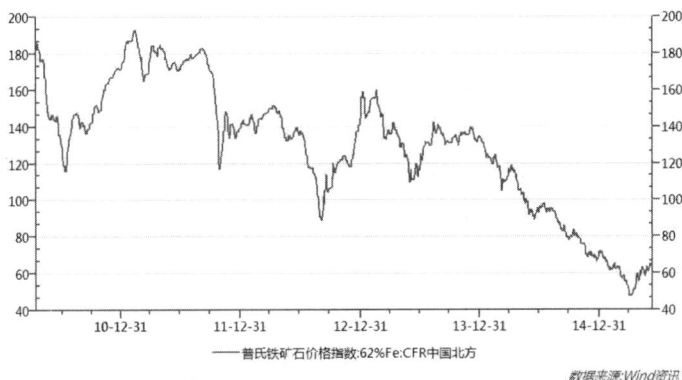

图5-3　普氏铁矿石价格指数

在出海投资矿石过程中，损失最为惨重的莫过于港股上市公司中信泰富。2006 年 3 月，中信泰富获得中澳 SINO 铁矿项目。彼时，中信泰富的收购目的是"可确保公司特殊钢制造业务得到稳定而充足的原材料供应，从而保证该业务的长期发展"。最初，中信泰富对此项目的成本预算为 33.19 亿美元，计划投产时间定于 2009 年 7 月。然而由于前期勘探评估不充分，导致该矿的生产成本过高，直到 2013 年 12 月，中澳 SINO 铁矿项目生产的首船成品矿才付运，累计耗资已近 100 亿美元，预计到 2016 年底，整个项目才将全面建成投产。中信西澳项目所开采矿石成本估计达到 100 美元/吨，再加上运输费用和澳元波动，运回来也毫无成本优势，盈不盈利都要开采，非常尴尬。后来中信泰富被中信集团重组，重组后的中信股份 2014 年年报确认，随着大宗商品价格暴跌，已对在澳合资企业——中澳铁矿进行了 25 亿美元（约合 155 亿元人民币）的减值拨备。

比起延期，直接关停或搁置的项目可能更加可惜。2011 年 6 月 23 日，中钢集团宣布，暂停在西澳洲的 Weld Range 铁矿项目，停止与之相关的所有工作，并对在建项目收尾。中钢集团表示，由于铁矿山生产能力比较大、物流量大、铁路运距大，导致所需要的投资非常大，所以某一家企业去开发海外铁矿石资源在财力和能力上都会显得吃力。

2008 年中冶集团斥资 4 亿澳元收购了位于西澳皮尔巴拉地区的兰伯特角铁矿，但是由于矿石开采难度极高，目前仍不具备开发条件，计提大额资产减值 18.09 亿澳元，中冶公司正在寻找退出方案。

2011 年，攀钢钒钛置入控股股东鞍山钢铁持有的鞍千矿业以及 50% 的卡拉拉铁矿项目股权。2014 年 8 月，攀钢钒钛对卡拉拉投资进行约 6.4 亿澳元的减值，折合人民币 36.7 亿元。

武钢集团计划到 2015 年将通过拥有利比里亚、加拿大、巴西等国多个铁矿石项目获得原料，实现铁矿石完全自给。2014 年 2 月，武钢股份利比里亚邦矿项目首船铁精矿装船。不过，2014 年 7 月，武钢股份拟收购大股东武钢集团持有的武钢矿业 100% 股权、武钢国际资源 100% 股权、武钢巴西 90% 股权以及向武钢国贸收购下属武钢（澳洲）有限公司 100% 股权时，却因矿价太低迷而搁浅，这使上市公司逃过了矿价下跌的风险。

2010 年 7 月，中国铝业出资 13.5 亿美元获得了力拓集团位于几内亚的西芒杜铁矿 44.65% 的股权。但中铝要想把矿石运回中国，至少需要修建一条 650 公里的铁路、新建 3 个 25 万吨的码头泊位，仅这两项的投资就超过了 100 亿美元。与此同时，力拓及其合作伙伴国际金融公司已与几内亚政府签署了一份协议，将西芒杜铁矿项目的投产时间推迟至 2018 年，比原计划晚了 3 年。由于项目被延期，中铝将承担很大的额外成本开支。

2. 横向一体化战略（见表 5-3）

表 5-3　横向一体化战略

战 略 类 型	适 宜 条 件	存 在 风 险
横向一体化战略	指企业收购或兼并同类产品生产企业以扩大经营规模的成长型战略，所常用的途径有购买、合并和联合。	（1）企业所在行业竞争较为激烈；（2）企业所在行业规模经济较为显著；（3）如果企业的横向一体化符合反垄断法的规定，则能在局部取得一定的垄断地位；（4）企业所在行业增长潜力较大；（5）企业具备横向一体化所需的资金、人力资源等	企业文化的不同往往会导致横向一体化后出现管理成本增加、产品质量难以保证、协调关系复杂等问题

案例：港口资源整合的厦门港务

厦门港务（HK：3378）是厦门最大的港口码头运营商，从事国际和国内集装箱装卸和存储、散杂货装卸和存储以及港口配套增值服务，主要利润来源于集装箱装卸和港口服务业务。

一般而言，国内大部分港口只有一个经营主体，而厦门港的情况非常特殊，有11家企业在厦门从事集装箱码头经营，竞争激烈，造成厦门港集外贸装箱装卸费率仅为交通部发布的费率指导价的一半左右。2010年开始，厦门国资委开始推动厦门集装箱码头整合，经过三年，2013年12月13日厦门集装箱码头集团有限公司成立，标志整合完成。整合方案为，厦门港务所属码头，连同海天码头、象屿码头、国贸码头和海沧港务以新设立合并方式成立厦门集装箱码头集团有限公司，相关股东以码头资产作价或以现金入股合资公司。厦门港务持有集装箱码头集团59.75%的股权，通过控股集装箱码头集团，经营了厦门港内八个码头，共计25个国际集装箱泊位，占据厦门港集装箱产能的70%。厦门集装箱码头资产的整合可以带来多重好处，首先以往多个经营主体的码头由一个经营主体管理，可以对资源进行有效配置和利用，提高运营效率，此外，规模化经营可以降低运营成本，最后，避免了恶性竞争，对船东议价能力提升。事实上，厦门港务2014年报中也提到"要充分把握厦门港集装箱码头资源成功整合的契机，有限推动内部资源融合，优化码头航线业务发展布局，并适度缩减集装箱装卸费率优惠幅度，逐步促进港口服务费合理回归，提高港口业务盈利能力"。2014年度厦门港务考虑合并因素集装箱总吞吐量有50%的增长，排除合并因素外，原先自有码头也有20%～50%不等的增幅，而受益于集装箱码头整合的港口配套增值服务收入也增长了22%。厦门港务股价自集装箱码头整合完成的2013年末至2015年5月，股价上涨了2～3倍，详细股价表现图见本书第7.5节。

（二）密集型战略

密集型战略也称加强型成长战略，指企业充分利用现有产品或服务的潜力，强化现有产品或服务的竞争地位。按照新市场、现有市场以及新产品、现有产品可以构建成四种产品/市场组合和对应的营销策略，分别为市场渗透、产品开发、市场开发和多元化，如表5-4所示。

表 5-4 市场选择矩阵

	现有产品	新的产品
现存市场	市场渗透	产品开发
新的市场	市场开发	多元化

1. 市场渗透

市场渗透是最为常见的战略类型，它可以通过价格战、促销、投放广告、提升品牌形象、改善渠道、改进产品等多种方式继续将产品的市场做熟、做透，如表 5-5 所示。在这当中直接的价格战对公司的价值提升最低，因为通过价格战争夺到其他竞争对手的顾客，会引起竞争对手的强烈反弹。在促销活动中，例如卖梳子的谭木匠（HK：0837）会结合各个节日开展主题活动，母亲节会开展给妈妈梳头活动，召天下所有孝子走近妈妈，陪妈妈聊聊天。爱，从头开始！

表 5-5 市场渗透战略

战 略 类 型	实 施 方 法	适 宜 条 件
市场渗透（现有产品和现有市场）	通过充分开发现有的产品、市场，从而促进企业的发展	（1）扩大市场份额； （2）开发小众市场； （3）保持市场份额	（1）当整个市场正在增长或可能产生增长时； （2）若一家企业决心将利益局限在现有产品或市场领域，即使在整个市场衰退时也不允许销售额下降，那么企业可能必须采取市场渗透战略； （3）其他企业离开了市场； （4）企业拥有强大的市场地位，并能利用经验和能力获得独特竞争优势； （5）市场渗透战略对应的风险较低、高级管理者参与度较高，且需要的投资较低时，该战略也比较适用

2. 产品开发（见表 5-6）

表 5-6 产品开发战略

战 略 类 型		实 施 方 法	适 宜 条 件
产品开发（新产品和现有市场）	产品开发战略是建立在市场观念和社会观念的基础上,企业向现有市场提供新产品,以满足顾客需要,增加销售的一种战略	(1)开发新产品; (2)对现有产品进行改进	(1)企业产品具有较高的市场信誉度和顾客满意度; (2)企业所在产业属于适宜创新的高速发展的高新技术产业; (3)企业所在产业正处于高速增长阶段; (4)企业具有较强的研究和开发能力; (5)主要竞争对手以类似价格提供更高质量的产品

案例：创造颠覆性产品的苹果

产品开发，特别是具备颠覆性的产品面世往往是最具有价值的增长战略，如苹果不断开发出新数码产品。1997 年乔布斯回归苹果，1998 年 8 月创造了 iMac 电脑，2001 年 10 月面世了 iPod，iPod 把随身听给颠覆了，而在面世初始阶段又没有竞争对手。2007 年 1 月 iPhone 面世，iPhone 颠覆了传统手机，成为智能手机的代名词。2010 年 1 月 iPad 面世，颠覆了传统笔记本电脑。2014 年 9 月 iWatch 面世。可以看出，苹果每一项数码产品的发明都为公司的增长打开空间，苹果股价自乔布斯回归至 2015 年，股价上涨超过 200 倍，如图 5-4 所示。

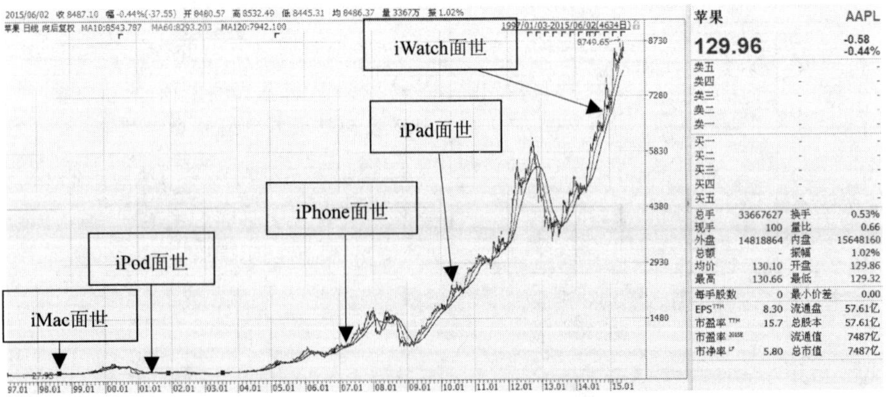

图5-4 苹果产品面世时间与股价走势

案例：重塑民族品牌的上海家化

在民族日化品牌中，上海家化（SH：600315）过去十年中的产品开发战略获得巨大的成功，是公司业绩不断提升的重要因素，加上团队建设等因素造就了股价近十年上涨 50 倍的神话。上海家化的主打产品为六神花露水，该品牌为公司 1990 年推出，有喷雾止痒、喷雾驱蚊、驱蚊冰莲香型等九大产品，占领花露水市场约 70%的份额，稳居第一。后来六神不断拓展产品线，拓展到沐浴露、宝宝用品、夏日随身、香皂、粉类共六大系列。六神是公司销售收入第一的品牌，而佰草集是公司高速成长、利润丰厚的明星产品。佰草集是公司 1998 年推出的中草药概念护理品，是国内第一套现代中草药中高档个人护理品，定位 25～35 岁知性女士。经过对产品的重新塑造，佰草集销售收入从 2005 年 0.6 亿元增长到 2011 年的 9.9 亿元，年复合增长率达到 60%。近几年公司还在不断为佰草集推新品和增加品类，2008 年推出太极泥、日月精华等产品，2011 年推出逆时恒美系列、桃花系列，后又推出太极泥三代，高端精油产品等。目前，佰草集已包括洗浴品、护肤品、精油、香薰、香水等 200 多种产品，每年新品销售占比超过 30%。美加净诞生于 1962 年，曾是中国化妆品第一品牌，后与美国庄臣合资失败，公司用重金回购品牌，2007 年开始复兴计划，对品牌重新定位和规划，现已在全国获得较大的认可和稳定的客户群，尤其是护手霜市场占有率达到 20%，稳居市场第一。高夫是公司 1992 年推出的男士用品品牌，2003 年品牌重新定位后，已从一个上市十年的大众化低档男士用品打造成为一个走商场专柜的中高端男士用品，产品主要包括护肤、护发和香水等品类。上海家化又陆续推出专注家庭清洁护理产品的家安，定位为时尚奢侈品牌的双妹，和定位为婴童护理品牌的启初等多种产品。

3．市场开发（见表 5-7）

表 5-7　市场开发战略

战略类型		实施方法	适宜条件
市场开发（现有产品和新市场）	指发展现有产品的新顾客群或新的地域市场，从而扩大产品销售量的战略	（1）将本企业原有产品打入从未进入过的新市场；（2）要在新市场寻找潜在用户；（3）增加新的销售渠道	（1）存在未开发或未饱和的市场；（2）可得到新的、可靠的、经济的和高质量的销售渠道；（3）企业在现有经营领域十分成功；（4）企业拥有扩大经营所需的资金和人力资源；（5）企业存在过剩的生产能力；（6）企业的主业属于正在迅速全球化的产业

案例：全球化的可口可乐

1976 年，可口可乐的 CEO Paul Austin 在一篇文章中指出美国的软饮料消费已经成熟饱和，可口可乐的最大销售量增长将来自国际市场。全球化发展一直是公司的战略目标，到了 1987 年，可口可乐利润的 3/4 来自国际市场的销售，全世界都有可口可乐，到处都能买，到处都有卖。这也正是股神巴菲特购买可口可乐原因之一，当市场还停留在可口可乐是美国成熟型企业的认识时，巴菲特就已经看到了可口可乐向全球输出的远景。他在做完投资但股票尚未飞涨时写道："当时我看到的是：很明白，很引人，世界上最流行的产品为自己建立了一座新的丰碑，它在海外的销量爆炸式地迅速膨胀。"

（三）多元化战略

企业尽量增大产品大类和品种，进入与现有产品和市场不同的领域，扩大企业的生产经营范围和市场范围，保证企业的长期生存与发展。多元化按新业务和原有业务的相关性可分为相关多元化和无关多元化。

1. 相关多元化（见表 5-8）

表 5-8　相关多元化战略

分　类		要　点
相关多元化（同心多元化）		相关多元化是指企业以现有业务为基础进入相关产业的战略，该战略有利于企业利用原有优势来获得融合优势
	相关性	可以是产品、生产技术、管理技能、营销技能以及用户等方面的类似
	适宜条件	企业在产业内有较强竞争优势，而该产业成长性或吸引力逐渐下降时，适宜采用该战略

案例：跨界的云南白药

云南白药（SZ：000538）是我国最著名的传统中药制药企业之一，云南白药因其独有的产品功效，成为中国止血愈伤、消炎消肿、活血化瘀类产品的百年品牌。但就是这么一个传统中药企业，除了开发出云南白药气雾剂、白药酊剂、白药胶囊、白药创可贴等细分医药产品外，还跨界进入日化消费品行业，于 2005 年销售云南白药牙膏，结果大受欢迎。为什么云南白药能够在两个看似不相关的行业中都取得成功呢？这是因为公司在"云南白药牙膏"推出之时，就紧紧与公司在消费者心目中已经树立的"止血化瘀、消肿止痛"的功能定位相关联,将"云南白药牙膏"的功效清晰定义为"减轻牙龈出血、疼痛问题、修复黏膜损伤",与其他牙膏品牌形成显著差异。白药牙膏销售额从 2005 年的 8 000 万元快速增长到 2014 年的 30 多亿元。尝到甜头的云南白药乘势推出洗发水、面膜、沐浴露等产品,并紧随潮流做药妆。但是这些产品与白药原有止血定位关联度不高,因而多年以来,除了牙膏卖得火,旗下的养元青洗发水、采之汲面膜、千草堂沐浴露却还未见起色,跨界跨过了头公司就没有竞争优势。2013 年云南白药收购清逸堂后主推卫生巾业务,争取成为下一个健康产业大产品的突破口,卫生巾和云南白药止血的关联度较大,因而成功的可能性较大。

2．无关多元化(见表 5-9)

表 5-9　无关多元化战略

分　　类		要　　点
无相关多元化(离心多元化)		企业新发展的业务与原有业务之间没有明显的战略适应性,所增加的产品是新产品,服务领域也是新市场,企业采用该战略的主要目的是从财务上考虑平衡现金流或者获取新的利润增长点
	采用原因	(1)企业希望寻找高利润的市场机会; (2)现有产品与市场存在缺陷; (3)企业的某个部门能力过于薄弱; (4)从增加产品市场广度和灵活性中获得好处; (5)可避免与垄断有关的限制; (6)能更容易地获得资金; (7)管理层的偏好和所受培训
	优点	(1)分散风险; (2)获得高利润的机会; (3)从现有的业务中撤离; (4)能更容易地从资本市场中获得融资; (5)在企业无法增长的情况下找到新的增长点; (6)运用盈余资金; (7)利用未被充分利用的资源; (8)获得资金或其他财务利益,如累计税项亏损; (9)运用企业现有形象和声誉相对轻松地进入新市场

续表

分　类	要　点
无相关多元化（离心多元化）	缺点

(此处第二列缺点内容)

缺点栏内容：

分　类		要　点
无相关多元化（离心多元化）	缺点	（1）如果企业进入一个具有低市盈率的成长性行业中，其股东权益会被稀释； （2）集团式收购不会给股东带来额外利益； （3）集团式企业缺乏共同的身份和目的； （4）某项业务的失败会连累其他业务； （5）对股东来说这不是一个好办法

中国有大量的公司采用无关多元化发展战略，这些公司没有清晰的发展目标，更多的是看到某些行业短时期内赚钱快就干这些行业，但是中国从来不缺热钱或者快钱，这些资本快速涌进某些行业之时，距离行业整体亏损就不远了。而且关键是公司没储备足够的资源和能力，属于业余选手，在长期激烈的竞争中必被淘汰。曾经，房地产行业非常火，来自纺织、白酒、医药、电信、钢铁、家用电器、矿业等几乎全部非房地产行业的公司都要进行房地产开发，难怪有人戏称中国只有一种公司，即房地产公司，这些公司最终大多面临亏损剥离的结局。

多元化公司损毁公司还在于股东根本分不清楚各项业务究竟占用了多少资源及带来了多少回报，从而无法评估各项业务的价值，公司整体价值看不清楚，因而多元化公司估值上大多都给予折扣。此外，想要购买多元化公司 A 业务的投资者，但看不上 B 业务，强行搭配给投资者，就变成了A 和 B 业务都打了折扣。

二　稳定型战略

稳定型战略是指在内外环境的约束下，企业准备在战略规划期使企业的资源分配和经营状况基本保持在目前状态和水平上的战略，如表 5-10 所示。

表 5-10　稳定型战略

分　类	定　义	应　用	风　险
暂停战略	在一定时期内降低企业的目标和发展速度，让企业充分积聚能量，为今后的发展做准备的临时战略	实用于在未来不确定性产业中迅速成长的企业，目的在于避免企业出现管理失控和资源紧张的局面	（1）稳定战略的成功实施要求战略期内外部环境不发生重大变化，竞争

续表

分　类	定　义	应　用	风　险
无变战略	不实行任何新举动的战略	适用于外部环境没有任何重大变化、本身具有合理盈利和稳定市场地位的企业	格局和市场需求都基本保持稳定 （2）稳定型战略的长期实施容易导致企业缺乏应对挑战和风险的能力
维持利润战略	企业为维持目前的利润水平而牺牲企业未来成长的战略	只是一种过渡的临时战略，对企业持久竞争优势会产生不利影响	

三　收缩型战略

收缩型战略，也称为撤退型战略，是指企业因经营状况恶化而采取的缩小生产规模或取消某些业务的战略。一般人都会认为收缩型战略比起锐意进取的成长型战略是种不好的战略，事实上成长型战略能否成功不得而知，但是主动的收缩型战略却是一个好的开始。一个企业主动承认以往的错误，将不良资产进行剥离，减少公司亏损，集中资源用于具备竞争优势的业务，绝对能提升股东价值。关于收缩型战略的应用案例可见第 10.6 事件驱动内容。收缩型战略可细分为如下三种，如表 5-11 所示。

表 5-11　收缩型战略

类　型	要　点
扭转战略	企业采取缩小产销规模、削减成本费用、重组等方式来扭转销售和盈利下降趋势的战略。该战略的特点是"以退为进"
剥离战略	企业出售或停止经营下属经营单位的战略。目的在于摆脱劣势业务，集中精力于优势领域
清算战略	将企业的全部资产出售，停止经营的战略。清算战略往往是被迫选择，清算能够有序地将企业的资产最大限度地变现，并且股东能够主动参与决策，因而较破产更为有利

四　战略的发展方法

企业达到战略目标主要可以通过三种方式，内部发展、并购、联合发展和战略联盟。

（一）内部发展（见表 5-12）

表 5-12　内部发展

释义	动　　因	缺　　点
内部发展	（1）开发新产品的过程使企业最深刻地了解市场及产品； （2）不存在合适的收购对象； （3）保持同样的管理风格和企业文化，从而减轻混乱程度； （4）为管理者提供职业发展机会，避免停滞不前； （5）可能需要的代价较低，因为获得资产时无需为商誉支付额外的金额； （6）可以避免收购中通常会产生的隐藏的或无法预测的损失； （7）这可能是唯一合理的、实现真正技术创新的方法； （8）可以有计划地进行，易从企业资源获得财务支持，并且成本可以按时间分摊； （9）风险较低	（1）与购买市场中现有的企业相比，它可能会激化某一市场内的竞争； （2）企业无法接触到另一知名企业的知识及系统，可能会更具风险； （3）从一开始就缺乏规模经济或经验曲线效应； （4）当市场的发展非常快时，内部发展会显得过于缓慢； （5）可能会对进入新市场产生非常高的壁垒

（二）并购战略（见表 5-13）

表 5-13　并购战略

释义	动　　因	失　败　原　因
并购战略	（1）通过引进新产品系列、占据市场份额来实现营销方面的优势； （2）通过收购本行业中的企业对新进入者设置更为有效的壁垒； （3）实现多元化； （4）获取规模经济； （5）取得技术与技能； （6）获得流行资源； （7）通过形成更大规模来避免企业自身被收购	决策不当，公司自身没想清究竟为何并购，并购的意图是什么； 并购后不能很好进行企业整合，因为企业文化，业务流程、员工关系处理等问题没能很好解决； 支付过高的并购费用，并购标的大多数处于热门行业，公司过高的估计并购后的协同效应，加上可能存在多个竞争对手抢购并购标的，因而出价过高； 跨国并购面临的政治风险

（三）联合发展和战略联盟

联盟企业之间在合作中竞争，在竞争中合作，并在合作过程中获取更多的竞争优势。战略联盟可能会衍生出合资经营、技术共享、市场与销售协议、风险资本投资、特许经营、OEM 等发展模式。例如，有些中小地产商，有地块、有钱，但其楼盘设计、成本控制、销售渠道、品牌塑造等方面能力较差，就可以和万科一块成立项目公司，将资源注入，合作开发，万科在此过程持有小部分项目公司股权，输出品牌和管理。在收益分配上，万科通常会与合作方约定项目的预期收益标准，并设立浮动的分配方案。通常而言，万科将赚取股权收益、项目管理费、项目超额利润分配这三道利润。对于万科，避免了重资产投入，资金投入少，投资回报率高；对于合作方，降低开发成本，提升了楼盘销售价格和资金周转速度，双方均从中获益。

5.5　公司治理

一　公司治理定义

狭义：指有关公司董事会和股东权利等方面的制度安排。

广义：指有关企业控制权和剩余索取权分配机制的一整套法律、文化、制度安排，包括人力资源管理、收益分配和激励机制、财务制度、内部制度和管理等。

一句话说明什么是公司治理？公司经营可能很赚钱，但是谁分到了钱？是全体股东，大股东，管理层，还是员工？公司治理的重要意义不言而喻，它是实现公司价值的重要保障，较差的公司治理会制约着公司估值的提升。只有股东与股东之间的关系和谐，股东与管理层之间关系和谐，管理层与员工之间关系和谐，才能共同将公司的价值发挥到极致。

二　规范的股权结构

在我看来，良好的公司治理结构首先要有良好的股权结构。那么怎样才算一个良好的股权结构呢？一股独大的公司肯定不是，因为此类公司基本以大股东的利益为中心，中小投资者的利益可能不会得到重视，典型案例是民营家族企业。股权完全分散，甚至没有实质控制人的公司治理结构也不好，这样的公司大多被管理层把控，公司利益基本以管理层为重。典型案例是思捷环球（HK：0330），公司自原大股东邢李㷧套现走人后，不存在实质控制人，股份大多为金融机构持有，因为金融机构追求短期利润、无实体从业经验等因素，很难带领公司走出困境。如果公司存在实际控制人，不管有多困难，必定会想尽一切办法支持公司发展，这恰恰是金融机构所缺乏的坚定信念和决心。所以，最佳的股权结构是股权集中度不要太高，但必须存在实际控制人，实际控制人持股比例 30%～40% 为佳，然后存在第二、三股东，他们分别持有 10%～20% 股份，联合起来能够对大股东制衡。除了境外上市公司，要特别小心公司的股权结构有很多的层级和错综复杂的持股关系，因为此类公司往往只是实际控制人所拥有庞大数目公司中的一个，资本市场往往称之为××系。透过错综复杂的股权关系，实际控制人进行各种资本运作，所有的利益最终只流向他自己。实际控制人最好也不要拥有太多的产业。

对于独立董事和监事会在公司治理结构中起到的作用，我认为基本无用。我不知道国外情况如何，至少在中国目前制度现状下，独立董事是上市公司花钱雇佣的，不能代表中小股东利益，几乎没有听过独立董事投反对票。而监事会成员基本来自大股东，也只能够保障大股东利益。

三　侵犯中小股东伎俩

上市公司有各种手段能够侵犯中小股东利益，下面列举几种方式。

（一）吃喝玩乐费用算上市公司

2014 年 10 月，GQY 视讯（SZ：300076）拟以评估价格人民币 580.00万元，受让关联自然人袁向阳女士名下一辆劳斯莱斯幻影 SCAIS685（此价格不含牌照）。袁向阳女士系公司董事，为公司实际控制人郭启寅先生的一致行动人（郭的妻子），本次交易构成了关联交易。

GQY 的公告中对此有解释：母公司长久以来缺少接待贵宾专用的高级车辆，由于在日常经营活动中专用车辆配套的不足，将使公司业务拓展受到一定掣肘，此次购买资产有助于提升公司形象，满足高端客户的接待需求，尤其 2014 年是公司整合新产业——机器人产业的重要起步阶段，购买高级车辆有助于建设全面完善的生产营销体系，有助于实现公司的战略发展规划。看上去解释得有理有据，但事实上 GQY 买二手车花 580 万元，而且车本来就是老板娘的，买了究竟是公用还是私用不得而知，说不定还是老板娘自己使用。580 万元还不包括车辆牌照，意思就是这辆车还在老板娘名下。GQY2013 年净利 744.66 万元，580 万元大概是其 3/4。一旦交易实现，这辆劳斯莱斯每年的维修保养折旧费（不低于 150 万元/年）将由公司承担，以前车归老板娘，油钱还要自己掏，现在车归属上市公司，开车都不用花油钱了，所有的费用最终分摊到公司股东包括中小股东头上。

迫于舆论压力，实际控制人郭启寅提请取消这一关联交易，并承诺将这辆劳斯莱斯幻影给公司无偿使用五年。

爱占小便宜往往成就不了大事，为避免此类公司，投资者需要关注实际控制人的历史名声，是否生活奢侈，爱买豪车、豪宅，是否存在绯闻。

（二）关联交易转移上市公司利益

关联交易是转移上市公司利益的常见手段，大股东或者管理层可以让上市公司高价买他们手中的垃圾资产（账面可以包装得很好，或者描述得很有前景），还可以让上市公司低价将优质资产卖给大股东。此外，通过日常经营活动中的关联交易，例如销售、采购等不断使得上市公司利益流出。为了避免关联交易难以通过董事会或者股东大会，关联交易还可以包装成非关联交易，大股东可以找他们关系密切的公司进行交易，或者通过错综复杂的股权结构设置，这样就没有股权上的直接关联关系了。

2003 年，三一重工（SH：600031）的挖掘机业务账面资产价值 1 783.38 万元，三一重工以评估价 1 782.42 万元贱卖给其大股东三一集团旗下的湖南三一新材料（后更名为昆山市三一重机，下称三一重机）。2009 年，三一重机账面价值已增至 4.64 亿元。但三一重工以高出账面价值 4 倍多的价格 19.8 亿元赎回。据媒体了解，回购前，三一重机实际控制人为三一重工高管梁稳根、唐修国、向文波等 10 名自然人所有。可以想象梁稳根等高管们通过一买一卖，分享到多么丰盛的饕餮大餐，仅仅 6 年时间，1 700 余万元裂变成 19.8 亿元，回报率高达 116 倍。

（三）贪腐与商业回扣

贪腐与商业回扣一般发生在公司的高级管理人员身上，当然不排除公司内控糟糕，连普通员工也有机会。高管还可以通过采购、销售等环节进行关联交易从而利益输送。这类事件多发生于国企，除非为内部人士，否则投资者一般得靠事发后的新闻报道才能知晓。一些国企在贪腐案件爆出后股价大幅下跌，可能存在投资机会，因为公司治理差到极致，未来就可能被整治和反转。

2014 年 2 月海南省第一中级人民法院对原海南高速（SZ：000886）总经理陈波受贿案做出一审判决，陈波因受贿 701.5 万元，被判处有期徒刑 15 年。陈波在担任海南高速法人代表和总经理期间，利用职务便利，收受贿赂，低价变卖海南高速 304 亩土地资产，造成国有资产严重损失。该土地位于陵水县牛岭东侧地段，海南高速原计划建设海南东线高速公路停车场、维修服务站，其用途不能用作房地产项目开发。开发商黄爱忠为获得这块土地用于房产项目开发，和陈波联手谋划，通过股权转让的形式，将土地的用途和性质改变，最终以 440 万元的价格，平均每亩一万多元的极低价格，获得了这 304 亩土地。开发商计划将该地块打造成度假别墅酒店，根据媒体对项目判断，如果项目全部出售，总价值将高达数十亿元。无疑，海南高速股东权益遭受巨大侵害。此外，陈波的原上司邢福煌也陷入贪腐窝案。1995—2006 年，邢福煌任海南高速董事长，后因受贿罪被判处有期徒刑 12 年。而在陈波被立案调查期间，陈波的旧部下黄循环突然被免海南高速副总经理职位。

（四）资金占用

上市公司资金被占用是大股东侵犯中小股东的常见手法。上市公司资金被占用使得正常经营活动无法开展，甚至可能因为借款背负沉重财务负担。早先国内 A 股上市公司资金占用非常恶劣，许多公司更是刚上市募集的资金就被大股东占用。举以下两例以证明资金占用的危害性。

宝姿（HK：0589）系国际知名的奢侈品服装公司，其顾客就有美国总统奥巴马的夫人，品牌代言人全为国内和国际一流明星。公司历史盈利很强，净资产收益率长期高达 30%，股票 2003 年末上市，也曾经给投资者带来良好回报，4 年间股价从 2 元上涨至最高 24 元。公司于 2012 年 5 月公告称，"漏报"从 2010—2012 年期间向大股东兼时任主席陈汉杰、行政总裁陈启泰和子公司董事等人士多次提供人民币免息贷款，共涉及人民币 7.93 亿元。公司股票一经复牌当日立即暴跌 38%，从此踏上漫漫跌途，最低曾跌到 2.3 元。我曾经比较过宝姿与其他服装股报表，发现其有一特点，即公司此前年份的有息负债借款较多，有息负债/股东权益指标较其他服装股异常高，达 50%，如图 5-5 所示。

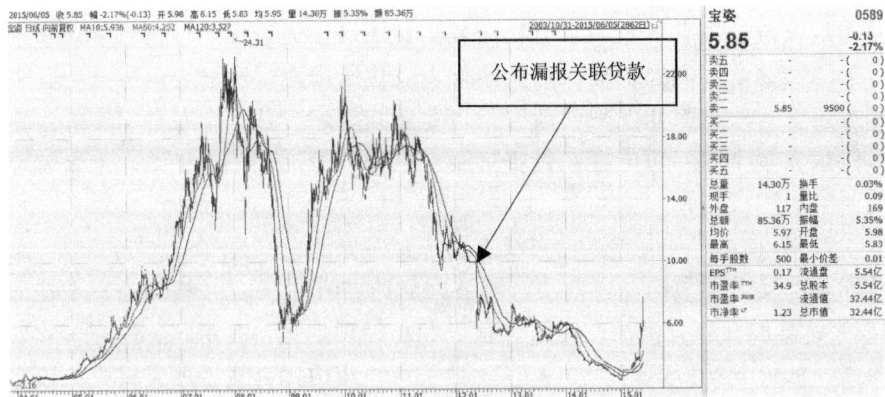

图5-5 宝姿股价走势图

我 2011 年刚入香港市场时中过一地雷股——雨润食品（HK：1068）。几年前雨润食品和双汇食品并驾齐驱，见其过去五年净利润增长速度惊人，平均有 70% 的增速，而净资产收益率又高达约 20%，每年还派 25% 的股息，在雨润股价从 30 元跌到 13 元时抄底买入，后来股价越来越低，其间也觉得不正常，雨润几乎每年都频繁进行股权融资，而且财务报表显示其拥有大笔存款的同时还拥有大笔贷款，通过存款利息计算出来的存款利率较低，迹象显示雨润资金可能被大股东占用，网络也传资金被挪用出给大股东搞房地产。后来忍痛以 5 元多的价格抛出雨润，最后雨润股价跌到 2.5 元，公司业绩最终变脸，实际控制人祝义才于 2015 年被检察机关监视居住，原由可能是涉及地产贪腐案件，如图 5-6 所示。

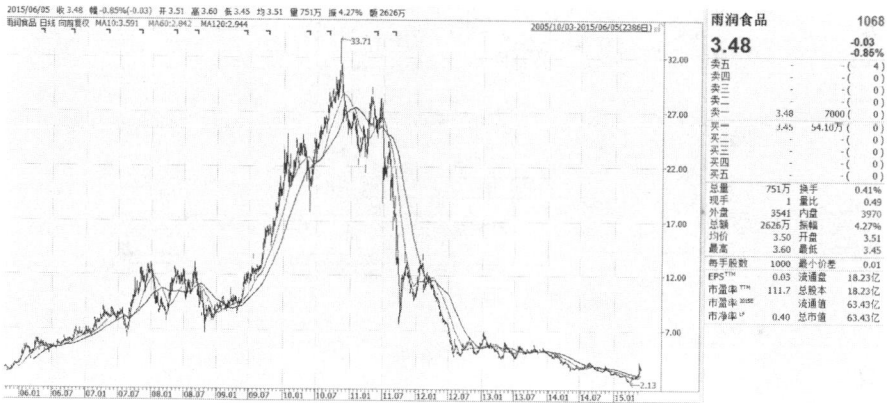

图5-6　雨润食品股价走势图

（五）信息不对称，操纵股价

上市公司及其相关人士把握着公司的内幕信息，他们可以选择披露信息披露的对象、内容和时点，从而达到操作股价获利的目的。

2007 年，令人记忆犹新的证券市场操纵案非杭萧钢构莫属，杭萧钢构当年宣布获得非洲安哥拉建筑项目，合同金额高达 344 亿元，受此影响，公司股价从 4 元涨到 31 元，然而实际上该合同最终几乎没有履行，股价又基本打回原形。安哥拉乃一穷国，344 亿元的订单差不多为当年全国 GDP 的十分之一。时至今日，仍然有不少公司依靠宣布获得大订单股价屡屡涨停，至于合同是否真的履行，那都是以后再说。

2015 年 1 月 23 日，海润光伏预披露高送转预案，公告称："结合海润光伏 2014 年实际经营状况，并为与所有股东分享公司未来发展的经营成果"，公司前三大股东 YANG HUAIJIN、九润管业、紫金电子提议 2014 年度分配预案为"10 转 20"。在此之前，海润光伏的股价也堪称"先知先觉"，

2014 年 12 月 31 日至 2015 年 1 月 22 日，海润光伏由 6.73 元涨至 9.37 元，涨幅近 40%，一改下跌趋势。分配方案预披露当天，公司股价涨停，然而，披露后的 1 月 27 日、1 月 28 日，海润光伏第二大股东九润管业减持 0.784 亿股，占总股本的 4.98%，套现 6.89 亿元，并因此退出海润光伏前三大股东席位。早在 1 月 14 日～20 日期间，九润管业就曾多次减持，占总股本的 5.00%，套现 6.16 亿元。而高送转议案的另一个提议者紫金电子也在 1 月份多次减持，套现 2.89 亿元。短短一个月不到，海润光伏前三股东密集套现金额超过 15 亿元。1 月 30 日晚间，海润光伏发布全年预亏公告，宣布 2014 年亏损约 8 亿元左右，同时预警，股票可能被实施退市风险警示，这时海润光伏股价已经下跌 20%。预披露"10 转 20"、股东大笔减持套现、预告巨亏 8 亿元，海润光伏的这一套"组合拳"，无疑让不少跟风高送转的中小投资者鼻青脸肿，如图 5-7 所示。

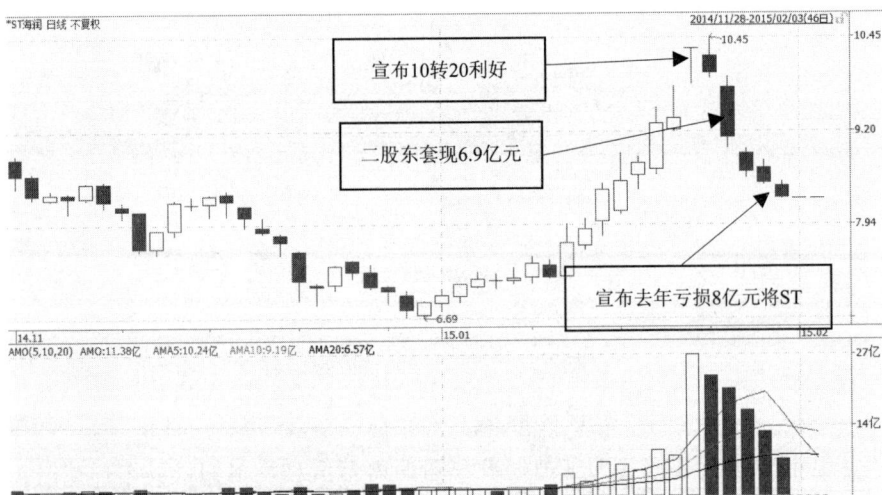

图 5-7　海润光伏股价走势图

所以，不要过分被那些所谓的重大信息迷惑，一定要有独立思考能力，结合公司过往经营表现和能力，判断事件的可信度与可行性。对于一些无关公司价值的事件则没有必要关注。

（六）同业竞争

贵州茅台（SH：600519）生产茅台酒却并不拥有"贵州茅台"商标，很奇怪吧，事实上"贵州茅台"的商标属于上市公司贵州茅台的大股东贵州茅台集团，上市公司每年要向集团支付商标使用费。正因如此，茅台集团肆无忌惮开展了同上市公司的同业竞争。茅台王子酒、茅台国宾酒、茅台迎宾酒、茅台经典玉液、茅台福满天下……如此众多的茅台酒，安能从名字上辨出是出自贵州茅台，还是出自茅台集团，抑或集团公司下属的其他公司？而这一切不仅把消费者弄得云里雾里，更是给中小股东的利益带来了巨大的侵害。

相关资料显示，茅台白金酒是贵州茅台集团保健酒业有限公司倾力推出具有养生调理功能的保健酒。它采用贵州茅台集团生产的优质酱香型白酒为酒基，宣传时称其为茅台酱香白酒，是国酒茅台的健康升级版，引导消费者购买，其行为是变相销售茅台酱香酒，对上市公司股东构成侵害。由于贵州茅台在上市《招股说明书》中曾表示，"集团公司在股份公司设立时已将与茅台酒生产和销售相关的主要经营性资产（制酒车间、制曲车间、包装车间等）投入股份公司，因此在股份公司成立后集团公司已失去继续从事酒类产品生产和销售的能力，其主要为股份公司生产提供配套服务，因此与发行人不存在同业竞争。"显然与现状不符。此外，茅台集团还拥有同样为酱香白酒的习酒。因此，茅台集团已构成了和上市公司同业竞争，挤占上市公司酱香茅台酒资源，对上市公司中小股东利益造成侵害。

（七）低价私有化

上市公司私有化，是指由上市公司大股东作为收购建议者所发动的收购活动。目的是要全数买回小股东手上的股份，买回后撤销这家公司的上市资格，变为大股东本身的私有公司，即退市。大股东在上市公司股价低迷时提出私有化对中小股东伤害特别大，因为普通投资者购买股票时所做出的决策是基于公司能够持续经营，而不是经营某一段时间就退市，股价低迷，中小投资者继续持有仍然有机会翻盘，但低价私有化，大股东多给那么一点溢价就收走股份，中小投资者就失去了翻盘的机会。有的人觉得大股东的收购价低可以不卖给它。是的，中小股东可以不卖，但若不卖，大股东把上市公司业绩搞烂，引发股价持续低迷，然后再开出一个更低的私有化价格，中小股东是想不卖也得卖了。

2012 年 2 月 21 日晚间消息，阿里巴巴集团宣布，向从事 B2B 业务的上市公司阿里巴巴（HK：1688）提出私有化要约，其最终回购价格为 13.5 港元，与 2007 年底上市招股价持平，该价格较 2 月 9 日停牌前的最后 60 个交易日的平均收盘价格溢价 60.4%。消息一经宣布，中小投资者大呼上当，特别是长期持有阿里巴巴的股东。因为阿里巴巴 2007 年底上市时，公司前景被马云描绘得无比光明，股价一度高达近 40 元，后来一路下跌，上市以后进去的大部分股东都被套牢了。上市五年后以上市发行价的 13.5 港元又收回全部的股份，相当于中小股东免费提供了 5 年的无息贷款给阿里巴巴，对马云来说可能是划算，但是对股民来说却遭受了损失，没办法，不卖的话，马云的经营重心不在 B2B 业务的阿里巴巴，股票价格也起不来，卖或者不卖都看不到光明，如图 5-8 所示。

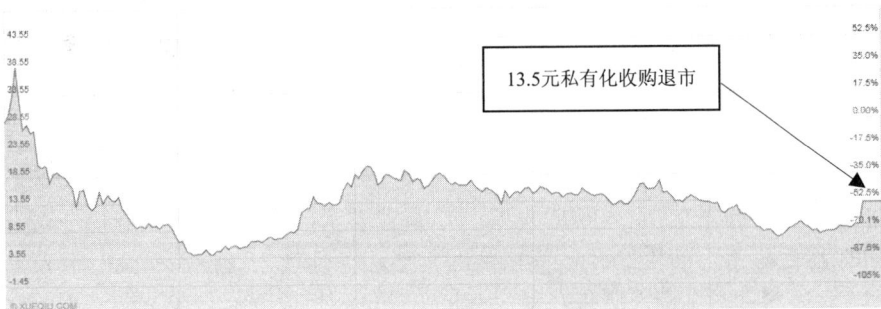

图5-8　阿里巴巴股价走势图

（八）低价供股筹资或向下炒股价

公司在股价明显低于合理估值时进行股权融资是侵犯中小股东利益的行为，因为那些新进入公司的股东以一个很低的价格就分享到老股东的权益。港股市场因其股票融资无须证监会审批，仅需股东大会通过即可，流程简单快速，衍生出一种大股东向下炒股价获利的方法。

假设一家港股上市公司每股账面净资产为 1 元（实际上拥有的也是垃圾资产或者资产经过重估，不值 1 元），如果是正常经营的公司，大股东不会以 0.9 元卖出，但是这家老千公司的老板不但 0.9 元卖，0.8 元还卖，甚至 0.3 元、0.2 元都要卖，在这个股价不断下跌的过程中套死了一批想买便宜货抄底的买家。老板卖到几乎无股可卖，因为再卖，将失去控制权，这时股价只是净资产的 0.2 倍了，突然公司宣布定向增发，以每股 0.15 元的价格向所谓的第三方机构发行新股，而这个第三方机构事实上是老板的朋友或者老板的代理人，这批新股最终还是发给老板自己的，但是表面上不构成关联交易，老板以大股东身份在股东大会上投赞成票。于是，老板以 0.2～0.9 元卖出的股票可以 0.15 元的价格再买回来。

不批新股也无妨，老板可选择全体股东配股（港股称为供股），比如说，2 供 1，现价已跌至 0.2 元，每股供 0.15 元，折让两成半。没钱参与供股的股民，马上就输了，配股上市除权后资产立刻缩水，选择参与供股的股东可以 0.15 元的价格入股分享你账面 1 元的净资产。股民有钱，参与供股，不要紧，多供几次，终有一天他们会弹尽粮绝，被迫退出竞赛。如果账面净资产是值钱的资产，最快速掠夺中小股民的方式是通过老板的抛售再加上不断地定向增发或者供股将股价打压到 0.15 元的极低价格，然后私有化。

虽然私有化要用比市价高的价钱来收购，吃了一点儿的亏，但老板前面套现了那么多钱，施舍一点点面包屑给小股东，就当作是打发乞丐了。

这个游戏玩过一轮后，公司股价太低了以至于股票报价系统都不好显示如此之低的股价，于是老板就会选择合股，将已经低至 0.1 元的股票，每十股合成一股，这样股价又恢复到了 1 元，然后这个游戏又可以继续玩下去。

所以在港股中，许多股票价格严重低于每股账面净资产，甚至低于公司一年的每股净利润，股价是几角钱甚至几分钱，俗称仙股，但并不见得是馅饼，而是陷阱。不过要避免买到此类公司也容易，主要看公司股东是否减持，是否频繁融资或发新股，是否频繁进行合股。

中国星集团（HK：0326）就是一家不断供股和合股的公司。从 K 线上看这只股票非常的奇特，因为那些突然垂直上升的 K 线几乎都是由于公司进行了合股，股价才大幅升高，而其他时间公司的股价基本处于不断下跌趋势，则是公司在不断进行供股。过去二十几年间公司进行了多次的供股和合股行为，据说如今的 1 股，相当于多年前的一百万股合并而来，投资者损失惨重，如图 5-9 所示。

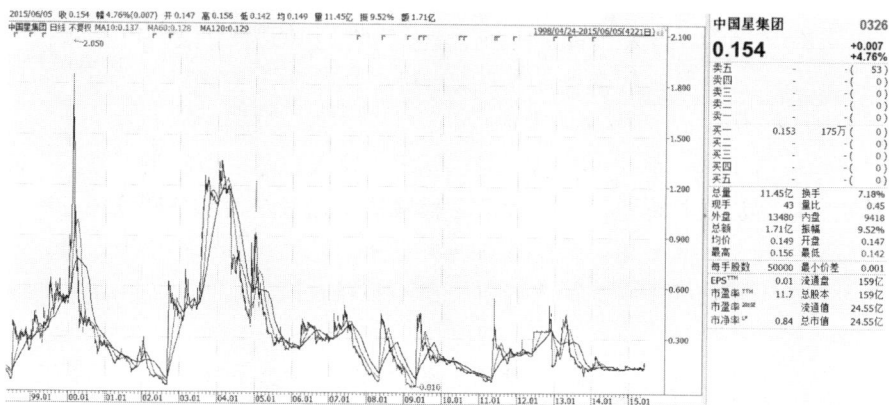

图5-9　中国星集团股价走势图

（九）行政干预

行政干预大多发生在国企上市公司身上，有的项目明明知道不赚钱，但是为了当地政府政绩也必须做。

2012 年 10 月 24 日，贵州茅台（SH：600519）发布公告称，将投资 63 亿元建设多个项目，其中一项为投资建设茅台循环经济科技示范园坛厂园区、茅台厂区道路工程（下称"茅台至坛厂公路"）。公告显示，茅台至坛厂公路项目建设地点为茅台厂区、坛厂园区，项目投资金额约为 6.3 亿元，项目全长约 10.5 公里，采用一级公路标准建设，路宽 20 米，平均投资额 6 000

万元/每公里，而市价约 2 000 万元/公里。媒体了解到，茅台至坛厂一级公路是 2011 年 4 月贵州省委书记栗战书、省长赵克志在仁怀调研时确定的重大工程项目，原设计公路全长 24.651 公里，工程概算总投资 17.33 亿元。贵州茅台负责出资建设其中的坛厂到茅台酒厂 10.5 公里的路段。2013 年 7 月 15 日，茅台又公告决定与仁怀市城市开发建设投资经营有限责任公司共同对中枢城区至茅台厂区道路进行改建，以改善中枢城区至茅台厂区交通状况。项目总投资预算约 4.5 亿元，公司承担项目建设资金 2 亿元。此外，仍然有许多本应由政府承建的基建项目，却由贵州茅台承担，"公益"茅台由此而生，但愿除了卖酒以外的事，茅台还是少干些好。

（十）向上市公司输送利益，炒高股票，套现

近一年，资本市场火爆，出现了新的运作手法。以往都是大股东侵犯上市公司利益，现在变成大股东亏钱也要通过各种办法向上市公司输送利益，造成上市公司高增长高盈利假象，大股东之所以这么做是因为虽然他补贴上市公司亏 1 元钱，但是能通过上市公司股价的上涨会赚 10 元、甚至 100 元钱，具体 A 股案例可见第 7 章相关内容。港股案例则是汉能薄膜发电（HK：0566），该公司自 2011—2015 年的四年间股价上涨 40 倍，很大的原因之一是其营收基本来自于控股股东。公司股价在 2015 年 5 月 20 日一天暴跌 46%，随即停牌，遭到香港证监会调查。网络上存在着一个段子很好地概括了这一手法。加州一老板开了一家餐馆，由于味道不错，价格极便宜，客流增长迅速。一年多后老板称病，把餐馆卖了个好价钱。不久他却另外开了一家餐馆，一样客流增长迅速。可他却再一次卖掉了餐馆。外人迷惑不解，盘下餐馆的人却发现挣不到钱。原来这老板的餐馆从来就没挣过钱，他的商业模式就是卖餐馆！

看完上述案例后，你就会发现一家公司在资本市场上的历史名声极其重要，那些过去名声很臭的公司不断侵占中小股东利益，未来它们非常可能还将如此下去。此外，公司治理方面的问题最糟糕的莫过于财务造假，将专门用一章内容系统介绍。

5.6 公司失败的原因

公司失败的原因五花八门，比较值得思考的是为什么原本经营出色的优秀公司会倒下，因为投资人过往会给此类公司最高的估值，而随着经营业绩的下滑，估值也跌到谷底，投资者损失最为惨痛。我试图归纳一下绩优公司失败的原因。

第 5 章
定性分析公司基本面

一　从内因的角度看

从内因的角度看主要有以下几方面：

1．主业发展过快

主业发展过快导致公司内部管控薄弱，负债过高，现金流脆弱等弊端。主业发展很快可以通过快速的投资和横向并购来实现。我记忆中企业自身投资太快倒闭的案例有福记食品（HK：1175）、迅驰等，《大败局 I》、《大败局 II》书中则有更多企业过快发展倒闭的案例，而《亿万美元的教训课》则很多是关于并购倒闭的案例。据统计，并购失败率高达 60%，并购案失败要么因为整合无效要么因为出价过高，当然共同点是并购的规模对自身而言都太大了，消化不了。

2．进入其他无竞争优势的行业

这个就属于多元化投资，同样包括自身投资和并购。有进入上下游的，进入相关行业或者是毫无关系的行业。通常而言，多元化的原因之一是主业出现危机，想借助其他业务挽救公司，不过结局是死得更快。原因之二是主业做得太好，已经到了极致，没有提升空间，管理层为了寻找继续增长空间而介入其他领域，但是因为缺乏相应的资源和能力，把原本出色的主业也给拖累了。

3．重大投资失误

公司进行巨额的资本支出，搞了大项目，但市场并不买账，尤其是一些周期公司在行业巅峰大幅扩张，死得最惨。此外也可能是开发新产品，新产品的投入成本是巨大的，所承担风险巨大，例如科技公司和医药公司开发新产品失败的案例不胜枚举。

二　从外因的角度看

从外因的角度看有以下几个方面：

1．消费者不再喜欢该公司的产品

随着社会发展和人们偏好的改变，公司提供的产品仍然非常出色，但就是不受顾客青睐。例如福特生产的 T 型车，因为车型单一，流水线生产，生产成本低，在汽车稀缺、价格高昂的时代大受欢迎。可是当人们收入升高，市场开始偏爱有风格的、造型五花八门的汽车时，而福特公司为把被淘汰车型的生产成本降至最低所付出的巨额投资在此时却变成了顽固障碍，使得福特公司的战略调整面临极大的代价。类似碳酸饮料和油炸食品的产家也面临人们食品健康意识提升和人口老龄化消费偏好变化的风险。

2．技术变革

《创新者的窘境》介绍了诸多企业因技术变革产生的新产品替代了老产品而失败的案例。概括来说，原先领先企业目光只放在已有市场和客户需求上，在突破性技术上的评估体系也是按原有市场的评估体系来评估，可哪知道突破性技术往往用于新市场，新客户的诉求点根本与原有客户不一致。由于评估得不到通过，领先企业仍然将主要资源投入到原有市场。此外，原领先企业的组织架构都是按原有市场来设置的，未必适用于新市场，这也是导致落败原因。原领先企业要想在突破性技术时代还要处以领先地位的方法主要是设立新的公司，与原公司在人员、组织架构、资源方面隔离，甚至容忍新旧两家公司产生竞争。数码相机最早由传统相机厂商柯达发明，可是发明之初，数码相机成像差无法比拟成熟的胶卷相机，而且柯达原先商业模式为卖相机和卖胶卷，数码相机的诞生显然会冲击胶卷销售，使得公司失去重要利润来源，公司评估后，仍然选择以传统胶卷相机为主。而新诞生的数码相机产家由于没有胶卷业务为负担，更有动力研发新产品颠覆传统胶卷相机的柯达。后来数码相机技术越来越先进，柯达见大事不妙，但想要追赶已经不易，而在消费者心中数码相机的代名词早就是别的厂商。由此可见，革命最难的是革自己的命。而苏宁电器（SZ：002024）也是这样的案例，苏宁原先是大牛股，目前面临数码产品网络销售的趋势，即便苏宁自己也开发苏宁易购网上商城，可是仍然面临着线上线下竞争的困境，左右手互搏的滋味不好受。科技类公司虽然增长速度一时炫目，但是谁都无法保证始终领先。

3．竞争对手更强

很多时候并不是公司自身不够优秀，而是竞争对手更强，例如沃尔玛打败了凯马特。由于产业的区域转移，某些区域的某些行业更具优势，例如日本汽车公司打败了美国汽车公司，中国的纺织业打败美国纺织业。目前互联网行业，网络效应更为突出，许多细分行业竞争到最后，只会有一家存活，然后拿走全部的市场份额，在这一过程中会倒掉无数的中小公司。

个人总结

现实中没有公司十全十美，或多或少都存在缺陷，看投资者怎么在利空因素和利多因素中平衡和选择。投资者需要避免股价变动对公司判断的情绪影响，客观看待公司，不是说股价表现好，业绩好是就觉得公司有多优秀，股价表现烂时，或者业绩烂公司就有多差劲。

公司的发展受到包括宏观经济周期、行业发展阶段、自身竞争优势和其他噪声因素等多重因素影响，公司的成功是自身实力、环境、机遇等多种力量共同作用的结果，既有必然因素，也可能是偶然因素。我们最好能抓住影响公司长期发展的主要因素，避免无数短期干扰的噪声因素。在分析公司具体细节问题时，希望能够做到见微知著，而不是一叶障目。

CHAPTER 06

定量分析公司
基本面

　　数量分析是进行公司基本面分析所要求掌握的必备技能，前面我们进行的各种分析大多属于定性分析，但如果失去了财务数据与业务数据的定量分析辅助，我们将很难得出结论。因为公司管理层可以说得天花乱坠，可事实是否真是如此，就要看财务报表与业务数据。

6.1 财务分析

公司的财务报表主要有资产负债表、利润表及现金流量表，下面分别介绍三张报表的分析要点。

一 资产负债表分析

资产负债表是反映企业在某一特定时点（通常为各会计期末）财务状况（即资产、负债和所有者权益的状况）的会计报表。资产负债表根据"资产=负债+所有者权益"这一会计恒等式编制，资产科目告诉我们公司拥有和控制的各种经济资源，这些经济资源经过公司的运用可以为公司带来利润和现金流入，负债科目和所有者权益科目，则告诉我们公司是由哪些资本的投入才形成了资产，这些资本投入可以是来自股东、借债或者上下游经营占款。资产科目按流动性由上往下列排，并且分为流动资产和非流动资产两大块。同样按流动性排列，负债分为流动负债和非流动负债，而所有者权益（也称股东权益）排在最后。

从资产负债表在财务报表中排在最前的位置可以看出它的重要性，事实上它的信息量在三张报表中最为丰富，你可以不看利润表和现金流量表，但你不能不看资产负债表。资产负债表相当于树干和树枝，而利润是它结出的果实。只有具备良好的资产负债表结构，才能获得持续的高收益。资产负债表分析是理解企业经营特征、商业模式的核心环节。企业资产和负债的结构特征、趋势变化、行业差异、同业差异等是理解企业风险和收益特征最有效的切入点。

资产负债表最主要的分析方法就是结构分析，结构分析就是总资产作为分母，计算资产负债表中的各个科目占总资产的比重，在分**析中要尤其关注比重大的科目**，需要在财报及附注中深入了解其详细构成及产生原因。下面以贵州茅台、格力电器、万科、宝钢股份 2014 年财务报表为例，介绍一些重要的资产负债表科目，如表 6-1 所示。上述公司分别是中国消费品、制造业、房地产、工业中的优秀代表。

表 6-1 公司资产负债表

单位：亿元

证券名称	贵州茅台	格力电器	万科	宝钢股份
货币资金	277.11	545.46	627.15	121.04
交易性金融资产	0.00	0.00	0.00	1.81

续表

证券名称	贵州茅台	格力电器	万科	宝钢股份
应收票据	18.48	504.81	0.00	92.22
应收账款	0.04	26.61	18.94	100.49
预付款项	28.64	15.91	294.33	29.24
应收利息	0.81	12.42	0.00	5.47
应收股利	0.00	0.00	0.00	0.11
其他应收款	0.81	3.81	489.24	10.80
存货	149.82	85.99	3 177.26	268.15
一年内到期的非流动资产	0.00	0.00	0.00	63.59
其他流动资产	0.00	5.58	40.76	44.99
流动资产合计	475.71	1 201.43	4 648.06	743.86
发放贷款及垫款	0.31	64.42	0.00	29.49
可供出售金融资产	0.04	21.50	1.33	104.48
长期应收款	0.00	0.00	0.00	90.12
长期股权投资	0.00	0.92	192.34	49.63
投资性房地产	0.00	5.08	79.81	4.51
固定资产	103.76	149.39	23.08	828.97
在建工程	34.22	12.54	18.33	267.59
工程物资	0.00	0.00	0.00	1.73
无形资产	35.83	24.80	8.78	91.37
商誉	0.00	0.00	2.02	0.00
长期待摊费用	0.05	0.21	3.39	11.00
递延所得税资产	8.22	81.93	40.16	18.26
其他非流动资产	0.00	0.00	66.79	45.53
非流动资产合计	183.02	360.87	436.03	1 542.67

续表

证券名称	贵州茅台	格力电器	万科	宝钢股份
资产总计	658.73	1 562.31	5 084.09	2 286.53
短期借款	0.63	35.79	23.83	314.80
吸收存款及同业存放	39.56	8.07	0.00	79.72
应付票据	0.00	68.82	212.92	54.17
应付账款	7.08	267.85	670.47	199.10
预收款项	14.76	64.28	1 817.49	115.23
应付职工薪酬	9.89	15.50	18.31	17.43
应交税费	21.05	83.09	51.24	21.62
应付利息	0.15	0.36	3.37	2.81
其他应付款	12.32	25.46	454.42	11.42
一年内到期的非流动负债	0.00	20.61	204.49	74.42
其他流动负债	0.00	485.85	0.00	0.00
流动负债合计	105.44	1 083.89	3 456.54	892.54
长期借款	0.00	22.59	345.37	99.36
应付债券	0.00	0.00	116.12	30.24
长期应付款	0.00	0.00	0.00	0.89
专项应付款	0.18	0.00	0.00	2.88
递延所得税负债	0.00	2.57	5.90	4.23
其他非流动负债	0.00	1.95	0.68	14.33
非流动负债合计	0.18	27.11	468.61	151.93
负债合计	105.62	1 110.99	3 925.15	1 044.48
实收资本（或股本）	11.42	30.08	110.38	164.71
资本公积	13.74	32.09	90.55	322.49
盈余公积	52.49	29.58	260.79	258.51

续表

证券名称	贵州茅台	格力电器	万科	宝钢股份
一般风险准备	0.99	1.36	0.00	0.00
未分配利润	455.66	348.41	419.93	397.66
归属于母公司所有者权益合计	534.30	441.53	881.65	1 142.58
少数股东权益	18.81	9.79	277.29	99.47
所有者权益合计	553.12	451.31	1 158.94	1 242.05
负债与所有者权益总计	658.73	1 562.31	5 084.09	2 286.53

（一）货币资金

货币资金是资产中流动性最好的，也是收益率最低的，所以传统观点认为货币资金应当维持适当比例。不过在我看来，货币资金比重越高越好，恰恰是越赚到真金白银的公司，才在资产负债表上表现得越有钱（货币资金）。例如，2014 年度贵州茅台、格力电器拥有的货币资金占总资产比重分别为 42%、35%，两者都拥有超高的盈利能力，净资产收益率高达 30%，而万科和宝钢股份该指标比例为 12% 和 5%，万科净资产收益率为 20% 不到，而宝钢净资产收益率仅为 5%。不过值得注意的是，货币资金必须靠企业自身盈利累计才有意义，如果是靠借款或者股权融资获得的大笔货币资金，那就没有意义了。

（二）应收账款

应收账款占总资产的比重自然是越低越好。只有公司具备强大的竞争优势，下游的经销商或者客户才不敢拖欠货款。例如茅台历史上应收账款几乎为零，因为经销商还得先预付款才能提货，又怎么会形成应收账款呢？应收账款增长速度如果长期大于营业收入增长速度就值得警惕。应收账款高通常说明三种问题：一是自身竞争力差，必须靠赊销才卖出货；二是所处的行业，或者产业链的环节，或者商业模式不佳；三是存在财务造假的风险。如果行业的赊销回款周期通常为半年，但是报表显示的应收账款账龄大多是一年以上，要尤其小心应收账款的坏账损失。上述四家公司应收账款占资产比重均较小。

（三）应收票据

应收票据的多或者少表面上看无法得出有效信息，因为应收票据中包括银行承兑汇票和商业承兑汇票。银行承兑汇票由银行兑付，几乎没有风险，如果急需有钱则可以找银行贴现，银行承兑汇票因此更类似准现金。商业承兑汇票还是由购货企业兑付，风险就是购货企业的信用风险，商业承兑汇票也可找银行贴现，但一般除非规模大、信誉好的企业，否则银行不会贴现。所以在分析应收票据时应该关注究竟是哪种票据，银行承兑汇票和现金的性质更加类似，而商业承兑汇票和应收账款性质更加类似。格力电器 2014 年度应收票据高达 504 亿元，全部为银行承兑汇票，占总资产的 32%。这些银行承兑汇票许多实质为经销商的预付款，格力为了减小经销商现金支付预付款的压力，因而同意使用银行承兑汇票，而且还可用来支付上游供应商的货款。

（四）预付款项

如果提供商品的供应商更加强势，或者商品处于稀缺抢手的状态，则公司需要先预付款项才能够拿到货。此外，还有一种情况，这种商品的生产周期很长，金额巨大，供应商无法先垫付巨额资金后，再一手交钱一手交货，加之供应商无法承担巨额的违约风险。四家公司中，万科的预付款较多，为 294 亿元，占比为 5.7%，因为房地产开发周期长，金额巨大，房地产企业需要预付地价款、土地保证金、工程款及设计费等。

总的来说，应收账款、应收票据和预付款项反映了公司对上下游的议价能力，公司的竞争优势可以在资产负债表中体现，优势地位的公司要求先预付，次之要求一手交钱一手交货，再次是答应以商业承兑汇票赊账，最弱的地位就是形成一大堆的应收账款。通过这些科目的自身历史数据的变动情况对比可以反映出公司的竞争力是加强还是削弱，通过这些科目的同行业数据对比也可以看出公司在行业内的竞争优势。

（五）存货

存货需要根据不同行业、细分构成、不同环境具体分析。四家公司中茅台、万科的存货占比较大，分别为 23% 和 62%。茅台的存货占比大因为其独特的生产工艺，需要耗费几年的时间才能产出好的茅台酒，无疑茅台的存货（老酒）存放的时间越久价值越高，所以茅台酒的存货越多并不可怕，反倒是公司未来竞争力的基石。但是如果是服装或者电子行业的产品，显然存货越多面临的风险越大，这些存货一旦过季还卖不出就面临减值风险。万科的存货占比高也是源自行业特性，其存货包括待开发的土地、在建的地产、已完工的地产等细分类别。一般来讲，房地产价格处于上升周期时，土地储备和可供出售的房源成为竞争力，特别是以低价购得的土地储备，但反过来如果房地产价格大幅下跌，这些存货就得计提巨额减值准备了。如果公司大幅储备的是存货细分构成中的原材料，代表它看好后市产品的销售，但如果公司大幅储备的是待出售的产成品，一个可能是产品滞销，另一个也可能是待价而沽，所以把握对存货储备的节奏至关重要。

（六）长期股权投资

公司对哪些企业进行了股权投资可以反映公司的战略意图和储备。例如万科有 192 亿元的长期股权投资，其中就有战略章节所描述的万科与其他地产商一起开发地产而合资设立子公司的股权，以及万科持有 8% 的徽商银行股份。地产是资金密集型行业，万科和银行紧密联合反映出战略的导向。长期股权投资往往是隐蔽资产的来源，公司的价值可能因为长期股权投资的增值而增值，所以长期股权投资值得深入挖掘。

（七）固定资产与在建工程

固定资产与在建工程占资产的比重高低是判断公司属于轻资产还是重资产运营的关键指标。轻资产的公司竞争大多依靠无形资产，而重资产公司需要靠固定资产取胜，所生产的产品大多同质化，竞争激烈。

固定资产比重高的公司需要不断购建固定资产才能增长，不断将所赚的利润重新投回公司进行资本支出，留给股东的不是可支配的现金利润而是一大堆的设备厂房，因此生意属性一般不够良好。

固定资产比重大的公司不管产品的产量是多少，每年的折旧是必须，成本刚性，因此一旦收入多一点点，利润就会巨幅增长，这就造成了这个行业利润更容易波动，也就是我们所说的经营杠杆大。而为了购建巨额固定资产又需要进行巨额融资，所以此类公司通常背负巨额负债，财务杠杆大。两个杠杆的叠加使得利润波动更加剧烈，这也正是周期股票股价巨幅波动的根源与高风险所在。

四家公司中，茅台、格力、万科、宝钢的固定资产与在建工程资产比分别为 20%、10%、8%、48%，可见宝钢该比例最高，因而利润波动大，盈利能力也不高，而格力也不是依靠固定资产投入的传统制造业。类似钢铁、航运、航空、煤炭等周期行业，固定资产比重都很高，此外、类似高速公路、港口、机场、铁路等行业，固定资产比重也很高，但第二类公司属性又比第一类公司好，因为第二类公司往往有局域垄断优势，例如航空公司之间是直接竞争的，但是北京的机场显然不会和广州机场进行竞争。

此外，第一类公司因为技术进步等原因，旧有固定资产会加速贬值，越旧的固定资产越接近废铜烂铁，例如钢铁的新工艺会淘汰旧的生产线，新的飞机机型由于更加节省燃油会淘汰旧有机型，但第二类公司却没有面临这种情况，反倒是越旧的码头、机场，历史成本低，折旧小，产能利用率高，资金周转快，因而盈利能力越强。而在第二类公司中高速公路因为重车超载需要反复维修路面，码头则需要不断挖沙清淤，机场则是后续维修支出较少的，而且机场还能够开展零售等非航空产业，相对更为看好。

现在也有一些重资产行业公司通过商业模式创新改变成轻资产运营，例如一些国际连锁酒店原先自己持有酒店资产，但通过资产证券化等方式，变为管理别人的酒店，输出管理和品牌。

（八）无形资产

中国的上市公司中无形资产大多是土地使用权，土地使用权可能成为资产重估增值的重要来源。例如，粤运交通（HK：3399）2014 年报表显示无形资产账面价值 8.2 亿元，占总资产的 12%，在无形资产中约有一半为土地使用权，有市场人士通过走访上市公司了解到公司所拥有的土地为汽车客运站地块，而公司也有意图将地块进行商业开发。土地价值重估成为近年公司股价从 1 元多涨到 10 元的重要原因之一。此外无形资产还包括特许经营权的价值以及公司进行研究开发所形成的专利技术。专利技术一半多见于医药公司与高科技公司，成为这类型公司竞争力的来源。不过，稳健的公司都会选择将研发支出计入当期费用，而不是形成无形资产。

（九）商誉

商誉是公司收购其他企业超出其可辨认净资产公允价值所付出的溢价。经常进行并购的公司该科目比重较大，例如蓝色光标 2013、2014 年该科目占资产比重分为 37%、18%。商誉比重高较为危险，说明收购的成本较贵，一旦资产价格泡沫破裂，才发现原来收购的资产根本不值那么多钱。例如，美国纳斯达克网络泡沫中，美国在线和时代华纳合并后的新公司，集合双方原有商誉高达 1 300 亿美元，最终该商誉计提的减值损失高达 989 亿美元。

上述资产科目事实上都是财务舞弊常用的科目之一，后续还将关注财务舞弊这一话题。

（十）应付票据

应付票据反映企业因购买材料、商品或接受劳务供应等活动应支付的款项，包括应付的商业承兑汇票和银行承兑汇票等。议价能力强的企业开具更多的是商业承兑汇票。

（十一）应付账款

一般来说，应付账款越多越好，能占用供应商的资金为己所用，说明具备较强的竞争地位，例如格力电器和万科应付账款占资产比较高，分别为 17% 和 13%。如果应付账款过高也不好，会有两种情况，一是欠得太多实在没钱还，二是压榨供应商太厉害了，损害长远良性合作基础。

（十二）预收款项

一般来说，单位产品资金需求大，开发周期长，或者专业化特征明显，需要量身定做的行业，例如设备制造、建筑工程、房地产等，预收款款会成为公司重要的资金来源。万科的预收款就高达 1 817 亿元，占总资产的 36%，是全行业预收款占比最高的几家公司之一。这些来自顾客的预收账款不需要支付利息，减少了借有息负债的需求，减轻了财务负担，成功地运用预收款是万科高盈利能力的原因之一。此外，预收账款越多可能是因为顾客很喜欢，产品很抢手，企业处于优势竞争地位，例如原先的茅台。此前几年的茅台，预收款项一直占资产的 20%左右，但近几年由于禁止三公消费，预收款不断下滑，从 2011 年末的 70 亿元不断下滑到 2014 年末的 14 亿元，占比也仅为 2%，茅台地位下降明显。茅台股价 2012—2013 年股价也腰斩一半，如果你只看利润表，公司的营业收入和净利润近几年还是一直增长的，而茅台自 2012 年一季度后，负债表上的预收款就出现下降趋势，直到 2015 年一季度，预收款才又同比重新大增 72%至 28 亿元，显然资产负债表的信息更为丰富。

综上所述，欠别人的钱（预收款项、应付账款、应付票据）比别人欠钱（预付款项、应收账款、应收票据）要好，经营活动上的往来款运用得当能够助推公司发展。

（十三）有息负债

有息负债多为公司向金融机构的借款，例如银行借款、公司债券、中期票据等，需要支付利息和按时偿还，主要有短期借款、一年内到期的非流动性负债、长期借款、应付债券等科目，一些短期融资券也会在其他流动负债科目。在经营活动中的占款一般为无息负债，无息负债多多益善，就算还不出钱，也可以动用有息负债还，但是有息负债一旦还不出钱，就真的遇上流动性危机了，面临倒闭风险。资产负债率（负债/总资产）即使很高也未必代表着很高风险，例如格力的资产负债率为 71%，宝钢为 46%，格力的财务风险大吗？其实不是，格力的负债中主要以无息负债为主。我喜欢用有息负债率（短期借款+一年内到期的非流动性负债+长期借款+应付债券）/所有者权益来衡量公司真正的财务风险。从这个角度看，茅台、格力、万科、宝钢的有息负债率分别为 0%、17%、59%、42%，茅台最优，格力的财务风险则小于宝钢。最赚钱的公司是不会借钱的，它靠经营占款就可以免费用别人的钱。那么万科的财务风险大于宝钢吗？不一定，如果真的发生流动性危机，万科主要的资产是房地产存货，它可以以低于市场价格销售房地产回收资金，而宝钢的资产主要是固定资产，这种资产就算公司愿意低价卖出，市场也未必找得到买家，因此财务风险还需要结合公司资产的流动性和价值来判断。事实上，万科和宝钢即便有息负债稍高，但其比例在各自行业中几乎是最低的，也反应了它们的竞争优势。如果公司的有息负债率超过 1，在我看来风险就开始偏大，一般会回避有息负债率特别高的公司，因为一是行业属性不好，二是竞争地位不强，三是经营风格激进。

有息负债的结构也值得研究，借款期限最好的偏向长期借款或者中长期公司债券，而非短期借款。过多的短期借款用于长期投资，容易产生期限错配，造成流动性风险，而且过多的短期借款结构也可能是债权人因为担忧公司信用不愿意借出长期资金。

（十四）其他科目

在报表中看到各种其他科目，例如其他应收款等，金额异常大时要留意，有一会计谚语"其他"是个框，什么都往里装，一些不好解释或者不是正常往来的经营活动的会计处理可能就装在其他科目中。

案例：资本的角度看公司——用别人的钱做自己的生意

（注：本文发表于《证券市场周刊》2013 年 15 期）

暨南大学经济学院院长冯邦彦所著的《香港企业并购经典》一书介绍了自 1970 年以来的 28 个香港企业并购案例，这些手法丰富的并购案奠定了如今香港经济与社会的发展格局，而当年并购案中的许多大佬至今仍然在商界中起着举足轻重的地位。

大佬们在并购案中所展示的高超财技都说明着一个道理，要善于用别人的钱做自己的生意。

那些大佬们的发家史

如今的华人首富李嘉诚当年还是塑胶花厂的老板，1971 年才创办长江实业，1972 年趁大牛市时上市，1973 年先后五次发新股继续筹资，1975年又筹资一次，到了 1976 年，长实拥有的楼宇面积在短短四年间竟增加了17 倍。可以说，要是没有资本市场助力，李嘉诚再有眼光，也是白搭。

这仅仅是个开始，1979 年长实向汇丰收购和记黄埔 22.4%的股权，成为控股股东。长实每股报价 7.1 元，而和记黄埔经资产重估后，每股净资产14 元。李嘉诚捡了个大便宜不说，还只向汇丰支付首期 20%收购款，其余的在两年内付完，而且，20%的首付还是汇丰借给李嘉诚的。可见李嘉诚多么善于用别人的钱做自己的生意。

故事远未结束。1985 年，李嘉诚用低成本收购而来的和记黄埔从急需还债的置地地产手中购了香港电灯 34.6%的股权，成为控股股东，交易价格低于市价 13%。

就这样，从长实到和记黄埔再到香港电灯，李嘉诚只控股每家公司 30%左右的股权，就可以控制公司全部的资源去摄取下一个更大的机会。

1987 年，趁着股市高潮，李嘉诚旗下的长实、和记黄埔、嘉宏国际和香港电灯共募集 100 亿港元，为未来的发展大计又做部署。

再看船王包玉刚。20 世纪 70 年代末，包玉刚已敏锐地觉察到世界航运业将出现大萧条，开始实施"弃舟登陆"战略，而 1980 年收购怡和旗下的九龙仓是重要的策略目标。当时包玉刚与怡和持股十分接近，双方都在筹措资金争夺九龙仓控制权。包玉刚利用旗下的上市公司隆丰国际发行新股收购自己手中的九龙仓股份，从而减轻了个人财务负担，腾出现金与怡和周旋到底。在关键时刻又找到汇丰银行提供 15 亿港元现金支持，最终，包玉刚成功控股九龙仓，实现了战略转移。

1985 年，包玉刚利用九龙仓收购了英资老牌洋行会德丰，继续壮大了地产主业。

1972 年置地地产换股并购牛奶公司也是如此。当时牛奶公司股权分散，有大片土地在城市发展区域，显然做牧场的价值根本比不上做房地产。用格雷厄姆的话来说，就是隐蔽资产的价值；用麦肯锡的话来说，就是不同所有者价值不同。置地地产通过 2 股置地股票换 1 股牛奶股票，不费一分一毫现金，最终成功控制规模宏大的牛奶公司。置地获得了大量的土地后，发挥了专营地产的所长，为股东（包括牛奶公司股东）带来了不菲利润。

该书的很多并购案例都是发生在房地产行业中，公司比较常见的隐蔽资产就是房地产资产，这可以从一个侧面看到香港地产的发展过程。进而也可以看出，香港的商业界圈子非常小，前后几个不同的并购案互为关联和因果。

会经营，更要会筹钱

如果将知名公司比喻为一个志行千里的人，会经营只是其中的一条腿，善于运用别人的钱则是另一条腿，两者都具备，才能够健步如飞。

事实上，运用别人的钱，远不仅限于运用好股东和银行的钱，还可以包括客户的钱、经销商的钱、供应商的钱、合作伙伴的钱，等等。

股神巴菲特以投资闻名世界，但他之所以获得如今的财富与他控制的保险集团密切相关。

20 世纪 60 年代，巴菲特并购了 Berkshire，进而收购了 NICO 保险公司、GEICO 保险公司，后来还陆续收购了 GaneralRe 等一批保险公司。

为什么巴菲特如此钟情保险公司？因为他可以运用保险公司低成本的浮存金（收到保费与支付赔偿额之间的时间差所形成的准备金）源源不断地收购其他优秀的公司。

可以说，当年的巴菲特要是没有运用保险公司的浮存金投资，今天他至多是个比较有钱的宅男，而不是世界前几大富翁。

资产管理也是不错的行业，管理别人的钱投资，旱涝保收都能够收到管理费。当然前提是要做得好，钱才会不断涌过来。谢清海正是凭借如此，才从当年的报社记者变成如今市值 90 亿港币的惠理集团的主席及大股东。

支付宝则能够免费地占用从客户付出到商家收到的这一段时间的资金。国内许多百货更是极力发行预付卡，道理是一样的。

上述行业是天然就能利用他人的钱，有些公司则以其优异的产品或服务和有意识的引导，同样成功地运用了别人的钱。

格力电器身处传统的制造业，在董明珠接手销售前，格力是经常被经销商欠款的，后来以优异的产品竞争力、巧妙的业务安排及自建经销网络才实现了经销商提前支付货款。

格力并不直接要求经销商以现金支付预付款，而是使用银行承兑汇票支付，这减轻了经销商的资金压力。对经销商而言，银行承兑汇票最长期限达六个月，足够将货物销售出去，所付出的代价不过是在银行存入一定比例的保证金。而格力不用担心销售会产生坏账，更巧妙地运用应收票据支付上游供应商的货款。

如此，格力减少了对运用资金的占用，节约了投资资本，在竞争激烈的制造业能长期保持高达 30%的净资产收益率。

苏宁电器则站在了电器制造商的对立面。苏宁在与消费者之间进行现金交易的同时，延期 3～4 个月支付上游供应商货款，这就使得其账面上长期存有大量浮存现金，而这些浮存现金则可以用来开新店，销售规模的提升继续更多地占用了供应商的资金，从而形成了一个资金循环。

可以说，"类金融"模式为先前苏宁跑马圈地似的扩张起到了重要的作用，也支撑了苏宁成为几十倍大牛股这一神话。

万科，一贯坚持快速开发、快速销售的经营策略，反映在财务报表上就是万科将1 300多亿元的预收款项作为开发地产的重要资金来源，而有息负债只是 700 多亿元。这不但为万科节约大量财务费用，也使得其成为净负债率最低的房企之一，在日益严格的信贷和市场调控政策下，抗风险能力越强，最终也实现了越调控越成长的佳绩。

综上所述，成功地运用别人的钱大致分为三种情况：**一种是拥有高超的财技；另一种源自优异的行业属性；还有一种是优异的经营加有意识的业务安排。**而且前两种终究脱离不了第三种。《香港企业并购经典》介绍的案例中，大佬们其实还是创造了价值，创造了优秀的产品方案。

案例：资产的角度看公司——丽江旅游巨额投资陷阱

重大资本支出从宣布到投入运营后的一段时间内往往会拖累股价。原因：① 资本支出需要投入，股权融资摊薄每股盈利，债权融资，停止利息资本化后增加利息费用；② 重大资本支出项目面临着高风险性，投入运营时市场情况如何不得而知；③ 项目投入运营初期资产利用率较低，收入跟不上，新增的折旧、人工成本又是固定费用，影响利润。以丽江旅游案例说明。

（注：本文于 2012 年 11 月 28 日发表在《证券市场周刊》）

丽江旅游的战略选择使得公司由独占优质资源的旅游股变成了竞争激烈的酒店股。为了保证项目的进行，公司必然存在融资需求，这将导致资产及收入结构发生巨大变化。

景区类上市公司由于独占优质旅游资源，又处于居民消费升级的大背景下，一直受到投资者的喜爱。丽江旅游（SZ：002033）便是其中的代表，公司构建了较为完善的旅游服务产业链，主要经营玉龙雪山的三条旅游索道及酒店业务，拥有印象旅游51%的股权，后者从事著名的《印象·丽江》原生态大型实景演出。这三项业务分别约占公司营业收入的 37%、19%和43%，而索道业务和演出业务贡献了 90%的净利润。其中，索道业务保持了历年 85%左右的超高毛利率，而新收购的演出业务也有 75%的毛利率。公司近两年净资产收益率也维持在16%的较高水平。

2012 年以来，公司更是动作频频，拟投资几个大项目，市场对此也是满怀期待，然而仔细分析这些项目，其投资回报率并不尽如人意，投资方向也值得商榷。

新项目改酒店业

公司 2012 年主要的投资项目包括以下四项。

一是玉龙雪山甘海子餐饮中心项目。8 月 3 日,公司公布了甘海子餐饮中心项目,即在玉龙雪山景区甘海子建设一个集餐饮、休闲、购物于一体的综合旅游服务中心。丽江旅游持有项目公司 51%的股份,投资总额为 9 620.07 万元,预计 2013 年 5 月建成。玉龙雪山偏离丽江市二三十公里,景区面积非常大,出于行程时间上的安排,应该会有不少旅客选择在景区就餐。不过,公司预测的年均净利约为 600 万元,以总投资额计算,项目的年回报率仅为 6.2%。

二是丽江古城南入口旅游服务区项目。8 月 3 日当天,公司还公布丽江古城南入口旅游服务区项目,即在丽江古城南端建设休闲街区、地下停车场及附属配套设施。其实该项目是公司 2004 年首次公开发行股票的三个募投项目之一,因项目土地使用权的征用、拆迁、补偿及安置工作量较大,进度滞后,已改为自有资金投资,耽搁了多年,如今又重新提出。

查阅 2004 年版的项目建设内容,可以发现除了建设可供出租的铺面外,还需建设入口广场、开放式歌舞广场、景观性水池等一些类似公共服务的设施。

该项目投资金额 2.22 亿元,预计 2013 年 1 月底完工,市场培育期间(2013 年—2017 年)年均净利润为 572 万元,进入正常经营期后(2018 年),项目预计可实现净利润 1 870 万元。以总投资额计算,即使到了 2018 年,项目年回报率也才 8.4%。

事实上,公司可能未必主动想做这个项目,因为在丽江市"十一五"旅游发展规划中就有类似的项目,而项目的责任单位是丽江古城管理局。

三是香巴拉月光城项目。7 月 2 日,公司与香格里拉县人民政府签订《香巴拉月光城项目投资开发合作意向书》,公司将在香格里拉县独克宗古城金龙社区建设高端度假酒店和藏文化风情体验区,该项目预计总投资 5 亿元,预计 2013 年开工建设,2015 年投入运营。

根据公开资料,目前香格里拉县已有松赞林卡美憬阁酒店、悦榕庄等高端酒店,自 2010 年以来,又相继引进了香格里拉大酒店、喜来登度假酒店、高山别庄酒店等高端酒店,而这些酒店不久也将投入运营。

四是泸沽湖酒店项目。11 月 16 日,公司与宁蒗彝族自治县人民政府、丽江泸沽湖省级旅游区管理委员会签订了《宁蒗县泸沽湖牛开地度假村、里格精品度假村项目框架协议书》,公司要在泸沽湖景区建设上述两个高端酒店。其中,牛开地度假村项目预计总投资 9 亿元,里格精品度假村项目预计总投资 5 亿元，两者合计总投资 14 亿元。根据地方政府网站相关信息，两个项目将于近期内开工，并在开工后两年内完成。目前，泸沽湖景区首个五星级酒店银湖岛大酒店一期已经竣工开业，二、三期将后续实施。

上述几大项目预计的投资总额合计约 22 亿元，是公司 2012 年预计净利润 1.4 亿元的 15 倍。即便公司已经为项目刚发行了 2.5 亿元的中期票据，2012 年三季度总资产才增加至 15.9 亿元，归属于母公司所有者权益为 8.5 亿元，为了保证项目的进行，未来必然存在股权及债务融资的需求。项目完成后，丽江旅游的资产及收入结构显然会发生巨大变化。

此前酒店业投资成败笔从投资方向看，公司在战略上非常倾向选择旅游行业中的酒店细分行业。难道是在过往的酒店经营中取得了巨大的成功？事实恰恰相反。

公司目前经营的丽江和府皇冠假日酒店（以下简称"和府酒店"）是 2004 年首次公开发行股票的募投项目之一，该项目原计划 2007 年投入运营，但经过几番追加投资，实际到 2009 年 9 月才开业。项目原计划年平均营业收入为 12 578 万元，年均净利润为 2 278 万元，而 2011 年，在酒店的入住率已经达到较高水平（70%）的情况下，实现营业收入 10 054 万元，净利润 771 万元。

2012 年上半年，丽江市接待旅客人数及旅游收入增长均超过 50%，但是和府酒店营业总收入比 2011 年同期仅上升 3.78%，净利润也由于员工工资及财产维护费增加反倒下降 51.79%至 175 万元。

和府酒店总资产 6.5 亿元，占未发行中期票据前的公司总资产 12.5 亿元的近一半，但花费公司近 50%的资源却只为公司创造了 5%的净利润。可想而知，如果资本没有浪费到酒店业务上，公司的盈利能力会提升到非常高的水平。

事实上，和府酒店的地理位置优越，是世界文化遗产丽江古城内唯一一家国际五星级标准的休闲会议酒店，由国际知名酒店管理集团洲际集团负责营运管理，公司早先也认为，无论从服务水准、配套设施、地理位置、市场价格还是市场定位方面，均较丽江地区同星级的酒店具有明显的竞争优势。可是后来公司 2011 年年报及 2012 年半年报中均提到，"目前丽江有 6 家五星级酒店，未来阿曼酒店、金茂酒店等高端酒店计划进驻丽江，丽江高端酒店的竞争将日趋激烈。丽江高端酒店市场的竞争格局将对公司酒店业务的盈利能力和盈利波动性带来较大影响"。而在 2004 年公司上市时，丽江地区的五星级酒店只有 1 家，这也是公司当时打算修建高端酒店的重要原因。

在和府酒店经营微利的情况下，公司于 2011 年 1 月仍然决定在现有和府酒店东侧建设精品客房接待区，以试图保持酒店业务的竞争优势。精品客房接待区预计固定资产投资 12 865 万元，将于 2012 年 3 月份试营业。不过连公司自己也预测该项目正常年均净利润为 514 万元，相比上亿投资额，这又是一个不太赚钱的项目。

其实不单丽江旅游的酒店业务难以赚钱，其他同行业公司的酒店业务也是如此。例如峨眉山 A 的酒店业务也曾亏损多年，2011 年峨眉山酒店业务营业利润为 0.35 亿元，而资产有 5.7 亿元，资产收益率同样不高。张家界的酒店业务更是连毛利都是负数。观察以酒店为主营业务收入的公司，净资产收益率基本不超过 10%，中位数也在 5% 左右。

酒店业并不是个容易赚钱的好行业，需要耗费巨额的投资，成本刚性，提供的又是较为同质化的服务，而且时间久了会被更新更豪华的酒店代替，因而每隔一段时间还得花钱再装修。每年只有节假日等小段时间可能供不应求，但在其他时间里大部分资产却是闲置的。因此，国际知名酒店管理集团基本都不会大规模持有酒店资产，而是形成以输出管理、品牌、收取管理费或收入分成的轻资产运作模式。

丽江旅游的战略选择使得公司由独占优质资源的旅游股变成了竞争激烈的酒店股。香巴拉月光城项目已经初见竞争的端倪，泸沽湖酒店项目时间一久估计也会面临新的竞争，它们的最终结局很可能同和府酒店相似。

此外，当公司有非常大规模的资本支出时，股价表现都会不佳，因为大规模资本支出往往伴随借债和利息支出，一旦项目投产，折旧和费用化的利息支出就会出现，而初期的项目资产利用率不会立刻提升，这时就会影响到业绩表现，在此之前股价早就被拖累了。

【注：从丽江旅游股价走势图可以看到，如图 6-1 所示，丽江旅游宣布巨额资本支出后股价曾一度下跌近 40%，直到牛市来临，尽管丽江旅游自 2012 年 8 月宣布巨额资本支出至 2015 年 6 月期间股价上涨了 89%，但同期深证成指上涨 94%，中小板指上涨了 174%，wind 以酒店、景区行业公司编制的酒店、餐馆与休闲 III 指数上涨了 260%。2014 年年报显示，丽江旅游旗下和府酒店公司 2014 年收入较分析当时已经出现下滑，仅 0.94 亿元，同比增长 3%，大幅落后于索道和景区业务增速，亏损 0.15 亿元。玉龙雪山游客综合服务中心项目（甘海子餐饮中心项目）2013 年 9 月投入运营 2014 年亏损 993 万元，未达公司预期。香巴拉月光城项目和泸沽湖酒店项目正在推进中。】

图6-1　丽江旅游股价走势图

二　利润表分析

　　利润表是反映企业一定期间内生产经营成果及其分配的财务报表。它反映企业在特定时期内发生的各类收入、成本、费用支出及盈亏情况，编制原理为收入－成本=利润，如表 6-2 所示。利润表可用来分析企业利润增减变化的原因，评价企业的经营业绩，帮助投资者和债权人做出决策，也是用来预测未来盈亏的基础。利润表是资本市场人士最为关注的财务报表，尤其关注净利润一栏的结果。上市公司同样知道，所以会充分利用各种会计政策和预测将利润做好，经过层层计算得出的利润数据或许早已面目全非。利润表最主要的分析方法是结构分析和趋势分析。结构分析就是将公司的销售收入作为分母，计算利润表中的各个科目占收入的比重。趋势分析就是将利润表中的科目进行历史数据的同比、环比分析。

表 6-2　公司利润表

单位：亿元

证券名称	贵州茅台	格力电器	万科	宝钢股份
营业总收入	321.58	1 400.05	1 463.88	1 875.32
营业总成本	100.58	1 225.49	1 255.79	1 802.93
营业成本	23.39	880.22	1 025.57	1 689.31
营业税金及附加	27.89	13.62	131.67	4.71
销售费用	16.75	288.90	45.22	22.00
管理费用	33.78	48.18	39.03	77.28

续表

证券名称	贵州茅台	格力电器	万科	宝钢股份
财务费用	-1.23	-9.42	6.41	4.88
资产减值损失	0.00	3.98	7.90	4.75
公允价值变动收益	0.00	-13.82	0.11	0.23
投资收益	0.03	7.24	41.59	3.79
其中：对联营企业和合营企业的投资收益	0.00	-0.04	18.40	1.55
营业利润	221.03	160.89	249.79	76.41
营业外收入	0.07	7.06	3.52	11.81
营业外支出	2.27	0.43	0.79	5.44
利润总额	218.82	167.52	252.52	82.78
所得税费用	56.13	24.99	59.65	21.87
净利润	162.69	142.53	192.88	60.91
归属于母公司所有者的净利润	153.50	141.55	157.45	57.92
少数股东损益	9.20	0.98	35.42	2.98

（一）营业收入

利润表的第一行就是公司收入，可见其重要性，公司以营业收入为基础，减去营业成本、各项税费等科目后得到净利润。分析公司的收入首先要清楚收入的驱动因素，**一般来说，产品销售的数量、价格与结构这三种因素决定了收入，而公司自身的竞争优势与外部环境共同在中长期里决定了上述三种因素的变动。**例如，茅台在过去十几年间能够保持收入年均20%～30%的增长速度，一方面靠每年百分之十几的产量增长，另一方面靠每年百分之十几的价格涨幅，茅台自身的竞争优势使得过去能够连年涨价，这是普通白酒品牌做不到的，茅台在过去成功地做到了供给决定了需求。能够做到以供给决定需求的另一例子是苹果的 iPhone，在 iPhone 没发明前，人们根本没有智能手机的需求，正是 iPhone 的供给才创造了人们的这一需求，所以能够以供给决定需求对于企业是绝佳妙事，类似的例子还有新的高速公路、码头和机场的投入。不过茅台的大幅涨价跟环境也是息息相关，例如在目前限制三公消费的大环境下，茅台的价格继续上涨就很困难，事实上茅台在过去充分受益于中国特有的经济发展模式所带来的商务与政务消费。至于格力电器，空调价格与十几年前几乎没什么上涨，因此格力的营业收入增长就更多地依靠卖出更多的空调，所以渠道对格力相当重要，海外市场的开拓也能够卖出更多数量的空调，此外格力还可以从产品结构上谋求增长，例如中央空调、太阳能空调的销售。对于万科而言，公司过去收入的高速增长受到房地产价格上涨和开发面积不断扩大双重因素利好。虽然万科的房价卖得可能会比其他公司贵些，但仍然主要受到市场房价的影响。宝钢股份则站在了万科的反面，钢铁受宏观经济影响严重，过去几年间钢铁不论价格还是销量都在下滑，宝钢很难独善其身，此类公司的收入与环境联系更为密切。投资者最好分得清公司的增长因素究竟是来自自身还是环境，又或者两者皆有。

　　收入分析还有一个更为直观的切入点就是收入增长的速度与波动。无疑，增长速度越快的公司一般竞争力更强，收入的增速快过同业，市场份额将越来越高。收入的波动性越大，收入的质量越差，说明竞争力不够稳定。分析波动性时，将公司的销售收入与行业景气度或者宏观经济周期的波动结合在一起考察可以判断公司的行业地位和抵御宏观经济周期波动的能力。例如，茅台在过去十几年间收入增速较快，而且波动相对较少，别的酒厂虽然某一时间的增速会快过茅台，但是在近几年中的白酒萧条期中，下跌的幅度也远超茅台，如图 6-2 所示。

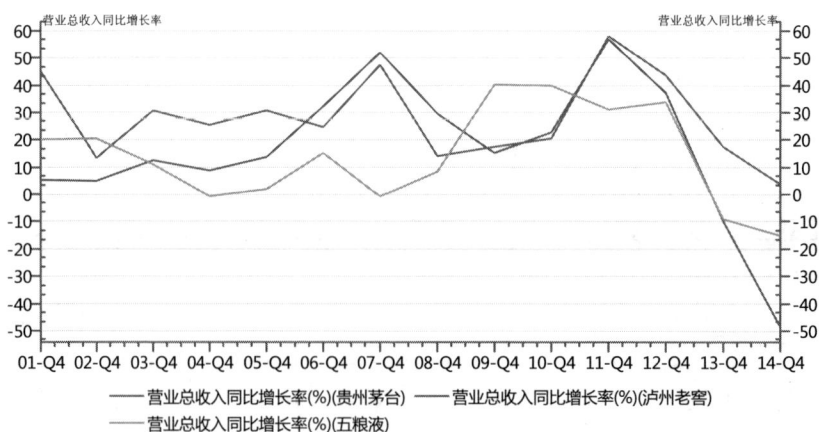

营业总收入同比增长率

―― 营业总收入同比增长率(%)(贵州茅台)　　―― 营业总收入同比增长率(%)(泸州老窖)
―― 营业总收入同比增长率(%)(五粮液)

数据来源:Wind资讯

图6-2　白酒上市公司营运收入增长情况

不过值得注意的是有些公司的收入的高速增长是以承担更高风险为代价的，例如次贷中的美国金融机构，次级贷款业务为某些金融机构带来了高增长但代价却是它们的倒闭，能够抵制诱惑的保守公司更令人钦佩。高速增长的行业也掩盖了很多问题，例如中国的风电行业曾经连续 5 年每年增长 100%以上，爆发式的市场增长背后是很多风电场赶工建成，质量问题与事故频出，产品使用寿命缩短，被政府骤然整顿。

收入的分析中还需要关注公司大客户对收入的贡献程度，在财报中一般会披露前五名顾客信息，如果公司绝大部分的收入由前几名客户贡献，一定要小心，因为这些客户关系一旦破裂，公司的收入就会大幅下降。

（二）营业成本与毛利

营业成本是指已销售产品或者服务的生产（采购）成本，是生产过程中直接发生的成本，不包含生产之外销售费用、管理费用、财务费用等。单位产品成本低的公司往往具备低成本竞争优势，能够在行业低谷中存活下来。

毛利，是指营业收入减去营业成本后的差额，产品的毛利越大，可用于广告促销等销售费用的空间就越大，用于研究开发产品的研发费用空间越大，用于支付行政管理费用的空间就越大，最终可能获得的净利润也就越大。

研究营业成本主要研究其成本构成，固定的营业成本有折旧、摊销、房租、员工工资等，可变的营业成本有原材料、运输费、能源费、员工奖金等。一般而言，成本结构中固定成本比重大的公司运营杠杆高，收入略微波动，息税前利润就会变动得更加剧烈，而毛利率（毛利/收入）越低，运营杠杆越高，处于盈亏平衡点附近的公司运营杠杆最大。茅台毛利率常年高达 90%以上，格力与万科毛利率常年达 30%左右，而宝钢仅为 10%左右，因此如果茅台和宝钢的营业收入均下滑 10%，茅台的营业利润可能会下滑百分之十几、百分之二十几，但是宝钢营业利润则可能会下滑一半。高固定成本比例的行业陷入行业低迷的时间会更久，因为高固定成本不论生不生产都在那里，即便全行业都在亏损，只要能够弥补变动成本，企业就会生产，退出壁垒高，不易被清出。

营业成本的可控与否也是研究的另一切入点。例如，航空业从收入的角度看，提供的服务较为同质，所以竞争激烈，从成本的角度，大部分的成本航空公司无法依靠自身的运营和管理效率控制，很难做到比同行其他家公司的成本更低，竞争更为激烈。航空公司中燃油成本占成本比重高达40%，这部分成本变动几乎全和国际油价相关，公司无法控制。成本中10%

为机场起降费用，这部分费率机场对所有的航空公司都是一样的。职工薪酬占成本比例也为 10%左右，这部分基本也没有将低的可能。至于飞机成本，航空公司所采购的飞机不是来自波音就是空客，这两家的议价能力更强，航空公司只能在飞机的利用率上下功夫。所以航空业不但收入上无法差异化，就连成本也无法形成差异。

再来看茅台的营业成本，茅台酒的原料就是赤水河的水和高粱，外加人工和固定资产折旧，水几乎为免费，而高粱价格就算上涨几倍也增加不了每瓶酒多少成本。反过来看看万科和宝钢所处的行业，房地产市场火了，房子好卖了，可是地产公司拍地的成本也更高了，同样钢铁销售情况好，价格上涨了，可是原材料铁矿石涨得更高。因此，后两者盈利预测更为困难，不仅需要预测收入，还需要预测和收入联动性很高的成本。

随着交易所要求的年报披露格式越来越规范，投资者相比以前会掌握更多营业收入驱动因素和营业成本结构信息，那些披露越详尽的公司总是值得鼓励，一是公司的透明度高，二是公司实力高，不怕这些涉及商业机密的信息被公开，被竞争对手研究。我曾经看过两家家具公司的年报，一家为皇朝家私（HK：1198），另一家为敏华控股（HK：1999），后者在年报中对各种业务数据做出较为详尽描述，与前者形成鲜明对比，结果前者从2011—2015 年股价跌了七成，后者上涨了五倍。

（三）销售费用

销售费用是为了销售商品或服务所产生的费用，例如广告费、促销费、销售人员工资福利、销售机构的固定资产折旧等。销售费用多与少说明不了问题。有的行业不需要营销或者仅需要很少的营销，例如一些垄断行业或者客户不是社会大众的行业。而有的行业必须营销，你花的营销费用少，或者不懂花费都不行，例如竞争激烈的日化行业。关键就在于销售的效率如何，例如茅台 2014年的销售费用为 16 亿元，支撑起 300 多亿元的销售收入以及 162 亿元的净利润。洋河股份同样花了 16 亿元的销售费用，但是收入为 146 亿元，净利润为 45 亿元。五粮液销售费用为 43 亿元，收入为 210 亿元，净利润为 60 亿元。此外，通过考察公司营业利润/销售费用比例判断公司的销售效率，看公司每花出的一元钱销售费用带来的营业利润是否不断增加。除了财务判断外，可以从营销的角度看销售效率，公司做的广告或者营销活动，是否花费不高，却又令人印象深刻。值得注意的是在消费品行业，销售费用事实上是一种不断增长的固定成本，几乎不可能被压缩，要特别小心那些衰落的品牌，销售费用无法降低，但仍然无法挽回消费者，收入却在不断下降，直接导致了公司的亏损，例如在年轻人心中失去地位的李宁（HK：2331）和陷入致癌洗发水又公关失败的霸王集团（HK：1338）。你会发现消费品品牌一旦衰败，公司股价跌起来比周期性公司还要可怕。

（四）管理费用

企业管理和组织生产经营活动所发生的各项费用，包括工资福利、工会经费、行政开支、业务招待费等等诸多内容。值得注意的是，研发费用进行资本化处理计入无形资产，当成期间费用的话就会计入管理费。公司最好不需要研发，所生产的产品或服务永不过时，当然在讲究技术创新的行业，研发不可或缺，也无法直接说研发费用是高好还是低好，仍然需要结合研发所得出的成果价值，从研发效率的角度分析。例如，宝钢股份 2014 年管理费用 77 亿元中技术开发经费就有 39 亿元，远超其他钢厂，究竟能否真的形成竞争优势，则需具备一定的行业专业知识才能判断。

（五）财务费用

财务费用指企业在生产经营过程中为筹集资金而发生的筹资费用，包括利息支出、汇兑损失、相关手续费等。茅台和格力电器财务费用为负数因为它们的货币资金占比高，所产生的利息收入远大于利息支出。万科的财务费用为 6.4 亿元，万科的有息负债近 700 亿元，借款利率怎么会这么低呢？事实上，万科的利息支出为 68 亿元，但其中资本化利息 52 亿元，费用化利息支出为 15 亿元，再减去 9 亿元的利息收入，财务费用就显得低了。利息资本化是指，固定资产建造、购进过程中发生的各项借款利息，在竣工决算投产前的支出，计入固定资产的价值。需要相当长时间才能达到可销售状态的存货以及投资性房地产等所发生的借款利息支出，亦是利息资本化的范围。所以，在分析财务费用时一定要小心来年是否有巨额的在建工程投产，转为固定资产，一旦变为固定资产，相关的借款利息就不能够资本化，财务费用就会大幅增加。对应的也要小心那些迟迟不投产的在建工程，会存在利润调节的空间，在建工程一旦投产，必须计提折旧和利息费用化，这些都会减少利润。

当公司具备一定的行业地位和规模优势后，营业成本和三项费用的增长会慢于收入的增长，净利润增长速度大于营业收入增长速度，净利率提升的良性状况。

（六）可持续的利润

利润分析的要点是究竟公司获得的利润是否由主营业务产生，是否具备可持续性而非是偶发的。具备可持续性的利润也是日后评价公司价值的基石。**营业收入减去营业成本、三费和资产减值损失后，再加上公允价值**

变动收益、投资收益等科目就得到了营业利润。这两块收益存在偶然的因素。公允价值变动收益，是交易性金融资产和公允价值计量的投资性房地产的本期变动，简单来说就是上市公司炒股、炒楼还没卖，但是又有浮盈的账面盈利，这种盈利显然是不稳定的，炒股、炒楼有涨就有跌，上市公司也不是专业的金融机构。投资收益，分为两种情况，如果是收到被投资企业分得现金股息或者分享被投资企业的利润，这种投资收益是有持续性的。但如果是卖掉长期股权投资，或者各类金融资产所得到的投资收益则不具备持续性。营业利润加上营业外收入减去营业外支出后就得到利润总额。营业外收入是指企业确认与企业生产经营活动没有直接关系的各种收入，包括固定资产处置利得和无形资产出售利得，非货币性资产交换利得，债务重组利得，企业合并损益，企业合并损益、政府补贴等科目，**营业外收入从逻辑上看不具备可持续性**，但的确存在例如政府持续补助上市公司的情况，至于未来能否继续下去，就需投资人判断。利润总额扣除所得税后就得到公司的净利润。有些上市公司是有所得税优惠的，这些优惠一般也有一定的期限。税收对于投资者并不完全是坏事，税交得越多，财务造假风险反倒越小。

三　现金流量表分析

现金流量表是以现金为基础编制的财务状况变动表，反映了企业一定期间内现金流入和流出，表明了企业获得现金和现金等价物的能力。现金流量表编制原理是收付实现制，即以收到或付出现金为标准，来记录收入的实现和费用的发生（如表 6-3 所示）。利润表的编制原理为权责发生制，不一定收到现金，报表上也可以确认为收入，所以操纵空间更大。利润表上所获得的利润是纸面富贵，究竟是否是真金白银就要看现金流量表了，当然，现金流量表同样也是可以操纵的，后续再论。经验表明，每 4 家破产倒闭的公司，有 3 家是盈利的，只有 1 家是亏损，这说明企业不是靠利润生存的，而靠现金流生存，因而分析现金流量表至关重要。按照企业日常经营活动、投资活动和筹资活动，现金流量表将现金流动情况分为经营活动现金流、投资活动现金流及筹资活动现金流。

表 6-3　公司现金流量表

单位：亿元

证券名称	贵州茅台	格力电器	万科	宝钢股份
销售商品、提供劳务收到的现金	333.85	855.34	1 683.09	2 201.65

续表

证券名称	贵州茅台	格力电器	万科	宝钢股份
收取利息、手续费及佣金的现金	6.20	20.15	0.00	3.81
收到的税费返还	0.00	5.12	0.00	1.67
收到的其他与经营活动有关的现金	3.00	21.34	170.19	16.83
经营活动现金流入小计	354.88	905.4	1 853.28	2 227.63
购买商品、接受劳务支付的现金	28.38	388.17	952.32	1 750.28
客户贷款及垫款净增加额	−0.60	19.19	0.00	0.00
存放中央银行和同业款项净增加额	−5.02	18.27	0.00	1.80
支付利息、手续费及佣金的现金	0.72	7.03	0.00	1.56
支付给职工以及为职工支付的现金	33.94	57.30	51.33	96.13
支付的各项税费	144.96	133.34	230.40	65.67
支付其他与经营活动有关的现金	26.17	92.70	201.98	21.42
经营活动现金流出小计	228.55	716.01	1 436.03	1 944.83
经营活动产生的现金流量净额	126.33	189.39	417.25	282.80
收回投资收到的现金	0.05	6.60	0.87	13.26
取得投资收益收到的现金	0.03	0.45	2.88	4.72
处置固定资产、无形资产和其他长期资产收回的现金	0.10	0.02	0.01	1.55
处置子公司及其他营业单位收到的现金	0.00	0.02	56.58	0.00
收到的其他与投资活动有关的现金	1.07	6.61	7.75	57.44
投资活动现金流入小计	1.25	13.70	68.10	76.96
购建固定资产、无形资产和其他长期资产支付的现金	44.31	17.77	18.31	216.09
投资支付的现金	0.15	23.30	26.12	49.28
取得子公司及其他营业单位支付的现金	0.00	0.00	6.83	0.00

证券名称	贵州茅台	格力电器	万科	宝钢股份
支付其他与投资活动有关的现金	2.59	1.24	51.70	1.23
投资活动现金流出小计	47.05	42.32	102.97	266.60
投资活动产生的现金流量净额	-45.80	-28.62	-34.87	-189.64
吸收投资收到的现金	0.35	0.00	24.22	3.10
其中：子公司吸收少数股东投资收到的现金	0.35	0.00	24.22	3.10
发行债券收到的现金	0.00	0.00	42.08	0.00
取得借款收到的现金	0.67	103.77	308.85	666.23
收到其他与筹资活动有关的现金	0.00	2.36	0.00	0.89
筹资活动现金流入小计	1.02	106.12	375.16	670.22
偿还债务支付的现金	0.00	78.01	429.36	730.11
分配股利、利润或偿付利息支付的现金	51.22	46.76	109.97	33.58
支付其他与筹资活动有关的现金	0.22	0.00	31.99	1.88
筹资活动现金流出小计	51.44	1274.77	571.33	765.56
筹资活动产生的现金流量净额	-50.41	-18.64	-196.17	-95.34
现金及现金等价物净增加额	30.05	142.47	186.49	-3.08
期初现金及现金等价物余额	219.92	292.59	430.04	115.99
期末现金及现金等价物余额	249.97	435.06	616.53	112.91

（一）经营活动现金流

经营活动现金流相当于企业的"造血功能"，企业通过主营就能够独立创造企业生存和发展的现金流量。如果经营活动现金流入小计显著大于经营活动现金流出小计，经营活动产生的现金流量净额就为正数，反之就是入不敷出，则必须靠后面的筹资活动中的股权融资或债务融资才能够得以生存。通常而言，经营活动产生的现金流量净额需要大于净利润才能够说明获得的利润质量高，某一两年经营活动产生的现金流净额可以小于净利润，但是如果该数据长期小于净利润，甚至持续负数，这种公司一定要警惕，它或者存在商业模式问题，或者处于的产业链位置不佳，或者存在财务造假的风险！一个良好的经营性现金流也是后续投资性现金流和现金股息发放的重要来源。

为什么会有经营活动现金流不佳情况呢？可能卖出了货却收不到现金形成了应收账款，现金流入过少导致，也可能是付出了过多的钱支付预付款或者积累过多的存货，现金流出过多导致。反过来，各种应付账款及预收款项的持续增加就能够使得经营活动产生的现金流变好。投资者需要通过资产负债表中流动资产和流动负债的科目判断究竟是哪些科目占用或者贡献了现金流。贵州茅台原先是经营性现金流净额持续大于净利润的典范，因为商品供不应求，除了正常营业收入贡献现金外，还有大笔的预收款贡献现金，目前预收款逐渐减少，经营性现金流净额也就小于净利润了。宝钢经营性现金流净额也常年远大于净利润，但与茅台原因不同，因为宝钢有大量不需要现金支出的成本，即固定资产的折旧成本，该成本减少净利润，但却不会在现金流量表上体现，宝钢每年的固定资产折旧高达 100 亿元以上，为了能够持续盈利，宝钢需要不断进行资本支出，这部分的现金流出就体现在投资性现金流中。对于房地产和金融行业，因为行业特性，并不太适合用经营性现金流评价，例如地产行业，如果想要持续增长，就必须持续增加土地等存货，从而占用现金，所以利润增长的地产公司，经营性现金流普遍不好看。

经营性现金流量表里也有一些有意思的科目，例如支付给职工以及为职工支付的现金，这个科目包括实际支付给职工的工资、奖金、各种津贴、以及五险一金等，大致可以被认为公司人力成本。贵州茅台 2014 年该科目为 33.94 亿元，拥有员工 17 487 人，平均每个员工成本 19.4 万元，创造利润 93 万元，而五粮液平均每个员工成本 10.8 万元，创造利润 23 万元。计算时需要注意公司将员工进行外包造成统计口径不一样的情况。行业内最出色的公司会开出更高的报酬吸引人才，而且能够将人才的价值发挥到最大，为公司创造更高的利润，一般来说净利润与员工成本比例超过 1 的公司就不错。从这个角度看，投资时要尽可能避免劳动密集型公司，即便投资也要投资人工投入产出比最具效率的公司，未来中国的人口优势将逐渐消失，人工成本将快速上涨。值得小心的是，如果一些公司没有相应的行业地位，但是人均利润水平特别高，则可能是财务造假。

（二）投资活动现金流

当公司出售所投资企业股权，收到所投资股权或者债券分配的股息或利息，处置固定资产、无形资产等，就会形成投资活动现金流入。当公司购建固定资产、无形资产，支付各种股权投资现金时，就会形成投资活动现金流出。**投资活动产生的现金流量净额一般为负数，一种是为了维持现有经营规模所必需的资本性支出（更新改造固定资产的现金流出），另一种是有新项目而进行的扩张性资本支出，说明公司还有长期发展空间。**投资性现金流一般要小于公司当年的净利润，如果超过净利润则说明资本支出过多，要小心资产支出对公司未来年份的影响。**投资活动现金流不论如何不能长期巨额负数，否则说明公司赚到的钱是无法拿出来供股东自由支配，不断进行高额资本支出，或许最终留给股东的只是那些贬值的固定资产，此外，还非常可能是财务造假的信号。**投资性现金流仍然考虑的是效率问题，公司留存了多少比例的利润进行资本支出，然后能够推动未来净利润增长多少。关于公司资本支出效率衡量的问题，请见本书第七章第二节相关内容。**投资效率高的公司，经营活动产生的现金流入足以应付投资活动现金流出。**

（三）融资活动现金流

如果经营活动现金流入不足以支付投资活动现金流出，甚至经营活动现金流本身就是负数，就必须动用融资活动现金流，进行股权或者债务融资，相反，经营性现金流良好，能够不断给股东现金股息，形成融资活动现金流出。通过吸收投资收到的现金一栏，我们能够快速地看到公司历史上有无进行股权融资，一般频繁融资的公司不是商业模式不佳，就是财务造假或者是老千股。

总之，好的现金流结构是依靠经营活动现金流入能够支付投资活动现金流出，并且支付现金股息，形成融资性现金流出。而差的现金流结构需要不断伸手向股东和债权人要钱，来弥补入不敷出的经营活动现金流和不断支出的投资活动现金流。

案例：华谊兄弟困局

（注：本文发表于 2013 年 6 月 22 日的 2013 年第 25 期《证券市场周刊》）

中国的电影票房收入从 2002 年的 10 亿元左右起步，突飞猛进到 2012 年的 171 亿元，一直保持年均 30% 的高速增幅，而近来《泰囧》、《西游降魔篇》等国产电影轻松突破单片 10 亿元票房，更是引爆了资本市场对相关个股的关注。华谊兄弟作为行业内最早登陆创业板的公司，产业链运营最为齐备，受到不少投资者青睐。然而，华谊兄弟可能并未如预期当中的美好。

华谊兄弟以"提供优质娱乐内容"为核心，致力完善从"渠道"到"衍生"产业链布局，旗下业务囊括：电影、电视剧、艺人经纪、音乐、影院、时尚、游戏、娱乐营销、文化旅游、新媒体。电影和电视剧构成了华谊兄弟所称的"内容"板块，也是最主要的盈利板块，但是这两项业务真的赚到了"钱"吗？

孱弱的经营性现金流

如表6-4、表6-5所示，华谊兄弟的经营性现金流历年均小于净利润，甚至常为负数。通过对资产负债表的审阅，日益膨胀的应收账款、预付款项及存货占用了公司经营的大部分资金。而这些科目就是由公司目前最主要的电影和电视剧业务产生。

表6-4　华谊兄弟净利润与经营性现金流对比

单位：亿元

年份	2008	2009	2010	2011	2012
净利润	0.68	0.85	1.49	2.03	2.44
经营性现金流	-0.61	0.52	0.91	-2.31	-2.49

表6-5　华谊兄弟资金占用科目

单位：亿元

年份	2008	2009	2010	2011	2012
应收账款	1.79	1.95	4.58	4.10	10.01
预付款项	0.26	1.02	1.06	3.99	3.86
存货	2.32	2.82	2.26	5.43	7.01
合计	4.36	5.79	7.90	13.52	20.88

事实上，除了华谊兄弟，包括光线传媒、华策影视在内的所有影视行业上市公司的经营性现金流普遍不佳，造成这一现象的主要原因是影视行业独特的生产和销售流程。电影和电视剧的必须先投入大笔资金进行制作，在此期间内，拍摄中的作品无法取得现金流入。一般而言，电影拍摄工作需持续 3～5 个月，再加上一定的后期制作时间，等到影片公映后，由影院售票卖钱，票款一般在影片上映后 3 个月左右才结算完毕。电视剧同样如此，而且制作发行周期甚至可能长达一年以上，需先由电视台或者广告公司取得广告收入后才与制片方结算，销售回款期也更长，通常为一年以内。这样就造成了电影制作方在产业链上最先付钱，形成存货和预付制片

款，又最后收钱，形成了应收账款。加上公司成长的要求，资金占用压力更大。

从上述流程也可看出制片业天生具有不稳定性，自一开始，就处于投入和票房不对称的矛盾中，投入是一定的，但是收入是未知的。为了吸引观众，高投入的、制作精良的大作则必不可少，此外，还需要庞大的营销支出。而从影视产品本身来看，由于属于文化创意产品，内容的多样性必然带来不稳定，消费者偏好永远在变化，制作人无法一直准确预测，这就造成了影视项目的波动性。自然，这一规律在华谊兄弟身上也得到体现。

波动的"内容"

虽然中国的电影票房历年都会有 30%的增长，但华谊过去五年的电影收入数据（如表 6-6 所示）显然没有跟上市场整体的增长，而是不断起伏。这不奇怪，电影市场里一直会存在热点，但并不代表着公司一直能抓住热点，从而取得票房收入。而且电影板块的毛利率也毫不稳定，最高至 51.47%，最低仅有 33.06%。即便某些年份票房收入很高，但如果投资成本更高，公司也无法获取较大收益。总之，市场整体的增长，不代表公司收入的增长，公司收入的增长也不等同效益的增长。

表 6-6　华谊兄弟电影收入及毛利率

单位：亿元

年份	2008	2009	2010	2011	2012
电影收入	2.30	2.02	6.24	2.06	6.13
毛利率	51.47%	45.82%	48.42%	33.06%	35.30%

电视剧业务收入数据（如表 6-7 所示）相比电影业务则呈现稳定增长的态势，不过近年来增速放缓，同样的是毛利率也是巨幅波动。

表 6-7　华谊兄弟电视剧收入及毛利率

单位：亿元

年份	2008	2009	2010	2011	2012
电视剧收入	1.08	2.80	3.23	3.82	3.80
毛利率	38.80%	37.96%	32.30%	62.12%	56.02%

影视业务的波动性一直是国内外公司所头痛的问题，波动性的两面则是高风险和高回报，经验数据表明，80%电影投资是亏钱的。由于影片投资规模越来越大，几部影片将公司送上天堂或打下地狱的例子并不少见。2002

年，米高梅斥巨资投拍的战争大片《风语者》票房惨败，公司高层被迫辞职，2005 年被索尼收购，但后来一直没有推出成功的影片，又积欠了 40 亿美元的债务，2010 年米高梅宣布破产。2005 年，梦工厂公司的《红眼航班》和《逃出克隆岛》票房惨淡，立刻陷入资金困境，后被派拉蒙收购。国外的现实状况是影视巨头无不被收编到巨型传媒集团里，哥伦比亚归属了索尼；华纳变成了时代华纳；新闻集团拥有 **20 世纪福克斯**；维亚康姆收购派拉蒙；通用电气掌握着环球，正是多元化的传媒集团提供的稳定充足的资金平衡了影视业务的高波动性。

观众偏好的不断变化已令影视公司的收入难以预测，更出于商业机密的考虑，上市公司很少披露关于影视作品的投资成本、投资比例、合作方式、分成方式等条款。即便披露了上述信息，由于影视作品的成本是按照当期确认收入占公司自身预计总收入的比例来结转，这样为公司调节业绩提供了一定空间。因此，投资者想要准确预测影视公司业绩几乎不可能的事情。

失血的"渠道"

正是意识到了"内容"板块的高波动性，华谊兄弟才致力完善从"渠道"到"衍生"产业链布局，而投资影院是"渠道"板块重要的项目。如果电影不被观众喜欢，那么影院就会迅速下架换上更卖座的电影，这样看来影院收入会相对稳定许多。华谊兄弟旗下影院从 2010 年开始运营，至 2012 年已有 13 家开业，影院收入也上升至 1.28 亿元，但是由于每年新开的影院都有 2 年左右的市场培育期，"影院"板块一直是亏损的。经统计华谊各地影院公司利润总和，2010—2012 年，影院业务利润情况分别为-696 万元、-794 万元、-2255 万元，随着扩张的加快，亏损情况也在加重。

公司 2011 年报就提到 2012 年计划开业影院为 15 家，实际为 13 家，而 2012 年报提到计划 2013 年开业影院数量仍为 15 家，影院扩张速度已经放缓，以等待盈利的提升。

近年来，新建影院数量激增，服务又较为同质化，短期过剩风险依旧存在。星美国际和橙天嘉禾是两家以影院业务为主的香港上市公司，其影院也集中于内地。星美国际和橙天嘉禾的影院数量均比华谊兄弟多，2012 年分别为 52 家和 70 家，但盈利能力也并不理想，星美国际过去三年平均的净资产收益率仅为 5.6%，而橙天嘉禾该数据为 6.3%，这也使得两者在港股市场的交易市净率仅在 0.5~0.6 倍的水平。

折戟的"衍生"

在国外电影衍生品占据收入的大部分，远超电影本身票房收入，但是由于国内的知识产权保护环境，留给影视公司做衍生品的空间较小，而网络游戏是当中较好的运营模式。2010 年华谊兄弟使用超募资金 5 725 万元向上海征途信息技术有限公司收购华谊巨人 51%的股权，并使用 1 275 万元对华谊巨人增资。华谊巨人主要经营网络游戏业务，华谊兄弟期望借助华谊巨人善公司产业链，充分利用电影品牌及影响力，进入盈利能力较强的娱乐内容领域。当时华谊巨人 2011—2013 年的净利润预测是 1 125 万元、1 380 万元、1 819 万元，但实际的运营情况是 2011 年净利润 411 万元，截至 2012 年 10 月净利润-375 万元。华谊兄弟在 2012 年 10 月以原收购价将股权卖回给上海征途信息技术有限公司，甚至连增资都没有履行。

应当说这笔交易，华谊兄弟的股东还是幸运的，毕竟把不达预期的公司原价卖掉了，但是华谊音乐的交易就没那么走运了。影视作品中均配有音乐或歌曲，为了能使公司旗下影片与歌曲相互带动，相得益彰，2010 年华谊兄弟先后两次使用超募资金 6 365.40 万元收购华谊音乐公司全部股权，当时华谊音乐净资产仅为 686 万元，2009 年净利润为-926 万元。由于收购当中有部分股权来自公司的实际控制人王忠军和王忠磊，属于关联交易，因此公司实际控制人承诺华谊音乐在 2011 年和 2012 年平均每个年度经审计的税后净利润如未达到人民币 660 万元，经公司经董事会批准可将所持华谊音乐以原价转让给实际控制人。以该承诺的业绩看，交易市盈率为 10 倍左右，收购并不算贵，但实际的运营情况是华谊音乐 2011 年净利润 132 万元，2012 年净利润 197 万元，远未到达业绩承诺。华谊音乐的过去两年的收入也止步不前，均为 2 300 万元左右，较收购当年的 2 955 万元出现下滑。或许因此，华谊兄弟 2012 年报不再将音乐板块收入单独列示而是合并到增长同样放缓的艺人经纪及相关服务里，从而使艺人经纪板块收入勉强增长了 10%。所谓的业绩承诺等同于没有承诺，因为需要董事会批准才可以将华谊音乐股权原价转让给实际控制人，但是以董事会成员和大股东关系的密切，再将华谊音乐转让出去的可能性微乎其微，如同华谊兄弟的股东花了大价钱买了大股东手中的资产。

高风险的旅游地产

其实的"衍生"板块的重头戏在于旅游地产。华谊兄弟利用已有丰富的影片资源，通过建设影视基地或者电影主题公园来吸引消费者重复消费影视作品。目前华谊兄弟宣布的文化旅游项目已达 4 个（如表 6-8 所示），每个的投资规模都以数十亿元计，以华谊现有资产规模衡量，无异于天文数字。由于涉及部门多，建设周期长，影响因素复杂，这些项目未必都能实施，即便建成，回收周期很长，效益究竟如何也不得而知。

表 6-8   华谊兄弟旅游地产项目

项目名称	注册资本（元）	持股比例	预计投资（元）	规划面积	建设地点	宣布时间	项目内容
上海嘉定文化城项目	1 亿	40%	数十亿	1 000 亩	上海	2011 年 2 月	建设影视基地
华谊兄弟文化城	1 亿	40%	130 亿	1 770 亩	深圳	2011 年 5 月	建设影视创意产业基地
苏州电影城项目	3.5 亿	45%	30 亿	1 000 亩	苏州	2011 年 5 月	建设影视主题乐园
观澜湖·华谊·冯小刚电影公社项目	2 亿	35%	8 亿～10 亿	950 亩	海口	2012 年 5 月	建设以电影场景为主体的商业街区

以影视基地为例，多地类似项目早已上马，据不完全统计，我国目前已立项并通过审批的影视基地已达 110 多座，30 多座规划建设的影视旅游基地正在施工和招商之中。而相关调查数据显示，国内的影视城中，有 80% 亏损，15% 温饱，只有 5% 可以盈利。

国内各种类型的主题公园盈利同样不乐观，华谊兄弟的电影主题公园学习的是环球影城和迪士尼乐园，但是在中国投资高达 141 亿元的香港迪士尼乐园自 2005 年开业七年后才迎来首度盈利 1.09 亿港元，收回投资成本更不知何年何月。迪斯尼的米老鼠、白雪公主等形象近百年来经典不衰还算是迪斯尼乐园运营的保障，而以目前国内影片的制作水准，十年后还能否被下一代的观众所记住吗？当然，做旅游地产不一定局限于旅游收入，其实质可能变成地产销售，可如此华谊兄弟应该当成地产股来估值吗？

挣快钱的 PE

2010 年 6 月，华谊兄弟以 14 850 万元投资参股掌趣科技，后者主要经营手机游戏，于 2012 年 A 股上市，2013 年以来股价上涨超过 200%，交易市盈率超过 100 倍，华谊兄弟获利超过十倍。2012 年 11 月，华谊兄弟又以 2 091.6 万美元投资参股 GDC 技术公司，GDC 技术公司为数字影院服务器供应商，近日在美国纳斯达克进行 IPO，或许美国市场比较成熟，华谊兄弟似乎并没赚到多少发行溢价。由此，华谊兄弟变得越来越像一个文化娱乐方面的 PE，通过投资的公司上市获得投资收益。掌趣科技的投资无疑是非常成功的，但是会起到怎样的激励效果？一个 Pre-IPO 投资短短两三年赚到的钱顶过辛苦十几年拍摄几十部电影所赚到的钱，创业板估值过高无疑会继续诱导公司将人员、资金、精力等资源向 Pre-IPO 投资配置。

由于在全产业链的投资，华谊兄弟 2008—2012 年投资性现金流分别 -0.44 亿元、-0.26 亿元、-2.33 亿元、-3.16 亿元、-3.97 亿元，投资规模不断加大，再加上经营性现金流状况不佳，有息负债迅速攀升，从 2010 年的 0 元，增长到 2011 年的 3 亿元，再增长到 2012 年的 11.93 亿元。如此下去，可以想象华谊兄弟将由原先的高经营风险变成了高经营风险加高财务风险。

华谊兄弟募集资金 2011 年已基本使用完毕，2011 年、2012 年以扣除非经常性损益的净利润计算的摊薄净资产收益率仅为 10.73% 与 7.27%。2013 年一季度由于《十二生肖》的跨年票房及《西游降魔篇》的热卖，摊薄净资产收益率处于较高的 6.21%。目前华谊兄弟交易市净率为 7 倍左右，根据我的估计，这个估值水平隐含着市场预计华谊每季度均能推出类似《西游降魔篇》的热卖大片，将净资产收益率推升至 20%以上，再加上未来几年每年都须有 20%～30%的增长速度。最近，华谊兄弟几大股东纷纷减持套现，而二级市场股价却一涨再涨，哪方最终会更精明一些呢？

（注：此文在 2013 年 6 月份发表至 2015 年 6 月两年的时间，华谊兄弟股价上涨了 230%，而华谊兄弟净利润从 2012 年的 2.44 亿元增长到 2014 年的 8.97 亿元，看似我错了，而且错得离谱，不过仍然想要反驳一下，华谊股价收益率更多受创业板大环境影响，创业板同期也上涨了 223%，华谊兄弟没显示太多的超额收益。分析华谊兄弟 2014 年的利润构成，靠卖掌趣科技的股票赚了 4.1 亿元，营业外收入 1 亿元则是政府各种补助，新并购进来的银汉科技贡献了 1.2 亿元净利润，这样扣减下来，华谊本身业务其实也没有太大进展，2014 年经营活动产生的现金流净额为 -0.21 亿元，仍然远小于利润水平。华谊兄弟 2013 年、2014 年扣除非经常性损益的净利润计算的摊薄净资产收益率 8.9% 和 10.7%，依旧不高，如图 6-3 所示。所以华谊兄弟的基本面不妨继续耐心观察，而股价之事还尚未可知。）

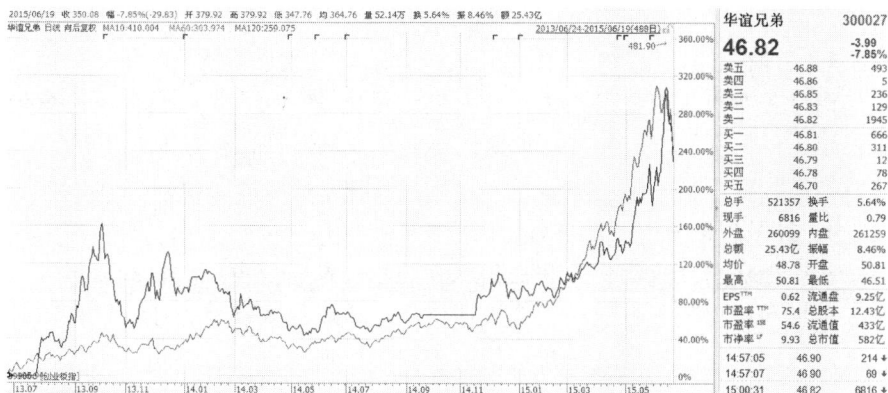

图6-3　华谊兄弟股价走势图

四　财务比率分析

财务分析通常分为四个方面，即偿债能力、运营能力、盈利能力和成长能力。

（一）偿债能力

偿债能力，是公司偿还到期债务（包括本息）的能力。由于公司的偿债能力直接关系到投资的安全，因此，偿债能力分析也被称为安全性分析。业内一般喜欢用流动比率（流动资产/流动负债）、速动比率（速动资产/流动负债）、利息保障倍数（利息总额+利润总额）/利息总额）、资产负债率（负债/总资产）来衡量偿债能力，不过我还是喜欢运用有息负债率[（短期借款+一年期内到期的非流动性负债+长期借款+应付债券）/净资产]。

当投资者购买公司债券时可以从以下四个方面来分析公司债的信用风险：

1. 盈利与现金流。还债的第一来源自然看盈利了，不过也要小心没有相应经营性现金流的盈利，只是账面盈利。投资性现金流也很重要，出问题的债券几乎都伴随着之前资本支出过高后来形成不良资产的问题。我看过的几个债券中，超日是很可能是借资本支出被大股东掏空，而天威是战略选择错误在最火的时候进入了新能源领域，大笔投资都打了水漂。从高资本支出变不良资产，再变资产损失，最后造成盈利下降，偿还能力下降。

2. 资产流动性。偿债自然拿钱还，现金是流动性最好的资产。可以从现金对有息债务比例、现金对债务比例衡量债券的偿还能力。流动性再差点的就是流动资产中应收账款、存货之类的资产了。非流动资产则是流动性最差的资产，一是短时间内找不到交易对手不好卖，二是想要卖的话需要以很低的价格才能够卖出。

3．举债空间。 没盈利，账上还没现金就靠继续借新债还旧债了，但是如果旧债务本身规模已经很大，没有继续举债的空间，金融机构不愿意借就惨了。举债空间可以用有息负债比净资产衡量，1 倍风险开始有点高，2 倍以上风险就很高了。

4．担保与抵押。 这是最后应注意的，已经出现公司无法正常还债的情况。其中担保要注意担保人和被担保人的相关性以及担保人自身的担保能力。类似天威保变本身就是天威集团资产的重要组成部分，让关联性很强的天威集团担保天威保变，担保能力就很弱。而云维股份的担保人云南煤化工集团为包括云维股份在内的公司担保有 200 多亿元，风险同样很高。

股票投资者和债权投资者可以互相借鉴投资思路，股票投资者投资时不能只看盈利，而要考虑背后所承担的风险，债券投资者不能仅关注静态的财务风险，还要学习股票投资者对公司前景的判断。

（二）盈利能力

盈利能力是企业赚取利润的能力，通俗来说就是研究企业赚取的是暴利还是薄利。企业的盈利能力是投资者、债权人、企业管理者都十分重视和关心的问题。对投资者而言，获利是其投资的最基本的动机。因而企业盈利能力是投资者财务报表分析的核心。主要指标有毛利率（毛利/营业收入）、净利率（净利润/营业收入）、总资产收益率（英文简称 ROA，净利润/总资产）、净资产收益率（英文简称 ROE，净利润/净资产）。各种盈利指标一般越高越好。

（三）营运能力

营运能力是指企业的经营运行各项资产的能力。主要指标有总资产周转率（营业收入/总资产）、应收账款周转率（营业收入/应收账款）、存货周转率（营业成本/存货）、固定资产周转率（营业收入/固定资产）、流动资产周转率（销售收入/流动资产）。各种周转率一般越高越好。

（四）成长能力

企业的发展能力就是企业扩大规模、壮大资本的能力。主要指标有营业收入增长率、净利润增长率、总资产增长率、净资产增长率等。

五　理解净资产收益率

（一）ROE 的重要性及拆分

如果只用一个财务指标来衡量公司的基本面，那么这个指标非净资产收益率（ROE，Return on Equity）莫属，净资产收益率=净利润÷净资产。为什么 ROE 是最重要的指标，因为它衡量的是公司的赚钱效率，这是投资人最为关心的问题。假设有 2 家公司，A 公司 10 亿元净资产赚 2 亿元，ROE20%，B 公司 50 亿元净资产赚 5 亿元，ROE10%，虽然 B 公司利润规模大，但是却基于更高的资本投入，反倒 A 公司赚钱效率更高。ROE 能够衡量公司是否真的赚钱。若某公司该指标低于银行存款利率，即便它是盈利的，同样不值得投资，因为经营这样的公司都不如将钱存银行赚得多。事实上，股权成本或者股东要求的报酬是 10%，ROE 长期低于 10%的公司都不合格，都在减损股东价值，10%左右是一般公司，20%以上是杰出公司！净资产收益率也是后续公司价值评估中的最重要录入参数。

我们分析 ROE 最常见的方法是将它进行分解，拆分后的 ROE 反映了公司三方面的财务能力，通过拆分，能够深入分析及比较公司的经营业绩，并为今后采取的改进措施提供了方向。

$$净资产收益率 = \frac{净利润}{净资产} = \frac{净利润}{营业收入} \times \frac{营业收入}{总资产} \times \frac{总资产}{净资产}$$

$$净资产收益率 = 净利率 \times 资产周转率 \times 权益乘数$$

$$权益乘数 = \frac{总资产}{净资产}$$

ROE 拆分的过程也称杜邦分析，可见 ROE 和三个财务比例密切相关：① 销售净利率，反映盈利能力；② 资产周转率，反映资产使用效率（可再细分为几个指标——存货、应收账款周转率等），资产构成存量是否有问题；③ 权益乘数的高低，反映负债程度。

再进一步细化拆分，可以涉及资产负债表和利润表的各个科目，如图 6-4 所示。

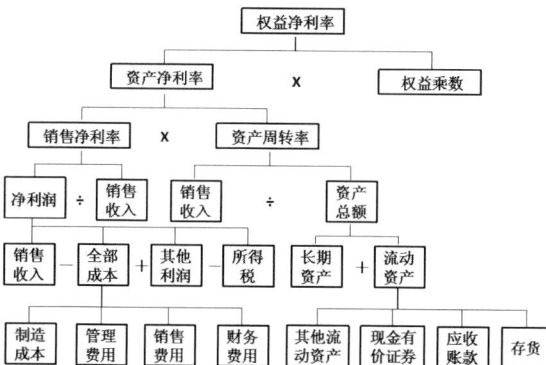

图6-4 杜邦分析

如何提升公司的 ROE 呢？巴菲特指出了五种具体的办法：① 提高周转率，也就是销售额与总资产的比；② 廉价的债务杠杆；③ 更高的债务杠杆；④ 更低的所得税；⑤ 更高的运营利润率。值得注意的是，高 ROE 的基础最好不是通过极高的财务杠杆取得，即借了很高比例的有息负债（可以是很高比例的无息负债）。我们投资除了金融业以外的公司时，最好规避高有息负债公司，因为价值投资者是保守的投资者，不喜欢激进风格的公司，以避免承担过高的风险。

（二）ROE 背后的商业模式（高利润或高周转或高杠杆）

ROE 背后其实是公司之间商业模式的较量，要想取得高 ROE，就必须是高周转模式、高利润率模式、高债务杠杆模式中的一种，或者是两三种的结合。公司需要在这三种模式之间做出平衡，依据自身的资源和能力，在合适的外部环境中，将它们的合力发挥到最大。

地产行业很好地阐述了 ROE 背后的商业模式。社会大众可能觉得房地产是暴利行业，每平方米一两千元拿的地可能卖到每平方米一两万元，这就是地产模式中的高利润率模式（净利率高），但是要取得高利润率，可能是地产商屯了很久的地才开发，也可能是地产商寻找到一个高利润率的项目并不容易，或者要建的项目非常庞大，需要耗费很长时间反复论证、设计，建设大量配套才能够使房产增值，卖出高价。地产是暴利，但却是花了很多年时间才卖出的暴利，平摊到每一年投资回报率就未必真的高了。地产模式里还有一种快速开发模式，不求价格卖到最高，但求现金快速收回后，继续开发新的楼盘，这样虽然净利率不是很高，但是资金周转快，投资回报在单位时间内收益最大化。可见高周转和高利润率有一定冲突。在高杠杆模式中，有的地产商依靠的是高有息负债，通过从海外借到利率低的资金，而高有息负债和高利率模式可能又有冲突，地屯久了可能增值不少，但利息花费也高；有的地产商依靠的是高的无息负债，例如结合快速周转模式，利用顾客的预收款进行地产开发；还有的地产商和别人合作开发，以较少的自有资金，撬动和控制庞大的地产资产。各种商业模式还需结合外部环境选择，例如在房价上涨阶段，高利润率低周转模式可能更优，房价滞涨阶段，高周转低利润率模式可能更优，此外金融市场利率、汇率变动也会影响到商业模式选择。

图 6-5 所示为 2014 年港股市场国内前 20 名地产商净利率和周转率情况，处于曲线边缘的公司是将利润率和周转率关系平衡得最好、最具效率的公司。

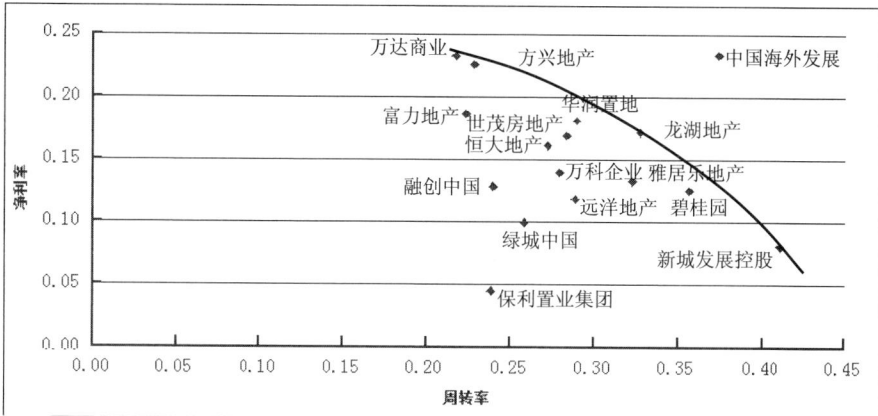

图6-5　港股地产公司利润率与周转率

（三）ROE 关注的三个角度

ROE 需要关注的三个角度：ROE 的高度与提升、ROE 的持续性、ROE 的扩张性。

1. ROE 的高度与提升

高 ROE 是公司利润增长的前提。高 ROE 是如何推动利润增长，继而推动股价上涨呢？我们假设存在 A、B 两家公司，它们最初的每股收益都是 1 元，股票的市场交易价格均是每股收益的 20 倍，即为 20 元，所不同的是 A 公司是用 10 元的每股净资产创造 1 元的每股利润，而 B 公司是用 25 元的每股净资产创造 1 元的每股利润，那么 A 的 ROE（10%）大于 B 的 ROE（4%），如表 6-9 所示。

表6-9　高 ROE 带来高收益（1）　　　　　　　　单位：元

公司	净资产	ROE	最初每股收益	当年市场价格
A	10	10%	1	20
B	25	4%	1	20

假设两家公司均把每股 1 元利润留存在公司内部继续发展，而留存后的 A、B 公司的净资产就分别为 11 元和 26 元，如果它们各自 ROE 仍然保持不变，则 A、B 公司一年后的每股收益分别为 1.1 元和 1.04 元，市场价格仍为每股收益的 20 倍，则 A、B 公司股价变为 22 元和 20.8 元，A 公司的股价上涨幅度超过 B 公司，如表 6-10 所示。

表 6-10　高 ROE 带来高收益（2）　　　　单位：元

公司	一年后每股收益	一年后市场价格	卖出价差收益率
A	（10+1）×10%=1.1	1.1×20=22	10%
B	（25+1）×4%=1.04	1.04×20=20.8	4%

如果假设条件不变，继续将利润留存，那么两年后 A 公司的股价上涨更多。久而久之，具备超强的盈利能力（高 ROE）的公司能够长期为投资者带来更丰厚的股息或者股价上涨的收益。一个公司目前 ROE 低不是问题，关键是未来 ROE 能否提升并稳定在一个相当的高度。

表 6-11　高 ROE 带来高收益（3）　　　　单位：元

公司	两年后每股收益	两年后市场价格	卖出价差收益率
A	1.21	1.21×20=24.2	21%
B	1.08	1.08×20=21.6	8.16%

2．ROE 的持久性

公司一两年的 ROE 高并不困难，难在能够持续保持高 ROE，如不能维持，股价会随着 ROE 的下滑而下跌。公司未来是否存在能够维持长期高ROE 的因素，又或者这些因素会消失。举两个例子。武钢股份 2008 年 ROE处于较高水平，但随着钢铁黄金周期的结束，ROE 逐步下滑到 0 左右（如图 6-6 所示），股价也随之大幅下降，如图 6-7 所示。

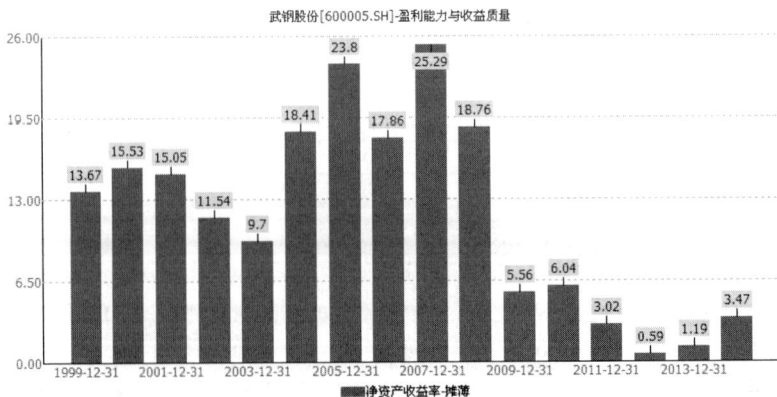

图6-6　武钢股份历年ROE

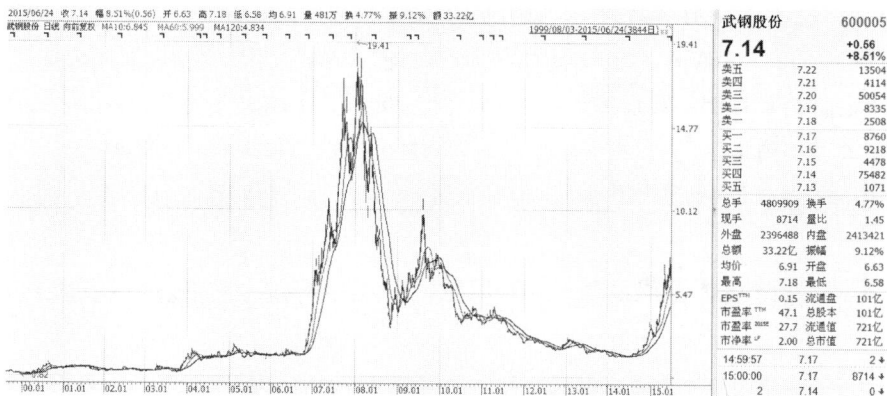

图6-7　武钢股份股价走势图

而贵州茅台过去十几年间 ROE 逐步攀升（如图 6-8 所示），即便近几年碰上白酒行业萧条，仍然能够保持 30% 以上的水平，股价异常坚挺，如图 6-9 所示。

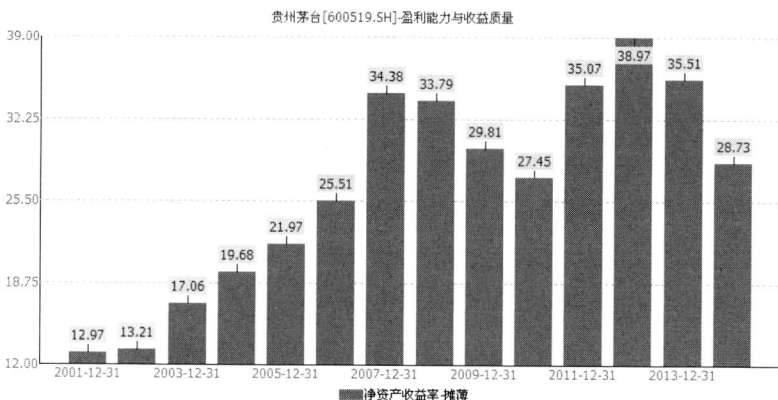

数据来源:Wind资讯

图6-8　贵州茅台历年ROE

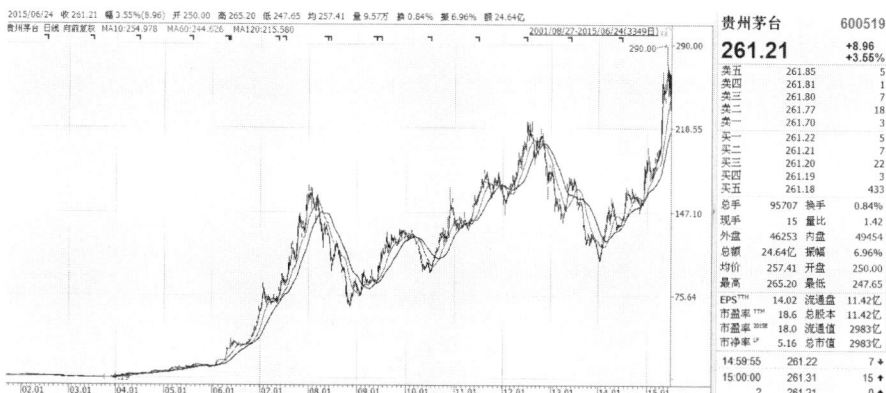

图6-9　贵州茅台股价走势图

对于大部分没有壁垒的行业，ROE 有个均值回归的定律，即太高的 ROE 日后会下降，太低的 ROE 日后会上升。德邦证券曾经做过研究：选取 A 股 2000 年之前上市的 857 家上市公司。根据它们 2001 年的 ROE 进行排序，将前 285 家公司、中间 286 家公司和后 286 家公司作为三个目标群，长期跟踪。到 2011 年，发现三个目标群的 ROE 已经没有明显差异，如图 6-10 所示。

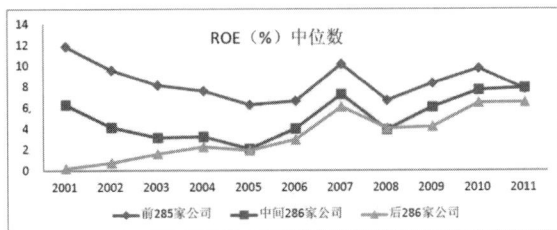

图6-10　2001—2011年A股上市公司ROE回归图

数据来源：wind、德邦证券研究所

ROE 均值回归背后的道理是浅显的，对于没有壁垒的公司或者行业，拥有超额收益必然会吸引对手竞争，从而收益下降，如图 6-11 所示。这一规律世界通用，美国股市的相关研究也表明，ROE 和其他收益率指标往往趋向于回归到平均水平，拥有高于或低于平均水平收益率的公司往往会在不超过 10 年的时间内回复到平均水平（美国公司 ROE 的历史水平为 10%～15%）。

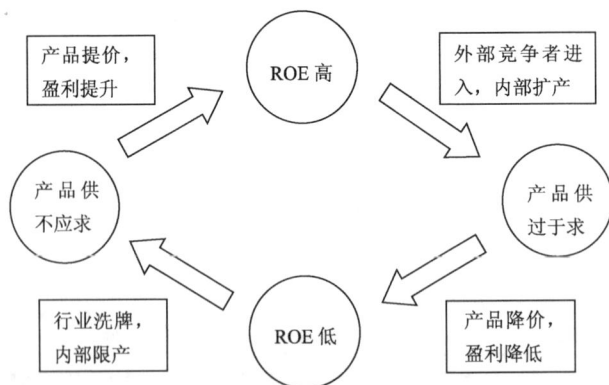

图6-11　ROE回归理论图

然而，我们仍然要看到一些公司或者行业因为此前论述的波特五力模型或者经济护城河等因素，能够使得 ROE 长期高于平均水平，这也正是这些公司或者行业股价持续跑赢大盘的根本原因。我通过 wind 金融数据库，按照申银万国二级行业划分，提取了 2000—2014 年 102 个行业的各年 ROE

数据情况，计算了 2000—2004 年、2004—2009 年、2010—2014 年四个期间各个行业的平均 ROE 值，以及这 15 年期间 ROE 的最大值和最小值，如表 6-12 所示。

表 6-12 各行业历史 ROE

序号	板块名称	平均	最大值	最小值	2000—2004	2004—2009	2010—2014
1	园林工程	19.2	25.7	8.2		19.8	18.6
2	石油开采	17.4	29.4	9.3	15.0	21.3	12.3
3	银行	17.3	24.5	4.1	10.2	21.3	20.4
4	房屋建设	15.7	39.5	7.7	8.8	22.6	15.8
5	饮料制造	15.5	31.2	2.0	7.0	15.3	24.3
6	金属制品	15.2	27.2	7.8	17.8	17.0	11.0
7	采掘服务	15.2	27.0	8.4	11.3	16.9	14.4
8	煤炭开采	15.1	25.1	6.1	10.1	20.6	14.4
9	石油化工	13.5	20.2	7.1	11.6	16.2	12.8
10	黄金	13.3	36.9	−5.2	3.2	19.7	16.9
11	汽车整车	13.0	22.3	3.2	10.0	12.3	16.7
12	医疗器械	12.8	18.9	5.4	10.7	13.7	14.0
13	计算机应用	12.6	19.6	4.6	10.2	15.4	12.2
14	专用设备	12.2	20.9	4.8	9.6	15.0	12.1
15	专业零售	12.2	24.8	4.2	7.6	17.7	11.2
16	电气自动化设备	12.1	23.6	−0.9	10.3	13.6	12.3
17	白色家电	12.0	26.2	−12.7	1.9	11.3	22.7
18	证券	11.9	56.3	−8.3	3.9	22.3	9.5
19	电子制造	11.9	20.7	0.7	4.5	17.0	14.2
20	服装家纺	11.8	22.0	−4.8	5.1	16.4	13.7
21	铁路运输	11.7	15.7	5.9	8.1	12.9	14.2

续表

序号	板块名称	平均	最大值	最小值	2000—2004	2004—2009	2010—2014
22	港口	11.6	15.2	7.4	11.9	13.3	9.6
23	机场	11.5	14.1	7.6	12.7	11.0	10.7
24	包装印刷	11.3	18.0	7.7	10.7	11.6	11.5
25	中药	11.2	16.2	3.2	6.6	12.1	15.0
26	动物保健	11.2	17.1	5.4	8.1	12.2	13.3
27	物流	11.2	17.6	2.8	10.6	7.7	15.3
28	互联网传媒	11.1	21.8	6.0	12.9	10.1	10.2
29	保险	11.0	19.3	4.2	7.0	13.6	12.4
30	化学制药	10.8	20.2	5.9	7.1	13.3	12.1
31	电源设备	10.8	22.0	0.3	4.7	19.4	8.3
32	医疗服务	10.8	18.7	−3.6	6.6	13.4	12.3
33	医药商业	10.7	18.8	4.4	7.0	11.4	13.8
34	燃气	10.5	16.1	−7.3	6.4	12.4	12.7
35	船舶制造	10.5	41.8	−31.3	−3.3	27.6	7.2
36	食品加工	10.4	19.0	−5.6	8.2	6.2	16.8
37	水泥制造	10.3	21.3	0.7	6.5	10.3	14.2
38	电力	10.2	13.7	−1.0	12.0	7.8	10.8
39	公交	10.2	15.2	7.4	8.4	12.6	9.6
40	饲料	10.2	25.3	−10.9	2.0	12.7	15.8
41	化学制品	10.0	17.2	5.7	7.6	13.5	8.9
42	生物制品	10.0	27.9	−11.2	6.6	9.1	14.3
43	稀有金属	9.9	38.9	2.8	7.6	13.9	8.2
44	基础建设	9.8	13.5	4.2	5.4	11.4	12.7
45	计算机设备	9.7	14.1	6.1	7.4	10.0	11.5

序号	板块名称	平均	最大值	最小值	2000—2004	2004—2009	2010—2014
46	钢铁	9.6	21.5	-1.6	14.6	11.9	2.4
47	高速公路	9.5	12.5	6.3	7.2	10.6	10.7
48	汽车零部件	9.4	24.7	-24.2	-1.1	12.6	16.6
49	航天装备	9.3	25.1	-0.7	10.9	10.3	6.8
50	工业金属	9.3	30.8	-4.2	10.4	14.4	3.2
51	电机	9.3	19.2	-0.7	7.3	11.4	9.2
52	水务	9.0	14.5	1.8	6.6	8.9	11.5
53	航运	8.9	38.8	-11.7	13.9	15.6	-2.8
54	房地产开发	8.9	15.1	0.4	3.4	8.9	14.4
55	运输设备	8.9	17.5	-4.6	9.0	3.8	13.8
56	贸易	8.8	21.1	2.9	7.6	11.5	7.3
57	一般零售	8.8	14.2	2.9	4.4	9.7	12.3
58	专业工程	8.8	19.1	-2.3	3.8	12.9	9.6
59	其他电子	8.5	12.7	3.5	8.9	7.5	9.2
60	家用轻工	8.4	14.8	2.6	5.7	9.9	9.8
61	元件	8.1	12.9	3.5	6.4	7.9	10.1
62	景点	7.9	13.6	-0.5	4.2	8.5	11.1
63	渔业	7.8	12.7	-3.8	6.4	10.7	6.5
64	园区开发	7.8	10.6	5.2	6.9	6.9	9.5
65	环保工程及服务	7.6	119.4	-116.4	-9.6	20.1	12.4
66	纺织制造	7.5	12.1	3.5	7.7	6.4	8.4
67	通信运营	7.5	31.7	1.8	7.4	11.6	3.5
68	通用机械	7.4	14.3	-3.0	2.4	11.1	8.7
69	高低压设备	7.4	19.6	-5.8	1.7	13.5	7.0

序号	板块名称	平均	最大值	最小值	2000—2004	2004—2009	2010—2014
70	种植业	7.3	14.2	2.1	10.1	7.3	4.6
71	其他建材	7.3	14.5	−8.3	3.0	10.7	8.2
72	旅游综合	7.2	11.8	1.9	4.7	6.6	10.3
73	仪器仪表	7.2	13.8	−10.2	5.4	5.4	10.8
74	商业物业经营	7.0	10.6	−0.7	3.8	7.7	9.4
75	玻璃制造	6.9	21.4	−0.5	5.3	5.5	10.0
76	营销传播	6.9	15.8	−18.4	5.6	0.8	14.3
77	塑料	6.9	31.0	−39.7	9.0	−4.6	16.2
78	半导体	6.7	10.2	2.8	5.2	8.0	7.1
79	通信设备	6.6	14.4	−3.0	5.3	6.5	8.1
80	装修装饰	6.4	19.6	−82.6	−9.4	11.7	16.9
81	其他采掘	6.3	13.5	−9.1	7.8	5.1	6.1
82	金属非金属新材料	6.2	13.0	1.5	6.6	5.1	7.1
83	文化传媒	6.2	11.8	−6.3	5.8	1.2	11.6
84	汽车服务	5.9	25.0	−20.9	0.4	6.5	10.8
85	造纸	5.2	9.7	−0.2	6.9	6.7	2.1
86	畜禽养殖	5.2	17.5	−4.1	1.9	7.1	6.8
87	多元金融	5.2	16.4	−12.4	3.6	−1.1	13.3
88	酒店	5.1	11.3	−3.5	1.6	7.6	6.2
89	橡胶	4.8	19.2	−10.2	−3.4	8.4	9.4
90	航空运输	3.7	37.0	−74.8	2.9	−8.5	16.7
91	化学原料	3.7	14.4	−8.3	5.8	0.8	4.5
92	化学纤维	3.5	14.4	−10.1	4.4	1.9	4.1
93	航空装备	3.5	6.1	−1.7	1.8	2.9	5.8

续表

序号	板块名称	平均	最大值	最小值	2000—2004	2004—2009	2010—2014
94	林业	3.4	28.4	−5.2	2.4	5.6	2.3
95	农产品加工	2.9	9.5	−5.8	3.8	3.5	1.5
96	综合	2.9	8.8	−2.4	3.1	−0.9	6.4
97	光学光电子	2.8	9.4	−16.0	7.1	−4.4	5.6
98	视听器材	2.8	9.7	−14.7	−1.6	1.2	8.7
99	地面兵装	2.2	9.7	−2.6	1.0	4.2	1.4
100	农业综合	−0.2	9.6	−19.8	−5.1	−1.5	6.1
101	其他交运设备	−0.5	28.5	−75.3	−14.9	1.8	11.6
102	餐饮	−0.7	16.0	−38.7	−7.9	8.1	−2.1

数据来源：wind 资讯

3．ROE 的扩张性

影片《人在囧途之泰囧》主演徐峥和王宝强之间有段非常有意思的对话。

徐峥：你卖葱油饼一天赚 800 多元，一个月就是两万六千元！在北京开 100 家分店，每家加盟费 5 000 元，每月加盟费 50 万元，1 年就是 600 万元。如果全国有 5 000 家连锁店，每年就可以赚 3 亿元。不出两年就可以在主板上市！你把秘方卖给我。

王宝强：秘方就是必须我亲自做，不能请人，不能速冻，必须新鲜出炉。

徐峥：所以你一辈子只能做葱油饼！

上述场景讨论的就是 ROE 的扩张性。一个小摊可能 ROE 高达成百上千元，但是却无法在更大规模内复制，容纳更多的资本进入，盈利规模是有限的。而优秀股份制公司的优越之处在于能够将生意进行复制扩张，加上处于良好的产业结构，盈利再投资，不断扩大规模和业务范围，盈利不断增长，形成复利增长，当然，扩张到一定规模后仍然会面临边际报酬递减，ROE 的下降。

（四）可持续增长率

可持续增长率是和 ROE 的扩张性密切相关的指标。可持续增长率是指不增发新股并保持目前经营效率和财务政策条件下公司销售可以实现的最高增长率。此处的经营效率指的是销售净利率和资产周转率。财务政策指的是股利支付率和资本结构。可持续增长率可用如下公式表达。

G（可持续增长率）=ROE×（1-现金派息率）或者 ROE×利润留存率

案例

A 公司 100 元净资产，第一年盈利 20 元，ROE20%，把利润全部留存，第二年期初净资产 120 元，假设 ROE20%不变，第二年盈利 24 元，增长 20%。G=20%×100%=20%。

如果市场没那么大，只需留存一半的利润，即 10 元，那么第二年期初净资产 110 元，假设 ROE20%不变，第二年盈利 22 元，增长 10%。G=20%×（1-50%）=10%。

因此，ROE 和利润留存是利润增长的关键，净利润不会永远保持高增长，最终必然受到 ROE 的限制。如果不想费精力预测公司的利润增长，可以通过预测 ROE 与利润留存率来粗略估算利润增长速度。

当实际增长率大于可持续增长率，公司首先通过提升经营效率来满足实际增长需求，这时需要提高利润率、周转率；其次，公司通过投入更多的资本来满足增长需求，可借钱提高财务杠杆，以及股权融资。

当实际增长小于可持续增长率，如果想要保持 ROE 不变，需要提高现金分红率，否则越来越多不能创造利润的现金保留，ROE 将会降低。

（五）警惕有害增长

我们常常看到一些公司 ROE 并不高（10%以下），按照理论，其可持续增长率应该不高，但现实中却可能连续一段时间实现利润的高速增长，依靠的就是不断的巨额资本和资源的投入。举个极端的例子，假设某公司一年净利润为 1 亿元，但是却是以使用 100 亿元的净资产为前提，公司 ROE 极低，这时公司说服股东继续投入 100 亿元的净资产，仍然保持 1%ROE，那么公司第二年的净利润就会变成 2 亿元，较前年增长 100%，这样的高增长有意义吗？虽然公司利润在增加，但股东价值却是减损的，因为股东把 100 亿元存银行，拿到的利息都比那新增的 1 亿多元。现实中许多公司发行新股进行收购，只要能融来钱买公司，净利润就能够立刻增长，这和我们假设的例子是一样的，新投资或收购项目的投资收益率不能超过股东股权成本（10%左右），所带来的增长都是有害增长，管理层越积极追求有害增长，他们毁掉的公司价值就越大。

（六）利润留存标准

究竟上市公司应该分多少比例的现金红利给股东，留下多少利润用于再投资才能使得股东的价值最大化呢？这个比例应该以什么为标准呢？很显然，公司的再投资项目收益率大于股东权益成本时，这时候应该将更多的现金留在公司内部，使得股东价值最大化。高投资收益率的项目是稀缺的，并不会消耗所有的留存收益，如果项目要求收益率降低，可投资的项目就越来越多，也就是说更多的投资资金将被满足。凡是公司能够找到超过股东权益成本的项目都是可投资的，对应的利润可以留在公司内部作为再投资资金。当公司再也找不到超过股权成本的项目时，对应的剩余利润则要以现金方式发放给股东，由股东自行寻找收益率更高的投资项目，这样方能做到股东价值最大化。

6.2 财务预测

一 财务模型构建流程

我们用历史财务数据做那么多的会计分析和财务分析最终是为了更好地判断公司的发展前景，而公司的发展前景具体落实到业绩上就需要我们对公司进行财务预测，尤其是预测公司未来年份的净利润和现金流状况等核心数据，这些数据也成了公司估值所必需的参数。为了得到净利润或现金流等少数几个数据，需要明晰三张报表的科目之间的钩稽关系，并且进行大量的假设和运算，这就需要利用 Excel 构建财务模型。

为了搭建一个好的财务模型，首先要对公司历史经营绩效全面分析，深刻理解影响公司历史绩效的各种因素、影响方式和影响程度，公司历史绩效的横向、纵向对比；其次，依据企业的战略方向、竞争优势、外部环境等因素对公司未来绩效进行预测；最后按照公司未来绩效和各类估值参数对公司价值做出判断。

二 财务模型构建具体步骤与要点

财务预测的第一步是预测未来时期的销售收入，销售收入是利润预测、资产预测的基础。从微观的角度看收入的驱动因素由产品销售数量、销售价格、销售结构构成。从宏观的角度看，收入则和公司的战略选择、竞争优势、市场需求、竞争情况、市场份额变动等因素相关。

第二步预测成本费用项目（主营业务成本、销售费、管理费等），计算息税前利润。各种成本费用一般都和收入有一定比例的关系，可以参考历史的毛利率、销售费用率、管理费率等，注意经营杠杆因素，区分成本费用中固定部分和随着销售额变动的可变部分。此外，考虑动态的因素，例如公司战略选择，为了推广某一新品，销售费用率可能大幅提升，以及外部环境变动因素，例如原材料价格变动，人工成本上涨等。销售收入减去成本和费用后所得到的净利润，将和第四步的预测资本投入产生联系。

第三步预测支持第一步和第二步经营所需的资产数额（资产科目预测）。销售收入增长不会凭空而来，必须投入相关的资产作为支撑。需要思考为了达到销售收入需要新增哪些固定资产（资本支出情况），需要形成哪些运营资产（应收账款、存货等），我们可以参考历史各项资产科目与销售收入的周转情况，例如存货周转率、应收账款周转率、固定资产周转率、总资产周转率等。此外还需考虑新增的资产会导致哪些费用，例如新增固定资产会带来折旧，所以第三步所预测的数据很可能又循环到第二步中。

第四步预测支持第三步预测出的资产规模所需要的资本投入（负债科目和所有者权益科目预测）。资产也不会凭空形成，最先满足资产增长所需的是经营性占款（可参考历史经营性占款与收入关系）及公司的利润留存（需要预测现金分红比例）。如果利润留存仍然不够就需要考虑股权或者债务融资，公司的资本结构是否发生变化。

第五步因发生债务融资，则相应发生财务费用计入成本费用，从前面的经营收益中扣除财务费用和相关所得税及其他收支，得到净利润，而净利润除掉现金股息，留存下来又会进入第四步当中。

第六步根据预测的利润表和资产负债表，编制预测出的现金流量表。

第七步对一些预测得来的科目进行财务比率分析，看是否有偏离历史比率过多的异常数据，纠正预测假设错误。

关于财务模型构建的具体细节，读者可以阅读更为详尽的专业书籍。

6.3 财务造假识别

投资者对公司进行价值判断的前提是分析的财务报表是真实的，但现实是复杂的，如果所分析的财务报表是虚假的，即便再好看，公司又有何价值可言？财务造假一般分为三种类型，虚增利润、减少利润和平滑利润，当中以虚增利润危害最大，因而本节主要介绍的是规避虚增利润的风险。上市公司的财务报表都经过会计师事务所审计，除非能够实地查账，否则很难证实一个公司的财务报表就是假账，我们只能够说某家上市公司存在假账嫌疑，而假账嫌疑是由诸多疑点和不寻常信号所综合构成的。如何规避假账嫌疑大的公司，成为投资者的一大挑战。我构建了一个财务造假识别的框架，通过**动机分析、报表质量分析、同行业对比、事件信号、调研**这五个方面，能够大致判断公司假账风险。

一　动机分析

上市公司财务舞弊肯定有各种原因，这些原因很难被人觉察，但是结合上市公司所处的背景环境，如果再存在其他舞弊信号，就可能推测到舞弊的动机。一般而言，舞弊公司的治理都很糟糕，有动机，再有机会，舞弊的概率就很高。财务舞弊的动机存在以下几种：

1．管理层业绩考核

业绩考核使得管理层存在财务舞弊动机，特别考核的内容跟公司市值、股权激励相关就更有动机。管理层为了拿到考核激励，既可能会将当期的业绩做差，使得未来的业绩更容易增长和更有增长空间，又可能在期末拼命透支未来业绩，过早确认收入，推迟成本费用，以达到完成业绩考核的要求。

2．骗借款

一些经营状况糟糕的公司，靠自身经营性现金流难以维系，必须靠持续的融资进行输血，各种借款就成为重要资金来源。为了取得债权人信任，必须把亏损做成盈利。

3．股票上市

公司必须要持续盈利才能够在 A 股上市，而且为了卖出好价钱，就需要将利润做上去，存在太多粉饰，所以上市未满三年的公司我一般不碰。如果公司上市后，业绩就出现下滑，与上市前节节攀升的业绩形成鲜明对比，那么此前的利润就很可能不真实。

4．再融资圈钱

公司上市后为了能够顺利再融资也存在做高利润的动机，特别是实质控制人如果存在很多产业，那些产业又比较缺钱，自然不会放过上市公司这么好的融资平台为其输血。

5．防止退市

A 股上市公司连续三年亏损就面临退市风险，为了避免退市，经常有公司会在亏了一年后，第二年巨幅亏损，把应该第三年亏的提前亏完，使得第三年出现盈利。我见过一公司——珠江控股（SZ:000505），该公司总是反复戴ST，摘ST，每隔三年必会重复玩前两年亏损第三年盈利的游戏，这种游戏已经玩了起码五轮，大约15年了。

6．股票套现和股权担保

为了能将股票卖个好价钱，大股东存在财务舞弊动机。而有的大股东将上市公司股权进行质押，担保其所借款项，也有动机做好财报维护高股价。股票股价相对其他物品更容易受到操纵，将股价拉抬上去，同样的股权能够融到更多的资金。股价一旦下跌将要追加担保物，大股东可能面临无钱境地，股价就成了生命线。

7．内部人的侵占

管理人员的贪污、挪用公司资产，存在编制虚假报表掩盖其行为的动机。

二　报表质量分析

资产=负债+所有者权益是经典会计公式。**期末的所有者权益=期初所有者权益+当期利润-现金红利**，因此如果**虚增了利润必然导致虚增资产**。利润=收入-费用，因而想要虚增利润，要么虚增收入，要么少计费用。**寻找利润虚增的蛛丝马迹就从资产、收入、费用这三大块入手，造假公司的报表往往难看，质量不高，某些会计科目会显得异常，并且科目与科目之间、科目与业务之间逻辑可能会出现混乱（如图 6-12 所示）。**值得注意的是报表质量分析要放在一个较长的会计期间，短短一两年的期限可能不足以提供足够信息。上市公司可能可以骗过一两年、两三年，但要长久低骗下去，必然会在报表上留下异常迹象。

（一）收入造假问题

1．过早确认收入。有些产品或者服务客户所付的费用不单包括购买费用还包括后续几年的使用费，但公司会一股脑地确认为当期的收入，而不是分为未来几个会计年度确认。工程类公司收入按照完工百分比确认收入，例如合同金额150万元，总成本应为100万元，如果发了20万元的成本，则对应确认30万收入（150×20/100），但是如果管理层估计成本为80万元，则收入可以确认为37.5万元（150×20/80）。公司还可以通过各种刺激政策，诱使经销商提前购货，使得短时间内销售收入大幅增长，将货物填塞到经销商的渠道里，不管实际卖不卖得动，该种手法多见于公司为了上市冲击业绩。

2．虚构收入。虚构收入造假性质最为恶劣，公司凭空虚构出缺乏经济实质的交易，客户都是自己安排出来的。最简单粗暴的方式是上市公司安排亲信公司买自己的货，亲信公司不用真的给钱，上市公司挂应收账款。这个游戏的升级版本是上市公司 A 操纵 B 公司买货，B 公司买货钱实际上由 C 公司出，而 A 公司再向 C 公司采购商品或者机器设备进行资本支出。这样钱就从 A 公司口袋里转了一圈，收入却上去了，而且还真的有经营性现金流流入，但由于假资本支出，钱从投资性现金流流出。上市公司找不到虚构顾客，就由大股东向上市公司买货，进行关联交易，交易的价格不一定公允，大股东既可以不给挂应收款，也可以真给，但可能通过其他手段又流回大股东手中。还有一种情况，上市公司是销售代理商或者中介商，不承担商品的风险，只应该把销售佣金计为收入，但却把所出售商品价值和销售佣金一块计为销售收入。

3．替换收入性质。上市公司将补贴、出售收益、投资收益等不可持续的收入伪装成营业收入，或者将部门出售等一次性业务伪装经营收入。此外，如果资本市场关注上市公司新兴业务增长，上市公司可以将传统业务所带来的收入划拨给新兴业务，给人以新兴业务增长状况良好的错觉。

收入造假的财务预警信号是应收账款、其他应收款等科目占比过高和增长过快，小心关联交易、增收不增利情况及收入确认政策。

（二）少计成本费用

1．经营费用资本化。公司在研发产品时保守起见，大部分的研发费用会作为管理费冲减当期利润，但是也可以进行资本化，将研发费用形成无形资产，这样就可以提高当期盈利。而在建工程转为固定资产投产时，为此所借债形成的利息支出会计成财务费用冲减利润，有的公司会刻意隐瞒固定资产投产事实，将利息支出仍然计入在建工程资产中，还不用计提固定资产折旧。此外还存在营销与促销费用资本化的行为。

2．折旧摊销期限延长。同样的资产选择折旧摊销的年限不同对利润的影响也不同，如果折旧摊销年限变长，每年计入成本的折旧摊销就会变少，利润增加。此外，是选择加速折旧还是平均年限折旧对当期的利润也会存在影响。

3．成本费用存放在资产。公司应当直接列支的成本费用不直接列支，而是存放到存货里，夸大存货价值，少转主营业务成本。还有费用存放在预付款等情况。

4．少计提费用。公司销售的商品在一定保修期限内需要承担保修义务，那么应当计提相应的保修维修金，公司可以少计提相应费用。

5．不进行资产减值。公司存在固定资产已经无法使用或者不能够带来利益，存货已经过时，应收账款收不回来等多种资产减值情况，但是公司平日却没有计提相应的减值准备，造成费用的减少与资产的虚增。

少计成本费用应当关注毛利率、净利率（造假公司的毛利率、净利率可能会远超行业水平，与其行业地位并不相符）、其他应收款、预付款、存货、固定资产、在建工程、折旧摊销等科目。

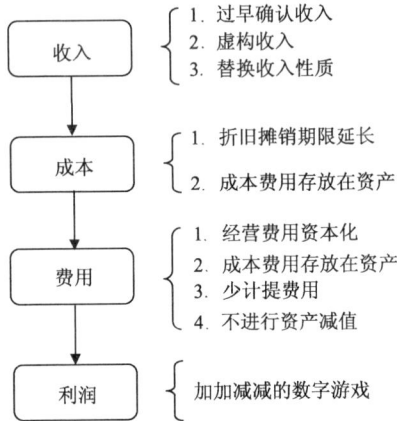

图6-12　利润表造假方式

（三）资产虚增

前述各种虚增收入及少计费用的财务手法最终变为资产负债表上的虚增资产。**虚增资产的财务信号应当关注各项资产大额减值计提**，上市公司谎言编得越来越多，资产夸大得太离谱，就期望各种天灾人祸赶紧发生，好有借口将各种虚增资产减值，将以前的亏损一笔勾销。**虚增资产应该关注固定资产、在建工程、无形资产、商誉、存货、应收账款、其他应收账款等科目，如图 6-13 所示。**

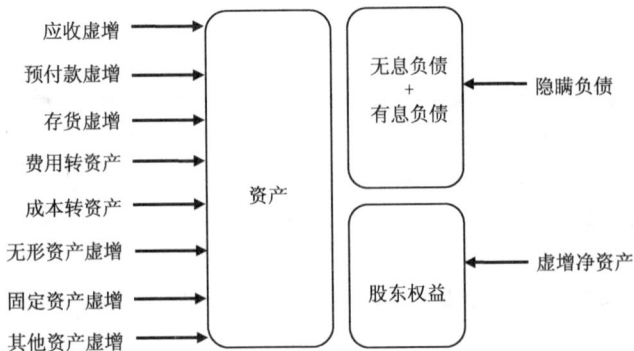

图6-13　资产负债表虚增科目

（四）现金流判断

财务造假公司一般很难将现金流量表做好看，因为收入是夸大，没有实际现金流流入，而费用少计，现金流又会实际流出，经营性现金流很难好看。当然，现金流之间也可能相互替换，变成经营性现金流好看，但是钱又必须通过虚假的资本支出流出，投资性现金流难看。还有的公司借助不断的收购美化经营性现金流，因为一般情况下公司经营是先有现金流出，再有现金流入，收购公司兼并被并购公司后，继承了应收账款、存货出售后等现金的流回，而此前又未记录过对应的经营现金流出，不过，这些现金流出事实上因为收购行为按投资活动现金流出处理了。所以**造假公司不是经营性现金流糟糕，就是投资性现金流巨额流出，又或者两者兼有，为了弥补上述两种不断缩减的现金流，造假公司必然视融资性现金流为生命线，需要靠不断的股权或者债务融资维系。**

（五）税收把关

即便造假搞定了现金流量表，也很难通过税收这一关。税务局因为自身利益的缘故是防止利润虚增的一道防火墙。报得利润越多，收入越多，自然营业税、增值税、所得税等不可避免地也要交得更多。对于造假公司，这其实是个矛盾，本来没利润或者利润很少又怎么能拿钱源源不断地交给税务局呢。因而这类公司会有以各种名义低税率或者纳税异常的特征，例如农业行业造假公司频出，就是因为农业行业几乎零税率，绿大地（SZ：002200）造假被揭露后，税务局也取消了对其税收优惠。

（六）现金股息分派

最后一关，利润是假的怎能持续进行比较高比例的现金股利分配？当然，也要小心通过不断股权或债务筹资所得来资金发放给股东。

如果财务造假夸大业绩 1 倍以上，也不筹资，那么公司分红率超过 25%，所得税税率保持正常 25%，公司利润继续增长，三者不可兼得。例如 100 元税前利润，25 元扣税，只剩 75 元，又分红 19 元，一共就流出 44 元。如果利润被夸大一倍，真实利润 50 元，要分红，又要正常交税，事实上利润就全部流出，没有留存了，也就缺乏下年利润增长的基础，如果来年还要做虚假增长，红利和税金又会更多，造假公司最终顶不住。因此，对造假公司来说，公司分红率超过 25%，所得税率保持正常 25%，公司利润继续增长，这三者不可兼得。

三　同行业对比

造假公司在与同行业公司进行对比时更能显出异常。一个是对比行业业务数据，例如行业地位，产能、产销量等，如果行业内前几名的公司都没听闻过被调查的公司，而被调查公司又自己宣称是行业前几名，自然不可信。此外，造假公司的财务数据与其他正常公司也会存在明显的结构差异。

案例：少见踪迹的中国绿色食品

（注：本文发表于 2012 年 8 月 11 日雪球博客，此后中绿业绩出现了亏损，连公司债券偿还都出现了问题。）

中国绿色食品（HK：0904）是一家从事种植、加工及销售农产品、消费食品、饮料产品的公司，粗粮王系列饮品成为公司业务新的增长动能。中绿此前业绩稳定，ROE 常年百分之十几，现金又多，交税也正常，派息率 25%，市净率才 0.4 倍。

2012 年 7 月 27 日，中绿又交出了份不错的财报，在销售及分销费用下降的情况下，主要增长板块饮料部分又继续实现 40%的高增长。中绿销售及分销费仅占毛利的 25%，而饮料行业领头羊康师傅、伊利的销售费占毛利都是超过 50%，统一公司甚至接近了毛利。中绿的这一销售效率甚至已经超过中国旺旺的高水准。康师傅销售费占收入的 16%，统一占 24%，旺旺占 11%，伊利占 19%，而中绿宣称饮料业务的该比例为 8.1%。

承德露露 2011 年营收 19 亿元，净利润 1.93 亿元，净利润率 10%，毛利率 33%。中绿粗粮王营收近 10 亿元，但毛利率是 50%，净利润也与承德露露相当了。中绿制造成本低于承德露露，销售效率又比承德露露高，问题是粗粮王达到露露的知名度了吗，它真的那么好卖吗？粗粮王产品市场少见，营销活动也很少，我表示怀疑。

2009 年中绿食品还没推出粗粮王，销售费用是 1.5 亿元，当年营业收入 15 亿元，销售费用率约为 10%。而到了 2012 年，中绿营业收入 25 亿元，新增收入由品牌饮料贡献，该板块营收 10 亿元，品牌食品饮料业务已快占到半壁江山，总的销售费用为 2.8 亿元，销售费用率为 11%。中绿是按做农业的思路做饮料，销售费用率基本没有区别。

此外，公司其他业务仍然存在疑点。中绿食品自己表述，"本集团之品牌食品产品包括大米、大米相关产品及火锅配料。来自品牌食品业务之收益为人民币 2.89 亿元。品牌食品业务之毛利增长 24.2%至人民币 1.02 亿元，而毛利率下降 1.1 个百分点至 35.3%，乃主要由于产品组合改变及原料及劳务成本上升所至。"卖米能买到 35%的毛利率？而一般的卖米的上市公司例如北大荒、金健米业大概只有 5%，就算卖冷冻食品的知名企业三全食品毛利也才 30%。

公司战略表述为，"我们的重点逐渐由新鲜农产品及经加工食品制造及分销业务，转变为国内市场的品牌食品及饮料业务"。公司农产品业务近来是基本没什么增长的，增长速度和潜力也都在饮料上。仅从战略上考虑，公司的资金仍然应该投放在厂房、土地这一传统农业公司的领域上吗？如果定位于品牌饮料，难道不应该把主要的资金放到品牌推广、广告、渠道这上面吗？毕竟中绿的品牌非常的弱。中绿缺的是产品销售而非制造，但是公司却仍将资金大笔投资固定资产，这是业务事实与战略发展方面存在的又一矛盾，中国粗粮王饮品股价走势如图 6-14 所示。

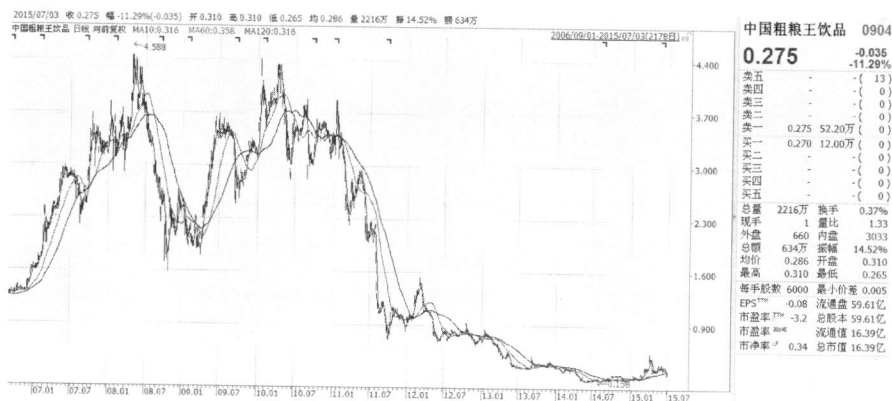

图6-14　中国粗粮王饮品股价走势图

案例：泰丰床品蹊跷多

（注：本文发表于 2013 年 9 月的 27 日第 53 期的《证券市场周刊》。文章发布后 2 个月，审计该公司的著名会计师事务所德勤辞职，造成公司当天股价下跌 18%，后披露业绩变脸，股价再跌 18%。至 2015 年，公司因为披露不出财报而停牌。）

中国泰丰床品（00873.HK）于 2010 年 6 月香港联交所上市，主要经营"泰丰"品牌床品及棉纱制造，其中床品业务近年来贡献了约 60%的营业收入及近 85%的利润。

上市以来，公司的现金分红率保持在 30%左右，过去 5 年净资产收益率平均达 27%，净利率年均复合增长达 49%，经营性现金流净额每年基本都大于净利润，资本支出还较低。然而，资本市场却给了如此绩优的公司 0.54 倍净率和 2.4 倍市盈率，原因何在？仔细分析，中国泰丰床品确实存在着种种异象，市场先生的认识可能是正确的。

低调的行业第七

泰丰床品的业务其实是 2006 年从当时的关联方泰丰纺织集团收购得来，2007 年品牌床品营业收入仅为 0.14 亿元，但 2 年后就突飞猛进至 5.2 亿元。根据当时 Euromonitor 进行的市场调查，公司自称是中国第八大床品制造商。巧合的是在 2010 年前后，A 股有三家家纺公司上市，分别为罗莱家纺（002293.SZ）、富安娜（002327.SZ）和梦洁家纺（002397.SZ），而这三家均认为自己是家纺行业的前三，并在各自的招股书中将其他两家视为主要竞争对手，而且都没提到泰丰。2009 年泰丰床品收入已经达到 5.2 亿元，接近行业第三的梦洁家纺的 6.3 亿元，如果泰丰真为行业第八，那么在此之间的其他公司的营收相比前三应该相距不大，可是罗莱家纺等三家招股书都确认自己和其他两家为第一领导集团。

从公开数据上看，如表 6-13 所示，2012 年泰丰品牌床品的营收已经超过了行业第三的梦洁家纺，但是在当年的年报上公司仅认为自己全国排名第七，不知是否公司太低调？

表 6-13　上市家纺公司营业收入

单位：亿元

营业收入	2013 第二季度	2012	2011	2010	2009	2008
罗莱家纺	10.8	27.2	23.8	18.2	11.5	9.0
富安娜	8.2	17.8	14.5	10.7	7.9	6.8
梦洁家纺	6.6	12.0	12.5	8.6	6.3	6.2
泰丰	7.2	13.9	11.2	7.5	5.2	2.1

数据来源：各公司财报

高毛利率与低销售费用

虽然泰丰自认为行业第八，但是 2012 年度泰丰净利润为 5.18 亿元，即便其中有 15%～20% 的利润由棉纱制造业务贡献，利润水平也远超行业前三，同期罗莱家纺的净利润为 3.82 亿元，富安娜为 2.6 亿元，梦洁家纺为 0.58 亿元。造成这一现象很大程度是因为泰丰高于行业的毛利率水平及远低于行业的销售费用率。

如表 6-14 所示，泰丰的品牌床品毛利率约为 58%，高出第二名富安娜近 10 个百分点，这或许是由于泰丰较高的直营销售比例。2012 年度泰丰直营终端与加盟终端比例约为 3.3∶1，而富安娜该比例为 1∶3，梦洁家纺为 1∶4.2，罗莱可能达到 1∶6。泰丰主要发展直营，而其他三家主要走加盟路线。或许由于少了加盟商的分成，泰丰直接向消费者销售能获得更高的毛利率水平。

表 6-14　上市家纺公司毛利率

毛利率	2012	2011	2010	2009	2008
罗莱家纺	42.2%	42.2%	37.8%	39.1%	37.1%
富安娜	48.5%	47.0%	46.1%	43.0%	45.0%
梦洁家纺	43.4%	44.4%	40.6%	36.3%	33.1%
泰丰	57.0%	58.8%	59.2%	57.1%	35.8%

数据来源：各公司财报

但是泰丰的销售费用远远小于其他三家就显得比较奇怪了，如表 6-15 所示。作为行业的后进入者，泰丰的市场知名度较低，更应花费较多的销售费打开市场，而且由于泰丰主要发展直营，销售人员的工资、店铺的开支等销售费用应该比其他家的比例更高才对。可是泰丰仅用了梦洁家纺三分之一的销售费用就把行业第三的地位抢走了。其他三家销售费用都远高于利润水平，只有泰丰利润远高于销售费用，如此看来，泰丰的销售效率远超同行。不过 2011 年公司却聘请了曾在罗莱家纺担任高级管理层的张文升来担任家纺事业部的总经理，负责家纺内销的营运管理。按道理，泰丰的销售效率已经是业界第一，还有必要聘请不如它的其他公司的人员吗？

表 6-15　上市家纺公司销售费用

单位：亿元

销售费用	2012	2011	2010	2009	2008
罗莱家纺	5.7	4.4	3.4	2.0	1.4
富安娜	4.1	3.4	2.7	1.9	1.7
梦洁家纺	3.8	3.6	2.0	1.2	1.1
泰丰	1.4	1.3	0.6	0.2	0.1

数据来源：各公司财报

令人惊讶的还有 2013 年上半年泰丰销售费用为 0.59 亿元，比 2012 年同期的 0.89 亿元削减近 30%，就这样，仍然实现了品牌床品收入 5%的增长，这对于其他三家都是做不到的。

超大客户支持

为什么泰丰品牌床品收入能在短短几年之间增长迅猛且花费又低？原因或许能用高度集中的大客户销售来解释。

公司 2012 年报附注显示，床品业务前四大客户居然为公司创造了 13.4 亿元的销售额，占床品业务收入 14.2 亿元的 94.6%。2011 年床品业务前四大客户销售额占床品销售额的 85.5%，2010 年前两大客户贡献床品销售收入的 50%，2009 年前三大客户的该指标为 85.8%。而同行业的情况是，罗莱家纺前五大客户销售额占总销售比例从 2009 年的 10.1% 不断下降到 2012 年的 6.9%，富安娜同期该指标从 7.7% 下降到 6.6%，梦洁家纺同期该指标从 8% 下降到 3.7%。三大家纺的这一现象是符合常识的，因为总收入随着加盟商增加及同店销售额的增长会不断变大，自然单一经销商占比会越来越低，而且加盟商来自天南海北，客户集中度应该是不高的。2012 年年报显示泰丰有经销商 254 个，由经销商经营的专店和专柜有 257 家，按说根本不会有经销商独大的情况，怎么会出现由四家经销商几乎把持公司销售的情况？更令人费解的是之前提到过泰丰走的是直营路线，2012 年直营专卖店及专柜数量已经达到 865 家，简单按店铺数量算，直营收入应贡献床品收入的七成以上，而直营面对的是更加分散的消费者客户，更不会出现高度的客户集中情况。

除了床品业务有大客户支持外，棉纱业务也有一个大客户，即泰丰纺织集团。泰丰纺织集团 2012、2011 年分别为泰丰棉纱业务贡献了 2.5 亿元和 1.9 亿元的销售额，分别占当年棉纱销售额的 25% 和 20%。泰丰纺织集团和中国泰丰床品此前拥有共同的股东和董事，他们之间共事多年，上市前夕中国泰丰床品的七名股东将泰丰纺织集团的股权转让给其余七名泰丰纺织集团的股东，从而使得泰丰纺织集团不再是中国泰丰床品的关联方。

中国泰丰床品得到泰丰纺织集团的大量帮助，首先棉纱及床品业务均收购于泰丰纺织集团，其次，在中国泰丰床品上市前，泰丰纺织集团既是其最大的客户，占销售额比例从 16%～38% 不等，又是其最大的供应商，占原材料采购额比例从 29%～39% 不等。上市后，泰丰纺织集团扮演的角色同样重要，仍然是中国泰丰床品前几大客户及供应商。虽然两家现在已没有法律意义上的关联关系，但是事实上关系依旧密切，至于其他的大客户与中国泰丰床品的关系是否也是如此，不得而知。

行为与战略相反

在上市前的 2008、2009 年，泰丰品牌床品收入暴增靠的就是来自经销商的收入，泰丰也在上市文件中提到要在 2011 年底开设 500 家销售终端，其中 300 家由经销商经营。可见最初泰丰和其他家纺策略是一样的，甚至在 2012 年年报中仍然提到 2013 年的目标是加大加盟商比例，适当降低直营市场的管理比例。然而直至 2013 年上半年 300 家加盟终端仍然没能够完成，反倒是直营终端越开越多，直营与加盟终端比例是越来越高，如表 6-16 所示。

表 6-16　销售终端数量

年份	2013 第二季度	2012	2011	2010	2009	2008
自营终端	933	865	518	196	82	4
加盟终端	269	257	184	81	45	37
比例	3.47	3.37	2.82	2.42	1.82	0.11

数据来源：公司财报

　　加盟的优点是可以充分利用加盟商的经验和社会资源，渠道建设速度快，有利于企业迅速扩大市场份额。家纺企业在发展起步阶段一般都会采用这种经营模式，泰丰的原计划也是这样的，但行动却是截然相反。而直营模式一般在进入稳定发展阶段才会加强这种经营模式的建设，生产商可以更加有效地控制渠道，更加有效地贯彻公司的发展战略。泰丰加盟比例过低或许也说明品牌号召力较低，泰丰只好自建终端，自己的品牌只有自家认了。

巨额的应收账款

　　除了上述行业地位、利润表及运营数据的异常，中国泰丰床品在资产负债表及实际销售情况上也存在着异象。

　　比如，泰丰的大客户支持不是没有条件的，代价之一就是巨额的应收账款，如表 6-17 所示。相比而言，其他三大家纺的应收账款均比较小，这是因为它们基本都采用先款后货的交易模式。而泰丰的应收账款显著高于其他三家，应收账款周转天数从 2008 年的 31 天不断增长到 2012 年的 76 天。2013 年上半年泰丰应收账款激增到了 8.36 亿元，再加上预付款暴涨，直接导致了泰丰 2013 年上半年经营性现金流净额为-2.4 亿元。2013 半年报一经披露，股价就大跌近 10%。根据 2012 年年报显示，泰丰前十大客户就占了应收账款的 95%，应收账款大户也出现了泰丰纺织集团的身影，过度依赖大客户的恶果正在逐步显现。

表 6-17　上市家纺应收账款

单位：亿元

应收账款	2013 第二季度	2012	2011	2010	2009	2008
罗莱家纺	1.41	1.59	1.54	0.99	0.66	0.39
富安娜	0.59	0.65	0.58	0.22	0.22	0.25
梦洁家纺	2.07	0.99	1.22	0.54	0.32	0.35
泰丰	8.36	5.09	4.94	3.61	1.84	1.13

数据来源：各公司财报

暴涨的预付款

泰丰的预付款从 2012 年开始激增，当年有 3.54 亿元预付款，到了 2013 年上半年增加到 5.69 亿元，而其他三大家纺预付款仅在几千万元之间。2012 年报提及其中 2.19 亿元为向泰丰纺织集团预付的采购棉花款，而这些原料将在 2013 年 2 月～8 月交付。棉花不是什么紧俏商品，公司应该没有必要预付大额的货款给供应商，至于 2013 年上半年 5.69 亿元预付款用向何处，公司半年报没有提及。

事实上，泰丰床品也存在依赖少数供应商的情况，2011、2012 年对五大供应商的采购金额分别占公司采购总额的 72.5% 和 76.1%，供应商集中度远高于其他三大家纺。

减少的存货

一般而言，家纺公司为了满足销售需要，避免产品出现脱销，都会准备一定数量的库存商品，而且随着销售额的增加，准备的库存商品理应随之增长。罗莱等三大家纺的库存商品也是如此，三大家纺的库存商品一般能满足为期两个月左右的销售量。相比而言，泰丰的库存商品简直是三大家纺的零头，如表 6-18 所示。泰丰库存商品过去几年基本没有增长，2007 年床品业务占比非常小，库存商品 0.45 亿元绝大部分可以被认为由棉纱业务产生，到了 2012 年床品业务已增长了十多亿元，库存商品居然还减少了 0.1 亿元，难道床品业务是零库存？但是泰丰又是以直营为主，直营需要的库存商品会更多。因为在加盟模式下，货物销售给加盟商就成了收入，但是直营模式下，货物需要等待消费者购买才成为收入，存货周期更长，随着直营数量的不断增加，引致铺货、备货需求更大。或许没有增长的存货才反映了泰丰床品业务的真实情况。

表 6-18　上市家纺公司库存商品

单位：亿元

公司名称	2012	2011	2010	2009	2008
罗莱家纺	4.15	3.26	2.70	1.46	1.28
富安娜	2.40	2.46	1.82	0.99	1.22
梦洁家纺	4.23	3.03	2.71	1.34	0.97
泰丰	0.35	0.57	0.44	0.24	0.62

数据来源：各公司财报

关门的官方旗舰店

与突飞猛进的品牌床品收入相比，泰丰实际销售情况显得异常冷清。以知名的电商平台淘宝网观察，截至 2013 年 9 月 23 日，泰丰床品在淘宝网能搜索到在售卖的商品数只有 221 件，仅有 9 家网店售卖其产品。行业排名第一的罗莱家纺则有 15.5 万件商品在淘宝网出售，5 954 家网店。第二名的富安娜有 7.7 万件商品，3 204 家网店。第三名的梦洁家纺有 5.6 万件商品，1 397 家网店。上述三家公司的销售情况与财报所披露的营收排名是相符的。并非泰丰自身不注重网络销售，泰丰在财报中也多次提到要提升电商销售市场份额，2011 年专门设立了电子商务品牌泰丰康秀，在淘宝商城开设了官方旗舰店，但是根据我的观察，前段时间该旗舰店已经关门，商品下架，过去半年购买人数仅为 10 人。而过去半年罗莱家纺天猫旗舰店有 7.3 万人次购买，富安娜旗舰店有 9.8 万人次购买，梦洁家纺则有 3.6 万人次购买。泰丰家纺与三大家纺的销售情况差距悬殊。

种种蹊跷现象表明泰丰并非那么出色，相信随着时间的推移，投资者会看得更加明白，中国泰丰床品股价走势图如图 6-15 所示。

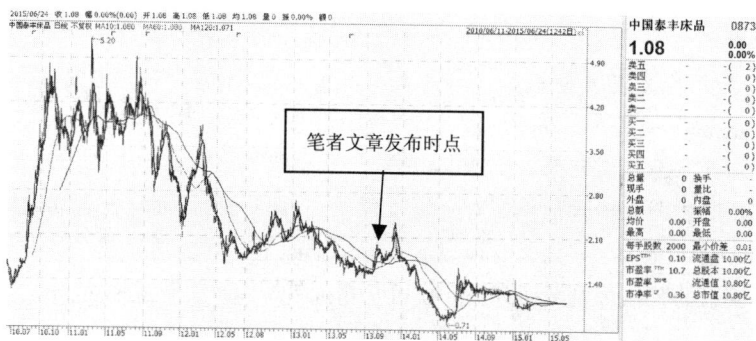

图6-15　中国泰丰床品股价走势图

四　事件信号

一些事件和信号能够从侧面预警上市公司的造假风险。

1．生活奢靡。 管理层或者大股东喜欢用豪华的车、豪华的楼，什么都讲气派，非要给别人财大气粗、信任的感觉，为日后的筹资铺路，而且收购起来不管价格。个人生活作风上则不断传出各种绯闻，让人觉得无法放心任由其管理公司。

2．高层频繁变动。 公司高层是最了解公司的人士，如果高层反复变动，一是无法形成有效的工作环境，二是因为他们觉察到了公司存在的风险。要特别关注财务总监和董事会秘书的离职。

3．高层、大股东套现。 这些是最知晓公司信息的人士，卖股票或许是他们各种运作的最终目的。他们一旦大手笔或者频繁卖出股票，就会导致公司前景堪忧，当然他们在股票跌很多后，也可能象征性地买回一些股票。

4．股权质押。 造假公司或者专门资本运作的老千公司没有什么资产，最值钱的就是股权，利用股权质押可以融得资金。股票相比其他资产价格非常好操纵，提升股价后，可融得更多资金，去收购其他资产。

5．管理层、大股东过分关心股价。 因为想要套现、融资或者股权质押等因素，某些公司和大股东会过分关心股价变动。股价稍微一下跌，高层就赶紧出来说话澄清，频繁释放开展新业务、增持、回购、进行收购等各种利好，足以见得对股价的过分关心，后续提到的乐视网就是如此。

6．频繁变更会计师事务所。 表面上变更会计师事务所的理由都是服务价格没谈拢，事实上会计师事务所觉察到了公司的假账风险，想要早点退出，撇清关系。

7．频繁股权融资。 造假和老千公司的胃口很大，不断融得的钱似乎永远都满足不了公司"发展"的野心。

8．频繁地收购、资产重组和剥离。 造假和老千公司热衷资本运作，经常性地释放公司前景，交易各种资产，或者什么行业热就做什么，利用虚高的股票价格又去融资收购，与上面形成一个循环圈。在这些过程可以进行利益输送，侵占小股东利益，或者掩盖脆弱的公司基本面。

9．股权关系错综复杂。 上市公司股权结构层级太多或者过于复杂不是好事。老千公司的大股东一般都控制着好几家公司，自成一系，而这些公司之间的股权关系又错综复杂，它们又有很多层级控制下面更多的公司。成一体系，方便筹资，旗下的公司可以抵押融资，还可互相拆借资金，进行关联交易。

第 6 章
定量分析公司基本面

案例：众多高管辞职的獐子岛

獐子岛（SZ：002069）自 2006 年上市，上市后不到 6 年，近 20 名高管相继辞职，其频繁程度在 A 股史上实属罕见。辞职岗位包括公司副总裁、营销总监，物流总监、人力总监、财务总监、加工事业部总经理、养殖事业部总经理，而且这些岗位不仅是一任高管辞职，有的是连续几任辞职。

2014 年 10 月 30 日，獐子岛称其 2011 年和 2012 年播种在海里的虾夷扇贝，因受冷水团影响遭遇灭顶之灾，105 万亩海域"受灾"，计提坏账近 8 亿元，因而被推上风口浪尖。2014 年獐子岛最终亏损超过 11 亿元，将此前年份所赚到的利润全部亏光，如图 6-16 所示。如果投资者仅看前几年利润，会发现獐子岛净利润短短几年间从 1.25 亿增长到 4.98 亿，是名副其实的成长股。然而，如果观察现金流量会发现经营性现金流净额每年均远小于净利润，投资性现金流净额又比较大。仔细分析资产负债表，会发现现金都变成了存货，而存货大部分为消耗性生物资产，就是海底养的虾夷扇贝、这么大块海域下的生物资产价值究竟是多少，审计师恐怕也很难弄清楚。经营性现金流和投资性现金流较差使得獐子岛必须依靠融资性现金。公司 2006 年首次发行和 2011 年定向增发分别融资 6.7 亿元和 7.7 亿元，此外 2010 年、2012 年、2013 年通过发债融资 5 亿元、9 亿元和 4 亿元，獐子岛财务数据如表 6-19 所示。

表 6-19　獐子岛财务数据

年　　　份	2014	2013	2012	2011	2010	2009	2008
财务比率							
ROE（%）	-105.04	4.02	4.16	18.34	25.08	15	10.02
利润表	单位：亿元						
主营收入	26.62	26.21	26.08	29.37	22.59	15.13	10.07
净利润	-11.89	0.97	1.06	4.98	4.23	2.07	1.25
资产负债表	单位：亿元						
资产总计	48.78	53.16	49.22	44.2	33.04	22.83	18.2
存货	17.07	26.84	24.49	23.58	17.16	11.73	9.9
负债合计	37.22	28.74	23.64	17.02	16.13	9	5.53

续表

年　　　份	2014	2013	2012	2011	2010	2009	2008
资产负债表	单位：亿元						
股东权益合计	11.32	24.14	25.41	27.15	16.86	13.77	12.5
现金流量表	单位：亿元						
经营性现金流	0.48	1.91	3.78	0.82	0.43	0.75	−0.1
投资性现金流	−5.18	−3.86	−6.18	−3.86	−3.1	−1.07	−0.72
融资性现金流	4.52	1.35	1.93	4.04	5.01	1.67	0

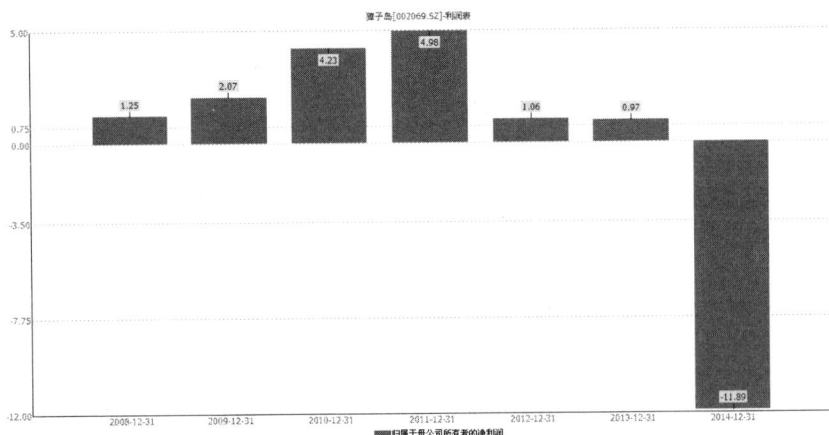

图6-16　獐子岛历年利润情况

高管频繁辞职的事件信号加低质量的财务报表足以规避掉高风险的獐子岛。

五　调研

投资者最好是做好上述案头研究，调研只能算是一个辅助办法，而且不先将公司研究得透彻，调研实际上也得不出任何有用信息。调研从方式上可以分为直接实地调研和间接调研，从对象上可以分为上市公司调研和外部调研。

（一）上市公司实地调研

一般而言，散户投资者没有必要大老远跑到上市公司调研，因为所耗费的时间和金钱与收益不成正比，除非资金量真的很大。普通投资者可以通过拨打上市公司投资者关系电话，参加网络路演，询问网络互动平台，阅读上市公司或者机构披露出来的调研纪要来获取上市公司信息。

通常安排好的实地调研不能直接得出上市公司财务舞弊的结论，除非你是绕开上市公司，进行暗中调查，而且上市造假真的很离谱，你所看到的机械设备都是破铜烂铁，所描述的项目根本不存在，所披露的业务数据与实际情况有极大差异。我曾经购买过宝峰时尚（HK：1121），根据公司网站公布的销售店铺地址，我找到了附近 4 家店铺，发现销售冷清，一段时间后，我竟然惊奇地发现这四家店铺全部都消失了，联想到宝峰时尚公司官网已经长达半年没用更新公司新闻，宝峰时尚还是新发行股票，我幸运地以赚钱的价格卖出该公司股票，后来该股票从最高 1.44 元跌到最低 0.33 元，业绩出现变脸。

调研对正常经营的公司意义不大，如果公司在调研过程中披露出了你未曾知道的重大信息，这种选择性披露的公司不投资也罢。对于一些处于变革或者开展新业务的公司，调研可以说是一个更清楚了解公司未来经营思路的机会。

调研过程中我更加倾向多问关于竞争对手的问题，例如去 A 公司多问同行 B 公司情况，去 B 公司多问 A 公司情况。这是因为，一是上市公司本身也不能透露未公开的信息，二是上市公司会避重就轻，专挑对自己有利的说。询问竞争对手的情况则不同，上市公司更能如实阐述行业情况，而且如果一个上市公司对竞争对手掌握得非常清楚，则说明它很出色，有一整套完整的情报收集系统，知己知彼。投资者通过询问竞争对手情况能有所比较，能够更清晰整个行业所处的竞争态势。当然去上市公司调研也有好处，可能要到比较详细的业务数据，更为细致地了解公司，对财务模型的构建也有所帮助。

至于调研询问的问题可根据本章分析框架展开，问问题要很有技巧，直接问得不到答案的可以从侧面问些细节、实现条件等，从逻辑判断推导而出。投资者询问时需要察言观色，有些问题难以回答，回答人一带而过反而需要重点关注，一些项目无法讲出具体细节则可能并不靠谱。

本人负责上市投资者关系管理，几年间接待券商研究员、基金经理、私募人士估计也有数百人，下面谈谈调研存在的几个误区。

调研误区：调研的那些事

（注：本文发表于 2012 年 6 月 1 日雪球博客）

1. 调研次数与股价正比。记得一年，我接待过的调研人员就有上百人次，那时公司股价也一直在高位，这也正常，股价高企自然吸引投资者目光。后来股价不断下跌，低迷期间，大半年无一机构来访，我估计他们看推荐股票跌得稀烂自然没兴趣再来了，而且熊市估计他们拿出来的经费也少。好长时间没来人后，公司发布了个利好，股价突然涨上去了，又开始来了些人。葛优的电信广告不是有句"哪儿人多往哪凑"，这也比较适合券商。所以一定不是因为股价上涨才来调研。

2．见的高管层次越高亏越多。一般的调研人员只会接触到董秘这一级别，这本来也是董秘工作职责，很少会有接触到总经理、董事长的机会。不过也有机构借着关系好、买的股份多得以见到董事长。董秘因为职责所在，清楚监管条例，所以一般出言都很谨慎，大多给出的答复比在公开信息基础上详细些。董事长就不同了，监管条例不如董秘清楚，关心的又都是公司宏图伟业战略之类的大问题。听了董事长的话，可能更加会被所描述的光明前景所鼓动，而且有时候说漏嘴的话，还可能把一些还未公开的项目说出来，机构更是受到鼓舞。但需知，那些未公开的项目一般都处于前期，本身的不确定性也是很大的，做与不做都成问题。而公开的信息本身很明确，公司把握程度也高，所以才公布。据我所知，某私募喜欢见某公司董事长，见得次数也比别家多，最高曾吞进该公司 10%的流通股，但最终还是亏了几千万元，想想那些见不到董事长的机构，是不是少了些被忽悠的风险。事实上最能忽悠难道不是董事长吗？如果没那口才怎能坐在那位置。这还不说是骗人的。要是普通职员，敢存心骗人吗？敢和机构大谈公司宏图伟业吗？

3．准备不足。在调研上市公司之前，研究人员应对公司做足功课，至少有个基础了解。勤恳做功课的研究员我见过，仅公司要点自己就准备了十几张纸，关心问题也已列出。不过这是少数，更多的是连公司做什么业务的概念都没有。你说花一两个小时问些公开信息有什么意思，与其花一两天千里迢迢跑来调研，还不如花同样的时间把历年公告、年报、招股说明书都读一遍。因此，准备不足也是导致调研质量不高的重要原因。个人认为，除非重组什么的，正常的公司公开信息要真能读完，也就知道公司全部信息的七八成了，除非该公司的信息披露真的做得很烂。剩下的一两成，可以被认为公开信息的详尽补充。还有一两成本身就是秘密或者是不确定的，接触了就处于违法边缘。

4．调研人员心理上倾向乐观。出于找牛股心理，调研人员谁不想自己分析的公司都有高增长啊。尽管我们也多次表示公司的长期增长速度大概是 10%+，某年的高增长只是情况特殊，研究员还是不断地在问会不会有20%～30%的增长，还会问我们存不存在新的增长点。上市公司碍于面子，肯定不会回答"没有什么新的增长点"吧，多少也要答一两个，但到底能推动业绩多少就不好说了。他们问的语气和句式总让人感觉我们要是没有高增长就是烂公司一个。我一直感觉他们期望很高，如果不调研，财务报表上平平淡淡的增长也就那样了，调研多少给了他们希望。

5. 关心无关整体业绩的概念。据同行了解，有段时间国家公布了某些政策，恰好 A 公司某个项目可能是受益的。某基金经理来调研，主要的时间都问了很多关于这个项目的具体细节，感觉知道越多细节越有把握。可事实上这个项目 A 公司公布过预测的收入、盈利情况等内容，读过就大致可以判断出该项目对整体业绩是没有什么影响的，也反映 A 公司对该项目的取向。

6. 注重事件驱动而非价值。参加集体路演时，我见调研人员向上市公司们问了很多关于经营情况的问题，但事后看他们的调研报告感觉和这些公司的价值没什么关系，给的估值也是随行就市。有精明的研究员还懂价值的，他觉得贵就不会写报告推荐。结果投资者一直看到的都是买进的建议。

7. 一样无法把握业绩拐点。研究员哪怕来调研，也很难得知业绩下滑或者增长放缓的事实。毕竟谁都不愿意承认自己公司变差，相关问题大多也避重就轻模糊化处理。那些重大利空，类似中恒集团、重庆啤酒的，首先你不知道有利空，就是你问到相关问题，我看也问不出什么。正所谓报喜不报忧。

在有条件的情况下，调研其实也是应该的，不过，就上述的方式来看，我看不出有太大价值。

（二）间接调研

（注：原文发表于 2012 年 6 月 15 日雪球博客）

现在网络发达，不必亲自前往上市公司也能够了解到一些非财报信息。

1. 公司网站。公司网站看什么，重点看公司新闻，看更新是否勤快，内容的结构如何。作为消费品公司，公司新闻应当是经常更新的，以此显示市场活动的开展及影响力，内容应该与市场活动、经销商、产品等相关。如果是生产型企业就会更多的是关于生产、产品质量、员工的内容。如果是关系型企业，就大多是领导来访的内容了。经常发政府官员视察的企业本人并不看好，说明太依靠政府关系资源了，例如雨润食品。雨润食品过去 3 年发了大约 10 条新闻。发的新闻主要是两种类型的，一、产品危机公关，二、政府官员来访。这也正是雨润反映市场诟病的两大内容，食品安全问题和骗国家补贴问题（注：雨润食品老板祝义才 2015 年被监视居住）。

类似的例子还有被港交所停牌的超大现代（HK:0682），以及前述提及的中国绿色食品。

再来看家纺行业第一的罗莱家纺的公司新闻，这个就比较正常，如图 6-17 所示，作为对比看港股上市的国际泰丰控股，自称是第八大家纺。但你看公司网站上新闻寥寥无几，三条中还有两条说的是同一内容，基本没有什么市场活动开展，如图 6-18 所示。对比企业公开财报，国际泰丰的可疑之处在于品牌知名度、销售店铺数量不如三大家纺，但利润却超过它们，前面已有论述。

2012-06-05	2012罗莱家纺6月招商会
2012-06-05	迪士尼家居，把欢乐带回家
2012-05-16	尚玛可全新打造家居生活艺术殿堂
2012-04-01	董事长薛伟成荣膺"中国时尚产业推动领袖"人物称号
2012-04-01	罗莱第七次蝉联中国家纺行业市场占有率第一
2012-03-31	罗莱家纺打造中国北方总部基地 强化行业龙头地位
2012-03-28	把意式生活带回家——ZUCCHI 2012最新广告大片梦幻呈现
2012-03-12	罗莱自营品牌Lacasa优家 中针会上高调亮相
2012-03-11	罗莱20周年庆巡展八佰伴启幕 家纺首场奢华床品秀
2012-03-11	李嘉欣惊艳亮相罗莱品牌秀 曼妙风姿再现女神魅力
2012-03-02	罗莱总裁薛伟斌做客央视《对话》解读稻盛成功方程式
2012-03-06	罗莱家纺20周年庆全国巡展
2011-11-08	"谁是英雄"第一篇章 寻"英"记
2011-11-08	第二届"谁是英雄"火热启动！
2011-11-08	罗莱与3M公司签订战略合作协议
2011-10-20	罗莱家纺诚征会所规划设计方案
2011-10-12	羽你相拥——2011罗莱秋冬芯品温暖上市
2011-08-31	盛和塾上海分塾第一次筹备会议在罗莱举行
2011-08-31	罗莱被《上海设计印象2011》收录为案例企业

共有31条记录 每页显示20条 当前为1/2页

图6-17 罗莱家纺公司新闻

企业快讯

2012-05-29 → 泰丰家纺2012年秋冬新品发布会暨招商加盟会圆满落幕

2012-05-26 → 泰丰家纺2012年秋冬新品发布会暨招商加盟大会即将召开

2012-03-25 → 泰丰康秀电子商务品牌运行整体向好

一共1页 目前在第1页 首页 上一页 下一页 尾页

图6-18 中国泰丰床品公司新闻

如果上市公司及子公司网站什么内容都没有，不是说会有问题，但大多竞争能力也较弱，因为公司网站的建设是个系统问题，要有事发生，还要有人写，有人维护。当然有些特殊行业，不愿意被外部了解，所以网站也没有内容，不过极少。

2．社交网络。消费品公司如果还不开通社交网络平台例如微博、微信、论坛等，或者参与点评网站等，说明理念、行动力上均是落后的。个人觉得新浪微博的营销效率高于传统电视、网页广告的，目标客户群比较准确，成本也低，企业应该大加利用。社交网络平台如何看，一看粉丝数，这一数据体现了公司的影响力。二看企业如何通过微博、微信做互动的隐性营销。三看顾客产品使用反应。有的公司声称行业排名前几，真的搜索以上信息，会发现知名度、销售情况、影响程度远远不如行业前几。而李宁（HK：2331）从 2011 年开始，李宁互动社区的活跃度就开始下滑，2012 年之后，开始呈现出难以挽回的颓势，并在 2013 年年中之后，逐渐归于死寂。

3．电子商务平台。例如从淘宝网的销售情况可以看出售商品的件数和成交量。2012 年 6 月 4 日起，青蛙王子（HK：1259）连续几天暴跌，后来才知道原来是媒体报道质疑青蛙王子市场份额数据造假。其中质疑的方式之一是淘宝销售量太少了。确实如此，以前我就在淘宝网上搜青蛙王子，成交量很少。市场份额排名在它前面的强生婴儿和后一位的郁美净网络销量都远高过它。即便它自己不开展网络营销，它的经销商也会把货放到网上卖。类似的例子还有自称第八大家纺的国际泰丰控股，前面有述。青蛙王子和国际泰丰控股仅在财务上很难看出有问题，交税够，又分红，经营性现金流历史也良好，还都是新股。

4．网络搜索。利用百度、Google、微博等网络搜索公司、产业链的上下游及竞争对手情况。可以录入"骗+公司名字"、"老千+公司名字"等关键词，留意过往负面新闻。例如搜索国际泰丰控股时，可以搜索到员工吐槽公司拖欠工资，以及政府劳动仲裁的相关记录。有的上下游产业链新闻不是在财经新闻里，而是在社会新闻里，却能够反映公司所处产业链的景气程度。另外可搜索竞争对手的新产品、产能投放情况等。

有条件的投资者可以根据网络信息建立数量化评估模型，用来评估企业市场地位及竞争力，监测产品受欢迎程度及突发事件的影响程度，以此做出指导股票买卖的策略。

（三）外部调研

上市公司的外部调研是指调查与上市存在利益关系的相关者，包括上市公司的供应商、客户、竞争对手、行业专家、上市公司周边居民，甚至包括工商局、税务局、海关等政府部门。一般而言，普通机构不会有动力深挖一家上市公司财务造假与否，能够耗费如此精力调查的基本只有专业的卖空机构了。

六　造假公司分布

根据此前被揭露的造假上市公司不完全统计，从地域上，造假公司多分布在广东、福建、东北、湖南这几个地区。一些经济不发达省份也是高危地区，因为经济环境不好，上市公司大多绩效差，更有动机进行财务舞弊。从行业分布上看，农林牧渔、矿业、能源、传媒、服装、高科技等都是造假高发行业。农业因生物资产不容易计量和低税率等因素容易舞弊，而矿产、能源行业也不容易弄清埋在地里的资产究竟值多少钱。高科技更是具备神秘面纱，需要具备专业学科知识，普通人搞不懂。

七　不买新股

（注：本文发表于 2013 年 2 月 8 日雪球网博客）

经验数据表明，造假公司大多一上市或者此前就存在造假行为，一般会在上市后 3~5 年内露馅，极少超过五年还不出重大事件或者业绩变脸，超过五年的上市公司也能够提供足够多的分析材料来规避风险，所以对于新股，除非背景很好，知名度很高，否则我建议先看三年，看清经营态势后再入不迟，规避了新股就规避了大半的财务造假股。事实上，不仅财务造假因素，购买新股很大概率也是不划算的，理由如下：

（一）新股总在业绩好时才上市，价值被过度挖掘

众所周知，新股只披露当前一期和过去三年的财务数据，三年前的公司是怎么样的，谁都不知道，而过去三年的财务数据必然亮丽无比才能够上市。如果只看了过去靓丽无比的数据容易直线推导出光明的未来，再加上公司上市时路演，财经公关提炼出独特概念，除了延续已有业务，还要开展比过去更丰富的业务，前景就更好了。殊不知，过去三年可能只是整个大环境中产能紧张的时候，整个行业周期丰富的一面还未全面展示。我比较佩服我们原始股东十年前在整个行业普遍亏损和微利的时候就有眼光入股公司，现在一年的现金红利就已相当当年的投资额。问题远不止如此，还有些上市公司进行了业绩包装甚至造假，业绩变脸的程度也就更大了。

（二）公司管理及治理水平未经时间检验

我们看招股说明书，看到的只是结果，如何达到这个结果的过程却是不知道的。过去成绩的优异可能只是市场环境所赐，并非公司自身竞争优势的强大。而一旦上市，公司整个运作过程就公开和受到关注。投资项目进展得是否顺利，是否按期投产，还是变更或者无故失踪，都是可以知道的。上市公司的管理水平和执行效率时间久了大多会被市场所认识。而公司及大股东对公众投资者的承诺是否达成、公司信息披露透明程度、上市公司与大股东之间的关联等公司治理方面的问题也会逐渐被投资者掌握。比较悲伤的结局是：上市时画了张超大的饼，最后都做不到，概念变不成现实，股价一落千丈。

（三）发行价格过高，原始股东明抢新股东

一般来说，公众股东都是付了比较高的溢价去认购发行时的股票，这个溢价可能是几倍乃至更高倍数的市净率，而这个溢价更多是被原始股东分享了。举个例子，原始股东有 100 股，每股按净资产 1 元入股，发行前共有 100 元的财富。而上市后，公众股东假设花 4 倍市净率购买 1 股，4元 1 股，发行 40 股，凑集资金 160 元，那么发行后净资产共 260 元，发行后股本 140 股，每股净资产 1.85 元。原始股东掌握的财富就有 100 股乘以1.85 元等于 185 元。也就是说原始股东仅通过上市就白赚了 85 元，然后这185 元的权益在市场上的价格可能又溢价 2～3 倍市净率。我所知有家上市公司老板上市前只有 2 亿元身家，上市后业绩不断下滑到微利，市场就算只给了 1 倍市净率，他仍然有10 亿元身家，这多出来的钱就是公众股东白送的。而诸如海普瑞、汉王科技、华锐风电等超级大熊股之流，哪家不是溢价几十倍市净率发行的股票？

（四）超募资金过多，容易乱花

最近几年上市的公司普遍由于发行价格超预期，筹资规模也远超计划，常常见到的是募集来的资金是上市前公司资产的几倍。募投项目由计划募集的资金来满足，而大批超募资金一时半会则没有投资项目，如果出于谨慎原则存银行，资金运用效益低，又会被公众股东质疑。很多公司的经验和能力其实还达不到能够管理好数倍于自身原有资产的资金，这些超募资金是他们或许赚10年都赚不到的数目，而如今却轻而易举地掌控了。赚钱难，花钱易，现在不是有了钱吗，什么项目都可以搞得大些，再大些，投资或者收购项目也很难做到像以前没钱的时候的那样的精打细算，投资的领域也非常可能脱离自己的能力范围。而只要存在募集资金保荐人就要负后续督导责任，他们巴不得上市公司早日把钱花光。这样一来，投资项目的效益很难保证。

（五）过度资本涌入，行业竞争结构恶化

有些行业，它在某些时段，需求量是一定，没有公司登陆资本市场时，这个行业里都利用自己的利润积累在慢慢扩大产品供应量，与需求的增长比较和谐，这对行业内的公司都是好事。但一旦有公司上市，如果还引发了这个行业的公司上市潮，那么巨额的资本突然涌入这个行业，反而打破了这种平衡。行业的公司全部扩充产能，结果谁的资产利用率都不高，还会引发价格战，收入和利润普遍下滑。

总之，投资者在分析上市公司时要独立思考，哪怕上市公司经过国际四大会计师事务审计，哪怕政府领导都来考察，哪怕上市公司吸引多么著名和实力雄厚的投资机构入股，始终要多份怀疑的眼光。千万不要小瞧了造假和老千公司，我所知它们当中最厉害的曾经欺骗过市场十几年，反复圈钱而肆无忌惮，一旦买中，等待投资者的必然是惨痛的损失。

6.4 分析技巧与方法

公司分析的技巧与方法说起来也简单，只要肯下功夫阅读一个上市公司披露过的所有报告（包括招股书、定期财报、临时报告等），并将重大事件记录下来，不断将公司预测和现实进行对照，那么这个公司出色与否会了然于心。能够看到上市公司历史上每一个发展过程正是上市公司股权投资的最大好处。具体而言，可以从公司说什么、做什么、业务数据、财务数据等四个方面综合判断。

说什么：公司历史上是否喜欢说谎话、说大话，现有资源和能力足不足以支持宏图伟业，所披露的信息之间是否有一致连贯性，是不是今天公司想做这个，明天又说做另外一个，反复变更。管理层对公司经营环境及行业发展的判断回过头来看是否正确，例如有没有提前预计到行业低谷并做好相应准备，还是仍然盲目乐观错判前景，有没有预计到产品或者服务未来发展的潮流等。如果想要知道公司想强调什么，则可以将最新的年报和过去的年报对照，看存在哪些差异。

做什么：公司说的都做到了吗？有没有相应的活动和资源投入。临时报告里披露的项目有没有后续的进展（后续进展公告、定期财务报告里反映）。公司可能做到所说的，但是能否按时完成，完成程度如何，效果如何？公司项目会否无故失踪，实现的利润是否真的如当初所预测的。说了做不到主要存在两种原因，一是未经过深思熟虑的话，计划不周全；二是能力不足，做不到所说的，两者都能看出问题。公司说了可以没做，做了可以做不成，做成什么才是反映了公司的经营效率，体现了公司的价值。

业务数据：公司分析是项苦活、累活的原因之一就是要将公司的业务数据进行堆砌，从公司的报告中复制后录入 Excel 表格进行分析，相关的业务数据有产能、产量、销量、价格、市场份额、各种业务量化指标等，它们一起构成了一套完整的公司发展驱动因素。可以将业务数据进行历史对比、行业对比，业务数据之间还可以进行逻辑检验，例如卖出的货有没有对应的产能，业务数据与财务数据进行逻辑检验。

财务数据：就是财务模型的构建，弄清楚各项经营活动和业务数据是如何影响到财务数据的。财务数据之间也可进行逻辑检验。公司说了有没有反映到做了，做了有没有反映到相应的业务数据，从而最终在财务数据上反映。好的公司最终会以一系列详尽的业务数据和财务数据反映出它的战略意图和经营成效。

案例：那些奥思集团消失的品牌

（注：本文发表于 2012 年 10 月 30 日雪球博客）

奥思集团（HK：1161），一个经营水芝澳化妆品和水疗店的公司。财务指标好得一塌糊涂，2007 年—2011 年五年 ROE 分别为 25%、40%、44%、28%、31%，收入从 2007 年的 5.9 亿元增长到 2011 年的 10 亿元，净利润同样从 2007 年的 0.4 亿元增长到 2011 年的 0.85 亿元，复合增长率大概在 15% 左右。而且是在现金派息率年均几乎为 100% 的恐怖条件下达到的上述增长。经营性净现金流年年大于净利润，投资性净现金流还很小。8.8 亿元资产，就有来自美容消费券的 2.5 亿元预收款项。有息负债也不高，近一两年

大概只是所有者权益的 1/3，前几年接近为 0。也就是在 2010 年度筹资了 3
900 万元的股权，相对当时 2 亿元左右的所有者权益不算多。这么好的公司
估值却低得吓人，2.5 倍市净率，9 倍左右市盈率，也就是说，如果盈利不
衰退，按照以往 100% 的利润分红，一年股息就能拿到 11%。

　　如果只看到上述财务数据外加阅读近一两年年报，我几乎就要忍不住
动手买入了。但把一些经营数据列出来后，我发现了一些端倪。这家公司
貌似平稳的财务数据背后，实际经营的业务不断在断裂。公司两大板块业
务，占销售额 60% 的化妆品业务，虽然主打是经销 H2O，但时不时推出新
的品牌，过了几年又莫名退出和消失了，然后又会推出新品牌顶上。而水
疗和美容医疗业务虽然在营业收入上每年都有增长，但店铺数量基本没有
变化，完全是靠单店销售提升拉动。按理说业务这么赚钱，除了单店销售
额提升一般还会加快开店速度，双轮驱动才对。表 6-20 所示为年报中搜索
出来的一些品牌店铺数目数据，一一细数那些品牌就会发现问题。

表 6-20　奥思集团经营数据

年份	2006	2007	2008	2009	2010	2011
店铺数量	单位：家					
H2O（中国香港地区）	15	14	17	19	17	17
H2O（中国）	136	167	192	231	247	274
H2O（中国澳门地区）	1	1	1	1	1	1
H2O（中国台湾地区）	13	13	15	15	14	14
H2O（新加坡）	4	2	2	2	2	1
H2O 总数	169	197	227	268	281	307
露得清（中国）	41	119	161			
水之屋（中国香港地区）	2	2	2	2	3	3
水磨坊（中国香港地区）	15	13	13	11	11	11
水纤屋（中国香港地区）	4	4	4	4	4	4
男士 oasis home	0	0	1	1	1	1

续表

年份	2006	2007	2008	2009	2010	2011
水磨坊（中国）	0	1	2	2	2	1
水疗中心总计	21	20	22	20	21	20
医学美容中心			1	2	3	3
伊夫黎雪			15	83	84	
Erno Laszlo				1	3	4
Glycel 零售					2	3
Glycel 水疗					4	4
JM Makeup（中国）					8	14
JM Makeup（中国香港地区）						1

单位：亿元

营业额	4.83	5.93	8.46	9.21	9.12	9.85
货品（化妆品）	3.27	4.15	6.01	6.47	6.13	5.91
服务（美容中心）	1.56	1.77	2.45	2.73	2.98	3.94
按地区划分						
中国香港及澳门地区	2.61	2.97	3.65	3.91	4.41	5.52
中国	1.59	2.44	4.28	4.78	4.21	3.86
中国台湾地区	0.53	0.42	0.43	0.42	0.42	0.4
新加坡	0.09	0.08	0.08	0.08	0.07	0.6
单店销售额						
新加坡单店	0.25	0.42	0.43	0.42	0.36	0.69
中国台湾地区单店	0.41	0.33	0.29	0.28	0.3	0.29
中国单店	0.12	0.14	0.22	0.2	0.17	0.14
中国香港单店	0.69	0.85	0.7	0.62	0.83	0.92
美容业务单店	0.74	0.88	1.07	1.24	1.06	1.46

让我们来细数一下奥思集团消失过的经营品牌。

露得清

2006 年，"集团自 2006 年 4 月与露得清生产商强生签订协议后，便开始在中国市场分销露得清产品，并迅速在中国铺设零售网络"。"最新数据（由 2006 年 10 月~12 月）亦显示，现时露得清于中国百货公司的业务正不断扩展，并已开始为集团带来正面贡献。集团预期，此项业务将可于下一财政年度带来盈利贡献，尤其是当其开始以特许经营权形式扩展业务时。"

2007 年，"集团在中国内地的露得清业务极具增值潜力，在过去一年快速扩充。在开业仅一年的销售额已为集团带来理想的溢利"。

2008 年，"产品继续热卖，使露得清收入于集团整体溢利中占了正面贡献"。

2009 年，"正如早前报告所述，集团与露得清品牌拥有人强生的合约已于 2009 年 3 月 31 日届满。强生决定不再续约，并已向集团支付补偿金，以赔偿集团损失一条具盈利潜力的产品线。有关赔偿已于回顾期内的综合收益表中反映"。

Collagen 8000

2006 年，"集团亦计划于 2007 七年上半年推出一系列 ~H2O+ 健康饮品。此等健康饮品是由集团于日本采购所得，并交由美国的 H2O Plus, L. P. 进行测试，以符合~H2O + 的品牌要求。此新产品线标志着首个 ~H2O + 健康补充产品的面世"。

2007 年，"集团于香港的零售业务亦就五月推出新健康饮品 Collagen 8000 而进一步提升。除集团现有美容产品市场外，消费对该产品反应热烈，迅速为集团带来强劲收益，以证此新产品之市场极具潜力。其后，Collagen 8000 亦在中国内地及台湾地区推出，市场初步反应亦令人非常鼓舞"。

2008 年，"集团全新推出之成功产品，尤其当中之健康饮料品 Collagen 8000，亦大大推动集团的业绩增长。集团于各主要市场均有推出 Collagen 8000，其中包括中国香港地区、中国内地、中国台湾地区及新加坡，并于各市场取得佳绩。产品特别是在中国内地面市后，迅速深受市场欢迎，成为集团最佳畅销产品之一"。

卖得这么好的 Collagen 8000 居然在 2009 年报及以后就再也没有提到只言片语，也就是 2009 年报里有一张图片。

EPOREX K69 美容仪

2007 年，"集团引进意大利无针电泳深层注入仪 EPOREX K69 美容仪，并于其水疗及美容中心推出。10 月，集团更取得 EPOREX K69 于香港、澳门及中国内地的独家分销权。此仪器融合多项美容功效，集团对其发展潜力十分乐观。EPOREX K69 配以若干独特美容产品，能为客户带来额外疗效，因此设备销售业务外，此美容产品将为本集团带来持续的收益来源。"

2008 年以后 EPOREX K69 完全消失。

伊夫黎雪

2008 年，"伊夫黎雪为世界美容护理品牌，历史悠久显赫。集团为合营公司的大股东，持有 75%权益，拥有在全中国内地独家分销所有伊夫黎雪产品的权利。集团已在中国内地增设 10 个零售点，配合品牌推出之全新形象和营销概念。有见市场对这些新店反应热烈"。

2009 年，"伊夫黎雪品牌尚在发展初期，于回顾期内，集团迅速增设零售点，令数目由 2008 年 9 月开业初期的 7 间增至 2009 年 12 月底的 83 间。集团亦已翻新伊夫黎雪现有零售点，换上更能吸引现今客户的设计"。

2010 年，"由集团拥有或分销的其他产品还包括 Erno Laszlo、JM Makeup 及伊夫黎雪。回顾过去一年，各品牌继续稳步发展，并取得理想表现。目前各品牌的综合业绩占集团整体营业额的比重相对较少，然而各品牌均具有强劲的增长潜力，故集团有信心，假以时日个品牌的利润贡献将会提升"。

2011 年，伊夫黎雪从年报中失踪。

Erno Laszlo

2009 年，"集团一直在寻求机会以扩大其品牌和产品种类，年内更成功把握黄金机会，为品牌组合增添一知名品牌——Erno Laszlo。此乃首个由皮肤科医生创立的著名护肤品牌，并获名人及好莱坞影星所推荐。于 2009 年 6 月，集团签订香港和中国内地的独家分销合约，在此之前品牌从未在中国内地市场发售。集团在中国香港地区的首间零售点位于尖沙咀，已于 2009 年 10 月开张营业，迄今市场反应良好。鉴于初步成绩理想，集团已选址九龙塘高级购物商场开设第 2 间 Erno Laszlo 零售点，并定于 2010 年 1 月底开业"。"集团相信，若配合有效推广，全新的 Erno Laszlo 品牌的发展潜力将是十分庞大。因此，集团积极发展该品牌，务求令该品牌重新于中国香港地区市场建立稳固形象。管理层对此品牌 Erno Laszlo 充满信心，相信它将与其他中国高消费群之热卖产品同样受欢迎。"

2010 年，"集团的 Erno Laszlo 品牌日渐被消费者接受及肯定。此品牌一向针对高消费一族，集团亦计划维持此品牌的高档形象，并将因需求逐步增长而审慎地扩张"。

2011 年，"于过去一年，集团继续在香港提升其品牌知名度。当品牌成功建立后，集团随即稳步扩充其业务。该品牌于本年度获得微利，意味着其未来发展将渐入佳境。集团继续计划在中国内地推出 Erno Laszlo，现正为该品牌进行产品注册程序。"

我想说一年尚能开好几十家店铺的露得清和伊夫黎雪都做失败了，Erno Laszlo 做了几年，店铺数仅从 1 变成了 4，不免令人担忧其前景，真怕几年后又在年报里莫名失踪了。

H2O

2012 年前的 H2O 是公司的王牌产品，中国区的店铺数量仍在不断增长，丝毫没有看见管理层对中国区的担忧，然后 2012 年又突然跟股东讲 H2O 在中国卖不下去了。大股东居然还在信息披露当天卖了自己一小点股份。

2012 年，"本公司接获 H2O Plus 的一份函件及两份终止通知，终止中国及中国台湾地区分销 H2O 产品之分销协议。原因为本公司截至 2011 年 12 月 31 日至连续三年未能达至产品的最低购买目标"。"中国及中国台湾地区之业务占截至 2011 年 9 月 30 日年度之经审核综合除税后纯利约 21.8%。"

H2O 中国销售收入占公司总收入大概 40%，没想到利润占比却不大。我觉得公司其实早几年就知道了，已经预谋好用 Glycel、JM Makeup 来顶替它，所以这两年看到公司年报重点提了上述两个品牌。

奥思的年报不披露各品牌的收入状况，只是简单按产品和服务或者是区域划分收入。年报中经常看到"极具增长潜力"、"强劲"、"非常鼓舞"、"理想"、"丰收"等词，不过这些品牌基本最终都无故失踪。公司经常在某个品牌代理消失前就推出新的品牌顶替，说新品牌多么好，可新品牌过几年后又消失了。如图 6-19 所示，列出了各品牌的进入与消失时间。

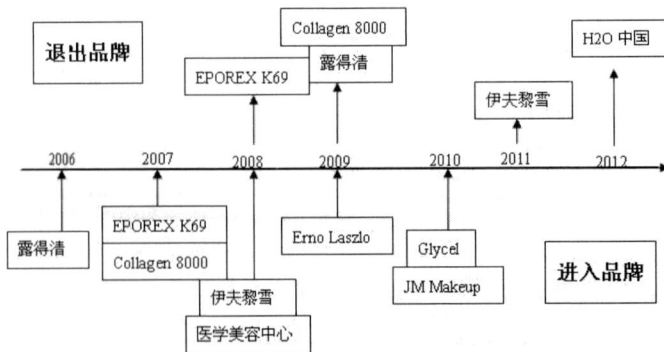

图6-19 奥思集团各品牌进入与退出时间

公司的水疗业务做了很多年，中国香港地区店面也就维持在 19 间左右，内地市场也说要进入很久了，最多才开到 2 间，2011 年还退出了 1 间。可是单店的销售收入却是一直在提升的。

近年，奥思收购了 Glycel 品牌和自创了 JM Makeup 品牌，估计也是担心代理风险。这两品牌发展如何仍有待观察，但愿它们能真正支持起奥思的业务，而不是过几年又失踪了。奥思集团股价走势如图 6-20 所示。

（注：奥思集团近况是仍然保持很高的派息率，这点确实不错，业务重点转移到了美容服务，有些雪球网友也纷纷看好，到底怎样我还没深入研究。）

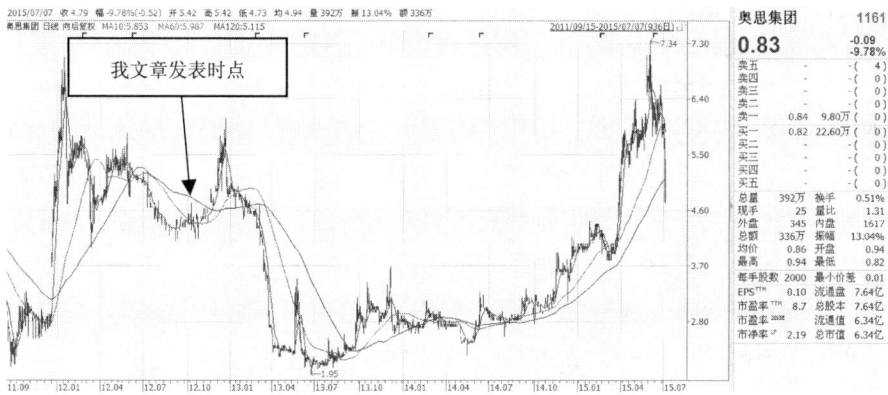

图6-20　奥思集团股价走势图

案例：海南高速——国企改革的困难与挑战

（注：本文发表与证券市场周刊 2014 年 42 期）

2014 年以来，国企改革一直是股票市场投资的热点，相关股票取得不错涨幅，似乎通过混合所有制改革，国企就能够激发企业活力，提升经营效率。然而，以海南高速这家股份制国企的发展历程作为观察样本，就会发现，改革不仅局限于国企本身。

补偿款被欠 18 年

海南高速于 1998 年初在深交所上市，是高速公路板块中上市较早的公司。公司的实际控制人原为海南省交通厅，2002 年时变更为海南省国资委，2012 年又变回海南省交通厅，目前的大股东海南省交通控股有限公司是海南省国企改革实施意见中重点扶持集团之一。

海南的高速路不设收费站，交通比较便捷，这是由于早在 1994 年起海南就进行了燃油税费改革，全岛不收养路费、过路费、过桥费等费用，改征燃油附加费。改革的本意是降低物流的时间与成本，但代价之一却不幸由上市公司承担。海南高速由于没有了通行费用，公司的投资回报无法保障，对此，海南省交通厅通过燃油附加费对公司进行综合补偿。以公司对公路的投资总额作为政府直接补偿的补偿基数，投资补偿利率按照 1994 年 1 月 1 日 5 年期国家银行长期基本建设贷款利率计算。这样，海南高速的投资回报率就被限定在了相关利率的范围内了，盈利能力大幅降低，但问题远不只如此，补偿款从此被拖欠了 18 年。

根据公司的招股说明书显示，从燃油附加费改革开始的 1994 年至海南高速 1998 年上市前，海南省交通运输厅欠付公司补偿款及公路养护费 4.37 亿元，上市当时的律师事务所认为 "有关的关联交易并不妨碍公司的正常业务活动，亦不存在损害公司股东合法权益的情况"。海南省交通厅承诺所欠补偿款及公路养护费将在 1998 年 6 月 30 日之前付清，但到了 2001 年底，欠款越欠越多，最多欠了上市公司 9.18 亿元，导致公司背负沉重财务负担，资金周转困难。海南高速 1997 年底上市募集资金 4.4 亿元，相当于公众股东所投资的资金免费为海南省交通厅修高速公路。更为稀奇的是公司修建的东线高速公路左幅扩建工程已在 2001 年 9 月全线竣工通车，但相关投资补偿协议竟然没有签订，即海南高速在左幅公路上投资了数亿元，投资回报却是未知的，直到 2006 年，相关协议才被确定。2006 年，海南省交通厅以现金方式一次性偿还公司投资补偿款及相关款项 5.97 亿元。好景不长，当公众股东以为公司干活不收钱的历史终于要完结时，海南省交通厅又开始拖欠新的补偿款，2007—2011 年海南省交通厅欠公司相关款项每年分别为 0.95 亿元、5.53 亿元、6.32 亿元、3.67 亿元、3.67 亿元，直到 2012 年海南省交通厅才终于从欠款名单中完全消失。从 1994 年算起，海南高速被欠款时间竟然长达 18 年，还要在欠款的情况下努力保证完成工程项目。

缺乏优势的其他主业

如同其他高速公司，海南高速同样发展多元化业务，尤其在高速业务几乎没有发展空间的条件下显得更为迫切。海南高速除了高速公路业务外，还经营酒店及房地产业务。海南高速的酒店业务为下属四个全资金银岛酒店，分别位于海口、三亚、琼海和万宁，但酒店经营状况普遍不佳，从 2000 年至 2014 年，营业收入维持在 0.5 亿元左右，由于持续发生亏损，海南高速也曾对这几家酒店公司计提资产减值损失近 1 亿元。公司已于 2012 年 6 月转让亏损较多的三亚金银岛酒店给海南省交通厅和海南发展控股有限公司。

房地产业务是公司近年来大力发展业务，营业收入约占总收入的 70%，成为公司最主要的利润来源。公司开展地产业务有一优势，原先在建设公路项目时需要征地，路旁的一些地块作为相关配套会一同征入，日后可用于房地产开发，不过随着公路业务的萎缩，公司为满足地产开发需求同样需进入土地拍卖市场。公司地产业务并不稳定，海南国际旅游岛相关政策宣布后的 2010 年，地产收入最高达到 4.52 亿元，此后三年收入则分别为 3.67 亿元、1.82 亿元和 3.76 亿元。这是因为公司地产开发规模较小，收入受单个项目影响较大，持续增长性差。从 2001 年报后，公司披露开发过 12 个地产项目，除去目前正在开发的 3 个项目，过往的 9 个项目周期如表 6-21 所示。

表 6-21　海南高速地产项目

项　　目	开工时间	竣工时间	售完时间
仙泉大厦	2001	2002	2005
琼海蛟龙园	1994	1999	尚未售完
瑞海豪庭项目	2001	2003	2009
瑞海城市花园	2002	2004	2008
海口长堤路项目	2002	停工	项目终止
椰林路大厦	2003	2006	2009
龙华雅苑	2003	2005	2005
瑞海水城一期	2007	2010	2013
瑞海锦苑	2008	2010	2013

数据来源：公司年报

可以发现公司的地产开发周期较长，一般需要 6 年，前 2～3 年用于项目建设，后 3 年时间用于销售，这样就使得公司资金周转速度变慢。公司在 2013 年报中提及的"瑞海水城"一期累计实现销售收入 5.77 亿元，累计实现净利润 1.16 亿元，"瑞海锦苑" 2013 年实现实现销售收入 3.14 亿元，累计实现项目利润 2.39 亿元，看似利润不错，但考虑长达 6～7 年的开发周期，2009 年后地产存货占用公司资金均 6 亿元以上，回报并不可观。而且 2010 年海南国际旅游岛政策宣布后，岛内地产价格至少上涨 1 倍，如果从 2001 年算起至今，海南房地产价格则普遍上涨了 10 倍左右，公司地产业务表现实在一般。

公司自 1998 年上市后至 2009 年期间净资产收益率长期均在 0 左右，

2009 年后，随着海南地产价格的暴涨，公司地产业务的加大，再加上近年产生的投资收益，净资产收益率也仅为 5%左右。公司 1998 年上市时，净资产为 25.51 亿元，上市 16 年后的 2014 年三季净资产才上升到 27.58 亿元，几乎原地踏步，股票市值跟当初上市时也是基本相同。

酒店和房地产开发行业相比高速公路更为开放，公司进入上述行业缺乏相应的资源和能力作为支持。作为传统国企，其高管基本由国资系统行政任命，经营相对垄断性质的行业尚可，但要进入竞争性行业，如果缺乏相应的专业能力和从业经验，公司又缺乏吸引和培养专业人才的机制，企业经营效率就会不高。在各行各业竞争日益精细的情况下，缺乏资源保障又无能力支持的国企和专门的业内公司相比，差距将日益拉大。

令人费解的投资项目

海南高速近年来比较明显的变化是各种投资项目增多，令人眼花缭乱，其中几个项目无果而终。

三亚六道湾渔港项目早在 2003 年开始筹划，是省、市重点建设项目，被认为是公司的战略性投资项目，为公司日后的支柱性产业，当年计划投资近 2 亿元，因此，海南高速一度将港口行业和房地产、公路共同列为三大主业。2006 年 9 月，工程进入全面开工建设阶段，而此前进行了项目用地的征地拆迁工作。三亚六道湾渔港项目工程建设期为 2.5 年，计划于 2009 年上半年完工。然而还未等项目建成，2007 年海南高速将所持有的三亚六道湾项目 98%股权以 1.18 亿元转让给海南兰海实业集团有限公司，实现了股权转让收益 0.48 亿元。虽然股权转让看似得到了增值，可对于一个公司的战略性投资项目，从所耗费的多年的人力、物力和财力，以及相应的土地增值来看，未必真的得到补偿。值得一提的是，六道湾渔港位于三亚市东南边，知名的榆林港外部，毗邻亚龙湾，与市区相距近，陆域建设面积有四、五千亩，三亚市政府还将六道湾渔港码头相邻 1 500 亩综合用地作为海南高速投资渔港项目的补偿。公司辛苦多年筹划的项目，眼看就要见到成果，却突然转让，实在令人费解。截至 2014 年，公司房地产开发项目储备约为 2 000 亩，当年的转让行为，让公司地产业务价值降低不少。

2007 年，海南高速投资 5 000 万元入股海南国宾馆有限公司，占其股份 53.26%，国宾馆公司的另一股东为海南省直属机关事务管理局，国宾馆公司主要投资建设海南国宾馆项目，该项目位于海口大英山新城区的中心，紧邻海南省政府，被认为是省政府接待窗口。公司投资该项目时就知道不赚钱，预计项目建成后前五年年均经营亏损为 631 万元，但从第 6 年起该项目年均净利润为 1 914 万元,而且是看好该项目用地位于海口市未来的商业中心区,土地升值空间巨大。2008 年,国宾馆除了室内装饰工程外,其他工程已经接近尾声,公司制定的 2009 年工作计划也是完成国宾馆酒店项目建设,确保国宾馆按计划投入运营,但是到了 2009 年公司却将所持国宾馆酒店股权转让给海口新城区建设开发有限公司,交易价格为 1.64 亿元,其中股权转让款 0.59 亿元,垫付工程款 1.05 亿元,实现资收益 881.28 万元。此后,国宾公司的另一股东海南省直属机关事务管理局也将其余股权转让给海口新城区建设开发有限公司。

2007 年底,海南高速与海南省国资委签署协议,公司投资 1.28 亿入股海汽集团公司 30%股权,并且协议中有条款,海汽集团经过半年至一年的经营期之后,若净资产收益率达到 7%,公司将进一步增资控股海汽集团。可见海南高速是看好海汽集团的发展的,事实上海汽集团 2008 年净资产收益率就达到了 8.3%,并且随着利润的不断增长,至 2012 年时净资产收益率逐步上升到了 12.3%。然而,公司不但不继续增持海汽集团股权,却在 2011 年以 0.36 亿元的价格将 5%的海汽集团股权转让给海口市国资委旗下的另一家国企,实现投资收益 918 万元。2014 年,证监会披露了海汽集团上市预披露名单。

海南高速上述几个项目所反映出来的经营思路前后互相矛盾,违背商业常识,恐怕不论项目投资还是转让,海南高速都身不由己。

自海南建设国际旅游岛以来,海南高速投资的项目基本都是围绕政府扶持产业而开展。

2010 年,公司与国资公司海南省发展控股有限公司投资新建了海口海控小额贷款公司,公司出资 0.87 亿元,占 35%股份。小额贷款公司和海汽集团目前是公司已投资项目中两个能够见到经营效益的项目,2013 年度小额贷款公司净资产收益率达 13.4%。公司表示仍要继续围绕海南金融业"五个一"工程,积极稳妥地发展旅游保险、组建和重组地方性金融机构、房地产投资信托基金、小额贷款公司等金融业务。

2012 年海南高速与海南省交通投资控股有限公司、海南高远邮轮游艇产业服务有限公司共同出资,成立海南高速邮轮游艇有限公司。邮轮游艇公司注册资本 3 000 万元,海南高速出资额 1 200 万元,占 40%股份,不过邮轮游艇公司至今尚未产生营业收入,2012 年、2013 年、2014 年上半年分别亏损 242 万元、61 万元和 19 万元。

2012 年海南高速以 3.13 亿元增资入股海南航天投资管理有限公司,占其 25%股权,该公司主要承担海南航天发射场配套区的项目建设和土地成片开发，准备建成航天特色的旅游主题公园。航天投资管理公司至今尚未产生营业收入，2013 年度及 2014 年上半年，分别亏 299 万元、2 万元，据海南高速预计，航天配套项目最快也要 2017 年初试营业。海南高速对该项目做出的风险估计是开发需要资金量较大，在项目开发周期较长的情况下，项目经营回款周期也相应较长，因此项目开发存在资金紧张甚至不足的风险。事实上，即便在崇尚航天的美国，著名的肯尼迪航天中心运营都非常艰辛，缺乏资金维护。航天飞船不是经常发射，平时的客流量不一定能支撑相关运营。

2013 年海南高速出资 0.3 亿元与海南省国资委、海南发展控股有限公司、海钢集团公司共同出资组建海南省海洋发展有限公司，占该公司股份的 30%。该公司参与海洋基础设施项目建设和土地成片开发，至今同样未产生营业收入，2013 年度及 2014 年上半年，分别亏损 102 万元及 112 万元。

2014 年 10 月，公司董事会同意以不超过 4 620 万元的价格参与三亚市三亚湾西瑁洲岛西侧海洋牧场人工鱼礁项目海域使用权投标，用海面积约 2 300 亩，用海方式为开放式养殖用海和透水构筑物用海，出让期限 12 年，结果以 4 620 万元中标。不难看出，海南高速准备进军海洋养殖业。

自此，海南高速的投资领域涉及了上天、入地、下海各个方面，但是后续进展的消息非常稀少。海南高速并没系统地向公众投资者阐述过项目的设想，具体建设内容是什么，投资的规模，回报期限等信息，难怪投资者纷纷在互动易平台询问海南高速究竟是要干什么。政府的政策、规划等文件可以很快出台，但实现却是不易，公司投资速度很快，可是有没有为进入陌生的领域做好各种人力、物力、财力等资源的准备呢？若轻易上马，后续面临的将是无所开展。

从以上投资项目也可以看出地方政府干预色彩强烈，公司很难有自主经营的权利，这些项目自然会成为政府政绩的表现，但实际的回报状况成疑。即便有些项目最终回报不错，又可能面临公司此前辛苦播种，别人收割成果的风险。

通过上述对海南高速的分析，我们可以看见国企的实质控制人在利益上并不完全和中小股东一致，其可以从对公司的运营、人事、投资等多个方面施加影响。另外，国企缺乏专业能力，尤其是进入其他竞争性行业。最后，内部人控制，股东权益又被损害了一次。上述因素都是造成海南高速多年来盈利状况低下的原因。

个人总结

财报不是万能的，但没有财报是万万不能的。阅读财报不仅是阅读财务数据、业务数据本身，更需要结合公司的商业模式、发展战略、竞争优势、竞争环境等多种因素去理解这些数字的含义，否则，平稳增长的数字背后很可能是巨大的陷阱。反之，进行数据分析也能够帮助投资者定性判断，一个公司的好坏最终会需要这些冰冷的数字来说明。

CHAPTER 07

系统的价值评估

价值投资不见得必须持有伟大的公司，能够找出伟大公司固然好，但关键是为此付出了多少溢价，归根结底，价值投资仍然是投资付出的价格与得到公司的品质之间的性价比问题。因此，仅仅会判断公司的竞争优势无法构成价值投资的内涵，如何在此基础上确定公司的内在价值是本章所要解决的问题。

7.1 估值体系

确定公司内在价值并不是件容易的事，难在两点：第一，公司的价值虽然短期内相对稳定，但是长期看一定会发生变动，尤其在经济高速增长的中国，很多公司在短短几年间就完成了国外相同公司几十年才完成的发展历程，公司的价值变动得非常剧烈，难以令人把握；第二，即绝大部分的投资者对公司的价值判断没有一个系统和全面的认识，他们无法正确地认清公司的价值，价值投资更是无从说起。公司价值不是简单的低市盈率或者低市净率，也不是现金流贴现模型机械静态的运用，投资者首先应当在观念上建立一套相对完善的估值体系，知晓公司价值的构成，选取适当的方法与工具进行评估，并且明晰这些运用的背后存在哪些难点和局限。

那么什么才是一个较为完善的估值体系呢？按照从低到高的价值划分，一个公司的价值分别有清算价值、账面价值、重置价值、盈利价值、成长价值以及不同所有者不同价值。我们先从公司的最低价值——清算价值开始了解。

一 清算价值

公司之所以会清算，大多经营状况较差，实在无法扭转颓势，股东才被迫结束公司，而且往往伴随着偿还相关负债的资金流动性需求。公司清算时，理论上讲，清算价值与账面价值应该一致。实际清算时，即使资产的实际出售金额能与财务报表上所反映的账面价值相一致，但是为了应对资金的流动性需求，需要在短时间内抛售资产，大多数资产只有压低价格才能出售，甚至短时间内市场没有报价，因此，公司清算价值往往小于账面价值。事实上，公司作为一个整体其价值肯定是大于各个部分资产拆分出售的价值。公司清算是如何损失公司价值的呢？例如，公司的专用设备在公司运营时是有其价值的，但一旦清算，专用设备因其几乎为公司量身打造，适用其他领域的范围狭小，因而几乎会全部损失，专用设备大多按废铜烂铁的价格出售。而公司的无形资产也几乎会全部损失，这些无形资产包括公司辛苦建立起来的品牌、客户资源、分销渠道、人才、后续履行的合同等。客户、经销商等利益相关方在获悉公司清算消息时，更可能不履行相关义务，造成公司存货、应收账款等科目的部分损失。

因此，公司的清算价值被认为公司最低的价值，公司的原有股东损失惨重，但是对于一些以超低价格买入公司债券的投资者或者"趁火打劫"买入清算资产的投资者而言可能也是难得的投资机会，后续我会有相应投资策略介绍。

二 账面价值

公司第二个层次的价值是账面价值。账面价值，理解起来相对简单，它通过会计恒等式"资产=负债+股东权益"计算而得，会计报表上均直接列明了公司的净资产（又称股东权益、所有者权益）是多少。账面净资产你可以认为它不重要，因为几乎没有一家公司的股票市值和账面净资产是一模一样的，但是如果你善于分析会计报表，它仍然可以告诉你很多信息，毕竟不同公司的账面价值的含金量是不同的。公司账面价值相对其他价值的优势在于它简单明晰，资产与负债科目大多按历史交易价格入账，而公司其他方面的价值却要严重依赖对未来的假设，波动的空间更大。账面价值可以被认为公司股票价格的地心引力，大部分的公司价值长期看不会超过账面价值很多，仅有少部分长期具备竞争优势获得超额利润的公司股票能以数倍于账面价值的价格交易，而当股票价格跌破公司账面净资产时，可以认为是一个投资机会，注意，这仅仅提供了一种获利的可能性。本章后面介绍的具体估值方法例如市净率、五要素估值简化模型中都涉及对公司账面价值的运用。

三 重置价值

公司的价值再提升一个层次就到了重置价值。账面价值因为会计的谨慎性原则，强调按资产的历史成本入账，随着时间的变动，某些资产的市场价值会高于或者低于历史成本，这样账面价值就不能够较为准确地反映资产的真实价值。重置价值，则是指现在重新购置同样资产或重新制造同样产品所需的全部成本，因而更能全面和动态反映公司的真实价值，但是重置价值的估算需要主观判断，满足一定的假设前提。

公司有的资产重置价值和账面价值几乎一致，有的会显著增加，而有的则是低于账面价值。资产重置价值和账面价值几乎一致的科目有：货币资金、交易性金融资产、应收票据、预付款等，这些科目没有必要在账面价值的基础上进行调整。

资产重置价值一般低于账面价值的科目有：应收账款、存货、固定资产中的专用资产或者设备、商誉等。应收账款虽然已经公司自己预估计提了相应的坏账减值准备，但是仍然有较高实际的价值小于账面价值的风险，因此应当对该科目给予一定折扣。存货科目，如果该科目是一些滞销商品或者过时的高科技产品，那么很抱歉它们的实际价值肯定会比账面价值低。不过也有一些存货是会增值的，例如房地产公司作为存货的房地产，白酒公司库存的老酒。固定资产中的专用资产或者设备实际价值一般会较账面价值低，因为随着科技进步，新的生产设备生产效率大幅提升，新入者在设备采用方面比原有企业更有优势，旧有设备的价值在加速减少。商誉是公司为购买其他企业的投资成本超过被购买企业净资产公允价值的差额，但是数据显示过半数的并购最终是失败的，因而商誉部分的真实价值值得商榷。

资产重置价值一般高于账面价值的科目有：无形资产中的专利与土地使用权、房地产类资产、股权投资类资产等。无形资产中的某些专利能够为公司带来巨额的收益，其价值远超自身为此开发所耗费的成本，例如医药公司的药品专利。而土地、房地产类资产许多是基于历史成本入账，还会计提折旧摊销，但由于通货膨胀等因素，实际价值基本一直在上涨。一些高速公路、港口、机场等公司因为建设征用了大幅土地，随着城市的发展，这些土地价值也会水涨船高。公司很可能自身经营不赚钱，但是历史上所投资的公司发展状况特别好或者具备大幅增值的潜力，股权价值获得了巨大增长，而财报上该类资产很可能仍以历史成本计量。

上面我所说都是财务报表中显示出来的资产科目，而公司有些资产是不入账的，但是这些资产却可能是公司最值钱的资产。例如公司的品牌、客户关系、分销渠道、研发能力，它们都耗费了公司巨额资金打造，但是财务报表上根本看不见。一定有很多人会想起可口可乐公司总裁说过的一句话，"即使可口可乐在世界各地的厂房被一把大火烧光，只要可口可乐的品牌还在，一夜之间它会让所有的厂房在废墟上拔地而起"。这就是品牌的价值。那么我们怎么计算一个品牌到底价值多少，这确实非常困难，一个方法是通过公司每年营销相关的费用乘以一个假定的倍数（例如 5 倍或者 10 倍）来粗略估算。白酒公司的老窖池可能早在几百年前就已建成，财务报表上看不到价值，不需要计提折旧但实际仍在使用，而且是越老越值钱，显然该项资产已经构成了白酒公司的重要价值。特许经营权是公司拥有开发某些资源或者开展某项业务的权利，这些权利现在未必使用，但是却有可能在未来为公司实现巨大收益，它们同样可能并不能够在资产负债表里反映。上述表外资产都是我们考虑公司重置价值的重要方向。

重置后的资产价值减去相应的负债后就得到重置后的净资产，上述的计算并不会非常精确，因为会用到相当多的假设前提，而且需要具备专业的行业知识。考虑通货膨胀的因素，大部分公司的重置价值会略高于账面价值，只有少部分长期具备竞争优势能获得超额利润的公司的重置价值才会明显高于账面价值。大部分公司所提供的产品或者服务差异度不大，生意可以被复制，因其无法长期获得超额收益，所以价值长期看应当就是重置价值，价值自然也不会超过账面价值很多。

为什么我们需要从资产重置的角度去思考公司的价值呢？这是因为很多公司可能经营状况较差，主营业务微利或者亏损，如果我们从经营现金流折现的角度去看待公司，公司的价值可能非常低，但是从重置资产的角度看公司的价值却可能非常高，一旦因为更换管理层或者资产处置等因素，重置资产的价值得以释放，股价表现会非常好。因此，针对公司的重置价值，我们后续在投资策略章节中有相对应的策略介绍，即投资隐蔽资产类型公司。

案例：重置后的牛奶公司与中国动向

1972 年，英资洋行怡和旗下的置地地产换股并购牛奶公司。牛奶公司设立之初为香港市民供应牛奶饮品，因此征收了大片的土地当作牧场养殖奶牛，这些地块当初都地处荒凉，但是随着香港城市的发展，竟然也变成了城市区域。牛奶公司股权分散，在寸土寸金的香港显然做牧场的价值根本比不上做房地产，因而被置地地产看上并购，相关股价也一飞冲天。这就是隐蔽资产的价值所在。

中国动向（HK：3818）原先主要业务是在华销售 KAPPA 品牌体育服饰，曾经取得了不错的销售业绩，不过近几年体育服饰行业低迷，加之自身管理原因，经营状况每况愈下。中国动向 2011 年 9 月动用一亿美金投资马云创办的云峰基金，而云峰基金持有阿里巴巴及阿里健康等公司股份，这些股份后来上市获得了巨大增值。此外，目前所投资的未上市公司中的蚂蚁金服、华大基因、小米等公司也极具想象空间。中国动向减持所持云峰基金 30% 的份额后，剩余份额账面公允价值仍然超过 5 亿美元。不过在中国动向 2011 年投资云峰基金后，尽管公司从未发生过亏损，市场仍然陷入对主营业务深深的担忧之中，2012 年中国动向股价进一步跌至谷底，最低仅为账面净资产的 0.4 倍，全年股价平均为净资产的 0.6 倍，更是远低于重置价值了。此后，随着阿里系相关股票的成功运作，市场才逐步认识到中国动向的投资价值。在 A 股中较为知名的是对券商影子股炒作，这些上市公司持有大量证券公司股权，或者持有未上市公司股权，公司的价值已经主要依赖于所投资股权的价值。

四　盈利价值

即便公司的重置价值很高，但是资产价值迟迟得不到释放，不能转化为现金流入，那么这部分的价值和大部分的股东是没有关系的，股东最初给公司投入资本，变为公司的资产，是希望资产经过运作换来源源不断的现金流入，从而使得资本不断增值，因而，公司估值中最主流的方式仍然是未来现金流贴现的价值。盈利价值，即公司的盈利已知的情况下，假设未来盈利不变，将永续不变的盈利贴现回来的价值。零增长贴现模型可以很好地表达公司的盈利价值，$p=e/r$，其中 p 为公司盈利价值，e 为当期盈利，并假定未来各期不变，r 为投资者要求的投资回报率，或资本成本。

那么公司的重置价值与盈利价值有何关系？大部分处于完全竞争市场的公司的盈利价值长期来看等于重置价值，这些公司的重置价值乘以社会平均投资报酬率就得到平均盈利，而平均盈利再除以社会平均投资报酬率（资本成本）得出的盈利价值就和重置价值一样。如果说公司的盈利较低造成盈利价值小于重置价值，说明公司因为管理不善或者处于行业低谷等因素造成公司的资产价值没有充分发挥效益。而如果公司的长期盈利价值高于重置价值，则说明了公司一定有着某种竞争优势能够长期获得超过社会平均报酬率的收益，从而使得盈利价值很高。公司即便没有增长，但能够获得超额收益的话仍应该享有更高估值。针对公司的盈利价值，我们相应的投资策略为高股息投资策略。

五　成长价值

成长价值，即公司的盈利能够持续增长，将未来不断增长的盈利贴现回来的价值。可以用常数增长现金流贴现模型或者二阶段现金流贴现模型来表达公司的成长价值。值得注意的是，公司的成长价值一定是建立在公司的投资回报率超过股东资本成本的基础上的，否则将出现越增长股东价值损毁越大的情况。成长价值是公司价值当中最大的一种，仅有少之又少的公司具备强大的竞争优势，能够长期保持高于社会平均投资报酬率的盈利增长。与成长价值相对的投资策略属于成长股投资。

六　重置价值、盈利价值与成长价值的关系

重置价值、盈利价值与成长价值之间有着非常紧密的关系，让我表述得更加清晰些。假设一个处于完全竞争行业的公司，投入 100 万元建立企业，获得每年 20 万的收益，社会平均利润率是 10%，也就是说，该企业暂时获得 10 万元（20 万-100 万×10%）的超额收益。按零增长模型估值 20万元/10%，那么该企业的市值就是 200 万元，比投入的 100 万元多。由于别的企业家看到该行业有超额收益，且创造相同业务的企业只需投入 100万元，即重置价值为 100 万元，而卖给市场的价格 200 万元，因此纷纷涌入该完全竞争行业。行业企业数量增长，产品供给增加，原先的企业的收

益从每年 20 万元下降到 10 万元，获得社会平均利润率，同时仍然按照零增长模型估值 10 万元/10%，该企业的市场价值也下降到 100 万元，与投入相等。因此对于资本可以自由进入和流出的完全竞争行业公司，企业的内在价值长期来看必然等于企业的资产重置价值减去负债，也就是重置净资产价值。但如果该企业能够以某种竞争优势防止别的企业掠夺它的超额收益，维护住每年 20 万元的利润，那么企业的盈利价值就有 200 万元，比重置价值 100 万元高，企业的竞争优势就值 200 万元减去 100 万元等于 100 万元，如果该企业更强，除了能够维护原有一定数量的超额收益外，还能继续扩张出该范围获得更多的超额收益而不被别的企业争夺，按照增长贴现模型估计，那么该企业就拥有比盈利价值更高的成长价值。

重置价值、盈利价值与成长价值的关系如图 7-1 所示。

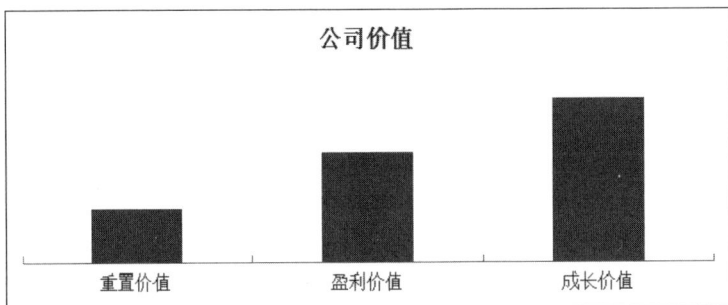

图7-1　价值关系图

第一根柱子代表重置价值，在完全竞争市场、没有竞争优势的条件下，公司的内在价值就是资产的重置价值。第二根柱子代表盈利价值，盈利价值与前面重置价值的差额代表着公司具备的竞争优势的价值。第三根柱子代表成长价值，只有在获得超额收益的基础上谈论公司的成长才是有意义的。三种价值层层递进。

公司价值的源泉首先来自资产，其次是收益，最后是成长，传统的价值投资鼻祖格雷厄姆认清了价值的第一层面，而巴菲特继续前行丰富了价值三源泉：资产、收益与成长。

七　不同所有者不同价值

公司的价值有时候并不取决于自身，而取决于谁拥有它，谁在管理它，因为不同所有者基于其独特的价值创造能力，会产生不同的现金流，从而公司价值不同。公司不同所有者不同价值细分来看可以分为控股价值、进入价值、渠道价值、研发价值、其他协同价值、改制价值、不同管理层价值等。

控股价值是大股东评估公司价值的重要方式，拥有控制权的公司价值对于大股东而言是显著高于无控制权的公司价值的，这一点与中小投资者对公司的价值判断是有明显差异的。大股东对一家公司拥有实质控制权，才能够将这家公司纳入自身战略版图，可以按照自己的意图去决策公司的重大事项，为己所用，而这家公司也才能够得到来自大股东各项资源的支持。伯克希尔·哈撒韦公司在没碰到巴菲特前只是一家濒临破产的纺织厂，而在巴菲特入主之后成为他资本运作的平台，公司股价几十年间从几美元增长到二十万美元。我们经常看到每当发生公司控制权的争夺战时，双方都不惜付出极高的价格去收购公司股票。

进入价值，某些地区或者行业存在进入壁垒，想要进入该地区或者行业的公司无法快速获得准入资格，因此进行相关公司的收购就成为首选。这些被收购公司可能行业地位与业绩均不好，按照传统评估方法根本不值那么多，但所拥有的牌照就是最主要的价值。

渠道价值，一些公司能够被别人以高价买走就因其拥有的销售渠道价值，通过共用销售渠道，能够进行协同销售。此外，如果某些公司能够背靠一些具备销售渠道的大股东，其公司价值也会巨幅提升，例如天弘基金，原本是名不见经传的小基金，但是突然被收到阿里巴巴系中，借助支付宝的互联网渠道，推出余额宝货币基金，目前所管理的资产规模已经跃居行业第一，公司价值大幅提升。目前，腾讯、百度、阿里巴巴三大互联网公司巨头都纷纷收购各类创新型互联网企业，而创新企业也乐意被它们收购，因为双方的结合能够将新业务价值发挥到最大。

研发价值，该类价值多见于高科技或者医药行业，将特色研发团队卖给实力雄厚集团，一方面集团能拥有新的产品增长点，另一方面研发产品借助集团销售渠道迅速推广，或者集团能够提供丰厚的资金、技术与团队，使得研发技术上更为领先。

其他协同价值，商业活动中还存在着一些其他的协同价值，包括采购、制造、物流、财务等方面。例如国外的影视公司均归属于大型传媒集团，因为影视公司现金流波动剧烈，稍有不慎就会破产倒闭，需要依靠现金流稳定的传媒公司平滑波动周期。

改制价值，如今中国的民营企业，除了企业家自身创办外，有很大一部分是由原来的国企改制而成。旧有国企因为体制原因，濒临破产，进行改制，原国企厂长或者老总盘下烂资产摇身一变成为企业的主人，资产还是那些资产，管理人还是那位，但是所有制的改变一下子释放出了企业的活力。时至今日，改制仍在进行当中，例如中国石化拿出旗下销售资产进行混合所有制改革，引发市场憧憬；国有企业引入战略投资者或者私募股权基金对其公司治理进行完善；国有企业实行员工持股计划或者股权激励。

不同管理层价值，公司拥有宝贵的资源，重置价值很大，但是因为管理层无能的因素，资产价值没有能够充分发挥，这时通过更换管理层，调整战略发展方向，改变管理方式，剥离不良资产，可以使得盈利水平大幅提升，资产价值得以实现。

不同所有者不同价值对应的投资策略有很多，例如事件驱动型、业绩提升型，后续章节会有所介绍。

7.2 DCF 估值模型及思维

贴现现金流量法（Discounted Cash Flow）是金融界广泛使用的一种公司价值评估方法，它是把公司未来特定期间内的预期自由现金流贴现为当前现值。而自由现金流是公司产生的，在满足了再投资需要之后剩余的现金流量，这部分现金流量是在不影响公司持续发展的前提下可供分配给企业资本供应者的最大现金额。DCF 估值求估值者除了了解企业的经营情况，还要求掌握正确的方法。

$$P = \sum_{t=1}^{n} \frac{CF_t}{(1+r)^t}$$

其中：CF_t 为第 t 年的自由现金流，r 为反映现金流风险的贴现率。

注意，公司的全部价值属于公司各种权利要求者，这些权利要求者包括股东和债权人，因此，公司自由现金流是所有这些权利要求者的现金流的总和。这里的公司自由现金流贴现模型计算的就是公司总的价值，包括股权价值和负债价值，如果想要得到股权价值，需在此基础上减去有息负债。公司自由现金流的具体计算公式如下：

公司自由现金流=NOPLAT+折旧+摊销-资本支出-营运资本支出

NOPLAT（Net Operating Profits Less Adjusted Taxes）：扣除调整税后的净营业利润，即息前税后经营利润，是指税后扣除与非经常性损益之后的公司核心经营活动产生的税后利润， NOPLAT = EBIT ×（1-所得税率）。

资本性支出：购建固定、无形及其他长期资产所支付的现金减去处置固定、无形及其他长期资产而收回的现金。

营运资本支出：存货增加额+经营性应收项目增加额-经营性应付项目增加额

要想对上述数据做出合理预测，就必须先对三张财务报表预测。其中，NOPLAT 涉及利润表的净利润、折旧、摊销和利息费用；资产负债表涉及资本支出和营业资本支出；利润表中的折旧摊销又与资产负债表的资本支出相关，资本支出又与借款相关，借款最终又通过利息费用在利润表上得以体现。要将资产负债表和损益表联系起来还要通过现金流量表，例如通过经营活动现金流、资本活动现金流、筹资活动现金流加总得到的现金流则会反映到资产负债表中的现金及等价物。财务的预测原理详见此前章节，而想要深入了解 DCF 模型的各种细节，则需要阅读相关专业书籍。本节仅探讨 DCF 模式的思维方式及从这种思维方式去理解公司价值的意义。

DCF 模型理论完美，但实际中自由现金流如何预测，高增长阶段的期间确定，永续阶段长期增长率确定，贴现率确定，都是问题。模型中大部分价值来源于永续阶段，永续阶段增长率变动一点点，模型输出的结果变动很大。一般而言，贴现率取值 8%～12%，永续阶段增长取 2%～4%。DCF 模型一方面需要运用到大量的数据，使用起来非常麻烦，另一方面，DCF 模型对录入假设参数的变动又非常敏感，输出结果变动区间过大以致失去意义，因而，被实战派束之高阁，还被认为是精确的错误。

上述只是事实的一方面，**DCF 估值重要的不是结果，而是对公司各种影响因素分析的过程**。DCF 涵盖了影响公司的各种因素，要想对一个公司了解得比较清楚就必须把握到影响公司的关键因素，因此，以 DCF 模型对公司进行系统和量化的思考不失为一种好的分析方法。如果你真的通过 DCF 模型对公司深入研究，就可以对各种因素如何影响公司的业绩做出非常具体的量化评估，例如油价上涨对石油公司业绩的影响程度，提升存款准备金究竟影响了银行多少的利润，新增的固定资产投资会导致折旧多提多少钱等。虽然这些问题都是技术的层面，但如果能对这些问题做出解答，说明你对公司的核心本质已经有了本质层面的认识。如果思想缺乏对公司系统而深刻认识，那么即便使用 DCF 模型也只是垃圾数据输入，垃圾结果输出。

此外，公司自由现金流=NOPLAT+折旧+摊销-资本支出-营运资本支出的公式也告诉我们自由现金流不等同净利润。有的公司账面利润很好，但营运资本支出大，钱都被存货、应收账款等科目占用了，实际经营性现金流很差，这种富贵就叫纸面富贵。而有的公司账面利润很好，但却需要不断加大对设备的改造、固定资产的投资等资本支出，才能够使得利润增长或者维持利润，这种财富赚到了也不能够从企业中取出来，一旦碰上一次行业大萧条，那些机器设备、固定资产就基本成了破铜烂铁。因此，**长期**

巨额的资本支出和营运资本支出都会使得公司价值下降，从而我们也可以理解即便利润和增长速度一样的两个公司，但对应不同的投资性现金流和经营性现金流，公司的价值也是不一样的。

我们可以用经营性现金流净额/净利润来衡量净利润的质量，该指标高于 1，净利润质量有保证，且越高越好。而投资性现金流净额/净利润可以衡量净利润的增长效率，在同等利润增速下，该指标越小越好。事实上，有公式可以衡量利润增长速度、投入资本回报率与投资现金流（用投资率来表示）的关系。

净利润增长率=投资率（投资现金流净额/净利润）×投入资本回报率（可以理解为边际投入资本回报率或者固定资产投资收益率）

这个公式告诉我们公司利润是如何增长的。需要将一定比例的净利润留存在公司用于投资扩大再生产（投资率），而这部分留存收益的投资回报率就决定了来年新增利润的多少。那么为什么有的公司或者行业需要大量的留存利润再投资才取得不高的利润增长率，而有的公司或者行业仅需留存一点利润再投资却可以取得很高的利润增长呢？关键就在于固定资产投资收益率，该指标高说明了资本投资的效率高，也说明了公司所处的行业并不依靠有形的资产盈利，更多的是依靠无形资产在盈利，竞争形成了差异化，偏向于轻资产运营。那些固定资产比例很高的行业，重资产运营，例如钢铁、航运、航空业显然需要把盈利大量投回生产，公司自由现金流低，公司价值低。在同等增长情况下，固定资产投资回报率越高，可供分配给股东现金股息也越大。

很多投资者嘲笑 DCF 没有意义，但他们其实并不理解 DCF 公式背后所蕴含的逻辑和思维体系。

7.3　市盈率

市盈率也称"PE"、"股价收益比率"或"市价盈利比率"，由股价除以每股收益得出，也可用公司市值除以净利润得出。市盈率是股票估值最常运用的指标之一，它理解容易，但在具体使用中仍有很多问题需要考虑。

$$P/E\ ratio = \frac{Price\ per\ share}{Earning\ per\ share}$$

市盈率的倒数就是当前的股票投资报酬率，市盈率估值法本质是永续零增长的贴现模型，$p=eps/r$，$p/eps=1/r$。

市盈率的优点在于简单明了告诉投资者在假定公司利润不变的情况下，以交易价格买入，投资股票靠利润回报需要多少年的时间回本，同时它也代表了市场对股票的悲观或者乐观程度。

在市盈率倍数不变的情况下，公司利润的增长将推动股价的增长，如果股价不涨，公司股票市盈率变低，公司投资回收年限越来越短，股票将变得越来越便宜。如果股价的增长慢于利润的增长，即便股价在涨，也会出现涨了股票还便宜的情况。

市盈率重要吗？短期看，的确不管市盈率高还是低，在牛市时股价都能涨，甚至高市盈率的涨得更快。但是，从长期看，不论大市还是个股都受到市盈率的制约，高市盈率的股票必然向价值回归。

一　低市盈率组合回报

关于市盈率与股票回报率之间的关系，不论国内还是国外研究都表明，从长期来看，选择购买低市盈率股票组合产生的回报要明显高于高市盈率股票组合。根据埃斯瓦斯·达莫达兰（Aswath Damodaran）所著《打破神话的投资十诫》一书研究所示，将美国股票根据市盈率从高到低分为 10 个等级，这些股票是根据每年年初的市盈率进行分级的，统计 1952—2001 年间的年均回报，发现最低市盈率股票组合平均年回报为 20.85%，而最高市盈率股票组合平均回报为 11%，最低市盈率股票组合的收益率几乎是最高市盈率组合的两倍。而为了测算在不同子时期里是否会出现差异，作者分别测试了 1952—1971 年，1972—1990 年，以及 1991—2001 年三个子时期，结论仍是低市盈率股票组合能够获得超额回报。

而在国内，申银万国证券编制了一个风格指数系列，其中就有按照市盈率编制的，申万风格指数将市盈率按照低、中、高三个组分别编制了三只市盈率指数。三只市盈率指数从 1999 年 12 月 30 日开始计算，当时的数值均设定为 1 000，截至 2015 年 4 月 30 日，低市盈率指数点位是 7 295 点，也就是在 15 年的时间里收益率为 629%，而中市盈率指数点位为 4 362，高市盈率点位仅为 2 161。申万风格市盈率指数同样证明了在中国低市盈率组合收益率长期是能够大幅战胜高市盈率组合。图 7-2 所示为三只市盈率指数走势图。

图7-2　低、中、高市盈率指数走势图

值得一提的是，运用低市盈率不能够保证投资者每年都能够战胜指数，甚至可能会有较长的一段时间低市盈率并不管用。近五年来，申万低市盈率指数就跑输给了中市盈率指数和高市盈率指数，收益率少了 30～40 个百分点。低市盈率投资并非总是有效，但这恰恰是其能够长久流传的前提。如果一种投资方法每年都有效，这个投资方法早就被所有的人使用以至于无效了。关键在投资回报并不理想的这段期间里，投资者是否仍然能够坚持以低市盈率为代表的低估值投资策略。

二　市盈率驱动因素

不能简单地认为市盈率越低越好，因为低市盈率的背后可能真的是黯淡无光的经营前景。市盈率显著和以下两个因素相关，只有在充分考虑了影响市盈率的各种因素后，才能对公司的市盈率是否合理做出判断。

假设直接将公司净利润当成未来现金流进行贴现，那么一个常数增长的贴现模型可以表达为：

$$P = \frac{EPS}{r-g}$$

其中：P=公司股票价值；

EPS=下一年预期的每股收益；

r=股权投资的要求回报率（贴现率）；

g=每股收益的增长率（永久性）。

上述公式可以写成 $P/EPS=PE=1/(r-g)$

因此，我们可以看到，市盈率指标主要和贴现率、增长率这两个参数相关。当贴现率越大，也就是公司为了获得利润所承担的风险越高时（例如财务杠杆更高，经营杠杆更高，周期性更强），合理的市盈率应该越低。贴现率除了和公司自身基本面因素相关，还和所处宏观利率变动密切相关。宏观利率处于上升阶段时，股票市场整体要求的回报率即贴现率随之上升，市场整体市盈率则处于压缩阶段，宏观利率处于下降阶段时，市场整体的市盈率则处于扩张阶段。埃斯瓦斯·达莫达兰所著《投资估价》一书研究得出美国股票市盈率的倒数和长期国债利率之间的相关关系高达 0.795，长期国债利率每上升 1%，股票市盈率的倒数将上升 0.716%。而当公司利润增长速度越快，公司股票实际的投资回收年限就越短，合理的市盈率应该越高。

三 正常盈利下市盈率经验倍数

为什么这里强调的是正常盈利状态的公司，因为亏损的公司计算的市盈率是负数，该指标失效，而微利的公司因为其净利润的分母小，计算出来的市盈率会高达成千上万，指标会非常高，但是公司的估值实际未必真的高。

按照经验判断，对于正常盈利的公司，净利润保持不变的话，给予 10 倍市盈率左右合适，因为 10 倍的倒数为 1/10=10%，刚好对应一般投资者要求的股权投资回报率或者长期股票的投资报酬率。

对于未来几年净利润能够保持单位数至 30%增长区间的公司，10～20 多倍市盈率合适。30 倍市盈率以上公司尽量别买，并不是说市盈率高于 30 倍的股票绝对贵了，而是因为仅有少之又少的伟大公司既有超高的盈利能力又有超快的增长速度，能够长期维持 30 倍以上的市盈率，买中这种股票需要非同一般的远见和长期持有的毅力。一般的公司也不可能长期保持超高的利润增长速度，因为净资产收益率受到竞争因素的限制，长期能够超过 30%的公司凤毛麟角，对应的可持续增长率也不会长期超过 30%。如果你组合里都是 30 倍市盈率以上的公司，奉劝还是小心谨慎些好，因为能够称为伟大公司的真的非常稀少。

60 倍市盈率以上为"市盈率魔咒"或"死亡市盈率"，这时候股票价格的上涨最为迅猛，市场情绪最为乐观，但是很难有公司、板块以及整个市场能够持续保持如此高估值，例如，2000 年美国的纳斯达克市场，2000 年和 2007 年的中国 A 股市场，1989 年的日本股票市场等，无一能够从市盈率魔咒中幸免。2015 年中国的创业板股票市场市盈率已经高达 100 倍，我们可以拭目以待，唯一的疑问是泡沫何时会破裂。

美国股票市盈率整体处于 10～20 倍的波动区间，平均在 14、15 倍，其倒数对应 6.5%～7%的长期回报率，而 6.5%～7%长期回报率是由每年利润实际增速 3%～3.5%以及 3%～3.5%的股息回报构成。图 7-3 所示为美国股票市场长期市盈率波动区间。

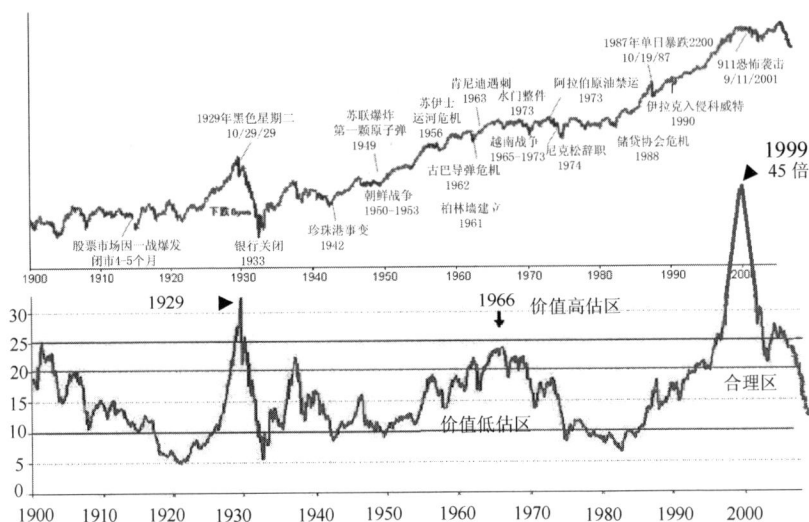

图7-3　道琼斯工业指数1900—2009年走势及市盈率走势

可以看到尽管经历无数天灾人祸的沉重打击，美国道琼斯工业指数长期仍然是一路向上，虽然每次市场悲观的理由各有不同，但是当市场处于 10 倍左右市盈率区间时去购买股票是不会错的。这个购买过程中也可能会好几年的煎熬，不会一买就涨，但是在价值低估区间耐心持有终将胜利。而当股票指数处于 20 倍市盈率以上区间时，同样也有无数的理由来论证高市盈率的合理性以及对前景无限看好，但股票资产已经处于泡沫化，长期投资回报率下降。

图 7-4 所示为香港恒生指数市盈率波动区间，香港股市同美国类似，市盈率均是在 10～20 倍区间波动。截至 2015 年 4 月 30 日，恒生指数 28 000 点对应大约 12 倍左右的市盈率，应该仍然处于很低的估值区间，值得买入。

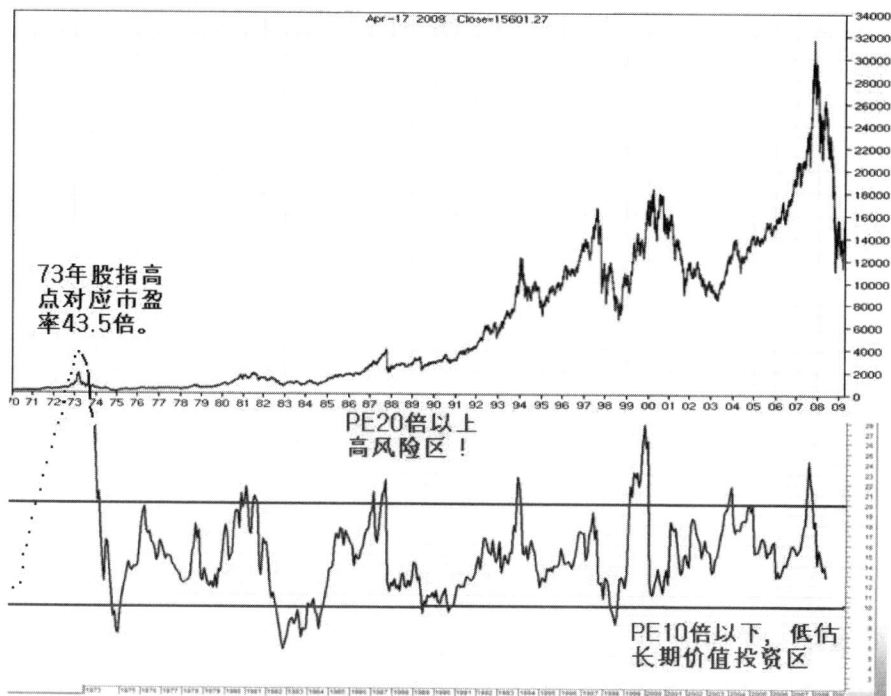

图7-4　香港恒生指数1970~2009年走势及市盈率走势

图 7-5 所示为上证综合指数各年度市盈率分布状况,中国由于是新兴市场,投资者以散户为主,不够理智,市盈率波动区间基本集中在 10～60 倍区间。2000 年和 2007 年上证综指市盈率均达到了 60 倍左右,因而开启了两次长达 5～6 年的大熊市。中国股市的特征是牛短熊长,牛市时股价上涨速度令人瞠目结舌,同时也透支着上市公司未来多年的业绩增长,因而需漫漫熊市通过公司业绩的逐步上涨消化高估值。中国股市因为新股发行制度为审批制、资本管制、中国人赌性过强等因素,导致众多的上市公司长期处于高估状态,虽然也出现过涨幅数倍的大牛市,不过之后终究是一地鸡毛,过去很长时间内股票资产的回报率并不尽如人意。在中国过去 25 年证券市场发展过程中,真正整体处于低估的时间只有 3 个,股份制改革前期的 2005 年,上证综指 1 000 多点,处于 10 多倍的市盈率水平。2008 年因为经济危机引发市场恐慌使得上证综指最低 1 600 点,也是 10 倍出头的市盈率水平。而刚刚过去的 2011—2013 年熊市期间,上证综指长期处于两千多点,仅 10 倍市盈率左右。投资者只要对市盈率指标熟悉,拥有大的格局观,就不难做到在过去几年的熊市中播种,即便是买到 2 500 点而不是最低的 1 800 点。最低点通常很难买到,但低估区间是可以买到的。中国经济

增长较快，整体市盈率 15～25 倍大致是合理区间。目前，上证指数 4 500 点（2015 年 4 月），对应 20 倍左右的市盈率，并不算便宜，长期投资回报率正在下降，而且指数中分化严重，大盘蓝筹仍然较为便宜，但众多中小盘股票估值处于严重泡沫区间，下跌风险巨大。

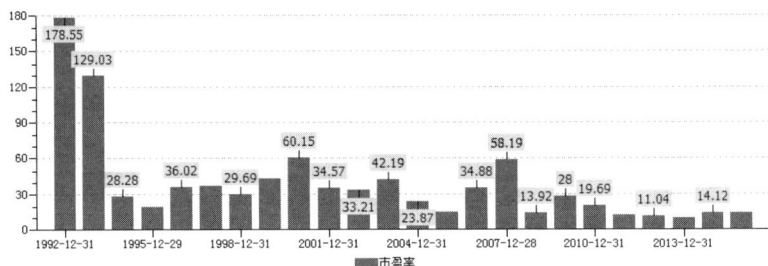

图7-5　上证综指市盈率分布图

四　市盈率国与国的比较

市盈率可以从大的方向上指导资本在全球市场的流动，如果哪个国家股市的市盈率较低，就存在获利的可能性。在全球投资上做得最为知名的投资大师莫过约翰·邓普顿。约翰·邓普顿被福布斯资本家杂志称为"全球投资之父"及"历史上最成功的基金经理之一"。邓普顿在 20 世纪 50 年代首开全球化投资的风气，他认为世界各国有不同的经济盛衰循环，不应将获利机会限制在单一国家内，若加上以个别公司由下而上的选股方式，发掘世界各地的投资潜力，不但可使风险分散，还可为资本创造利润。邓普顿曾经说过，人们总是问我，前景最好的地方在哪里， 但其实这个问题问错了，你应该问：前景最悲观的地方在哪里？而他的另一句名言则是：街头溅血是买入的最佳时机，甚至包括你自己的血在内。

市盈率是邓普顿全球投资的指路明灯，正是市盈率指引邓普顿在 20 世纪 60 年代进入日本市场，80 年代进入美国市场，在 90 年代后期又进入韩国市场，最终都获得巨大成功。邓普顿的例子也说明了少数几个重大的投资决策才真正改变了人的一生。

20 世纪 60 年代，邓普顿在日本股市市盈率仅有 4 倍时进行投资，而同期美国股市市盈率大约 19.5 倍，但是日本整体经济维持在 10%左右的增长速度，日本公司当时的利润增长率极高，而美国经济增长速度仅在 4%左右。1960 年代的日本被美国投资者认为是一个工业落后的小国，生产廉价劣质的产品，而邓普顿却看到了日本人节约、勤奋、目标明确的宝贵品质。到了 1980 年代，大部分的美国人才开始意识到日本成为世界经济体中的主导力量，才纷纷投资日本股市。邓普顿领先别人 20～30 年的看法使得他管理的基金在日本股票投资中大赚。日本东京证券交易所股价指数从 1959 年的 80 点上涨至 1989 年的 2 881 点。

20 世纪 80 年代末期，日本股票已经变得炙手可热，市盈率如图 7-6 所示显示已经高达 60 多倍，股票资产泡沫明显，股票价格向价值的回归加之日本人口老龄化，开启了日本股市长达二三十年的熊市。

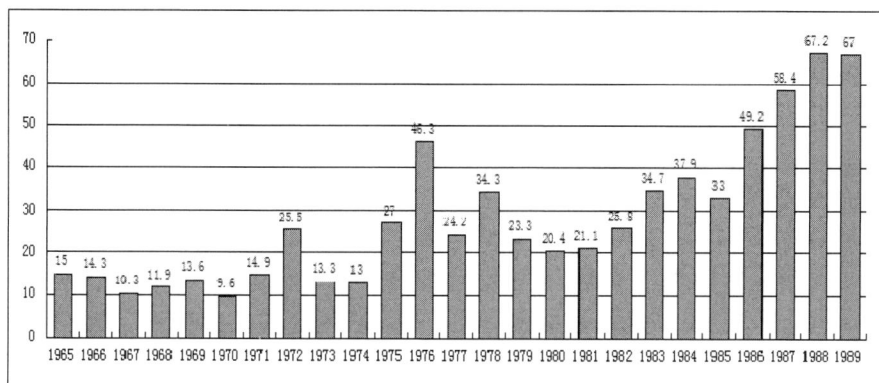

图7-6 东证股价指数市盈率

资料来源：摩根斯坦利

20 世纪 70 年代末期，美国股票市场由于急速飞涨的恶性通货膨胀、高油价、面临来自日本竞争的威胁等因素，股票大幅下跌，投资者纷纷逃离。股票市场恐慌到以至于 1979 年 8 月 13 日，《商业周刊》刊发了一篇标题为"股票已死"的封面文章，自然，后来这篇文章成为一个大笑话。从日本市场大获全胜的邓普顿却反其道而行，重新杀回美国市场，因为他发现道琼斯工业指数市盈率仅为 6.8 倍，在美国股票历史上再也找不到比这更便宜的时期了。包括市盈率在内的多种指标均发出一个信号：买入！邓普顿在 1982 年道琼斯工业指数 800 点的时候预测未来十年股指会在当时基础上上涨近 3 倍至 3 000 点，十年之后，道琼斯工业指数真的上涨到 3 200 点，邓普顿的看法再次得到了事实的证明。而自 1980 年代早期开始的股票牛市竟然长达 20 年直到 2000 年才宣告终结，如表 7-1 所示。

表 7-1　道琼斯工业指数平均市盈率最低的 10 年排名

名　次	年　份	市　盈　率
1	1979	6.8
2	1950	7.0
3	1978	7.3
4	1980	7.3
5	1949	7.6
6	1974	7.7
7	1984	7.8
8	1981	8.2
9	1988	9.0
10	1924	9.2

　　约翰·邓普顿除了敢于在市场恐慌时买入股票，更是在泡沫膨胀时卖空股票，而且时机把握得非常精准。2000 年美国纳斯达克互联网泡沫足以载入人类泡沫历史，当时互联网被认为可以改变人类的一切生活，凡是和互联网有关联的公司都一飞冲天，哪怕只要改成个看似互联网公司的名字。纳斯达克股票市盈率攀升到了惊人的 151 倍，如图 7-7 所示。邓普顿挑选了84 只科技股票卖空，合计投入了 1.85 亿美元的赌注，这次他还是赢了。纳斯达克指数从 2000 年 3 月的 5 100 点跌到 2002 年 10 月最低的 1 100 点，跌幅高达 78%，直到 15 年之后的 2015 年纳斯达克指数才又重新回到 5 000点，如图 7-8 所示。

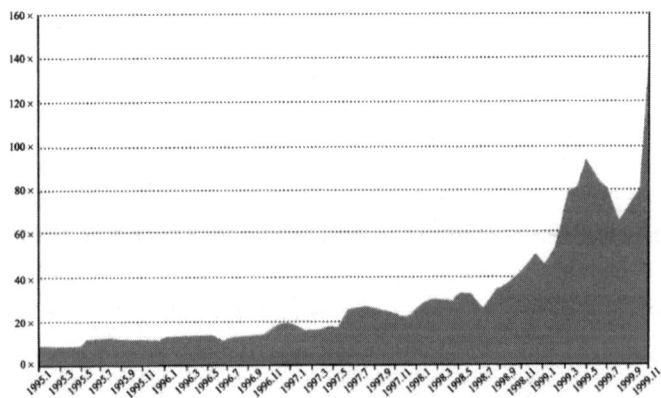

图7-7　纳斯达克指数市盈率图

图片来源：《邓普顿教你逆向投资》

图7-8　纳斯达克指数走势图

1997 年爆发的亚洲金融危机重创了亚洲各国，在遭受打击而一蹶不振的国家中，韩国的股票市场吸引了邓普顿的注意力。邓普顿认为韩国是下一个日本，韩国与日本相似之处在于有较高的储蓄率，较快的经济增长速度，以及以出口为导向，关键是 1997 年底，韩国股票市场市盈率跌至 10 倍以下。邓普顿通过向一只投资韩国股票的基金进行投资，结果该基金 1998 年初至 1999 年末收益率竟然高达 267%。

五　市盈率运用

（一）历史对比

市盈率的一个运用是将公司目前估值状况与自身历史估值状况进行对比。计算出历史各年度的平均市盈率、最大市盈率、最小市盈率等数据，再与目前的市盈率对比，就可以大致知道股票的估值便宜与否，如果处于历史市盈率的下轨，则较为便宜。不过值得一提的是历史数据未必能够简单用来对比，因为公司所处的发展阶段未必相同，公司所面临的竞争环境未必相同。表 7-2 所示为兴业银行历史市盈率数据。

表 7-2　兴业银行历史市盈率

	2014年报	2013年报	2012年报	2011年报	2010年报	2009年报	2008年报	2007年报
市盈率(P/E，ttm)								
平均值	4.51	5.77	5.00	7.49	10.77	13.49	15.80	45.47
最大值	6.77	7.56	6.10	10.09	17.48	19.12	53.78	64.04
最小值	3.97	4.44	4.01	5.49	8.04	6.09	5.10	31.40
期末值	6.77	4.66	5.45	5.69	8.33	17.48	6.09	45.53
市净率(P/B，mrq)								
平均值	0.93	1.23	1.18	1.57	2.25	2.98	3.60	6.80
最大值	1.34	1.62	1.46	2.03	3.61	4.32	8.28	9.69
最小值	0.84	0.95	0.96	1.22	1.60	1.56	1.31	4.07
期末值	1.34	0.99	1.31	1.26	1.62	3.61	1.56	7.01

（二）同行对比

市盈率另一个常见用法是用标的公司的市盈率和同行可比公司或者行业平均市盈率比较，以得出标的公司便宜与否，而不同行业之间的公司无法直接比较市盈率高低。问题的关键就在于选择可比的公司，而事实上没有两家公司是完全一样的，投资者在选择可比公司后，仍然需要考虑风险、增长速度、现金股息支付率、销售规模、行业地位等因素，对选择的市盈率进行调整才能够使用。如表 7-3 所示，如果你相信兴业银行在行业内拥有竞争优势，未来能够脱颖而出，利润增长速度较快，风险偏好适合，但目前兴业银行的市盈率却是行业里较低的几位，那么兴业银行可能是被低估的。

表 7-3　上市银行市盈率对比

排名	代码	简称	最新日期	最新收盘价（元）	总市值（亿元）	流通市值（亿元）	市盈率PE			市净率PB（LF）	市现率PCF（TTM）	市销率PS（TTM）
							TTM↓	14E	15E			
	行业均值（整体法）			5.05	4711.01	3102.38	6.28	6.12	5.62	1.15	14.43	2.43
	行业中值		2015-02-10	9.60	2779.25	2082.48	6.85	6.60	5.81	1.16	-1.09	2.47
1	002142.SZ	宁波银行	2015-02-10	14.08	457.58	404.45	8.34	8.06	7.03	1.40	4.02	3.14
2	000001.SZ	平安银行	2015-02-10	13.77	1573.21	1354.52	8.18	8.00	6.71	1.24	10.94	2.26
3	601998.SH	中信银行	2015-02-10	6.75	2820.69	2153.60	7.78	7.38	6.75	1.26	11.75	2.62
4	601009.SH	南京银行	2015-02-10	12.64	375.27	375.27	7.16	6.95	5.92	1.22	-322.23	2.63
5	601988.SH	中国银行	2015-02-10	4.10	11325.97	8476.70	7.09	6.94	6.41	1.15	2.02	2.66
6	601328.SH	交通银行	2015-02-10	6.15	4179.85	2011.61	7.01	6.90	6.46	1.00	-111.45	2.60
7	600016.SH	民生银行	2015-02-10	9.33	3047.27	2546.81	6.98	6.71	6.17	1.37	-4.20	2.46
8	601169.SH	北京银行	2015-02-10	9.86	1041.23	884.21	6.92	6.65	5.84	1.15	-56.41	2.95
9	601818.SH	光大银行	2015-02-10	4.12	1863.91	1640.19	6.78	6.55	5.78	1.11	6.60	2.58
10	600036.SH	招商银行	2015-02-10	14.66	3665.15	3024.20	6.37	6.20	5.48	1.22	6.01	2.31
11	601939.SH	建设银行	2015-02-10	5.58	12490.37	535.33	6.11	5.99	5.59	1.16	15.09	2.49
12	600015.SH	华夏银行	2015-02-10	11.95	1064.10	775.28	6.06	5.92	5.27	1.11	-26.77	2.02
13	601166.SH	兴业银行	2015-02-10	14.37	2737.82	2325.01	5.90	5.71	5.06	1.11	2.12	2.28
14	601288.SH	农业银行	2015-02-10	3.27	10541.47	9292.15	5.88	5.74	5.21	1.07	-9.24	2.10
15	600000.SH	浦发银行	2015-02-10	14.43	2691.70	2153.36	5.86	5.37	4.83	1.16	-8.84	2.29
16	601398.SH	工商银行	2015-02-10	4.36	15500.50	11685.46	5.57	5.46	5.12	1.08	-8.58	2.43

国内 A 股市场目前存在一个显著偏见，喜好小盘公司，认为其规模小未来增长速度快，增长空间高，因而给予小盘公司比行业龙头公司更高的估值倍数。而事实是行业龙头公司为什么能被称为龙头，恰恰是因为过去强有力的竞争优势导致其不断领跑行业，规模才能够做大。未来绝大部分的行业市场份额仍然会继续向大公司集中。小公司中确实可能会有少数几家因为其机制灵活，商业模式创新等因素会后来赶上，但小公司作为一个整体是低于行业龙头大公司的。上述偏见就给了价值投资者买入的机会。例如，格力电器一直处于空调行业的龙头地位，2010—2014 年近五年来，不论净资产收益率还是净利润增长速度平均都高达 30%，市场份额也越来

越高，但是由于投资者的小盘股偏好，过去 5 年格力电器股票大部分时间市盈率仅在 10 倍左右波动，给予了投资者持续购买便宜绩优股票的机会，2010—2015 年，格力电器股价已经上涨约 4 倍，如图 7-9 所示。同样的偏见还发生在地产股龙头万科的身上。

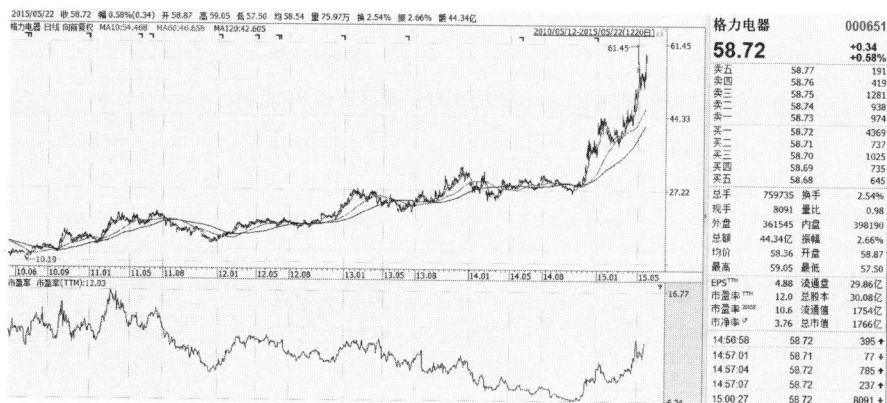

图7-9　格力电器股价走势图

（三）动态市盈率

用上一年度的公司净利润数据计算而得的市盈率被称为静态市盈率。静态市盈率的缺点在于使用的是历史数据，无法反映对公司未来的预期。假设公司的静态市盈率为 10，但未来一年净利润下滑一半，来年的市盈率就变成了 20，这时静态市盈率仅是使得公司估值看起来便宜罢了。相反，如果公司未来一年净利润能够增长 50%，市盈率就下降到了 6.7，静态市盈率就会低估了公司的价值。因此，我们会使用动态市盈率来弥补静态市盈率的缺点。动态市盈率是指以下一年度的预测净利润计算的市盈率，等于股票现价除以下一年度每股收益预测值。除了可以计算下一年度的动态市盈率外，还可以计算下两年、三年的动态市盈率。此外，还存在 TTM（Trailing Twelve Months）市盈率，中文称为滚动市盈率，是指利用已经公布的过去四个季度（12 个月）的每股收益和股价计算的市盈率。

值得注意的是，分析师盈利预测往往根据过去的数据线性推测未来，在公司基本面没有发生拐点前，这样的做法是可行的，但是一旦发生拐点，则预测的合理股价与现实中的股价就存在天壤之别。在预测公司利润增长速度时，也需考虑利润本身的规模大小，利润基数越大显然增长越困难。分析师的盈利预测整体上存在乐观倾向，预测数据往往较实际值高。《麦肯锡季刊》（2010 年 5 月）中《股票分析师，依然"太牛"》一文指出，在过去的 25 年间，分析师始终是一成不变地过于乐观，他们预计每年盈利增长率的范围是 10%～12%，而实际的增长率为 6%。在这段时期内，盈利的实际增长率超过预测的情况只出现过两次，这两次都出现在衰退过后的恢复期中。平均来看，分析师的预测几乎百分之百都过高。而根据我对中国 A 股分析师 2005—2006 年盈利预测的一项研究，结论是，A 股分析师的盈余预测同样带有乐观倾向；在年初的分析师预测中，只有约 20%的预测能最终落在偏离真实值正负 10%的范围内，而到了年末，这一比例则达到了 45% 左右；越多分析师对公司盈余做出预测，越能有效地减小预测的误差；分析师在钢铁、有色金属等周期性行业上极易产生乐观或悲观的预测，因此，在利用分析师预测进行估价时，需要根据行业的差异对预测的可信度做出判断。

六　投资大师眼中的市盈率

（一）彼得·林奇的 PEG

PEG 指标（市盈率相对盈利增长比率）是用公司的市盈率除以公司的盈利增长速度。PEG 指标是著名基金经理彼得·林奇发明的一个股票估值指标，是在 PE（市盈率）估值的基础上发展起来的，它弥补了 PE 对企业动态成长性估计的不足，PEG 告诉投资者，在同行业的公司中，在市盈率一样的前提下优先选择那些增长速度高的公司，或者在同样的增长速度下选择市盈率较低的公司。

PEG，是用公司的市盈率除以公司未来 3 年或 5 年的每股收益复合增长率。市盈率仅仅反映了某股票当前价值，PEG 则把股票当前的价值和该股未来的成长联系了起来。比如，一只股票当前的市盈率为 30 倍，传统市盈率的角度来看可能并不便宜，但如果其未来 5 年的预期每股收益复合增长率为 30%，那么这只股票的 PEG 就是 1，可能是物有所值。当 PEG 等于 1 时，表明市场赋予这只股票的估值可以充分反映其未来业绩的成长性。如果 PEG 大于 1，说明公司的利润增长跟不上估值的预期，则这只股票的价值就可能被高估，

PEG 作为一个估值的工具，本质上还是现金流折现模型，是为了方便计算简化成为一个系数，1 倍 PEG 总体上是对未来 3 年的复合增长率在 20%～30%之间，之后按 5%稳定增长，同时在 12%的风险水平下对投资合理估值的经验总结。随着高增长速度和年限、稳定增长率水平、对未来风险水平的预期等因素的变化，合理 PEG 的标准也会随之改变。

PEG 告诉投资者相对市盈率估值而言更应该关注公司的利润增长情况。短期内，利润增速高的股票在一段时间内走势都会强劲，即便估值已

经偏高。例如美的电器 2009 年 ROE 比格力好，股价走势就比格力强，招商银行 2009 年 ROE 低，利润衰退大，股价就落后于行业乃至大盘表现，潍柴重机出个净利润增长 100%的预告，股价就会连续三个涨停板。这时，估值就往往会被市场放到第二位。事物的另一面是并不会存在很多的公司能够长期保持很高的增长。现在 A 股的一种谬论是中小盘的公司市盈率很高但是未来增长也很高，所以股价是有支持的，并且喜欢列举腾讯、百度、阿里巴巴的例子证明长期高市盈率是可以的。问题是上述三家都是事后才被证明盈利的持续高增长，而且无数的互联网公司中也就诞生了这三巨头，它们的成功也是基于无数细分领域的小公司倒下了，期望每家公司都能够成为行业巨头的想法并不现实。此外，一些公司的增长是通过不断增发新股融资，股东加大投入才实现的，这些公司本身的内源增长并不高。

（二）戴维斯双击

在低市盈率买入股票，待成长潜力显现后，以高市盈率卖出，这样可以获取每股收益和市盈率同时增长的倍乘效益。这种投资策略被称为"戴维斯双击"，反之则为"戴维斯双杀"。

戴维斯双击的发明者是库洛姆·戴维斯。戴维斯 1950 年买入保险股时 PE 只有 4 倍，10 年后保险股的 PE 已达到 18 倍。也就是说，当每股收益为 1 美元时，戴维斯以 4 美元的价格买入，随着公司盈利的增长，当每股收益为 8 美元时，一大批追随者猛扑过来，用"8×18 美元"的价格买入。由此，戴维斯不仅本金增长了 36 倍，而且在 10 年等待过程中还获得了可观的股息收入。

（三）约翰·聂夫的成功投资

约翰·聂夫 1964 年成为温莎基金经理，直至 1994 年退休，著有《约翰·涅夫的成功投资》一书。约翰·聂夫在温莎基金 31 年间，复合投资回报率达 13.7%，战胜市场 3%以上，22 次跑赢市场，总投资回报高达 55 倍。约翰·聂夫自称低市盈率投资者，对市盈率的理解较为深刻，以下为他运用低市盈率的投资法则。

1. 低市盈率（P/E）；
2. 基本成长率超过 7%；
3. 收益有保障（股票现金红利收益率要高）；
4. 总回报率相对于支付的市盈率两者关系绝佳；
5. 除非从低市盈率得到补偿，否则不买周期性股票；
6. 成长行业中的稳健公司；

7．基本面好。

七 避免市盈率误用

虽然市盈率指标简单易用，但也正是因为简单使得投资者缺乏系统考虑公司基本面的情况，误用市盈率的情况普遍存在。以下为较为常见的误用之处。

1．周期公司误用。周期行业，由于产品大多同质化，公司盈利取决于产品的供求关系。在行业波峰时周期公司盈利状况很好，市盈率分母较大，市盈率较低，给了投资人估值看上去很便宜的错觉，但正是因为丰厚的利润吸引了产品供给的增加，很可能发生行业反转，公司盈利下降的情况，股价下降，市盈率反倒上升。而在行业低谷时，公司普遍亏损或者微利，市盈率高达成百上千，股票估值看上去很贵，但真实却可能很便宜，一旦走出低谷，盈利上升，反倒出现股价越涨市盈率越低的情况。因而周期公司除了关注市盈率指标的变动，更需要结合后面我们所说的市净率指标判断。

2．前景变差，业绩下滑。运用市盈率最关心的仍然是公司未来的发展前景，投资者要确保买到的不是未来业绩大幅下滑的公司，否则即便现在买入的市盈率再低，也无济于事。

3．现金流差。市盈率指标关注的是公司的净利润情况，这使得在使用时缺乏从 DCF 模型的角度去思考公司的现金流情况。如果公司利润状况不错，但是经营性现金流净额很少，而投资性现金流净额又很大，这样低市盈率的公司，其实背后是因为公司的价值低。

4．风险过高。之前我们提到市盈率的驱动因素之一是贴现率，风险越大的公司贴现率应该越高，市盈率水平越低。如果某些行业或者个股市盈率低于其他，未必真的便宜，很可能是因为承担了过高的风险，例如财务风险过高，运营风险过高等。

5．忽略增长及空间。现金流贴现模型显示公司大部分价值来自于未来永续增长部分，而这部分就和公司增长的空间相关。行业及个股的增长速度和空间很大程度就决定了行业与行业之间，个股与个股之间的市盈率差异。

6．忽视可持续的经营利润。计算市盈率要扣除非经常性损益，考虑到投资收益、补贴或者资产重估收益等因素，关注利润是否来自主营业务，持续性如何。有的公司利润也是来自主营业务，但主要集中在单个项目，单个项目一旦完成，利润不可持续。

7. 假账风险。 由于市盈率计算基于公司净利润水平，而净利润是公司选择会计政策、会计估计编制出来，人为调节的空间很大。如果投资者选择了一份虚假的财务报表作为价值评估，将得不出任何意义。

8. 用别人更贵来证明自己便宜。 投资者经常用估值很高的同行业公司来证明标的公司的便宜，事实上，两者可能都是很贵的，只是参照公司更贵，这正是比较估值法的重大缺陷。

总的来说，市盈率大致反应了股票的贵贱，但是高市盈率未必真贵，低市盈率未必真便宜，仍然需要具体分析。从概率来说，如果一个组合涵盖了来自不同行业的低市盈率公司，那么这个组合长期跑赢市场指数的机会很大。

7.4　市净率

市净率（PB,price to book value)指的是每股股价与每股净资产的比率，或者以公司股票市值除以公司净资产。　一般来说市净率较低的股票，投资价值较高，相反，则投资价值较低，但在判断投资价值时还要考虑当时的市场环境以及公司经营情况、盈利能力等因素。

市净率估值优点在于净资产比净利润更稳定，市盈率对微利或者亏损的公司而言并不适用，但是微利或者亏损的公司仍然可以使用市净率进行评估，除非公司资不抵债。

一　低市净率组合回报

类似低市盈率组合，低市净率组合同样被众多的研究和实践证明能够长期跑赢市场指数。埃斯瓦斯·达莫达兰（Aswath Damodaran）所著《打破神话的投资十诫》一书研究所示，1927—1960 年间，最低市净率组合比最高市净率年度收益多出 3.48%。1961—1990 年期间，两者年度收益率的差额扩大到 7.57%。1991—2001 年间，最低的市净率组合仍然比最高市净率组合年度收益高出 5.72%。类似低市盈率组合，低市净率组合一样不能保证每个年度均战胜市场。

申万风格指数系列中同样有将市净率按照低、中、高三个组别分别编制了三只市净率指数。三只市净率指数从 1999 年 12 月 30 日开始计算，当时的数值均设定为 1 000,截至 2015 年 5 月 5 日,低市净率指数点位是 7 209 点，也就是在 15 年的时间里收益率为 620%，而中市净率指数点位为 5 415,高市净率点位仅为 2 302。申万风格市净率指数同样证明了在中国低市净率组合收益率长期是能够大幅战胜高市净率组合。图 7-10 所示为低、中、高市净率指数走势。

图7-10　低、中、高市净率指数走势图

二　市净率驱动因素

市净率显著和以下三个因素相关，只有在充分考虑了影响市净率的各种因素后，才能对公司的市净率是否合理做出判断。

假设直接将公司净利润当成未来现金流进行贴现，那么一个常数增长的贴现模型可以表达为：

$$P = \frac{EPS}{r - g}$$

其中：P=公司股票价值；

EPS=下一年预期的每股收益；

r=股权投资要求的回报率（贴现率）；

g=每股收益的增长率（永久性）。

上述公式左右两边均除以 BV，可以写成：

$$\frac{P}{BV} = PB = \frac{EPS}{BV \times (r - g)} = \frac{ROE}{(r - g)}$$

其中：BV=账面净资产

ROE=净资产收益率

因此，我们可以看到市净率指标最主要和净资产收益率、贴现率、增长率这三个参数相关。如果公司的利润不增长，则 $PB = ROE/r$，r 值一般取

10%左右。大多数的竞争行业中的公司净资产收益率长期会和社会平均的股权投资回报率相同，短时期太高或者太低都会引发竞争对手的进入或者退出，从而使得公司净资产收益率也会围绕在 10%左右波动。这样一来，对于大部分不增长的公司，合理的市净率就在 1 倍左右，如果公司有所增长，合理的市净率就会略微超过 1 倍。仅有少数公司长期具备超强的竞争优势，净资产收益率远大于 10%，则这样公司的价值就会远超账面净资产，合理市净率就为几倍。如果存在市净率小于 1 的股票，即便该公司盈利能力较差，但是存在着账面价值和重置价值作为支撑，很有可能是投资机会。

邓普顿在 20 世纪 70 年代末进入美国股票市场除了市盈率较低的因素以外，市净率也跌破 1 倍，而历史上道琼斯工业指数跌破 1 倍市净率只有 2 次，前一次是处于经济大萧条时期的 1932 年。如果根据通货膨胀对道琼斯工业指数成分公司持有资产的账面价值进行调整，当时的整体股票价格仅相当于重置净资产的 0.59 倍，站在重置价值的角度看，投资价值更为突出。如图 7-11 所示。

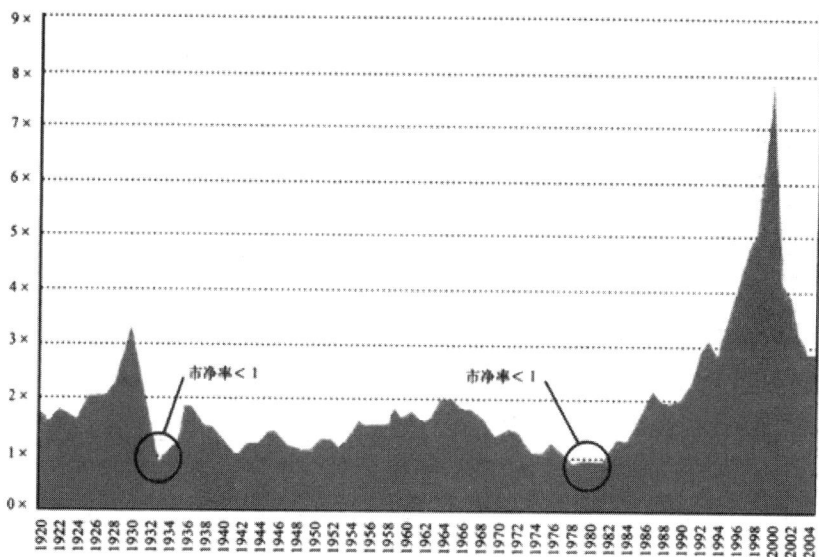

图7-11　道琼斯工业指数市净率图

图片来源：《邓普顿教你逆向投资》

而在中国 A 股市场，上证综指从未跌破过 1 倍市净率，最低是 2013 年的 1.34 倍，在刚刚过去的这几年熊市，由于小盘股偏好，倒是有众多业绩仍然出色的大盘蓝筹公司跌破过 1 倍市净率，虽然我们并不能够精确预计出指数的底在哪里，但是过去几年的熊市无疑成为股票投资播种的好季节，如图 7-12 所示。

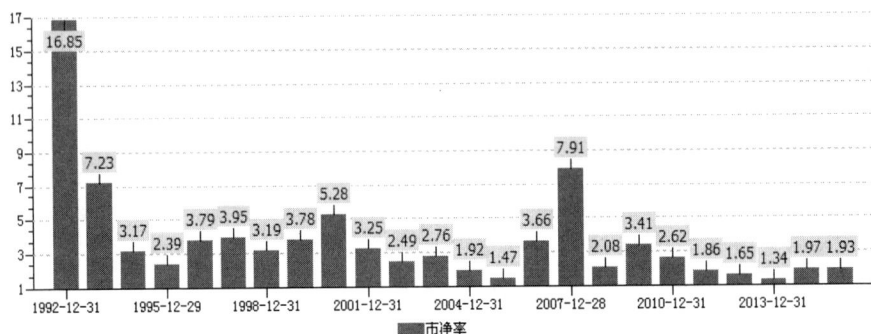

图7-12　上证综指市净率图

三　ROE 与 PB 组合

根据上述 PB 与 ROE 的关系，我们不难理解为什么那些净资产收益率高的公司市场价格高于账面价值，而那些净资产收益率低的公司市场价格低于账面价值。**真正吸引投资者注意的是那些市净率和净资产收益率不匹配的公司，投资低市净率但高净资产收益率的股票，回避低净资产收益率但高市净率的股票**，如表 7-4 所示。

表 7-4　ROE 与 PB 组合

高估 低 ROE 高 PB	合理 高 ROE 高 PB
合理 低 ROE 低 PB	低估 高 ROE 低 PB

案例：中低 ROE，低 PB 的中国交建

中国交建（SZ：601800；HK：1800）是中国最大的港口设计及建设企业，设计承建了新中国成立以来绝大多数沿海大中型港口码头；世界领先的公路、桥梁设计及建设企业，参与了国内众多高等级主干线公路建设；世界第一疏浚企业，拥有世界最大的疏浚船队，耙吸船总舱容量和绞吸船总装机功率均排名世界第一；全球最大的集装箱起重机制造商，集装箱起重机业务占世界市场份额的 78% 以上，产品出口 86 个国家和地区的近 200个港口；中国最大的国际工程承包商，中国最大的国际设计公司。可以说中国交建是海洋建设方面当之无愧的龙头老大。但这家公司因为规模巨大，所处行业表现不佳等因素，在过去几年的熊市中市值居然跌破净资产，最低时仅有 0.62 倍的市净率。如果我们能够粗略阅读下它的财务数据，是能够较大概率判断它的价值是被显著低估的。如表 7-5 所示，中国交建 2010 —2014 年净资产收益率基本维持在 13%左右的水平，即便公司净利润不再增长，按照我们 $PB=ROE/r$ 的估值公式，贴现率取 10%，那么合理的市净率也应该在 13%/10%=1.3 倍左右，况且从历史数据来看公司的净利润每年均有所增长，合理的市净率应该会超过 1.3 倍，给予 1.5 倍左右的市净率也是可以的。当中国交建最低市净率 0.62 倍时，较合理市净率 1.5 倍打了最少超过一半的折扣，具备潜在上涨 142%的空间。后来 2014 年年中，国家发布"一带一路"战略，中国交建恰好是受益公司，投机者看到的是炒作题材，而我却认为是价值回归的催化剂，中国交建 A 股自 2014 年初至 2015 年 5 月，股价上涨超 4 倍，市净率攀升至 2.7 倍，如图 7-13 所示。当然，我认为 2.7 倍的中国交建并不便宜，因为毕竟工程建筑的行业属性不算好，阅读过其财务报表会发现其经营性现金流净额经常小于净利润，而投资性现金流净额又经常大于净利润，现金流状况不佳，加之有息负债比率很高，因而，我认为中国交建的价值不会太高。中国交建的港股市场表现则明显更为理智，交易市净率仅为 1.3 倍，在我估计的合理市净率附近，仅为 A 股估值的一半。中国交建入选过我在 2014 年初构建的"大烂臭"组合中，关于该组合的情况，详见后面投资策略一章。

表 7-5　中国交建财务数据

年份	2014	2013	2012	2011	2010
财务比率					
净资产收益率（%）	11.86	12.71	13.63	16.29	14.75
净利润增长率（%）	14.41	1.33	3.06	22.93	38.27
主营收入增长率（%）	10.28	12.24	0.29	7.97	19.73
利润表	单位:亿元				
主营收入	3 666.73	3 324.87	2 962.27	2 953.7	2 735.71
净利润	138.87	121.39	119.5	116.01	94.37
资产负债表	单位:亿元				
资产总计	6 303.88	5 179.92	4 339.79	3 595.68	3 110.67
负债合计	4 981.91	4 124.45	3 368.02	2 775.32	2 360.45

续表

年份	2014	2013	2012	2011	2010
资产负债表	单位:亿元				
股东权益合计	1 170.76	955.06	876.81	712.3	640.01
现金流量表	单位:亿元				
经营性现金流净额	44.04	69.7	133.38	17.12	154.83
投资性现金流净额	-455.05	-280.81	-195.03	-143.79	-153.66
融资性现金流净额	318.05	345.6	289.21	191.43	50.04

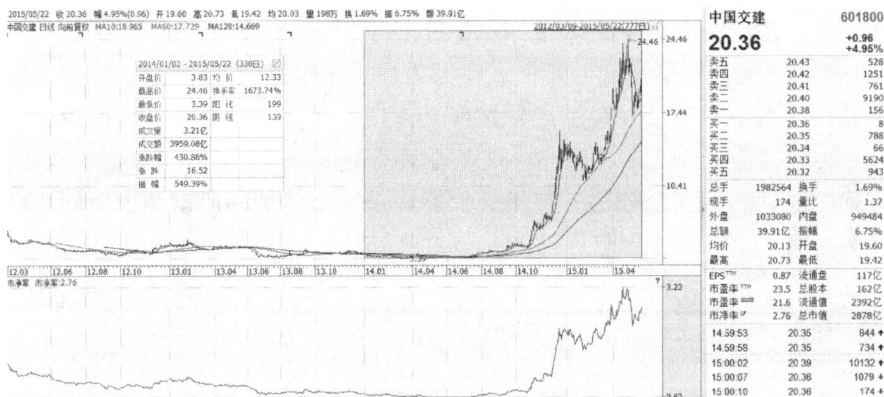

图7-13　中国交建股价走势图

案例：中高 ROE，低 PB 的中国建筑

中国建筑（SH：601668）是中国最大的建筑房地产综合企业集团，中国最大的房屋建筑承包商，是发展中国家和地区最大的跨国建筑公司以及全球最大的住宅工程建造商。中国建筑以承建"高、大、精、尖、新"工程著称于世，承建了大量中国及其他国家或地区的地标性建筑。中国建筑的地产业务是其价值的重要构成，在房地产投资与开发领域，中国建筑是中国最大的房地产企业集团之一，拥有中海地产、中建地产两大专业子品牌。中海地产在香港股票上市，是中国最具价值的房地产品牌之一，在我国房地产开发中始终居于领先地位。如表 7-16 所示，中国建筑长期净资产收益率为 16% 左右，按照不增长的 $PB=ROE/r$ 的估值公式计算，贴现率取 10%，那么合理的市净率应该在 16%/10%=1.6 倍，并且中国建筑过去均保持了较高的利润增速，合理的市净率应该会超过

1.6 倍，给予 2 倍左右的市净率也是可以的。在过去几年的大熊市中，中国建筑交易市净率最低达到 0.71 倍，距合理市净率有 180%的上涨空间。如果投资者熊市期间播种，至 2015 年 5 月，中国建筑股价上涨超过 2 倍，目前以 2 倍市净率左右价格交易，处于合理估值区间，如图 7-14 所示。类似中国交建，中国建筑因其高有息负债率，现金流状况不算良好，因而价值也不会太高。中国建筑也曾入选过我在 2014 年初构建的"大烂臭"组合中。

表 7-6　中国建筑财务数据

年份	2014	2013	2012	2011	2010
财务比率					
净资产收益率（%）	16.23	17.28	15.45	15.19	11.96
净利润增长率（%）	13.1	29.64	15.32	46.5	51.63
主营收入增长率（%）	17.47	19.17	18.37	30.35	42.26
利润表	单位:亿元				
主营收入	8 000.29	6 810.48	5 715.16	4 828.37	3 704.18
净利润	225.7	203.99	157.35	135.37	92.37
资产负债表	单位:亿元				
资产总计	9 191.06	7 838.21	6 516.94	5 058.29	3 975.39
负债合计	7 221.93	6 192.58	5 121.4	3 873.93	2 942.79
股东权益合计	1 390.19	1 180.37	1 018.58	891.04	772.1
现金流量表	单位:亿元				
经营性现金流净额	249.06	26.19	23.93	-76.87	-16.45
投资性现金流净额	-154.67	-83.7	-132.3	-234.2	-276.26
融资性现金流净额	181.95	110.74	355.51	356.42	319.51

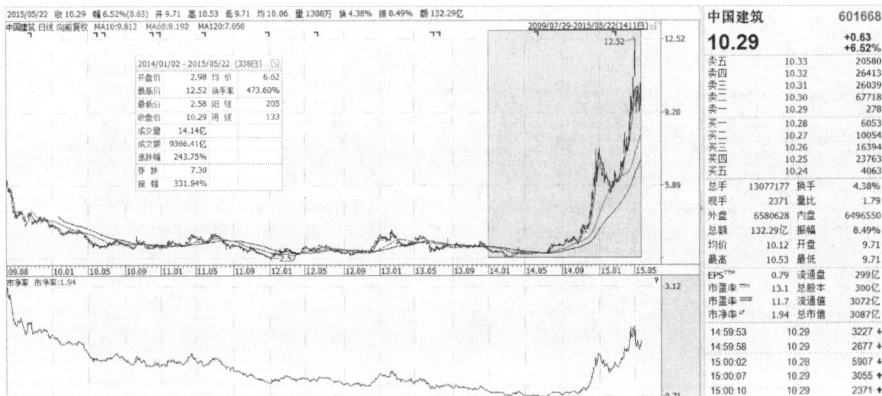

图7-14　中国建筑股价走势图

案例：中高 ROE，低 PB 的大秦铁路

大秦铁路（SH：601006）是中国第一家以铁路网核心主干线为公司主体的股份公司，公司管辖京包、北同蒲、大秦三条铁路干线，区跨山西、河北、北京、天津两省两市。公司管内大秦铁路是中国第一条单元电气化重载运煤专线，是山西、陕西、内蒙古西部煤炭外运的主通道，主要用户包括中西部各大煤企、全国四大电网、五大发电集团、十大钢铁公司和数以万计的工矿企业。尽管煤炭行业过去几年经营状况极差，但是由于煤炭仍然是中国的最主要能源供应品种，运输需求始终存在，大秦铁路经营环境较为稳定，业绩情况仍然良好，如表 7-7 所示。我曾在 2012 年 8 月 24 日的雪球网博客写道，大秦铁路应该值 2 倍 PB，当时该公司股价为 5.92 元，市净率为 1.45 倍。我判断的理由很简单，大秦铁路 2012 年前都保持着较高的净资产收益率水平，有 18%左右，按照 $PB=ROE/r$ 的估值公式计算，合理市净率起码值 1.8 倍以上。至 2015 年 5 月，大秦铁路股价上涨到 12.88 元，市净率倍数为 2.19，自我的判断时间起，股价上涨 141%，如图 7-15 所示。

表 7-7　大秦铁路财务数据

年份	2014	2013	2012	2011	2010	2009
财务比率						
净资产收益率（%）	16.93	16.47	16.39	18.62	18.48	15.2
净利润增长率（%）	11.76	10.32	-1.68	12.37	45.67	-2.23
主营收入增长率（%）	5.12	11.71	2.12	7.12	81.7	2.34
利润表	单位:亿元					

续表

年份	2014	2013	2012	2011	2010	2009
主营收入	539.71	513.43	459.62	450.07	420.14	231.23
净利润	141.89	126.92	115.03	116.99	104.11	65.3
资产负债表	单位:亿元					
资产总计	1 063.34	1 039.55	1 003.88	941.21	1 001.46	679.44
负债合计	223.37	266.87	300.41	312.84	438.05	249.86
股东权益合计	837.99	770.73	701.88	628.29	563.34	429.58
现金流量表	单位:亿元					
经营性现金流净额	173.13	147.6	129.16	151.08	169.16	86.35
投资性现金流净额	-41.71	-34.98	-26.43	-55.74	-359.49	-170.43
融资性现金流净额	-122.89	-103.14	-71.98	-150.08	200.95	127.48

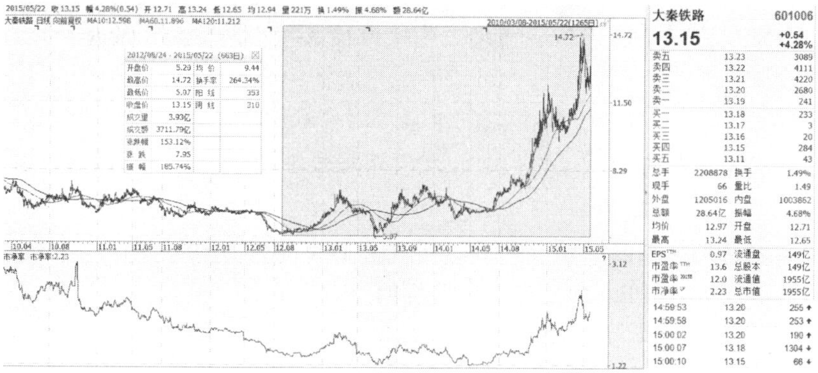

图7-15　大秦铁路股价走势图

四　避免市净率误用

市净率同市盈率一样会存在误用的情况，以下为较为常见的误用之处。

1. 市净率低不代表一定有价值。市净率的一个重要驱动因素是净资产收益率，因此，那些跌破 1 倍市净率的股票很可能是因为净资产收益率非常低，不到 10%，公司的盈利价值本身就很低，所以只配享有很低的市净率。投资者投资这类型的公司除非看到净资产收益率有提升的可能，或者是有资产价值释放的可能，以及分配较高的现金股利的可能，否则就真的是花了低价钱买了次货。

2．资产重估或资产虚增导致市净率低。账面净资产虽然不像净利润一般变动幅度很大，但是如果公司同样存在财务造假，账面净资产实际价值很小，市净率评估也会高估了公司的价值。此外，在香港股票市场，有许多地产股的地产价值本身就经过重估，账面报出来的数目就是重估后的价值，而地产重估操纵空间同样很大，因此在香港股票市场中，看到极低市净率（低至 0.1、0.2 倍）的地产股也不真代表股票有价值。再说，那些看上去很值钱的地产，如果不处置发放现金股息给股东或者进行开发，资产价值没有得到释放，基本是和小股东不相关的。

3．风险过高。市净率的另一个重要驱动因素是贴现率。如果公司承担着过高的风险经营，很可能某些判断失误，就会造成账面净资产全部损失殆尽。

7.5　市盈率与市净率的组合

市盈率和市净率都是评估公司价值的重要方法，一个从盈利的角度来看估值，而另一个从资产的角度来看估值，而将两者同时用于评估公司价值，会发现许多更有价值的信息。连接市盈率和市净率关系的是公司的净资产收益率。我们从以下公式可以看出三者的关系。

$$P/EPS \times EPS/B = P/B \quad 即 \quad PE \times ROE = PB$$

公式表明，PB 和 ROE、PE 正相关。如果 PE 不变，ROE 越高，PB 越高；ROE 不变，PE 越高，PB 越高。除了 ROE 和 PB、PE 相关外，PB、PE 的驱动因素均有利润增长率 G 这个指标，因此继续扩展开来，一个公司的估值需要从 PB、PE、ROE、G 这四者的组合来看。

一　高 PB、高 PE 组合

该类公司需同时具备很高的增长与很高的净资产收益率才能够支撑股价，公司具备极强的竞争优势与超好的生意属性（表现为优秀的经营活动现金流与极高的资本支出效率）。此类公司可以被称为伟大公司，但数量是少之又少，而且仍要提防 ROE 和增长下降的情况。投资伟大公司的难度较大，因为需要投资者具备超强的远见，洞悉公司的发展前景与竞争优势。绝大部分的公司其实不具备超高增长与超高 ROE，高 PE 与高 PB 往往是巨大泡沫的特征，面临巨幅下跌风险。

案例：伟大公司代表——贵州茅台与腾讯

新经济类型公司里可以称得上伟大公司的无疑属于互联网三巨头腾讯、阿里巴巴和百度。截至 2015 年 5 月，腾讯市净率为 14 倍，市盈率为 48 倍，阿里巴巴市净率为 9 倍，市盈率为 45 倍，百度市净率为 7.5 倍，市盈率为 31 倍，三者全部都具备高 PE 和高 PB 特征。其中腾讯上市时间最早，从 2004 年上市至 2005 年的十余年间，股价上涨超过 200 倍，与之对应的是 2001 年公司净利润为 0.1 亿元，到了 2014 年公司净利润增长到了 238 亿元，显示出了超高的增长性。2004 年以前的腾讯，由于基数小，某些年份利润增长率竟然超过了 1000%，而 2005—2009 年，利润增速平均为 67.8%，2010—2014 年，利润增速平均为 36.6%，腾讯历史上的利润增速惊人。与此同时，腾讯的净资产收益率十几年下来平均高达 35%。从现金流上看，腾讯的经营活动现金流净额平均为净利润的 1.3 倍，由于高速增长的需求，腾讯需要大量的投资行为，投资活动现金流净额平均为净利润的 1 倍，即投资率为 100%。根据我们在本章第二节 DCF 估值模型及思维中提到的公式，**利润增长率=投资率（投资现金流/净利润）×投入资本回报率（可以理解为边际投入资本回报率或者固定资产投资收益率）**，腾讯将赚取的净利润 100%再重新投入资本支出，能够使得净利润增幅长期平均在 36%～67%区间，故而腾讯的资本支出回报率也在 36%～67%之间，这是一个很高的资本支出效率水平。从事后的观点看，腾讯控股长期维持在 10 倍市净率以上以及 40～50 倍的高市盈率，是非常合理的。不过幻想其他互联网公司也能如此发展则不切实际，这么多年互联网也就只有一个腾讯，而且腾讯发展过程中击败的竞争对手不在少数。目前腾讯规模基数已经越来越大，未来能否仍然维持较高的增长速度以及同样较高的估值，值得思考。腾讯控股股价走势如图 7-16 所示。

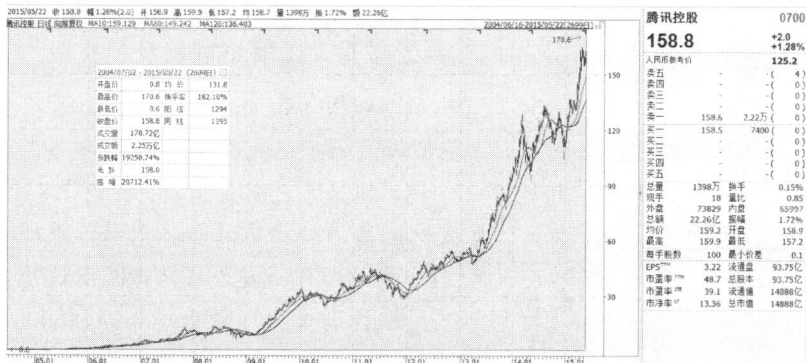

图7-16　腾讯控股股价走势图

传统经济里伟大公司的代表为贵州茅台，贵州茅台作为国酒的地位无法动摇。茅台 2001 年上市，当年的 ROE 为 13%，此后逐年走高，自 2007年后，ROE 始终高于 30%，与此同时茅台在过去十几年间净利润保持着年均 36% 的高速增长。从现金流角度看，经营活动现金流净额长期平均为净利润的 1.1 倍，投资活动现金流净额平均为净利润的 0.45 倍，即投资率为45%。45%的投资率就能够带来年均 36%的净利润增长速度，推算出来的资本支出回报率高达惊人的 80%，显示出强大的无形资产盈利能力。因此，贵州茅台长期享有 10 倍市净率和 30 倍以上的市盈率估值，甚至在 2007 年的大牛市中，市净率一度高达 30 多倍，当然茅台是非常优秀，不过 30 倍市净率买入的投资者仍然会被套牢几年。近些年来，由于白酒行业受消费人群减少等因素影响，加之茅台自身规模也已较大，茅台 2013 年净利润增幅为 13.7%，14 年增幅为 1.4%，2015 年一季度增幅为 17%，增速已经出现下降，即便茅台的 ROE 仍然在 30%左右，市场给予的合理市净率已经下降到了 5 倍左右，市盈率在 20 倍左右。贵州茅台股价走势如图 7-17 所示。

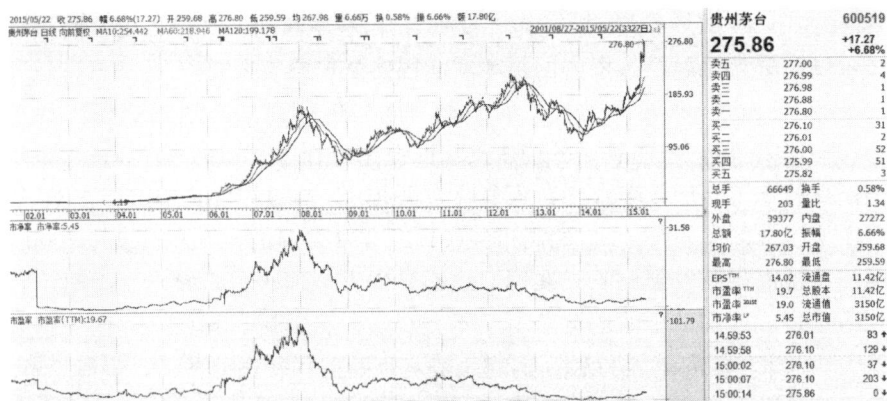

图7-17　贵州茅台股价走势图

案例：超级泡沫？乐视网、全通教育、上海钢联以及创业板

乐视网（SZ：300104）是近几年创业板牛市的龙头股之一，股价上涨了二三十倍，如图 7-18 所示，市值率先突破千亿元，截至 2015 年 5 月，乐视网市净率高达 37 倍，市盈率 328 倍，但是通过财务报表（如表 7-8 所示）以及一些事件的信号，我认为乐视网的价值被严重高估。初步看乐视网过去 5 年净利润增长速度增长非常快，5 年平均增速达到了 53%，但这是基于超巨额的资本支出。乐视网每年的投资性现金流净额平均为净利润的 4.4倍，相对于投资率 440%，对应带来了 53%的利润增幅，通过公式计算出来的资本支出回报率仅为 12%，属于重资产运营，远远低于茅台、腾讯的资

本支出回报率，乐视网的净资产收益率长期看也并不算高，仅百分之十几。乐视网的资本支出主要用于购买视频播放的版权，高昂的版权和自制费用意味着无止境的烧钱，直到能把竞争对手拼光。能够支持乐视网如此烧钱的原因一是乐视 2010 年的上市融资，二是 2014 年的新发股份收购，三是银行借款的不断增加以及股东贾跃芳卖股票无息借款给上市公司，乐视对资金的胃口似乎很难满足，近期又筹划了 45 亿元的股份增发方案。

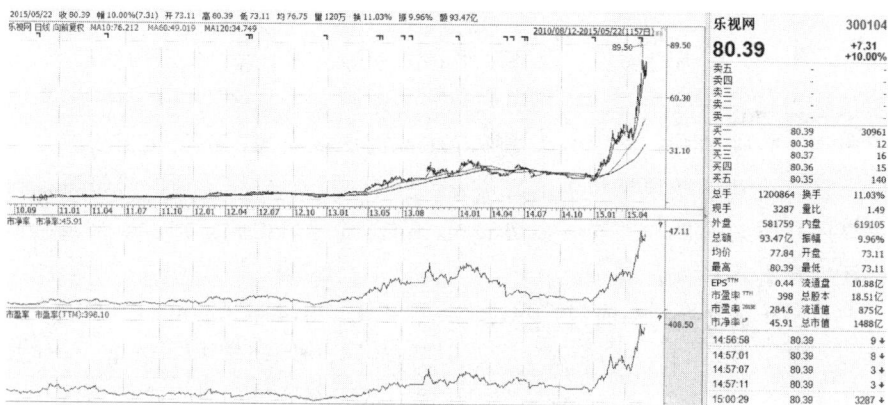

图7-18　乐视网股价走势图

表 7-8　乐视网财务数据

年份	2014	2013	2012	2011	2010
财务比率					
净资产收益率（%）	11.5	15.94	15.6	12.41	7.47
净利润增长率（%）	42.75	31.32	48.1	87.05	57.63
主营收入增长率（%）	188.79	102.28	95.02	151.22	63.49
利润表	单位:亿元				
主营收入	68.19	23.61	11.67	5.99	2.38
净利润	3.64	2.55	1.94	1.31	0.7
资产负债表	单位:亿元				
资产总计	88.51	50.2	29.01	17.74	10.32
负债合计	55.08	29.41	16.28	7.17	0.93
股东权益合计	31.67	16	12.45	10.56	9.39

续表

现金流量表	单位：亿元				
经营性现金流净额	2.34	1.76	1.06	1.47	0.65
投资性现金流净额	−15.26	−8.98	−7.64	−8.64	−2.63
融资性现金流净额	11.53	11.15	7.18	3.07	7.08

事实上，市场更喜欢乐视网讲述的什么互联网平台、生态构建的概念，乐视除了搞视频网站，还搞超级电视、超级汽车、超级手机，然后还有乐视影视、乐视体育、乐视音乐等眼花缭乱的产业布局，但其实很多只是大股东搞，究竟这些项目和上市公司有怎样的关系，恐怕乐视的投资者是糊里糊涂，总之，能和互联网搭边的大产业乐视都热衷插一脚，未来范围估计还能够继续扩大。

对于乐视网净利润的真实增速我保持怀疑。2014 年乐视网的净利润 1.29 亿元，同比下滑 44%，但归属于母公司所有者的净利润是 3.64 亿元，同比却增长 42%，为什么？因为合资子公司中的少数股东给乐视网分摊了 2.35 亿元的亏损，其中卖乐 TV 的合资子公司乐视致新电子科技就亏掉了 3.8 亿元，相应的少数股东就分摊了 1.87 亿元亏损，乐视系公司不论在卖乐 TV 还是超级手机时都是亏钱补贴消费者的，为的是追求一个炫耀的增长速度和规模，它们卖越多会给乐视网带来越多的流量，对乐视网本部的业务是有帮助的，可是少数股东为啥愿意持续亏呢？因为拥有少数股东权益的公司的实质控制人还是贾跃亭，他这边亏得再多，但那边把乐视网本部的业绩提上去了，能从股票市值增加中得到补偿（注：我这个判断 2015 年 5 月 8 日发布在雪球网上 20 天后，贾跃亭宣布将出售市值 100 亿元的股票）。2015 年一季度，乐视网净利润 0.2 亿元，同比下滑 50%，但是归属于母公司所有者的净利润却为 0.95 亿元，增长 11%，少数股东又承担 0.74 亿元的亏损。

作为视频行业第一的优酷土豆公司 2014 年净利润仍然亏损 8.8 亿元人民币，市值 230 多亿元人民币，为乐视网市值的 1/5。另一行业巨头爱奇艺据悉亏损也以数亿元计。乐视网在版权的成本摊销上，所采用会计政策也被市场争议。

另外，贾跃亭股票质押融资、姐姐贾跃芳卖股票，这些事件信号的出现也不是好事。

如此之高的估值，对应不高的净资产收益率加上靠融资、收购支撑起来的利润增长速度，以及种种事件信号，或许投资者还是回避些好。

全通教育（SZ：300359）2014 年初登陆 A 股创业板，立志成为全国最值得信赖的互联网教育平台，主营业务为中国 3～18 岁基础教育领域的互联网应用和信息服务运营。业务说得具体些，就是运营互联网课程，以及将传统的教学、考试、教务、考勤等统统都搬到互联网上进行管理，还有就是搭建学生、家长、老师的信息沟通互联网平台。不过我认为这些业务的商业价值并不大。该公司的股票创下了创业板几个之最，例如第一个股价到 300 元（除权前）的创业板公司，创业板最高市净率公司，截至 2015 年 5 月，全通教育市净率为 98 倍，注意，不是市盈率而是市净率，市盈率则高达 854 倍，全通教育以 3.77 亿元的净资产支撑起了 370 亿元的市值。那么全通教育拥有惊人的净资产收益率和增长速度吗？抱歉没有，它的净资产收益率近五年来处于不断下滑的趋势，而不论营业收入还是净利润近三年没有高增长，仅 10%左右，2015 年一季度净利润反倒下滑 22%。支撑全通教育如此夸张的估值就只剩下"互联网+教育"这广阔的增长空间。为了能够使得股价看起来至少合理，全通教育目前首要做的必定是再融资，将净资产增厚，相应市净率下降，然后融来的钱进行收购，将利润增加，相应市盈率下降。不过急切地去收购同行其他公司收到的是什么质地可就难说了，迅速地将资产规模扩大也非常考验公司的管理能力。全通教育财务数据如表 7-9 所示，其股份走势如图 7-19 所示。

表 7-9　全通教育财务数据

年份	2014	2013	2012	2011	2010
财务比率					
净资产收益率（%）	12.09	19.55	23.65	25.34	44.5
净利润增长率（%）	6.87	-3.92	17.56	35.24	102.65
主营收入增长率（%）	11.8	10	9.87	42.15	59.03
利润表	单位:亿元				
主营收入	1.93	1.72	1.57	1.43	1
主营利润	0.86	0.81	0.77	0.68	0.5
净利润	0.45	0.42	0.44	0.37	0.27
资产负债表	单位:亿元				
资产总计	3.96	2.39	2.02	1.65	0.72
负债合计	0.24	0.24	0.17	0.18	0.1

续表

年份	2014	2013	2012	2011	2010
资产负债表	单位:亿元				
股东权益合计	3.71	2.15	1.85	1.47	0.62
现金流量表	单位:亿元				
经营性现金流净额	0.26	0.45	0.41	0.47	0.2
投资性现金流净额	−0.61	−0.05	−0.02	−0.64	−0.09
融资性现金流净额	1.13	−0.12	−0.06	0.47	0.05

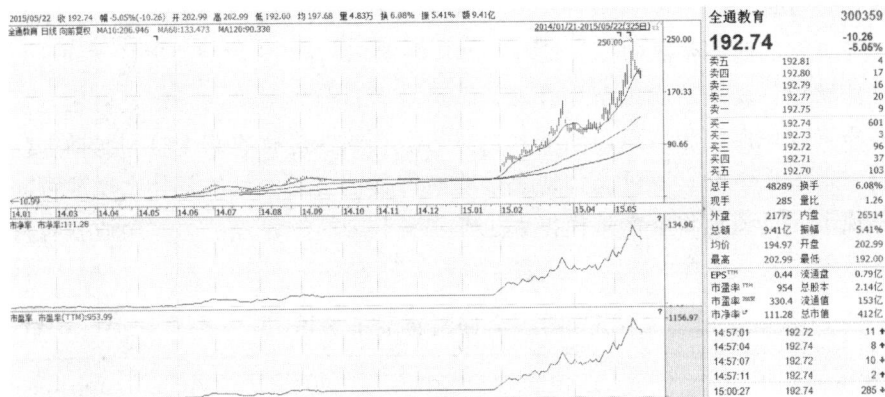

图7-19　全通教育股价走势图

　　如果说全通教育属于刚上市公司，投资者可能看得不够清楚，那么2011年上市的上海钢联（SZ：300226）已经上市4年，经营状况已经较为清晰，不过其估值贵得同样令人无法理解。上海钢联是从事钢铁行业及相关行业商业信息及其增值服务的互联网平台综合运营商，拥有大宗商品资讯平台、大宗商品交易平台和大宗商品研究平台。其希望通过交易平台全程介入交易各方（包括上下游企业、服务机构）的商务信息、物流、资金、结算等各环节的活动。上海钢联自上市以来净利润每年均有所下滑，净资产收益率也是越来越低，公司经营性现金流净额均小于净利润水平，自公司2014年开展寄售交易模式以来，经营性现金流净额更是变为-4.3亿元。事实上，就上海钢联那点可怜的净利润还有相当比例是依靠每年约900多万元的政府相关补贴。这么一家净资产4亿多元的公司市值也有200多亿元，市净率高达48倍，市盈率3 618倍。2015年一季度公司净利润下滑至-0.13亿元，市场终于可以将之与持续烧钱亏损的亚马逊比较了。上海钢联财务数据如表 7-10 所示，其股价走势如图 7-20 所示。

表 7-10　上海钢联财务数据

年份	2014	2013	2012	2011	2010
财务比率					
净资产收益率（%）	4.23	5.69	9.75	11.69	27.98
净利润增长率（%）	-13.04	-38.77	-8.75	43.22	37.22
主营收入增长率（%）	386.6	62.73	172.66	117.78	45.26
利润表	单位:亿元				
主营收入	75.57	15.53	9.54	3.5	1.61
净利润	0.19	0.22	0.35	0.39	0.27
资产负债表	单位:亿元				
资产总计	15.81	8.21	6.42	5.76	1.69
负债合计	7.31	3.86	2.15	1.82	0.71
股东权益合计	4.43	3.79	3.62	3.3	0.96
现金流量表	单位:亿元				
经营性现金流净额	-4.3	0.03	-0.2	-1.13	0.47
投资性现金流净额	-0.4	-0.72	-0.86	-0.52	-0.33
融资性现金流净额	4.34	0.84	0.34	3.4	--

图7-20　上海钢联股价走势图

事实上判断公司是否极度便宜或者高估并不困难，掌握好基本的财务与估值方法，再加上对公司的了解，就可以大致得结论，关键是投资者是否拥有足够的理智和独立思考的能力。截至 2015 年 5 月，创业板整体市盈率高达百倍，市净率也高达 11 倍，但与之对应的净资产收益率仅 8%左右，净利润增长速度为 20%左右，还包含收购其他企业而增长因素。不排除当中有的企业真得很优秀，但是创业板拥有超过 440 多家的公司，总不可能家家都是伟大公司，其中有 1/6 在 2015 年第一季度出现亏损。目前，创业板公司当中稍微有盈利的市场就拿腾讯、阿里巴巴、百度的例子证明不贵，如果还处于烧钱无盈利阶段则拿出亚马逊的特例说明亏损依然可以高估值，但愿它们未来真的如此厉害，那么拥有这么多伟大公司的中国幸也！

二　高 PB、低 PE 组合

该类公司仍然具备较高的 ROE，但往往利润增速不高，或者被认为增长空间有限，如果 ROE 能够持续维持高位，并且有所增长，低 PE 或许代表着存在价值低估的可能性，回报较好，如果 ROE 不能够维持高位，高 PB 将会带来巨大的股价下跌空间。

案例：长年 10 倍市盈率的格力电器

格力电器是目前全球最大的集研发、生产、销售、服务于一体的专业化空调企业。公司产品产销量连续多年全球领先，牢牢占据行业第一的地位。或许正是因为空调产业本身产量较大，以及格力已经为行业第一，因此，市场总认为格力电器是成熟公司，发展空间有限，过去 5 年以来给予的市盈率倍数仅在 10 倍左右。而格力电器由于 ROE 长期高达 30%左右，市净率倍数为 3 倍左右。有意思的是格力电器每年报出的利润增幅均超出市场预期，这也使得格力电器过去 5 年累计的股价涨幅在 350%左右。格力电器财务数据如表 7-11 所示，其股价走势如图 7-21 所示。

表 7-11　格力电器财务数据

年份	2014	2013	2012	2011	2010
财务比率					
净资产收益率（%）	32.06	31.43	27.59	29.74	32.14
净利润增长率（%）	30.21	47.31	40.92	22.48	46.76
主营收入增长率（%）	16.63	19.44	19.43	37.6	42.33

续表

年份	2014	2013	2012	2011	2010
利润表	单位:亿元				
主营收入	1 400.05	1 186.28	993.16	831.55	604.32
净利润	141.55	108.71	73.8	52.37	42.76
资产负债表	单位:亿元				
资产总计	1 562.31	1 337.02	1 075.67	852.12	656.04
负债合计	1 110.99	982.35	799.87	668.34	515.93
股东权益合计	441.53	345.83	267.43	176.07	133.03
现金流量表	单位:亿元				
经营性现金流净额	189.39	129.7	184.09	33.56	6.16
投资性现金流净额	-28.62	-21.86	-42.13	-27.67	-18.87
融资性现金流净额	-18.64	-24.24	8.15	-7.95	-14.15

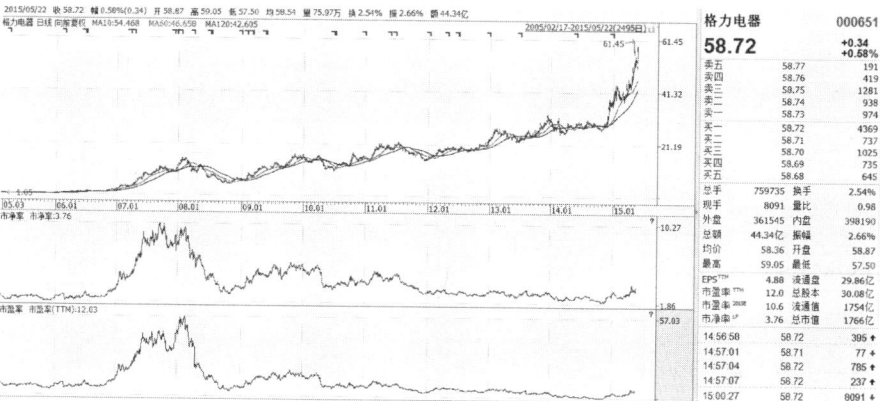

图7-21　格力电器股价走势图

案例：碰上白酒萧条的泸州老窖

泸州老窖系我亏损过的股票，我看中泸州老窖悠久的窖池这块无形资产，除去 2013—2014 年，此前泸州老窖的净资产收益率均高达恐怖的 40%，在 2010 年股价 29 元时买入，当时市净率在 8.5 倍，市盈率是 20 倍，后来股价曾一度上升到 50 元，没卖，再之后白酒行业因为中央限制三公消费等因素遭遇大萧条。事后看，当时过分高估了泸州老窖的竞争优势和管理团队，2013—2014 年泸州老窖业绩大幅下滑，净利润仅为巅峰时期的 1/5。如果静态看，在业绩没下滑前泸州老窖市盈率也有过 10 倍出头，属于高 PB、低 PE 组合，但是此时买入仍然会遭受时间和股价的损失，业绩下滑后，泸州老窖市盈率倍数就大幅上升了。好在后来将泸州老窖换成了洋河股份，扳回一局，这是后话。泸州老窖财务数据如表 7-12 所示，其股价走势如图 7-22 所示。

表 7-12　泸州老窖财务数据

年份	2014	2013	2012	2011	2010
财务比率					
净资产收益率（%）	9.06	32.53	45.24	40.52	39.97
净利润增长率（%）	-74.41	-21.69	51.13	31.73	31.79
主营收入增长率（%）	-48.68	-9.74	37.12	56.92	22.89
利润表	单位:亿元				
主营收入	53.53	104.31	115.56	84.28	53.71
净利润	8.8	34.38	43.9	29.05	22.05
资产负债表	单位:亿元				
资产总计	131.71	137.34	155.73	124.77	80.26
负债合计	33.77	30.97	58.02	52.52	24.64
股东权益合计	97.13	105.68	97.03	71.69	55.17
现金流量表	单位:亿元				
经营性现金流净额	13.07	12.27	47.81	39.73	13.51
投资性现金流净额	-1.43	-2.41	11.84	-0.88	-2.22
融资性现金流净额	-18.25	-25.76	-21.71	-18.14	-9.87

图7-22　泸州老窖股价走势图

三　低 PB、高 PE 组合

　　该类公司经营业绩不佳，处于微利状态，造成 PE 倍数很高，甚至有的公司亏损，PE 为负值。盈利低下的原因可能是由于行业周期陷入了低谷，也可能是自身管理不善。市场知道其业绩差，也给以很便宜的估值（以 PB 衡量），如果 ROE 一直处于低位，股票回报较差。这类公司 ROE 日后如果能够提升，属于"困境反转型"或者"业绩提升型"，涨幅将会惊人，但是得出判断需要掌握到行业或者公司的最新信息，以及对公司变化和产业环境的深刻洞察。

案例：低迷行业中的西山煤电

　　西山煤电（SZ：000983）是我 2008 年底曾经购买过的股票，当时受经济危机影响，西山煤电股价跌下 10 倍 PE，2 倍 PB，对应 ROE 仍有 20%，我见其绩优，贪便宜买入，结果碰巧遇上 4 万亿经济刺激计划，西山煤电一年上涨 3 倍后，我觉得估值较高，市净率倍数已 8～10 倍，于是卖出。不曾想此后五年，曾经如日中天的煤炭行业竟然急转直下，供需关系逆转，行业个股普遍跌七八成。西山煤电自 2012 年后利润连年下滑，至 2015 年一季度，已经处于盈亏边缘，股价最低曾跌破净资产，市盈率目前也高达上百倍。周期股的投资并不容易，关键时点不好把握，需要具备发现拐点的洞察力。不过，如果一个行业里的公司几乎都陷入了亏损，低迷的时间足够长，估值又很便宜（最好跌破净资产），结合股价趋势判断，适当配置部分也未尝不可。西山煤电财务数据如表 7-13 所示，其股价走势如图 7-23 所示。

表 7-13　西山煤电财务数据

年份	2014	2013	2012	2011	2010
财务比率					
净资产收益率（%）	1.72	6.59	12.05	20.19	20.91
净利润增长率（%）	−74.13	−41.66	−35.7	6.47	18.6
主营收入增长率（%）	−17.32	−5.54	2.82	79.27	37.33
利润表	单位:亿元				
主营收入	243.91	295	312.29	303.72	169.42
净利润	2.73	10.56	18.1	28.15	26.44
资产负债表	单位:亿元				
资产总计	481.97	461.62	451.26	386.43	289.53
负债合计	294.89	273.45	275.23	221.1	148.61
股东权益合计	158.5	160.21	150.27	139.45	126.44
现金流量表	单位:亿元				
经营性现金流净额	9.34	24.88	27.19	38.82	33.63
投资性现金流净额	−17.86	−18.93	−36.61	−31.04	−21.07
融资性现金流净额	10.53	−28.26	−7.55	−7.45	−0.35

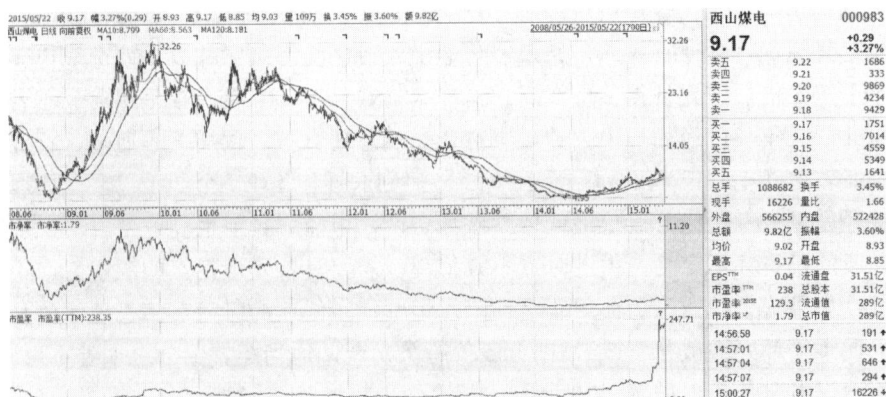

图7-23　西山煤电股价走势图

四　低 PB、低 PE 组合

该类型公司往往盈利状况一般，ROE 一般，市场给其估值十分便宜，如果经营状况继续维持，收益率中等或者中上，如果经营状况好转，ROE 提升，则具有成为黑马股潜质，获得巨大升幅，如果 ROE 下滑，则会落入低 PB、高 PE 组合，PB 够低买入的话，应该也不至于损失太多。格雷厄姆的经典价值投资大多就会在低 PE、低 PB 的股票中产生。如果低 PE、PB 又具备高 ROE 与增长，价值明显低估，属于难得的投资机会。

案例：跌破净资产的厦门港务

港股厦门港务（HK：3378）是 A 股的厦门港务（SZ：000905）的控股公司，我最早在雪球博客上谈及该股是在 2013 年 5 月 23 日，当时港股厦门港务的股价为 1 元左右，市净率非常低，仅为 0.591 倍，市盈率为 8 倍左右，与之对应的 ROE 常年为 7%～8%，净利润则是略微增长，厦门港务历年现金派息较为大方，股息率预计能够达到 6%左右，不论按盈利价值还是重置价值，港股厦门港务都具备价值，因此，即便公司净资产收益率不高，我也较为看好。2014 年 4 月 15 日，我还是在博客发表了一番感慨，希望内地不知情的投资者将港股的厦门港务和 A 股的厦门港务混淆，以 A 股的价格买走港股的厦门港务。当时是一番戏言，不过后来港股厦门港务快速的上涨与此混淆不无关系。我投资港股厦门港务后，2014 年公司股价就受到多重利好推动，其中包括有一带一路、国企改革、厦门地方港口资源整合重组、沪港通、深港通等，仅一年多，厦门港务就从没人看到的股票变成市场热点。至 2015 年 5 月，厦门港务股价最高曾经达到 5.78 元，市净率也到过 2 倍以上，股价自我关注时起，2 年时间里最多上涨了 400%以上。厦门港务股价走势图如图 7-24 所示。

图7-24　厦门港务股价走势图

案例：经营出色还低估的兴业银行

在低 PB、低 PE 中仍然能够淘到高 ROE 和中增长的好货，银行股便是其一。尽管市场一直认为银行受到如坏账、利率市场化、盈利规模太大、杠杆风险高、宏观调控等诸多利空冲击，给予银行板块几乎为全 A 股市场最低的行业估值，但是银行每一年的业绩表现仍然非常出色。我并不看空银行，这是由银行在整个宏观经济中的地位所致，中国货币量每年都不断增加，只要货币量不断增长，那么经营货币的银行其实从增长空间上就没有天花板一说，目前中国银行中间业务比重仍然较低，发展空间较大，未来随之利率市场化，放开银行的业务限制，银行能够从中受益，相信未来的银行通过各种手段走资本节约道路，降低市场风险预期，估值仍有很大的提升空间。兴业银行在银行中经营较为灵活，业务特色，在银行同业业务、绿色金融、资产配置能力等方面令人印象深刻，相信能够在未来的利率市场化中脱颖而出。兴业银行自 2007 年上市以来 ROE 均在 20%左右，利润增速也很高，但是如此出色的经营数据，其股票常年仅在 1 倍市净率，5 倍市盈率左右交易，最低甚至只有 0.8 倍市净率和 3.8 倍市盈率，给予投资者持续买入的机会。兴业银行自 2008 年底的最低点至 2015 年 5 月，股价上涨超过 400%，而市净率为 1.3 倍，估值上完全没有提升，仅仅靠了自身业绩的增长推动股价增长。我见证了兴业银行净利润从 100 亿元增长到 470 亿元的整个历程。兴业银行财务数据如表 7-14 所示，其股价如图 7-25 所示。

表 7-14　兴业银行财务数据

年份	2014	2013	2012	2011	2010
财务比率					
净资产收益率（%）	18.28	20.63	20.47	22.14	20.13
净利润增长率（%）	14.38	18.7	36.12	37.71	39.44
主营收入增长率（%）	14.28	24.73	46.35	37.77	37.18
利润表	单位:亿元				
主营收入	1 248.98	1 092.87	876.19	598.7	434.56
净利润	471.38	412.11	347.18	255.05	185.21
资产负债表	单位:亿元				
资产总计	44 070.7	36 774.35	32 509.75	24 087.98	18 496.73

续表

年份	2014	2013	2012	2011	2010
资产负债表	单位:亿元				
负债合计	41 453.03	34 762.64	30 803.4	22 927.2	17 576.78
股东权益合计	2 579.34	1 997.69	1 695.77	1 152.09	919.95
现金流量表	单位:亿元				
经营性现金流净额	6 820.6	2 091.19	1 167.01	−78.85	1 176.52
投资性现金流净额	−5 662.35	−3 253.54	−1 281.18	−16.66	−474.18
融资性现金流净额	1 143.22	−115.82	39.54	109.64	84.92

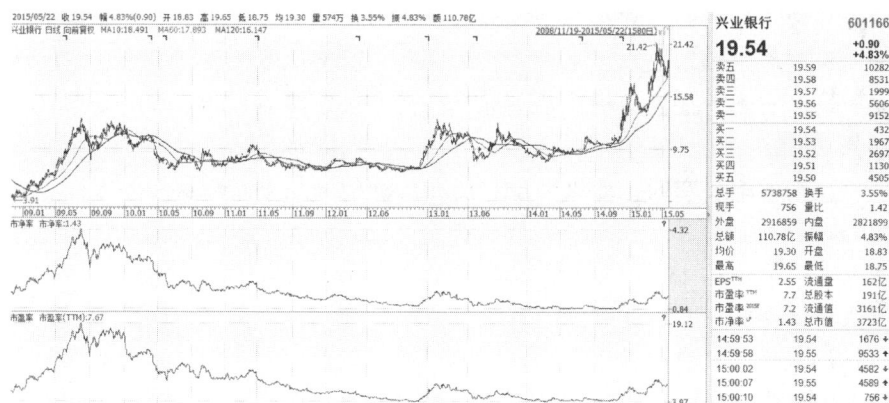

图7-25　兴业银行股价走势图

7.6　估值五要素简化模型

（注：本文首发于 2012 年 2 月 23 日的雪球博客，文中利用五要素估值模型计算了贵州茅台与宝钢股份的公司价值，结论是两者股价都处于略微低估的状态。三年过去了，白酒行业因为中央限制三公消费等因素导致了严重的萧条，目前尚未完全恢复，而贵州茅台因为其卓越的行业地位，经营业绩依旧有所增长，贵州茅台的股价期间曾出现腰斩，但最终仍然上升。宝钢股份所处钢铁行业仍然并不景气，不过估值已经恢复到当年预计的水平。自文章发布之日起至 2015 年 5 月，贵州茅台与宝钢股份分别上涨约 56%和 82%，同期沪深 300 指数上涨 75%，当然，那时的沪深 300 指数市净率 1.9 倍、市盈率 11 倍，是很便宜的位置。）

做价值投资的朋友们都会面临着如何结合上市公司的基本面情况对股票进行估值的问题。采用 DCF 之类的贴现模型往往考虑因素较多，甚至要具体预测到某一会计科目，被人戏称为精确的错误。而用市盈率、市净率等相对估值方法又简单片面地只考虑某一因素，容易掉入估值陷阱。我根据自身的投资经验总结了影响估值的五大要素，即增长空间、增长速度、增长效率、ROE（净资产收益率）、风险。根据这五要素，投资者至少可以理解为何不同行业之间的估值不同，同一行业的公司之间估值也不同。在此基础上，我发明了一个简化的估值模型，希望能帮助大家对股票进行评估。

一　增长空间

巴菲特有一个投资原则是"这家企业是否有良好的长期前景。"一个公司能否成长壮大是建立在其是否拥有充足增长空间之上的。贴现模型中都会假设一个永续增长率，永续增长率越高，股票估值就越高，增长空间就是对这一参数的通俗理解，那些拥有巨大增长空间的企业自然会受到投资人的喜好。

公司的增长空间主要来源于它所在行业的增长空间，从哪些方面去考量一个行业是否有增长空间呢？我认为可以从顾客群的渗透率、人均消费水平、产品结构等方面判断。例如，前些年某即时通信公司客户数量占我国人数比例较低，由此判断仍有成长空间。某体育服饰公司认为我国人均年运动服饰消费量远低于发达国家人均水平，由此得出仍有较大的发展空间。而某食品公司认为我国冷鲜肉占肉类消费结构相比发达国家较低，也判断增长空间巨大。公司的增长空间还源自它对同行业其他公司空间的挤占。例如，即便行业没有增长空间，拥有新商业业态、模式的公司对旧有公司的空间的挤占。增长空间的因素或许也解释了前两年市场对新能源、新材料等新兴行业的炒作。总的来说，企业需要有竞争力，这样增长空间才是属于自己的，而不是属于其他公司或者行业的。

二　增长速度

增长速度是显著影响股票估值水平的因素之一，毕竟长期的增长空间较为遥远，短期公司收入、利润的增长速度则是可以被大家预测和证实的。许多投资人很喜欢用 PEG 指标对快速增长的公司进行估值。短期收益的快速增长并不能使贴现模型中前几年的贴现值提高多少，但重要的是短期增长后的收益能够保持的话，那么长期的每一期收益都能得到大幅提升，从而企业长期的价值就能得到大幅提升。由于经营杠杆等诸多因素，利润的增幅往往较收入增幅快，但收入乃利润的源泉，保守的投资者可以选择收入的增长速度作为股票的估值因素。而收入则可通过对销售产品的数量、价格及结构等方面进行预测。

三 增长效率

如果某一公司的利润增幅虽然很快，但却被存货、应收账款等占用了绝大部分的现金流，而另一公司利润增幅也很快，但需要不断将利润投回公司进行资本支出才能增长，股东根本不能自由支配利润，那么这两类公司的增长质量和效率高吗？回答显然易见。一般而言，贴现模型中对公司自由现金流的定义为扣除调整税后的净营业利润＋折旧摊销-资本支出-运营资本支出，上述两种公司后两项较大，造成了自由现金流的下降，公司价值自然也随之下降。

我用经营性现金流/净利润与投资性现金流/净利润两个指标来衡量公司增长的质量与效率。前一指标大于一为佳，后一指标在净利润增长速度越快的情况下尽可能地小最好。例如风机行业虽然基本也是挣多少利润就资本支出多少，但却实现利润连续数年翻倍增长的奇迹。而钢铁行业也是挣多少就投多少，但即便行业景气时增速也不算快，更别提近年利润不断下滑仍需进行高额资本支出了。这一特性造成了重资产公司与轻资产公司的估值差异，究其原因与行业特性、商业模式等因素相关。在我观察到的行业中，白酒、软件、百货的经营性现金流优异，投资性现金流又相对较低，因而历来在所有行业中享有较高的估值。

我还发现如果某一公司即将进行数量是净利润几倍的投资，那么该公司股票往往会跑输行业指数很长时间。这或许是因为大的投资项目投产后市场不确定或初期产能利用率较低，而企业又因大额投资借债太多，产生的利息费用与折旧费用拖累了利润水平。

四 ROE

如果只用一个指标来衡量公司是否经营优秀，那这个指标非 ROE 莫属，许多投资人也把高 ROE 列为选股的必选指标。公司也只有在 ROE 大于股东权益成本的情况下实现上述利润增幅才有意义，否则利润增长越快，股东价值毁损越多，利润的增加也只是建立在不断地高资本投入却低产出之上。公式利润可持续增长=ROE×（1-分红率）也可看见，只有在高盈利能力的情况下，利润增幅才有可能越快，盈利能力对公司利润再投所产生的复利效果起着至关重要的作用。值得注意的是，估值时用到的 ROE 应是长期均衡 ROE，不是某一两年过高或者过低的 ROE，公司的长期 ROE 水平显著影响着市净率的高低。

长期高且稳定的 ROE 则表明公司可能存在着某些竞争优势来获取超额利润，大多数价值投资者都喜欢投资这类业绩持续优异的公司。当然也有投资者喜欢投资 ROE 提升的公司，这类公司 ROE 先前并不优异，但因为行业周期、管理提升、资产剥离、分拆等因素大幅提升，股价更是一鸣惊人，俗称黑马股投资。

公司的长期 ROE 在我看来取决于两大因素：其一，公司所处行业的产业结构，波特五力模型对此做出了很好的阐述。进入壁垒、替代产品、供方议价实力、买方议价实力、现有竞争对手等五种竞争作用力决定了行业的盈利能力；其二，公司拥有的资源与能力，包括研发能力、生产能力、销售能力、财务能力等诸多能力决定了公司的竞争优势，公司拥有更高的经营效率就更可能拥有超额收益。

影响公司 ROE 的因素很多，但有两个比较容易观察又重要的因素被我看中。一是产品的差异化；二是市场份额或集中度。产品的差异化程度决定公司对消费者的议价能力，也使潜在竞争对手不易进入，更避免了同现有竞争对手打价格战。而维持甚至不断上升的市场份额则证明了公司的持续竞争力。行业的市场份额如果被少数几个公司占据，集中度很高，则证明了行业内竞争相对不激烈，对于客户和供应商的议价能力更强，更能充分享受整个产业链的繁荣。例如看好众多的钢铁企业，不如看好三大铁矿石厂家。看好分散的房地产行业，不如看好更为集中的工程机械。虽然高 ROE 有迹可循，但我承认判断 ROE 的变动趋势是非常困难的事情，消费者偏好的改变、新技术的产生、更强的竞争对手、投资失误等诸多因素都会让原本的高 ROE 跌落，使得投资者遭受重大损失。持有持续走高 ROE 的股票是投资者梦寐以求的事情！

五　风险

风险非常容易被投资人忽视，在贴现模型中的表现形式就是贴现率了。即使公司的收益情况不错，但承担了过高的风险，估值也会降下来。一般而言，贴现率取 8%～10%，这是由美国长期股票收益率统计而来。

我认为存在三种风险，分别是财务风险、经营风险及市场风险。财务风险，即由财务杠杆所带来的风险，并非所有负债都是风险，顾客的预收款及拖欠供应商的应付账款自然多多益善，但有息负债就越少越好了，因为还不起顾客和供应商还可以动用借款资源，但有息借款还不起，所有人都会上门逼债，企业就面临现金流断裂和破产风险。我用有息负债率[(短期借款+一年内到期的非流动负债+长期借款+长期债券)/所有者权益]衡量财务风险，当公司该指标大于 1 时，风险偏大。

经营风险则是由经营杠杆所带来的风险，经营杠杆越高，说明成本刚性较大，抵御经济波动的能力较小，收入的小幅减少就能带来经营利润的大幅下滑。要了解经营杠杆需深入了解公司的成本结构，固定资产比例指标[(固定资产+在建工程)/总资产]也可从一个侧面来衡量。

市场风险体现了企业收入对经济周期的敏感程度，与行业特性相关，对企业所在行业划分为周期和非周期行业是十分必要的。周期行业公司在经济低迷时收入下降更多，利润下降更厉害，因而在熊市中下跌最为惨烈。我认为衡量周期性的一个办法是看其产品供给时间以及产品的使用寿命。供给时间与使用时间较长的例子是造船业，2007 年航运火热，某船厂时间表居然排到了 2011 年，而造出的船舶可用一二十年，该公司股票至今一蹶不振。

自然，估值中的贴现率可由上述三种风险而定。

六　简化模型

根据上述五要素，我发明了一个简化的估值模型，公司的合理市净率=(1+净利润增幅)^3×(ROE/贴现率)。该模型事实上是粗略计算的一个两阶段贴现模型，贴现模型中的第一阶段是保持了 3 年期的增长，第二阶段利润永续不变。经过我的演算，简化模型的计算值略微小于该贴现模型的计算值，两者差异不大。简化模型包括两部分，短期（未来三年）净利润的增长部分和由短期增长所带来的长期净利润水平保持不变部分。之所以用(1+净利润增幅)的三次方是因为我认为太长期盈利预测并不现实，市场上的分析师最常见的也只是预测了三年的利润，而且事实证明误差已经非常大。ROE 为投资人认为公司未来可能长期保持的 ROE，值得注意的是我国公司财务计算的是期末 ROE，这里需要转换为期初 ROE，转换公式为期末 ROE/（1-期末 ROE）。至于贴现率取 9%～11%，风险大的，取大值。至此简化模型已经量化了五要素中的三要素，而增长空间则需靠人为主观判断，如果认为存在显著的增长空间，可把估值结果上调 10%～20%。增长效率则需考察现金流量表情况，如果经营性现金流优异，投资性现金流又相对较低，也可上调估值 10%～20%。

案例：行业龙头贵州茅台与宝钢股份

贵州茅台一直保持惊人的 ROE，从 2006 年至 2010 年保持平均 30% 的期末 ROE，37% 的年平均净利润增速以及 25% 年平均收入增速，考虑 2007 年净利润增幅高达 88% 拉高了平均数，基数变大等因素，预测未来三年保持 25% 的净利润增幅。以茅台的竞争地位，相信未来仍能保持 30% 的高 ROE 水准，换算成期初 ROE 就为 43%。茅台无有息负债，行业属性好，取 9% 的贴现率，再加上优异的现金流情况估值上调 20%。至于增长空间，考虑茅台价格过去 10 年涨幅惊人，已非常之高，我国白酒消费量也不低，难以判断仍存在巨大增长空间，因此不予溢价。由此 $(1+25\%)^3 \times (43\%/9\%) \times 1.2 = 11$ 倍市净率，目前茅台以 8.7 倍市净率交易，较模型价折让 20%，应该属于略微低估。

宝钢股份，2006—2010 年期末净资产收益率波动巨大，行业景气时达到 15%，低谷时只有 6%，平均 11%，转换为期初 ROE 为 12%。2011 年 3 季度 ROE 不到 6%，即使钢铁行业复苏，净利润增长，也只算是恢复性增长，已经按恢复至平均 ROE 值 12% 估值。如果在前些年还属于增长周期股，还能给予增长溢价，但目前中国钢产量已十分巨大，占世界总产量也超过一半，基本看不到增长空间。有息负债比例相比行业并不算高，但属于周期行业，贴现率取 10.5%。现金流情况也不算好，资本支出巨大，不予溢价。由此 $(1+0\%)^3 \times (12\%/10.5\%) = 1.14$ 倍市净率，目前（2012 年 2 月）宝钢以 0.85 倍市净率交易，较模型价折让 25%。事实上，宝钢没有成长价值，也没显示出超额收益，因此宝钢的盈利价值基本等同于资产的重置价值。布鲁斯·格林威尔的《价值投资》指出了价值的三种源泉，即资产的价值、盈利价值与成长价值。简化模型更适用于计算持续绩优公司盈利与增长的价值。

宝钢与茅台 2011 年三季报显示两者净利润均为 60 多亿元，但前者市净率不到 1 倍，市值不到 900 亿元，而后者市净率 8 倍多，市值已快 2000 亿元，通过上述的简单计算，我们应该可以明白两者价值差异的来源。

我的简化估值模型或许并不准确，但上述五要素也是分析公司基本面的一个视角，通过五要素对公司进行结构分析，进而再深入，由此对公司股票的估值应该不至于差得太多。

案例：被收购的美即控股

（注：该文 2012 年 5 月 27 日发布于雪球网博客）

现在每年出生人口大约 1 500 万人，其中一半为女性就 750 万人，假设将来有 1/3 的人用面膜，20～60 岁都是适龄人群，就是 1 亿的客户。假设这一亿用户平均 2 个星期用一片面膜，一年就消耗约 25 亿片，每片面膜卖 10 元，市场总销量就是 250 亿元。假设美即市场份额从现在的 16%提升到 20%，就有 50 亿元的销售额，目前美即大概也就 10 亿元，不考虑价格上涨的因素，空间还是有几倍的。不知我的假设合不合理。美即年报称 07 至 11 年面膜行业保持 30%的增长。根据上述空间的假设，仍然预计美即能够保持 3 年的 30%高增长，之后是永续不增长，ROE 保持在 20%的水平，股权成本 10%，再给 10%的增长空间溢价，那么美即的合理市净率就是 1.3×1.3×1.3×1.1×20%/10%=4.8 倍，目前市净率约 1.7 倍。不考虑公司治理因素压低估值外，股价还是很便宜的。

推测结果：2014 年美即控股被欧莱雅收购，涨到约 6 元，距文章发布的一年多时间里涨幅 140%，收购价是 6.3 元，收购市净率超过 4 倍，股价走势如图 7-26 所示。

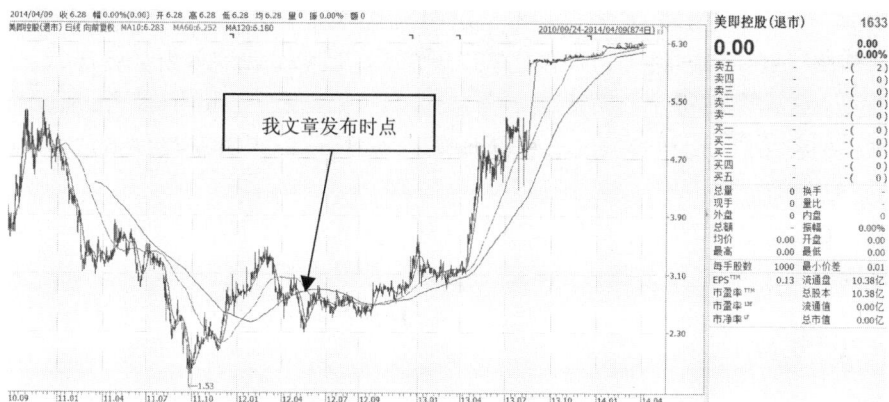

图7-26　美即控股股价走势图

7.7　估值的四个层次

（注：本文首发于 2014 年 9 月 6 日的雪球网博客，文中所提及的中国光大控股、厦门港务、香港中旅、宝业集团等股票在当时的基础上继续上涨，而新提及的威胜集团至 2015 年 5 月上涨约 50%，同期香港恒生指数上涨约 10%）

第一个层次的股票估值是股价跌破净资产。如果公司长期的 ROE 能够维持 5%～10%，甚至更高，而市净率又只有净资产的一半左右，就是比较容易把握的机会。当然这并不是说只要跌破净资产就可以随便买入，但是只要具备一定的商业常识和会计知识，还是能够挑选出有大幅上涨潜力的股票，并不需要对公司及行业的前景有多么深刻的理解，毕竟公司的账面价值或者是重置价值比较明显。我曾经写过一篇这种投资策略的文章《现金分红股价上涨奥秘与"烟蒂"股投资策略》。我提过：① "烟蒂"公司继续维持经营现状的话，光收股息，收益率也还可以。② 碰上经营状况恶化的话，往下跌的空间较小，毕竟还有净资产的重置价值作为支撑。③ 万一运气较好，可以碰上三种上涨因素。概括起来就是向下空间有限，股息收益率不错，存在向上空间，并且列举了四个公司股票的例子。2014 年 6 月 9 日～9 月 5 日，其中中国光大控股（原 PB:0.65）上涨 45%，厦门港务（原 PB：0.57）上涨 45%，香港中旅（原 PB：0.6）上涨 57%，宝业集团（原 PB：0.41）上涨 11%。运气不错，三只大涨的公司都碰到了国企改革概念，资产的价值已经得到释放，2014 年中期利润都有了较大幅度上涨。跌破净资产的股票估计是小散最容易把握的，不需要深度和细致的公司基本面分析，只需具备对公司基本情况的大概判断以及对公司财务报表的大致理解（例如资产科目、有息负债、现金流、股息分派率等财务情况），分散买入，耐心持有，收益应该不会差到哪。在"烟蒂"股中同样出现过几十倍的大牛股，例如长城汽车和申洲国际，它们的 ROE 几乎没跌下过 10%，股价却曾跌破净资产。

第二个层次的股票估值介于 1～3 倍市净率之间。股票长期回报大致要求为 10%，一些不错的公司长期净资产收益率能够达到百分之十几到百分之二十几，除以 10%，市净率就是 1 倍多到 2 倍多。如果它们都不增长，市盈率大概就在 10 倍左右，如果能够增长，又有很大的增长空间的话，市盈率可以更高，市净率也可以突破 3 倍，具体估值方法我写过一篇名为《估值五要素》的文章论述（http://xueqiu.com/2751308955/21489163）。不过，公司业绩不都是增长同样面临下滑风险，所以 ROE 在 10%～20%多的优秀公司给 1～3 倍的市净率，大致能够保障我们买到的是估值合理或者低估的价格。如果要确保股票在这个估值区间是低估的，就需要更加确定公司有更高的增长和更广的空间，则需要对公司的认识和研究更加深刻。举个例子，奥普集团控股我买的时候大概 1.3 倍市净率，9 倍市盈率，ROE 常年保持 20%，派息率为 70%～90%，我并未做出过深研究，只给以利润持平的预期，结果持有一年后，该公司因为营销改革 2014 年中报利润增长了一倍，算上现金分红，投资收益率有 1 倍。但是如果这只股票是卖 2 倍多市净率甚至更高，显然投资者需要更加确定营销改革这个因素究竟能够带给公司多少业绩提升才敢在更高价买入。同样，最近发现了太阳能概念+电动汽车概念+习大大考察概念的威胜集团，披露完 2014 年中报后市盈率大概也就 10 倍出头，市净率 1.7 倍左右，虽然阅读完半年报，我仍然不了解公司所处行业和生产的产品，甚至连产品专业名词都看不懂，但是我认为在目前价格不需要懂很多，单看财务报表也可以下注，相对便宜的价格摆在那里。

第三个层次股票估值则是 3 倍市净率以上。在这个估值水平以上，公司成长因素占据了价值的绝大部分，因此需要对公司的基本面做出深刻的研究和对公司业绩做出细致的预测，还要加上很大的运气成分，才能确信公司始终处于如此高得估值。我认为这个已经超出一般专业散户的能力范围，需要相当的行业知识与经验背景才够研判得出公司的前景。在这个层次的竞争取决于信息优势和洞察力。举个例子来说，1～2 倍市净率的医药公司可能只要知道大概的生产产品和财务信息就可以下注，但是 4～5 倍市净率的医药股显然需要把公司所研发各种产品前景和竞争情况研究得清清楚楚，紧跟公司，还得期望不要出现什么突发状况，才敢买入。简而言之，估值越高，越需要专业能力和运气，才能在更激烈的竞争中发现出新的股价空间。对于第一、第二层次的投资，需要投资者具备深厚的财务专业知识和金融估值知识，外加基本的商业常识。而对于第三层次的投资，则需要再加上深刻的行业专业知识。

第四个层次的股票估值则属于超级盈利能力加成长能力的超级牛股。这些公司拥有远超 30% 的 ROE 又拥有超高的增长。基本上我只见识过 3 种长期处于该估值层次的公司，以茅台为代表的白酒、澳门赌场股、腾讯，这些公司过去的业绩表明当时即便市净率 10 倍，市盈率四五十倍可能都不算贵。

7.8 现金股息再投

一 现金股息的重要性

格雷厄姆对内在价值的定义为被事实所确定的价值，这些事实包括公司的资产、盈利和股利以及具有确定性的前景。在我看来，现金股息不但是构成公司内在价值的重要因素，更会显著影响到长期投资回报率。让我们先来理解现金股息的重要性。

第一，发放现金股息能够使得股东价值最大化。公司赚到了利润，对于管理层而言，大部分会更倾向于将利润留存公司内部，而不是发放给股东，因为利润留在公司内部，管理层就能够控制更多资源。发放现金股息可以避免过多利润留存公司被挥霍或者乱投资。

第二，现金股息降低了公司财务造假风险。持续较高比例的现金分红且又不筹资证明了公司财务的真实性，不真的赚到利润，又怎么会有钱发放给股东。

第三，现金股息再投资拥有复利效果。对于利润不增长的公司，每年的回报率是一样的，但是如果公司能够发放现金股息，投资者再将现金股息用来购买越来越多的股份，日后收到的现金股息也就越来越多，能够起到复利投资的效果。

第四，避免公司倒闭一无所有风险。如果利润一直留存公司而不发放，万一公司倒闭，多年积累将一无所有。

现金股息是熊市保护伞和牛市加速器！熊市中，现金股息是持续买入低估股票的现金来源之一，通过现金股息再投资可以积累更多的股份，从而缓冲投资组合价值的下降。牛市中，一旦股价上涨，这些额外股份就会提高收益率，因而还是收益加速器。

二　现金股息是左口袋掏右口袋吗

经常有投资者来电问我："公司不是现金分红了吗？为什么我的总资产还少了点啊？"我说："发放了现金分红，股价要除权除息相应降下来，还要扣红利所得税。"他就说："那分不分，我的资产都一样，那分红有何用啊。"我无言以对。确实啊！从时点上来说，分不分现金股利，分多还是分少，对于投资者的总资产都是一样的。这就好比一颗苹果树结了苹果，整棵树卖12元，与把苹果摘下来卖2元，树卖10元没有任何差别。但是差别就在以后，好的苹果树能够年年摘下2元的苹果，卖的钱不是越来越多了吗？所以分红从时点来说无关紧要，但在长时间里却至关重要的影响到了股票的价值。

三　现金股息再投魔力

杰里米·西格尔所著《投资者的未来》向读者展示了现金股息再投资的神奇魔力。据该书介绍，如果在1871年把1 000美元投资在股票上，那么到了2003年底，剔除通货膨胀因素后，这些美元的价值将增加到近800万美元。而如果没有进行股利再投资的话，积累的价值将不足25万美元。此外，杰里米·西格尔还举了两个公司的具体例子来证明现金股息再投所达到的复利威力，这两个例子同样令人震惊！

表7-15所示为1950—2003年期间IBM和新泽西标准石油两家公司的经营发展状况，IBM所处的新兴科技部门在过去的50年间占经济中的

比重处于扩张阶段，而新泽西标准石油所处的传统能源部门则是不断收缩，可以看见 IBM 不论收入、利润、股利等增长指标全部都高于新泽西标准石油。

表 7-15　1950—2003 年年度增长率

增长指标	IBM（%）	新泽西标准石油（%）	占优者
每股收入	12.19	8.04	IBM
每股股利	9.19	7.11	IBM
每股利润	10.94	7.47	IBM
部门增长	14.65	-14.22	IBM

在知道已知信息后，如果给投资者一个机会能够在 1950 年的时候投资这两家公司，那么投资者会选择哪家？毫无疑问，绝大部分的投资者会选择增长速度更快的 IBM。事实也是如此，IBM 在 1950—2003 年期间，股票价格年复利增长率为 11.41%，胜于新泽西标准石油的 8.77%。看到这，你真的以为 IBM 的投资者赢了吗？不要忘了投资者的资产等于股价乘以股数，再考虑现金股息再投资购买股票导致的股份变动因素后，结论逆转了。

由于 IBM 的增长速度高于新泽西标准石油，所以 IBM 的交易市盈率也就一直高于新泽西标准石油，这并不稀奇，好货自然价更高。但却正因为如此，更高的股价导致 IBM 的股息收益率要小于新泽西标准石油，从而在现金股息再投资购买的过程中，能够积累的股份数量要小于新泽西标准石油。在长达 50 多年的时间，通过股利再投新泽西标准石油的股东积累到的股票数量是原有的 15 倍，而 IBM 的股东积累到的股票数量仅为原有的 3 倍，如表 7-16 所示。

表 7-16　1950—2003 年平均价格指标

价格指标	IBM	新泽西标准石油	占优者
平均市盈率	26.76	12.97	新泽西标准石油
平均股息率	2.18%	5.19%	新泽西标准石油

因此，虽然新泽西标准石油的股价表现不如 IBM 出色，但是由于估值水平低，股利再投积累到股份数远多于 IBM，从而总收益率上新泽西标准石油每年高于 IBM 0.59%，如表 7-17 所示。这点差别看似微不足道，但如

果在 1950 年分别投资 1 000 美元在新泽西标准石油和 IBM 上，前者可以积累到 126 万美元，后者为 96.1 万美元。

表 7-17　1950—2003 年收益率来源

收益指标	IBM（%）	新泽西标准石油（%）	占优者
股价上升	11.41	8.77	IBM
股利收益	2.18	5.19	新泽西标准石油
总收益率	13.83	14.42	新泽西标准石油

这并非两个单独的特例，杰里米·西格尔的研究表明，那些看起来属于旧经济部门的老牌公司，配以低估值和股利再投，在时间的长河里，复合收益率远比你想象的要高。投资说到底是现实与预期的平衡，公司虽好，可市场对它的预期更高，估值过高，最终投资收益率未必高。

四　股息收益率估算

投资者再预估未来年度股息收益率可以用如下公式快速计算。

未来股息收益率=1/PE×历史现金分红比例

可见，市盈率越低，历史现金分红比例越高，获得的股息收益率就可能越高。

五　现金股息再投增长模型

如果我们将公司所发的现金股息再投资购买公司股票，公司利润的增长再加上所拥有公司股票的数量增加究竟可以使得我们的资产以多快的速度增长呢？可以用以下公式模拟。

现金股息再投资产增长速度=[1+ROE×(1-分红率)]×
[1+(ROE×分红率)/PB]-1

这个模型假定公司利润增长由净资产收益率和分红率决定，且该两项指标不变，公司估值倍数也不变。模型的前半部分其实就是传统教科书中的公司净利润增长模型，即我们不进行现金股息再投时的资产增长速度。而后半部分的模型则是说明现金股息用来购买股票能够买多少股，也就是股份数目的增长速度，公司的增长速度乘以股份数目的增长速度就等于我们资产的增长速度。可以看出如果后面的 PB 越低，我们的增长速度可以越快。虽然假设比较静态，不过也可以作为参考，否则因为净资产收益率、分红率、利润增速、估值的不同，我们很难直观看出不同公司之间分的现金股息再买入公司股票的收益情况如何。

因为可以现金股息再投，所以小散户资产增长速度能够长期超过大股东！

六 现金分红股价上涨奥秘与"烟蒂"股投资策略

（注：本文发布于 2014 年 6 月 9 日的雪球网博客，自发布之日至 2015 年 5 月，文中所提及的中国光大控股、厦门港务、香港中旅、宝业集团分别上涨 143%、205%、109%、48%，同期恒生指数上涨 20%）

现金分红股价能上涨？没错，这就是我的观点。A 股投资者一般认为现金分红不过是把钱从股东的左口袋装到右口袋，没有区别，反而是送配股票能使股价能上涨。但我认为送配股票没有实质意义，而现金分红对于那些股价低于净资产的股票来说，是增加价值的。为什么呢？

举个假设的例子。

L 公司过去赚了些利润，但是最近几年不赚钱，公司净资产为 1 元，公司决定收缩经营，把以前累计的利润 0.5 元返还给股东。然后我们来看在不同市场价格条件下，公司的价值是怎样变动的。

X 股市场，因为公司近几年都不赚钱，股价跌破净资产，只有 0.5 元，市净率为 0.5 倍，投资者一年前 0.5 元买了该股，一年后，收到 0.5 元股息，不赔不赚。问题来了，股价 0.5 元分红 0.5 元，除息后股价应该为 0，但是股价却多少会上涨，因为还有 0.5 元的净资产在上市公司里，如果还按 0.5 倍市净率估值，这块价值还有 0.25 元。投资者手中股票价值加股息就有 0.75 元，较一年前投入的 0.5 元，增长了 50%。这就是我说的现金分红股价上涨的情况，现金分红增加了股票的价值。

Y 股市场，还是该公司，以重置价值或者账面价值定价，股票价格跟净资产一样都是 1 元，投资者一年前 1 元买了该股，一年后收到股息 0.5 元，股票价格除息到 0.5 元，投资者手中还是 1 元，收益率为 0，跟 L 公司没赚到钱是一致的。

Z 股市场，L 公司股票以预期、增长空间、概念等因素定价，股价贵得离谱，卖到 10 元，市净率 10 倍，投资者一年前以 10 元买了该股，一年后听到公司利润分配决定，就晕了，成长概念变成熟概念，收到股息 0.5 元，股票价格除息到 9.5 元，可 9.5 元，对于只剩下 0.5 元净资产，市净率是 19 倍，如果还按 10 倍估值，股价要下跌到 5 元，这时投资者手中只剩下 5.5 元，亏损 45%。这种情况下分红减少了股票价值。

对应上述极端例子的现实情况是，港股一些跌破净资产的股票突然宣布大幅提高股息，哪怕经营业绩是下滑的股价也会大幅上涨，例如映美控股、先传媒等。而 A 股市场，市场都喜欢炒作，不喜欢现金分红（股价高股息收益率很低），还不如把现金留存上市公司，用于发展新业务、收购公司或者搞出个什么概念，预期贵买贵卖，分红反倒是抵减了投资者手中股票的价值，所以喜欢送转股，股价降下来，容易炒作些。

港股中普遍的情况是存在一批 ROE 在 5%～10%的"烟蒂"公司，它们的估值在 0.5～1 倍市净率左右，现金分红率维持在百分之几十不等。这些公司分红理论上也会带动股价轻微上涨，不过影响因素多，并不容易显著观察得到。类似当年大幅折价的封闭式基金，一旦宣布现金分红，次日总能刺激基金交易价格上涨。

我喜欢投资上述"烟蒂"股。成长股并非不喜欢，一是没远见不能挑到，二是挑到的恐怕是股价贵，然后买完业绩下滑的"戴维斯双杀股"。而投资"烟蒂"股好处在于，它们基本盈利状况一般或者由于行业不好，股价纷纷跌破净资产，都十分便宜，向下空间有限，股息收益率不错，存在向上空间。

"烟蒂"公司继续维持经营现状的话，光收股息，收益率也还可以，实际收益率因为现金分红股价上涨的情况可能比股息收益率还高些。例如厦门港务（PB：0.57）股息收益率在 6%，业务保持稳定的概率较大。而美兰机场也曾 PB 跌到 0.6 倍。

碰上经营状况恶化的话，往下跌的空间较小，毕竟还有净资产的重置价值作为支撑。如果股价跌得太惨，大股东可以增持、私有化，上市公司回购股票。如果股价低，股权又分散，资产在别人手中更能发挥效益，则会引来收购。

万一运气较好，可以碰上三种上涨因素。① 碰上概念，每家公司总会碰上概念。有的公司行业较好，碰上概念的频率更多。例如拥有景区的香港中旅（PB：0.6），管理私募股权基金的中国光大控股（PB：0.65）。有的行业差也会碰到老树发新芽。例如搞建筑的宝业集团（PB：0.41）有建筑产业化概念，工程机械行业则和机器人概念沾边。实在什么都不关联的也有锦江酒店碰上国企改革概念的例子；② 公司竞争力变强经营状况转好，ROE 提升推动估值提升；③ 行业复苏。"烟蒂"公司往往处于行业波谷，但行业利润率因为竞争因素的力量会向社会平均水平靠拢，一旦行业复苏，股价则一飞冲天。如果有足够耐心，用十年碰上一次困境反转的机会，收益率应该也不错。

我持有上述所提及公司股票。

个人总结

上述介绍的各种价值评估方法都是建立在对公司基本面的深刻理解上的，如果脱离了对公司的理解，输入的是一些垃圾的估值假设参数，投资者则很难靠谱地评估一个公司的价值区间。

CHAPTER 08

股价趋势的含义

价值投资是利用市场的错误定价即失效来获利，但是市场并非经常出错，恰恰相反，市场大部分时间很可能是有效的，股价的变动会包含投资者的情绪，包含投资者知道或者不知道的信息，如何看待市场正确的时候值得研究。

8.1 股价的趋势

很抱歉，在一本宣扬价值投资理念的书中，我居然会提及趋势这一技术分析范畴。技术分析入门门槛最低，有股价变动图，任何人都可以说上一二，广受小散户喜爱，不过我认为绝大部分技术分析没有什么用。技术分析包含形态分析、指标分析、K 线分析、波浪分析等，可以复杂无比，很多人说得头头是道，但其实是把自己都给忽悠了，而且即便相同的图形也是众说纷纭，没有统一结论。好比形态分析，W 底形态多往下多走一步可以变成 M 形头部。指标分析中，那么多的技术指标通过金融工程回测不是胜败概率各半，就是无法始终保持超额收益。而 K 线分析，看着是黄昏之星，感觉马上要跌了，但一根阳线改变情绪，两根阳线改变观点，三根阳线改变信仰。至于波浪分析，大浪里套小浪，上升浪里有下跌浪，怎么解说都可以。

不过技术分析中也有我认同的地方，即趋势分析。趋势分析讲究跟踪趋势，不轻易预测股价走势。我大部分时间还是听从价值投资指挥，但是也会参考股价趋势信号，小部分时间选择相信趋势信号，这并非矛盾，因为市场既有其有效的一面又有无效的一面，价值投资用来应对市场的无效，而趋势跟踪用来应对市场的有效，如何进行切换就因人而异，因交易品种、环境而定了。价值投资解决了选股的问题，而趋势分析解决的是买入或者卖出时机选择的问题。股价趋势还代表了投资人的情绪，如何利用好人的情绪值得思考。

一　什么是趋势

所谓趋势就是股票价格的波动方向，趋势的方向有三个：① 上升方向；② 下降方向；③ 震荡方向。如果图形中每个后面的峰和谷都高于前面的峰和谷，则趋势就是上升方向，如图（a）所示。如果图形中后面的峰和谷与前面的峰和谷相比，没有明显的高低之分，几乎呈水平向前发展，这时的趋势就是震荡方向，如图（b）所示。如果图形中每个后面的峰和谷都低于前面的峰和谷，则趋势就是下降方向，如图（c）所示。

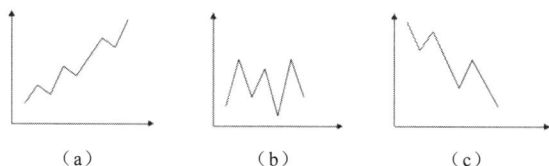

（a）　　　　　　（b）　　　　　　（c）

图8-1　股价趋势图

趋势不是一个绝对的概念，而是相对于时间的长短而言的。股价变动趋势依据时间长短可划分为三个层次：长期趋势、中期趋势和短期趋势。长期趋势可能持续几个月，甚至数年之后才会改变波动方向。中期趋势持续时间在几周到几个月之间，而短期趋势波动的周期以几天计量，甚至可以短到几小时、几分、几秒。我关注的趋势都是中长期的趋势，股票绝大部分的盈利或者亏损都来自这种大的波动，而股票短期来看大部分时间接近于随机游走的模式，难以区分趋势，也无法把握，第 2 章也介绍过短期的波动操作难以持续成功，因而我比较不看重短期趋势。

趋势背后的原理类似物理学中的惯性，一旦一个物体开始运动，不会轻易改变原有运动方向，直到自身动量的衰竭或存在外力改变方向。

二 趋势的含义

趋势的含义之一：在于趋势可能代表了市场的有效性。市场是全部投资人参与博弈的地方，股票价格是全部信息的综合反映，你知道关于公司的信息会在价格里体现，你不知道的公司信息也会在价格体现。在资本市场最经常发生的事情是，你手中的股票价格最近一直在涨（或跌），但是你却搜索不到任何的消息，直到一段时间过后，上市公司突然宣布了一个重大利好（或利空），于是你才恍然大悟之前的股价变动原来是这个缘故。发生这种现象一是别的投资者知道了公司内幕信息买入从而推高股价。二是其他投资者通过他的渠道和方式观测到了公司信息，率先买入，不计数量，推高了股价。有一个有趣的实验，让 500 多名观众估算所见的一头公牛的重量，这些观众的估计千差万别，其中最低的猜测是 308 磅，最高的是 8 000 多磅，平均值是 1 792 磅，而这头牛的真实重量是 1795 磅。每个观众都以自己具备的信息和经营来判断牛的重量，集合起来却与真实数据相差无几，这正是群体的智慧。股票市场也如此，每个投资者都通过报价来贡献他们所拥有的信息和判断，结合起来有时候真的能够客观反映公司的经营情况，这是市场有效的一面。趋势的含义之二：代表的市场的情绪。很可能股价已经非常便宜，但是市场陷入恐慌，股价仍然非理智下跌，这时候不妨利用趋势继续等待一段时间再入场买更便宜的股票。相反，股票已经非常贵了，但是市场发疯，贵了再贵，不妨继续持股待涨，直到上升趋势终结。

三 移动平均线

移动平均线是最常用来跟踪趋势的手段，也是技术分析中的精华，掌握了移动平均线这一简单的跟踪趋势方法，其他复杂的技术分析几乎没有学习的必要。移动平均线是用统计处理的方式，将若干天的股票价格加以平均，然后连接成一条线，用以观察股价趋势。

移动平均线计算公式（Moving Average）MA（P,N）=（$P1+P2+\cdots+Pn$）$/N$，Pi 为第 i 日价格，N 为时间参数。

P 的取值：P 通常取收盘价。

N 的取值：日 K 线模式中，N 通常取 5 日、10 日、20 日、30 日、60 日、120 日、250 日；周 K 线模式中，N 通常取 10 周、20 周等。

如果移动平均线处于上升状态，则说明股价仍是上升趋势，为了保持均线的上升，股票现行价格要在均线（平均价格）之上。如果移动平均线处于下降状态，则说明股价处于下降趋势，股票现行价格通常则在均线（平均价格）之下才能使均线不断下降。

如何应用均线呢？当股票价格从下向上穿越平均线时是买入信号。当股票价格从上向下穿越平均线是卖出信号。均线被认为是股价的支撑线（上行时），只要价格始终处于均线之上，就证明市场还会涨，均线也可被认为是压制线（下行时），只要价格无法回到均线之上，就证明市场会继续跌。均线是市场重要的心理关口，一旦突破（向上或向下），都说明了市场情绪的点燃或者溃败，特别是 60 日、120 日等长期均线被称为市场牛熊分界线。

图 8-2 所示为经典的均线运用法则，股价跌至图中 25.8 元价位时，跌破长期均线，卖出股票，可以看到此后股价一直处于下降趋势。而向上突破 14.1 元时，买入股票。

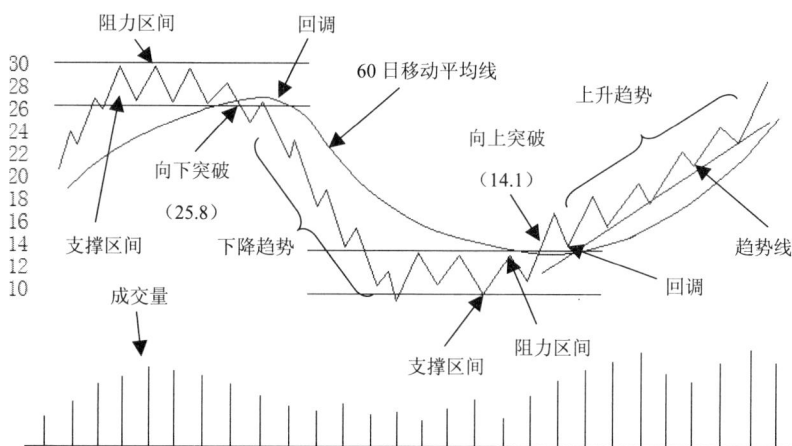

图8-2　均线运用法则

均线越短更灵敏，会反复发出虚假交易信号。我们可以运用两条均线组合的方式一定程度降低交易次数。当短期平均线向上穿越长期平均线时，买入，而短期平均线向下穿越长期平均线，卖出。可以使用 20 日均线与 60 日均线、20 日均线与 120 日均线的均线组合。

四 具有强趋势性的 A 股

中国的股票市场趋势性强的特征非常明显，以上证指数为例，如图 8-3 所示，2006、2007 年的大牛市，除了 5·30 事件前后，指数偶有几天跌破 60 日均线，指数从来都在 60 日均线上方，更未曾跌破 120 日均线。而 2008 年一旦跌破了 60、120 日长期均线，当年就从未再站上去过，市场熊了整整一年。到了 2009 年，指数又站上了长期均线，出现一波波澜壮阔的行情。2010 年～2014 年，指数震荡加剧，不断下移，虽然长期均线反复被上下突破，但依据均线交易，仍然可以避开较大幅度的下跌波段。2014 年 5 月 29 日我在新浪微博写得"牛市要来了，至少是阶段性的牛市，金融、地产龙头股已经走强，处于长期均线之上"，后来一年多上涨指数果然出现了一波从 2 000 点涨到 5 000 点的大行情，直到 2015 年 6 月 26 日，指数跌破 60 日均线。我目前不会特别看空上证指数，虽然绝大部分的个股已经非常昂贵，但指数毕竟有一些仍然便宜的大型蓝筹公司作为支撑。综上所述，投资者能够把握到上述超大幅波段，足以富足。至于短期波动和趋势，想把握也无法把握，只要不足以改变中长期趋势，则没必要过分关心。值得说明，我并不是个趋势交易者，趋势只是投资参考的一方面，我更想强调的是站在基本面和估值的角度去看待趋势，后面将有阐述。

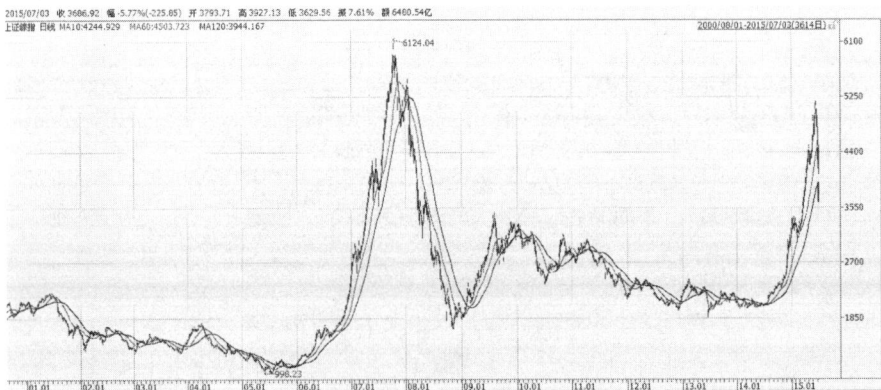

图8-3 强趋势性的中国A股

我 2009 年时曾以深 300 指数作为考察样本，分析 60 日、120 日、250 日均线对于趋势判断的有效性，即当 K 线突破均线后完全站上均线第二天起，买入指数组合，而当 K 线完全跌下均线第二天起，卖出指数组合。分析的阶段是 2003 年（Wind 拟合出沪深 300 指数 2005 年前的数据）～2009 年 4 月。结论如下：

2003 年 1 月 14 日至 2009 年 4 月 3 日，6 年的时间里，60 日均线一共发出了 21 个买卖信号，其中正确的信号为 11 个，正确率为 52%，虽然正确率不高，但详细观察错误信号，发现诱使投资人错买错卖所造成的损失一般只在正负 5% 左右。60 日均线基本上做到了把握住大波段，而只犯小错误。**每次错误的假突破的时间大多在十几天（有的更短），指数突破均线的时间越久，成功概率越高。**2003 年 1 月 14 日至 2009 年 4 月 3 日，简单持有指数收益率为 130%，采用均线策略收益率则高达 601.6%，原因在于均线抓住了单边牛市而躲开了单边熊市。

120 日均线比 60 日均线发出更少的信号，只发出 9 个信号，正确率 77.7%，2003 年 3 月 28 日至 2009 年 4 月 3 日，简单持有指数收益率为 113.9%，而采用 120 日均线策略收益率为 559.7%，略微逊于 60 日均线策略收益率，但考虑 60 日均线策略比 120 日均线策略多交易 10 次，交易成本高，因此两种策略可谓旗鼓相当。

250 日均线策略只发出 4 次买卖信号，正确率目前为 100%。在 2003 年 12 月 23 日至 2009 年 4 月 3 日期间，该策略累计收益率为 345.5%，逊于前两种，同期指数收益率为 115%。估计因为时间太长虽然能把握更加长期趋势可不够灵敏而延误了买入和卖出时机。

每一种交易策略都有其优缺点，趋势追踪自然不例外。趋势追踪面临的难点如下：

1. 震荡市，均线会反复发出交易信号，交易成本、冲击成本上升。可能在大幅度的单边市来临前，投资者反复止损导致的亏损就承受不了。

2. 需要一定的涨幅或者跌幅才能确定趋势，一年的盈利就那么十几至二十几个点，错过一两天的涨幅才追入和承担一两天巨幅的下跌才止损，一年下来收益率会损失不少。股价表现好的阶段就那么几天，在趋势的末端介入，盈利的空间大幅减少。

3. 忽视基本面因素，不问个股所承担的风险因素，在上涨最疯狂也是趋势最强时买入，可能遭遇暴跌或者停牌等风险因素爆发。

案例:两天跌光的喜尚控股

喜尚控股（HK：8179）是一市值较小的港股，在 2014 年 12 月份前保持着很好的上升趋势，但是股价严重脱离基本面支撑，市净率最高曾经高达 37 倍。2014 年 12 月 23 日、12 月 24 日两天分别下跌 70%和 43%，经过连续两日急挫后，喜尚控股市值共蒸发了 40.8 亿港元，而且下跌原因不明，正如同此前不明原因的上升一样，如图 8-4 所示。

图8-4　喜尚控股股价走势图

案例：连续跌停的重庆啤酒

市场最为关心重庆啤酒（SZ：600132）的不是啤酒业务而是乙肝疫苗业务，这一故事已经被反复炒作了十几年，在重庆啤酒停牌宣布乙肝疫苗实验结果前，股价甚至还一度突破均线，强力上涨，而实验报告披露后基本宣告研发失败，重庆啤酒经历 9 个连续跌停，如图 8-5 所示。

图8-5　重庆啤酒股价走势图

上述两个案例都是脱离基本面和估值后，一味追求所谓的趋势和炒作的恶果。2015 年 6 月底至 7 月初，中国 A 股尤其是中小板、创业板绝大部分个股也碰上了连续跌停的股灾，在 15 个交易日左右的时间里，A 股每天均有千家股票跌停，有的股票甚至连续 10 天跌停板，以至于整个市场超过千家股票停牌避跌。而这些小盘股票在此前 2015 年上半年都保持着良好的上升趋势，每个交易日都保持着平均 2%～3% 的涨幅，波动率极低，看似无风险的收益率。这些大受追捧的股票一夜之间丧失了流动性，不断跌停，人人唯恐避之而不及，似乎是黑天鹅事件，其实不然。小盘股票价格高估的状态由来已久，2015 年在高估的基础上继续大涨，投资者对众多股票高达几十倍市净率的估值早已习以为常，整个市场恐怕只有一些具备估值常识和理智的投资者会避免参与小盘股票击鼓传花的游戏。

七　市场、板块与个股趋势运用

趋势跟踪从上到下分别考虑市场、板块和个股因素。首先是市场因素，如果市场的趋势向下，即便个股出现突破而买入，也要尽量少买。当大势不利时，个股成功的概率较低。其次，如果选择的个股都有向上趋势，但一只来自股价普遍表现较好的行业，而另一只所处的行业股价表现都较差，那么选择强势行业中上升趋势的个股。在分析个股时不妨看看行业指数或者行业内其他上市公司的趋势，如果行业内的公司股价都处于向下趋势，而所选个股趋势向上或者震荡，可能是其自身基本面优异，比其他公司更能抵抗下行风险，但也要小心最终会被行业的不景气拖累。当然，在个股选择中，不论如何最好还是选择行业中趋势最好的个股。以白酒行业前四名上市公司为例。2014 年 2 月 13 日洋河股份（SZ：002304）在四家白酒公司中率先突破此前一直压着股价的 120 日均线，此后几乎再也没跌破 120 日均线。2014 年 2 月 13 日至 2015 年 7 月 3 日洋河股份上涨 109%。洋河股份后来披露的 2014 年年报显示公司净利润下滑 9.89%，在行业内降幅较小，如图 8-6 所示。

第二个突破 120 日均线的是贵州茅台，贵州茅台于 2014 年 2 月 14 日突破 120 日均线，此后偶有几天跌破 120 日均线。2014 年 2 月 14 日至 2015 年 7 月 3 日贵州茅台上涨 108%。茅台 2014 年年报显示公司净利润增长 1.41%，应该是行业内仅存还能实现正增长的公司，显示出强大的行业地位，如图 8-7 所示。

图8-6 洋河股份股价走势图

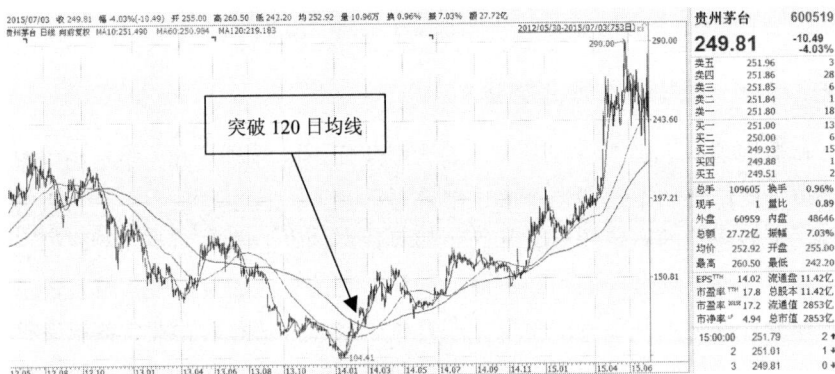

图8-7 贵州茅台股价走势图

2014年3月11日五粮液股价第三个突破120日均线，2014年3月11日至2015年7月3日五粮液上涨72%。五粮液2014年年报显示公司净利润下滑26.81%，如图8-8所示。

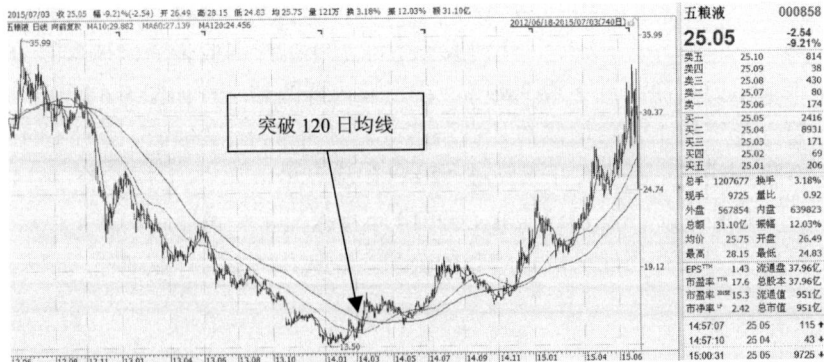

图8-8 五粮液股价走势图

2014 年 7 月 15 日泸州老窖最后一个突破 120 日均线，2014 年 7 月 15 日至 2015 年 7 月 3 日泸州老窖上涨 58%。泸州老窖 2014 年年报显示公司净利润下滑 74.41%，在四家酒企中降幅最大，如图 8-9 所示。2014 年 2 月 13 日起至 2015 年 7 月 3 日，洋河、贵州茅台、五粮液、泸州老窖四家公司股票收益率分别为 109%、110%、77%、61%。

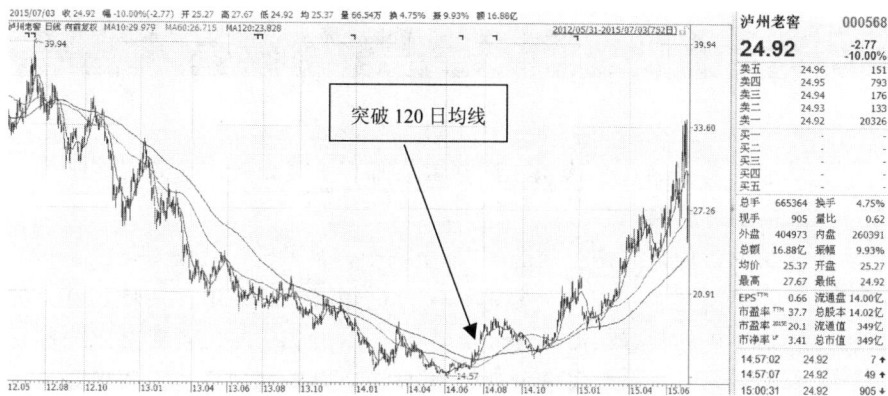

图8-9　泸州老窖股价走势图

上述案例正是股价趋势所反映出的神奇信息，在 2014 年年报披露前的一年，四只酒股突破均线的先后次序竟然能够预测它们在 2014 年报中业绩表现的相对好坏，而且从 2015 年一季度业绩来看，贵州茅台、洋河、泸州老窖均实现利润的正增长，五粮液利润下降的幅度也在缩窄，白酒股的股价走势早在一年前就暗示了行业的企稳和恢复。我 2014 年 2 月 14 日在新浪微博就指出过这四只酒企股价走势的相对强弱，因此后来选择将泸州老窖换仓洋河股份，从而减轻了看错泸州老窖的亏损。当时评论如图 8-10 所示。

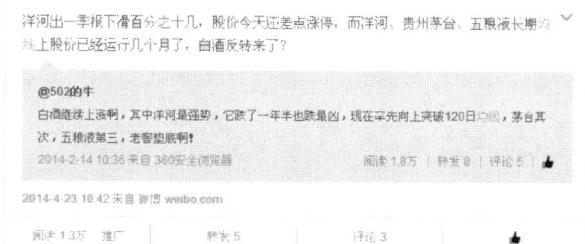

图8-10　白酒评论图

八　止损/止盈卖点

趋势跟踪判断错误讲究止损，而股票虽然已经很贵，但是仍然处于上升趋势，如何能够最大限度地利用市场情绪将股票卖在相对高位，兑现盈利止盈呢？止损/盈利的卖点可以依据股价向下突破中长期均线而定。止损/盈利卖点会随着均线的提升而提升。设定止损/盈利卖点的一大好处是事前比较理智地制订好抛出股票的计划，跌破均线就按计划机械执行，避免了由于心理恐慌而仓促卖出。

8.2　价值与趋势

（注：本文发表于 2012 年 11 月 21 日雪球博客）

一切都源自我的一个认识，证券市场既有效又无效，它既强得不可战胜，又蠢得不可理喻。

为什么说市场是非常有效的呢?举个例子，金融危机还没来，股票指数已经跌了，经济还未正式确认复苏，股价已经涨了。套用巴菲特的话"如果你想等到知更鸟报春，那春天就快结束了"。我们分析的各种基本面因素无论多齐备都是片面的，而市场价格本身才知道全部的信息。所以股价走势往往走在财报披露前，更走在分析师评级之前。在信息传递的灵敏度上，市场比谁都有效。那么市场的无效之处在哪里呢？它的无效之处在于变动的绝对额经常是出问题的，在我们理智地知道了大部分基本面信息的条件下仍然出现了过度高估和过度低估的情况。市场悲观时认为萧条会永远持续，而乐观时则认为繁荣是永恒的，这就出现了错误定价。例如 2007 年的中国股市和 2012 年 11 月的中国股市，60 倍 PE 和 10 倍 PE，理智的人都知道要干些什么。

我的价值趋势交易体系就是建立在上述认识之上。证券价格终将会向价值回归，而价格趋势本身很可能告诉了一些我们不知道或者从未想到的信息。公开的基本面信息很重要，可惜它不够快。趋势信息够快，可惜它最终无法摆脱基本面的牵引。因此，**价值趋势交易体系由投资组合+基本面+估值+趋势组成**。

一　投资组合

该部分论述详见本书第 9 章内容。

二　基本面与估值

基本面与估值的关系我已经在《估值五要素》一文阐述过，影响估值的五大要素，即增长空间、增长速度、增长效率、ROE（净资产收益率）、风险。其实估值五要素既是价值评估的具体方法，又是基本面的分析框架。

不过价值本身不是 PE、PB、DCF 之类的评估办法，价值的体现有很多种，例如清算价值、账面价值、重置价值、收益价值、成长价值。在不同收购者、持有者眼中的价值更不一致。常规的价值投资手法是投资以往业绩优秀的企业，此所谓白马股投资，再深入可以投资业绩平平甚至亏损的企业，但这种企业会变革，换股东、换管理、换战略就有变好的趋势，此所谓黑马股投资。再来就是特殊事件投资了，投资相当于已经动外科手术的企业了，例如拆分、资本重组的企业。三种价值投资层层递进，一切都那么顺其自然。

价值投资还有一不可少的条件是安全边际，之所以需要安全边际因为估值并不是精确的，而且可能判断错误，安全边际同时也是超额收益的空间。在我看来，如果价格是价值的 70%～80% 就可以买入，如果价格更低，只有价值的 50% 就值得重仓。

价值投资之所以困难除了大多数的人没有上述系统的价值观以及未留有足够的安全边际外，最大的难点在于价值随着时间、企业的变动也在变动。我们常常依赖过去的信息去预测未来，去判断价值，这都是基于未来是过去的延续这一简单假设上的。可惜世界远非是线性运动，一些因素在悄无声息地积累，积累到一定数量就发生了质的变化，成了意料之外的黑天鹅事件。这些悄无声息的因素并不能被我们觉察，但很可能就体现在了市场价格变动的趋势里。这也是价值趋势能够一定程度上克服价值投资的弱点，但是价值趋势始终是立足于对价值的深刻理解的基础之上的。

三　趋势

在我看来，市场价格趋势，既代表着已公开信息，又代表着未知的信息，还代表着市场情绪。而均线是跟着趋势的绝佳指标。我喜欢选择的均线有 60 日均线及 120 日均线，它们都属于中长期趋势，如果股价持续在 60 日或 120 日上方运行就是向上趋势，反之亦然。趋势涵盖的信息同样不言而喻。当我们觉得某些股票估值偏高，不敢买入时，股价趋势仍然向上，结果财报披露时好得超出我们预期，贵原来有贵的道理。同样，我们觉得某些股票历史数据很好估值也很便宜，但股价趋势是向下的，结果过了段时间财报披露，业绩差了好多。

可是趋势的弱点是什么呢？当基本面估值可能互相很匹配，又不存在某些重大的未知变化，趋势不明，均线反复震荡，按照趋势指引我们会反复无谓的交易。这就需要基本面的配合，如果选择了优秀的公司业绩在不断上涨，最终会刺激到股价上升，重新形成向上趋势。也就是说好的基本面可以使得我们在较短时间摆脱震荡趋势，避免了持久的反复交易。

价值投资与价值趋势有着明显的不同。如果投资者看上了某只股票，信奉价值投资的话会越跌越买，仓位随着价格逐步变重，也就是左侧交易。但是价值趋势不会越跌越买，而是在股价已经从低点反弹了百分之十几或者二十几突破了中长期均线后才会买入，也就是右侧交易。为什么我会选择价值趋势？假设一只股票合理估值为 15 倍 PE，价值投资者会选择在 10 倍 PE 开始建仓，7 倍 PE 左右就重仓了。但会存在两种情况，一个是低估了市场恐慌的情绪或者股票基本面变坏的程度，股价有可能最低跌到静态的 4 倍市盈率，然后反弹，价值趋势这时可以 5 倍市盈率买入。另一种情况，股价从 15 倍 PE 下跌，但没有跌到 10 倍 PE，市场就隐含变好的预期，12 倍 PE 就止跌了，然后伴随业绩上涨股价也在上涨。在这种情况下价值投资者可能很难买到这只股票，但是价值趋势却有可能在 14 倍 PE 时买入。

四　基本面、估值与趋势

价值趋势最大获胜概率是在基本面优质+低估值+中长期均线开始向上这一时候，可以说这是三方面的同一方向的共同合力。同理，如果存在基本面优或者变差+高估值+中长期均线向下的情况，那么这样的股票日后有很大概率是大幅下挫的。当然，上述是两种比较极端的情况。更多的时候市场处于价值与价格的模糊区间，即看不出股价是明显偏贵或者便宜。在这种情况下如果出现向上趋势，我认为应该轻仓买入，如果出现是下降趋势，那么原来持股的仓位要进行减仓，如果是振荡，很抱歉，部分仓位会因为要跟踪趋势而反复交易了，能否尽快走出振荡，就取决于所选股票的基本面是否强劲了。至于仓位究竟应该变动多少确实很难说得清楚，取决于对公司基本面的掌握程度，取决于估值水平，取决于对公司的信心了。还有一种情况运用价值趋势也非常难受，就是基本面好，估值又低，但却是下降趋势，如果没有参与还好，可以继续等待，可要是已经持有，我倾向坚持慢慢熬吧！我试图总结出一套根据各种不同的情况机械操作的方式，不过现实情况太复杂，也仅供参考，如表 8-1 所示。总之，价值趋势不是万能的，它仍然试图在不同的情况下，下不同的注进行大概率的赌博。

表 8-1　股价趋势操作策略

历史基本面	估值	趋势	已持有	未持有
向好	高	向上	继续持有	不买入
向好	高	向下	卖出	不买入
向好	高	震荡	卖出	不买入
向好	合理	向上	继续持有	轻仓买入
向好	合理	向下	部分卖出	不买入
向好	合理	震荡	部分仓位跟随交易	不买入
向好	低	向上	继续持有	重仓买入
向好	低	向下	继续持有	不买入
向好	低	震荡	继续持有	部分仓位跟随交易
向坏	高	向上	继续持有	不买入
向坏	高	向下	卖出	不买入
向坏	高	震荡	卖出	不买入
向坏	合理	向上	继续持有	轻仓买入
向坏	合理	向下	大部分卖出	不买入
向坏	合理	震荡	部分仓位跟随交易	不买入
向坏	低	向上	继续持有	买入
向坏	低	向下	部分卖出	不买入
向坏	低	震荡	继续持有	部分仓位跟随交易

五　案例

武钢股份：略微偏贵的估值+严重恶化的基本面+均线下降=大幅下跌

这是我亏损最多的股票。当年武钢的取向硅钢独霸天下，ROE 高达20%，净利润历史看也有百分之二三十的增长，2007 年最高峰的武钢 20 元，4 倍多市净率，参照历史数据估值并不算贵。后来铁矿石的不断涨价加需求下降最终压垮钢铁业。之前铁矿石成本是可以通过不断上涨的钢价转嫁出去的，我的思维惯性仍然认为取向硅钢技术够牛，各种成本上涨都可以转嫁，就还坚定持有。结果随着时间推移，武钢的业绩下来了，估值更早下来，股价从 20 元跌到 2008 年底的 5 元。2008 年底推出经济刺激计划，武钢股价又从 5 元涨到 12 元，然后又在 2009 年 8 月下跌，我最终在跌破 60 日均线时以 9 元的价位全部卖出，认赔出局。再后来，武钢基本都是被 60 日、120 日均线压制，至今仍然如此，股价只剩下 2.3 元，市净率也只有 0.7 倍，ROE 基本为 0，以目前业绩看估值也真的只能值这么多了。我反思在武钢上亏损的原因主要有三：① 过于重仓，就算基本面真的恶化了，我仓位过重只能选择相信武钢会熬过来；② 对价值理解太过肤浅，以现在的角度看，当时的武钢自由现金流低，高有息负债率，并不是投资的好标的，另外当时钢铁产量已经 6 亿吨，占世界产量一半，武钢的取向硅钢也开始受到来自宝钢的冲击。而我居然还认为在这些基础上利润还能保持以往的增长速度，对武钢的估值自然成为垃圾输入，垃圾输出；③ 忽略了下跌趋势的信息。当时整个钢铁业的公司股价都跌破均线，已经暗示经营发生了变化，再加上开始有新闻报道钢价下跌，可是当时我并不在意。在 2009 年的反弹后再次跌破均线，选择了跟随趋势，于是我的结局就是 20 元变成 9 元，而不是 2012 年 11 月的 20 元变成 2 元，如图 8-11 所示。

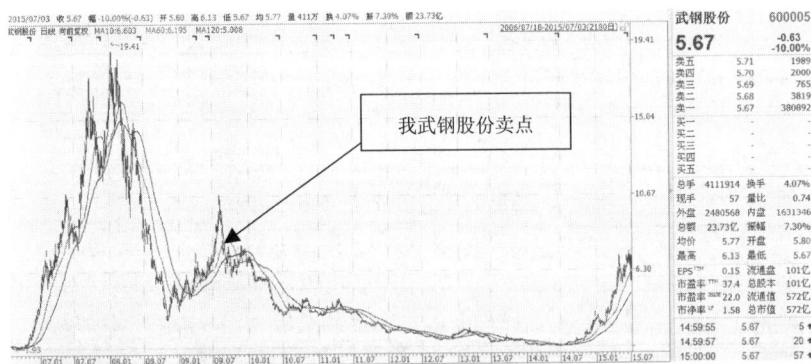

图8-11　武钢股份股价走势图

张裕：略微偏贵的估值+向坏的基本面+均线下降=下跌

张裕（SZ：000869）是著名的大白马股票，历年保持了 35% 左右的超高 ROE 和 30%～40% 的净利润增长速度，自由现金流状况良好。如果未来仍能保持过去的盈利能力和增长，加上中国人均葡萄酒消费量并不高还有发展的空间，2011 年底有 30 倍市盈率，这样的估值并不算很高。可惜未来不是历史的简单重演，张裕股价 2012 年下跌了近 50%。张裕 A 股价在 2011

年年底就开始下穿 60 日与 120 日均线，这种信息已经值得投资者警惕。从后来的股价表现看，市场早已对张裕来年业绩低迷做出了反应。2012 年 4 月披露的 2011 年报信息还是不错的，净利润有 27%的增长，与历史数据相差不大，但是 4 月 26 日披露的 2012 年一季报则显示收入下降了 8%，净利润仅增长了 7%，这表明张裕基本面开始走坏。张裕 A 股价虽然偶有向上突破 60 日均线，但始终被 120 日均线压制。"农药门"事件，进口酒冲击再加上业绩疲软（第三季度利润下滑 37%），使得张裕股价至今始终处于下降趋势。按照价值趋势的观点，如果持有张裕 A2011 年年底不清仓也应该进行减仓操作，而想要买入张裕 A 的投资者无疑可以继续等待，直到中长期均线走平股价开始向上突破再介入，如果配合基本面转好，获胜概率更高。

（注：事后来看，我当时的判断是正确的，张裕股价趋势向下代表着基本面仍然向坏，虽然此后一段时间也曾经突破长期均线，但站上均线没几天时间又跌破均线受到均线压制，如图 8-12 所示。）

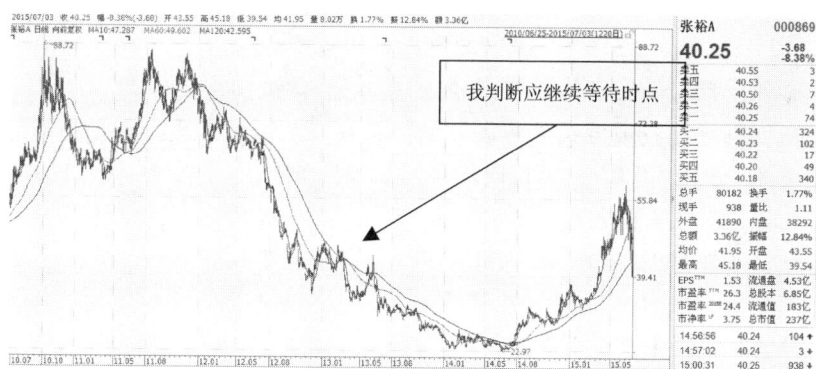

图8-12 张裕A股价走势图

泸州老窖：便宜的估值+向好的基本面+震荡=持有不动

泸州老窖是我的持股之一，我于 2010 年 7 月初，股价向上突破均线时 31 元买入，买入时的市盈率大约 20 倍。泸州老窖过去几年一直保持了超高 40%的 ROE，净利润增速为 30%，分红率很高约 70%，应该说当时的买入价也算是便宜的。买入后至今仍然继续保持高速增长，股价曾一度达到 48 元，最近一年多股价反复震荡，但仍然继续持有。白酒行业同样会存在黑天鹅事件，例如由于人口结构发生变化导致白酒消费人群减少，经济下滑和连年提价导致购买力下降，基数过大无法维持高增长等。这些因素可能暂时对白酒行业影响不大，但也说不准哪天就积累够了爆发出来。我选择继续持有的原因在于，公司 2012 年仍然保持了 40%的高增长，估值已经降低了预期的 12 倍市盈率和 6 倍市净率，即便泸州老窖不再增长甚至略微衰退，估值也是便宜，分红率能够保持的话，股息收益率也还不错。

（注：现在看，我的这个判断显然是错误，泸州老窖经营业绩发生了严重的下滑，当时看似不贵的估值和震荡的趋势，使得我继续持有泸州老窖，遭受了损失，白酒行业恶化程度实在大大超出了我预期，如图 8-13 所示。）

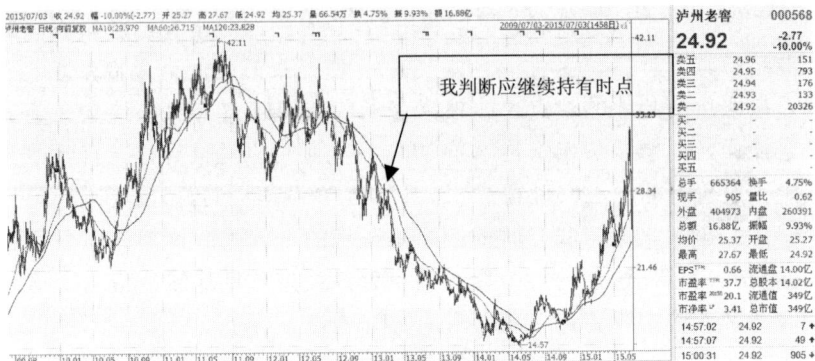

图8-13　泸州老窖股价走势图

微创医疗：偏便宜的估值+向好的基本面+均线向上=买入

微创医疗是我最近买的港股。它一直在我的股票池里，自上市后它一直跌不休，2012 年 9 月 11 日股价突然上涨约 6%，一举突破 60、120 日均线，我隔了两三天后大约在 3.6 元的价位买入。微创医疗主营心脏支架，上市前保持了较好的 ROE 和利润增速，上市后一年也有 30%的增长，2012年增速放缓大概 10%，估计也是股价一直下跌的原因，上市时给的预期太高。微创在我看来有点非常难得，8 亿元的营业收入，就舍得投超过 1 亿元的研发费用，这一比例在医疗器械绝无仅有。而心脏支架应该还是很有空间的，行业结构不错，包括微创在内的行业前三占据一半的市场份额，产品毛利率都有百分之八九十。公司相比乐普医疗每天都在回购自己的股票。基于上述原因，我的买入市盈率约 12 倍，市净率约 2 倍，个人认为还是便宜的。

（注：我后来在微创医疗跌破 60 日均线 4.9 元左右的价格卖出，盈利不多，有 30%+，再后来微创医疗因为行业、并购及自身因素基本面恶化，股价低迷至今，如图 8-14 所示。）

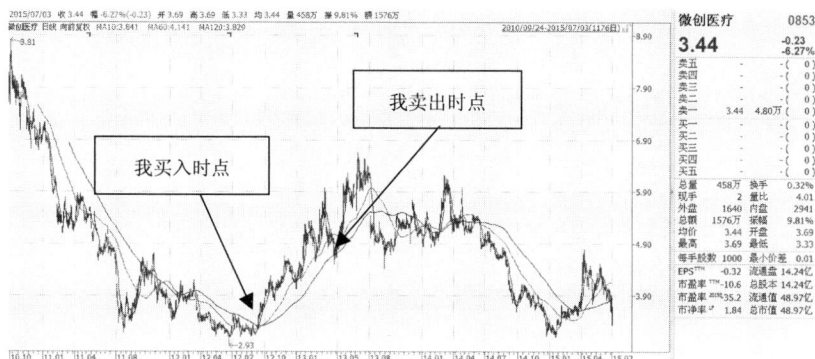

图8-14　微创医疗股价走势图

（注：事后看我当初的判断，四个判断对三个，正确率还凑合，世界上本来也不存在判断始终 100%正确的投资人，关键是当判断错误时，这个错误不至于致命，而第 9 章将介绍的投资组合正是减轻错误判断后果的一个办法。当基本面看起来利多，但股价又呈现出向下趋势时，不妨再看看遗漏或忽略了哪些利空的因素。投资风险控制最终考验的是投资者对公司基本面是否真的了解，对估值的理解是否较为全面，又是否做了适度的投资组合分散风险。）

个人总结

价值趋势交易体系归纳起来是用基本面选股，趋势选时，基本面加估值定仓位，试图做的是在不同情况下，下不同的注进行大概率的赌博。当然，有不少价值投资者认为左手趋势右手价值是无法融合在一起的，但我却相信它们能够互补所短。这一切都源自我对市场的认识，它既有效又无效，既可知又不可知！

CHAPTER 09

构建投资组合

投资一只股票能战胜市场究竟是运气因素还是实力所致，我们很难分辨清楚，但是投资一篮子股票组成的投资组合能够长期战胜市场，十有八九就是具备一定的投资能力了。一个适度分散的投资组合有助于降低风险，实现财富的稳步增长，其本身就是构成价值投资的要素之一。

9.1　构建投资组合步骤

构建投资组合是按照投资者的需求，选择各种各样的证券和其他资产组成投资组合，然后管理这些投资组合，以实现投资的目标。投资者需求往往是根据风险来定义的，而投资组合管理者的任务则是在承担一定风险的条件下，使投资回报率实现最大化。构建投资组合首要考虑的不是要获得多高的收益率，而是投资者的风险承受能力。

为了更好理解投资者承受风险的能力，不妨先问问自己如下问题。

你的年龄？年轻投资者和老年投资者所能承受风险是不一样的，年轻人可以选择风格更为积极的投资品种，而老年人则没有必要再为高风险的投资品种担惊受怕。

你结婚了吗？一般结婚后家庭开支变高，家庭似乎也不太允许你从事高风险的投资活动。

你有需要抚养的子女吗？有需要赡养年迈或者生病的父母吗？如果回答是，那么还是多储备些类似现金的资产。

如果你自己从事经营，盈利能力如何？是否需要不断追加投资，与你生意类似的公司，能够存续多长时间？

你的收入情况如何？是会升职加薪还是面临降薪失业的风险。收入是否足以支付开销，扣除开销后还有多少资金可以用于投资？

你未来几年是否有买车、买房等重大资金支出项目？是否预留足够了未来几年的家庭支出资金，能承受多大的投资损失？

一般而言，除非所累积的资金足以应付未来 30 年的家庭支出，否则不要轻易考虑职业投资，还是靠打工或经营和投资双轮驱动。

了解了风险承受能力和偏好后，依据资产的风险、收益、流动性等特征，投资组合构建由以下三类主要活动构成：

1．确定大类资产配置；
2．在主要资产类型间调整权重；
3．在各资产类型内选择证券。

9.2　投资组合的意义

中国有句俗话说，不要把所有鸡蛋都放在一个篮子里，投资组合是运用概率思维取胜，因为我们无法保证每只股的选择、每个买卖的决定都是正确，只能选择一定数量的证券进行投资，而所构成的投资组合在大概率的情况下能够跑赢比较基准。持有单一股票的收益率以运气为主，但构建的投资组合能够连续跑赢比较基准则是实力体现。

投资组合的好处之一，是能够平衡大类资产之间的风险与收益。具体证券品种的风险和收益一般和大类资产密切相关，如果某一大类资产普遍高估，面临着系统性风险，具体证券往往也难逃厄运，这时应该将此类资产进行减持，切换到其他合适的资产类别。有的时候资产类别之间存在负相关关系，同时持有这两种类别资产能一定程度降低波动，例如股债跷跷板效应，股票涨债券跌，债券涨股票跌。

资组合的好处之二，在于对于具体证券品种而言，重仓错了不会损失太多。过于重仓使得投资人即使明明知道自己判断错误仍然不舍得割肉，重仓影响了判断。而且我们知道信息是有限的，某些行业正在恶化，但我们可能一无所知，通过历史信息计算出来的价值是错误的。如果重仓压上了这些行业，结果可想而知。加上一些变化就是连公司自身都无法预计的，世界不可知的信息永远比可知得多。

投资组合的好处之三，即便你判断是对的，但如果你重仓的单一品种迟迟得不市场认同，价值长期得不到回归，影响短期业绩，投资者会觉得异常痛苦。如果是一篮子低估的股票，即使不会全部都向价值回归，但终会有些正在回归。此外分散投资到别的品种的有些机会也是我们无法预见到的。在我看来，如果资金量够大，投资组合最好能够涵盖几种资产类别，股票类别中最好涵盖到十多只到二十多只股票，资金量小也要有五、六只，而且要分散到相关性弱的不同行业。投资组合股票类别中单一行业所占总资产比例不宜超过 25%，而单一证券不宜超过 15%。

9.3 资产配置选择

从大的资产类别看，存在包括房地产、实物资产、股票、债券、现金、优先股、可转债、大宗商品、期货、期权、私募股权基金、对冲基金、外国证券等多个类别的资产。通常我们最常接触到证券资产类别则是股票、债券和现金，如果不想进行各个选择，单纯资产配置，则可以选择股票指数基金、债券指数基金、货币基金和国债逆回购等具体充当上述资产类别。

资产配置的特征是把各种主要资产类型混合在一起，以便在风险最低的情况下，使投资获得最高的长期回报。值得说明的是，**资产配置并不是以资产短期的涨跌为立足点，不是说未来几天、几周、几月股票资产要涨了，就多配股票资产，事实上也无人能够持续预测对证券品种短期的走势。**

投资组合管理者以资产类别的长期收益率潜力为出发点，为提高回报率审时度势改变各主要资产类别的权重。例如，我曾在 2015 年 6 月 7 日雪球博客提及，中国 A 股 2015 年 4 000 点的创业板对应 150 倍的市盈率，如果创业板能够连续以超过 GDP 增速 2 倍即 15%的净利润增速增长 10～15 年，那么如今 150 倍的市盈率就可以下降到比较正常的 20～30 倍左右，但创业板仍然存在增速达不到假设、市盈率达不到假设的双重风险，大概率上，创业板 15 年后还会是 4 000 点左右，15 年潜在投资回报率为零。显然，基于资产的长期收益率低，理智的投资者应该规避创业板类股票资产类别，即便创业板短期存在继续上涨的情况。

　　资产配置应考虑的特征因素包括：风险、收益和流动性。风险因素，一些资产类别具备高财务杠杆，因而具备高风险，例如保证金交易的期货、分级基金中的 B 级基金。而一些金融衍生品工具具备复杂的条款因而风险也很高。最常见到的资产风险是源自过高的估值，但现实中，证券品种价格在上涨，估值变得越来越贵，投资者却觉得安全，反倒证券品种价格下降，估值变得越来越便宜（倒闭公司除外），投资者倒觉得危险了。收益因素，资产收益率一方面取决于资产本身增长空间和前景，另一方面取决于估值，低估的资产未来回归价值的概率大，投资回报高可能性大。流动性因素，现金的流动性最高，而私募股权投资基金、房地产、实物资产等流动性最差。投资者应该考虑自身风险承受能力，结合资产类别的风险、收益和流动性特征构建投资组合。

9.4　资产动态再平衡

　　格雷厄姆的《聪明投资者》详细介绍了一种资产动态再平衡的投资策略。如果存在股票和债券两种资产，格雷厄姆建议不论什么时候，两种资产的比率都应该在 25%～75%之间，即便很看好股票，上限只能拿 75%的资金投入股票资产，必须保留 25%的债券；反过来非常看空股票，下限也必须保留 25%的股票资产。通常情况下，两种资产应该各占一半。如果牛市来了，当股票资产不断上涨，占比由 50%上升至 75%，这时候应该强制减持股票买入债券，以使组合重新恢复股票债券各 50%的比例。如果熊市来了，股票资产不断缩水，占比由 50%下降至 25%，这时候应该强制卖出债券买入股票，以使组合又恢复股票债券各 50%的比例。这种机械的操作说起来容易，但做起来难。现实生活中，牛市来临了，所有人都满心欢喜，巴不得买入更多的股票，而资产动态再平衡却要求投资者卖出股票，违背了大多数人的本性，但这背后蕴含着深刻的智慧，牛市不断提升了股票的估值，事实上股票资产的长期回报率在不断下降，甚至面临着巨幅的下跌风险，资产动态再平衡卖出吸引程度越来越小的股票，是理智的做法。当熊市来临，所有人都不想持有股票，纷纷卖出，没人敢买，而资产动态平衡却强制投资者克服心理恐惧买入廉价股票，真正做到低买高卖。

资产动态平衡还有一种方式，不必等到股票占比 75%才减仓，可以每隔一段时间，期末将股票和债券恢复到 50%：50%比例，这个时间段可以按每年、半年或者每季度实施资产再平衡。对于经常巨幅波动的中国 A 股，资产动态平衡更加适用，实践表明，借助指数基金，通过定期的资产动态平衡，投资者通常能获得比单纯持有股票指数基金更高的收益，并且承担更小的波动。

传统的资产动态平衡同样存在缺陷，如果股票资产只是从非常低估的状态上升到了低估的状态，即便经历了大幅上涨，股票资产仍然具备长期的吸引力，但是传统资产动态平衡会将股票资产减持。如果股票市场长期处于一个缓慢稳步上涨的慢牛状态，传统资产动态平衡收益率肯定不如单纯持有股票指数基金。对此，资产动态平衡可以结合估值情况考虑。

当市盈率处于 10 倍或者以下时，10 的倒数是 10%，考虑到中国经济的成长性，股票资产的长期回报率肯定超过 10%，较债券资产长期 6%的收益率有明显超额收益，这时投资者应该将绝大部分资产转移到股票资产，例如 90%的资产是股票资产，同时如果有持续现金流，可以源源不断地将资金的 90%用于定投股票指数基金，大胆下注，重仓股票资产。随着指数不断地上涨，定投股票指数基金的比例在下降。当股票指数市盈率处于 20～25 倍时，其倒数是 5%～4%，考虑增长的因素，20～25 倍市盈率的股票资产的吸引力和长期 6%收益率的债券吸引力旗鼓相当，因此定投中一半的资金可以投资股票，另一半投资债券。当股票指数市盈率大于 30 倍时，股票资产的长期吸引力小于债券，定投绝大部分资金要用于投资债券或者保留现金，此外原来持有的股票资产需要资产再平衡进行减持。当股票指数市盈率处于 60 倍时，股票资产完全不具备长期吸引，应该将股票资产比例减少到 0～10%。2015 年 7 月，我国沪深 300 指数市盈率处于 15 倍左右，仍可以将超过一半以上的资金放在相关指数基金上。

资产动态再平衡告诉了投资者一种理智的仓位配置方法，在市场估值水平处于低位时，下重仓，等到市场逐步上涨，仓位减少。然而绝大部分投资者的仓位模式是，市场低迷时，他们不敢买入，等到市场越是上涨疯狂时，他们追加最多的资金，仓位越重，这也正是为什么指数高峰的时候伴随着巨额成交量，而低谷时成交冷清。现实的案例很可能是一个投资者在市场低迷时投入 1 元，市场上涨后 1 元变成 5 元，于是投资者此时追加投资 10 元，市场稍微出现 20%～30%的下跌，投资者立刻把全部盈利回吐，甚至亏损了本金，如果投资者此前的自信过分膨胀，融资在高位买入，则会立即输光，如图 9-1 所示。

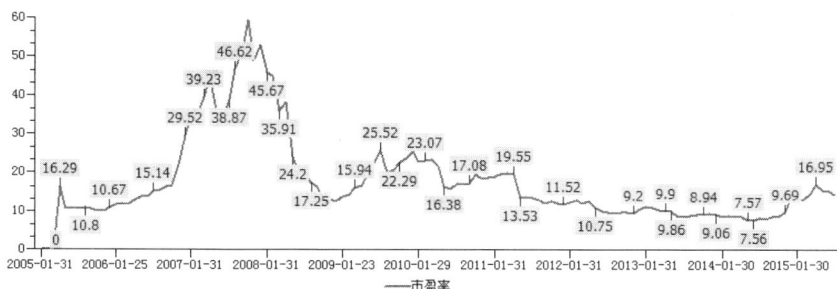

图9-1　沪深300市盈率分布图

9.5　投资组合风险

（一）证券相关性与投资组合的风险

1. 证券组合中各单个证券预期收益存在着正相关时，如属完全正相关，则这些证券的组合会产生任何的风险分散效应；它们之间正相关的程度越小，则其组合可产生的分散效应越大。相同或相关行业股票无法有效分散风险，例如强周期行业中的煤炭、有色金属、石油、航运等组合在一起风险不会减少。

2. 当证券组合中各单个证券预期收益存在着负相关时，如属完全负相关，这些证券的组合可使其总体风险趋近于零（即可使其中单个证券的风险全部被分散掉）；它们之间负相关的程度越大，则其组合可产生的风险分散效应也越大。例如煤炭与火电，煤炭价格上涨，煤炭股受益，火电股就受损。

3. 当证券组合中各单个证券预期收益之间相关程度为零（处于正相关和负相关的分界点）时，这些证券组合可产生的分散效应，将比具有负相关时小，但比具有正相关时大。

（二）组合个股数量与系统风险

投资风险来源于两类风险。第一类风险是与市场的整体运动相关联的，我们称之为系统风险。这类风险因其来源于宏观因素变化对市场整体的影响，因而亦称之为"宏观风险"。市场风险、贬值风险、利率风险、汇率风险和政治风险均属此类。

第二类风险则基本上只同某个具体的股票、债券相关联，我们称之为非系统风险。这种风险来自于企业内部的微观因素，因而亦称之为"微观风险"。偶然事件风险、破产风险、流通性风险、违约风险等均属此类。

对任一投资，在数量上，总风险等于系统风险与非系统风险之和。通过配置一定数量证券品种的投资组合能够将非系统风险最大限度地降低，从而剩下系统风险。研究表明，20～30只股票足以分散掉个股风险，剩下系统风险，所以，如果资金量够大，最好涵盖到十多只到二十多只股票，资金量小也要有五、六只，而且要分散到不同的行业。主动型的投资者没有必要为了规避非系统风险而持有更多数量的股票，一是继续降低非系统风险的效果有限，二是投资者也无法深入了解超过二三十只股票，恰恰相反，投资并不熟悉的证券才是最大的风险，如图9-2所示。

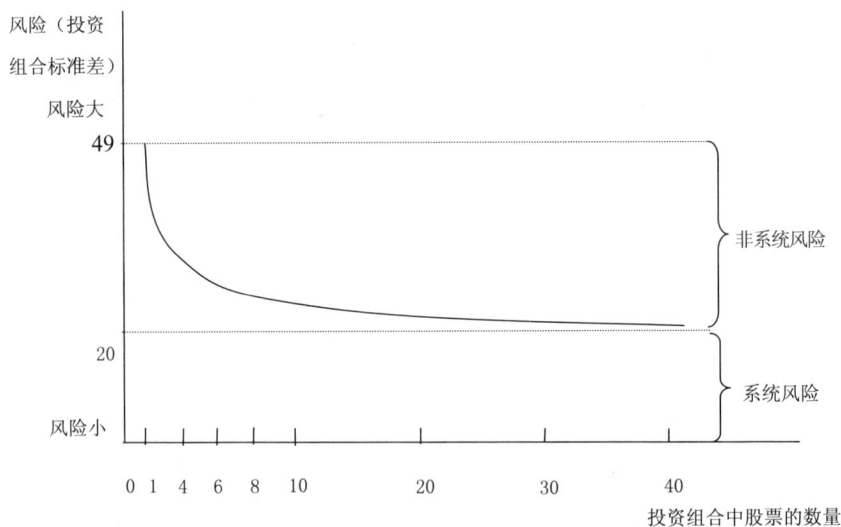

图9-2 组合股票数量与组合风险

9.6 个股仓位控制

在个股的仓位选择上，可以参考凯利公式所蕴含的原则。凯利公式最初为 AT&T 贝尔实验室物理学家约翰·拉里·凯利根据同僚克劳德·艾尔伍德·香农于长途电话线噪声上的研究所建立。凯利公式可应用于多次的随机赌博游戏，解决如何投注可使资金的复利增长率最高，且永远不会导致完全损失所有资金。它假设赌博可无限次进行，而且没有下注上下限。

凯利公式：$f=(bp-cq)/bc$

式中：f 为现有资金应进行下次投注的比例；b 为投注获胜时的盈利率；c 为投注失败时的亏损率；p 为获胜概率；q 为落败概率，即 $1-p$。

凯利公式最简单的例子：如果有一种赌博机会，你可以不断重复下注。假若你赢的概率是 p=0.6，输的概率是 1-p=0.4。如果赢了，你用来投资的钱就翻倍；输了，钱就全部损失了。那么，你每次应该用你手中资金的多少去投资以便达到最好的回报？显然，一次就把全部钱都投进去不是一个好的策略。如果赌错了，根本就没有再捞回来的机会。正确的答案是：$f=$（$1\times0.6-1\times0.4$）$/1\times1=0.2$　你每次应该用你手头资金的 20%去赌。在获胜概率不变的情况下，平均每赌 36 次，你手里的钱就会翻一番。如果获胜概率 $p<0.5$，就不应该参与。

在股票投资中，一只股票的投资盈利率怎么估算呢？其实可以假设股票回到合理估值，投资者可以赚百分之几。投注失败时的亏损率又如何估算？这确实更困难，可以考虑目前价格跌到历史上最低估值会亏损多少，或者考虑跌到净资产会亏多少，甚至假设由于公司破产全部亏光。获胜概率估算同样困难，如果一个公司受到的影响因素多，除了自身还有外部环境因素，显然最终预测成功的概率较低。例如证券公司，不但受自身因素影响，更受到证券行业的影响，因而成功预测的概率低。此外，如果存在催化剂或者炒作主题，无疑价格向所评估出来的价值成功回归的概率更高。**用通俗的话来说，股票价格越低估，公司基本面越强劲，越清晰容易理解，潜在利空因素越少，存在催化剂，个股的仓位可以越重。**

现实终究此模型，录入参数无法准确假设是导致凯利公式在投资运用中最大的局限。此外，凯利公式并没考虑到投资的时间因素，如果价值评估正确，一年内价格回归价值的概率可能是 50%，但长期看，随着时间的流逝，概率会越接近 100%。

传统的价值投资，在确信基本面无误的情况下，是越跌越买，逐步加重仓位，直至个股到达组合仓位上限，当然如果在这一过程中发现看错公司，则停止买入。当个股价格回归到价值并仍不断上涨时，保守的价值投资者就已经选择清仓，而试图赚市场钱的则会将个股的仓位逐步减少，直至完全脱离基本面严重高估时，全部清仓。当然，在完全清仓后，股价仍然可能依旧大涨特涨，但和价值投资者已经没有关系了，超出理解能力以外的钱不挣也罢。

9.7   忘记初始成本

运作投资组合时，应尽可能从零开始，也就是说，不管什么时候，你都要假设你手上全是现金，问自己如果手中都是现金现在应该如何配置资产和证券？不过，投资者确实很难客观评估自己！

个人总结

如果说前述章节提到的价值趋势是勤奋型的交易选手选择，那么资产动态平衡则更适合懒人型投资选手。它们分别代表着证券市场价格波动一直交替存在的两种现象，即动量和均值回归（或称为反转）。

CHAPTER 10

价值投资策略

掌握了公司分析技巧，熟悉了价值评估方法,那么价值投资的机会在哪里呢？当中又会涉及哪些投资工具和品种？本章将展示丰富的价值投资策略。

10.1　低估绩优

低估绩优策略就是尽可能地以越便宜的价格买入越优质的公司，这些优质的公司的业绩在过往的财报中都能得到体现。低估绩优策略是价值投资中最常见的策略，它的一个假设前提是过往出色的公司在未来出色的概率会更高。好比我们更愿意相信一个经常考 90 分的学生下次考试还会考 90 分，而不是一个经常不及格的学生下次考试就突然得了 90 分，当然也存在这种可能，不过极小。值得注意的是，一旦好学生突然考试不及格，就大大跌破人们的眼镜，同样，优质公司不再优秀，业绩和估值的双重下滑会重创投资人。

低估绩优按侧重点不同分为两类：低估类和成长类。低估类更强调股价远低于公司现在的价值，价值投资的鼻祖格雷厄姆就属于此类。成长类更强调公司未来的价值会快速成长远高于公司现在的股价，费雪是成长类投资者的代表。

低估类价值投资的特征是市盈率、市净率低，净资产收益率中等或者偏高，收入或利润低位数增长或者不增长，股息收益率尚可或者可观。

成长类价值投资的特征市盈率、市净率中等尚可接受，不会一味强调上述指标要很低，但强调收入或者利润要高速增长，长期增长空间巨大，净资产收益率未来高，投资此类公司非常需要投资者具有远见，抓住大势，对能力要求高。一般而言，收入和利润能够以 20%～30%甚至更快的速度连续多年增长就是快速成长型公司，这种公司多为中小型公司，处于生命周期早中期和新兴行业。当然，也有一些大中型公司处于行业集中度提升期，收入增速不高，但由于形成垄断地位，利润增速同样很快。

如果你能够以低估类的价格买到成长类的公司，你就高兴吧！成长类投资如果偏离价值太远（不论现在的价值还是未来的价值）就属于概念或主题炒作了。

■ 一　中小盘价值港股投资组合启示

（注：本文 2014 年 4 月 11 日发表于《证券市场周刊》）

我曾花了一晚的时间通过财务数据筛选出 57 只中小盘低估值港股，并于次日 2012 年 10 月 16 日将该组合在雪球网（http://xueqiu.com/2751308955/22315249）上公布。当时，这 57 只股票被我戏称为"垃圾"组合，因为所选股票便宜得如同被人废弃的垃圾，而我想要从中淘出宝来。没想到一年半过去，这群"垃圾"组合真的变成了黄金，截至 2014 年 4 月

2 日，香港恒生指数上涨了 6.5%，追踪港股中国概念中小盘公司的 MSCI 中国中小盘指数上涨 29.1%，而"垃圾"组合中 57 只股票平均涨幅 50.4%。如果等权重投资，根据好买基金网同期数据显示，该组合能够在 68 只海外投资的 QDII 基金中排名第三，超过的它的基金只有富国中国中小盘（61.5%）和广发亚太精选股票（57.9%）。我在后来实际投资的港股中也受益于这个组合。

那么我当时是怎么筛选出该组合的呢？其实并不复杂。首先，我利用免费的 Google 股票筛选功能在当时 1500 只左右的港股中粗选了 200 多只。筛选的条件是：第一，市值 300 亿元以下；第二，市盈率小于 15；第三，市净率小于 2.5；第四，5 年平均净资产收益率大于 12%；第五，上年净资产收益率大于 8%。第一轮筛选是希望能够选出业绩相对稳定且估值较低的股票，耗时大约几分钟。之后，由于股票筛选软件功能限制，我通过阿思达克财经网对个股进行财务数据的手动筛选，筛选原则仍然可以通过客观的财务数据表达，绝大部筛选条件可以使用更高级版本的金融数据库实现。

第二轮的财务筛选是专为港股市场特征设计，主要原则包括：第一，对比历年经营性现金流净额与净利润情况，经营性现金流净额小于净利润太多的公司剔除。这是因为经营性现金流是盈利质量的保证，此外，由于港股中有很多公司利润靠资产重估，夸大了实际的盈利与资产数据，造成了净资产收益率、市盈率、市净率的失真，经营性现金流净额能很好剔除资产重估带来的影响。第二，一般而言，派息率与所得税率这两个率相加不超过 40% 的公司剔除。第三，筹资现金流里的股本融资金额太大或者太频繁的公司剔除，两三年内新上市融资的公司剔除。上述第二、三条件都专为预防港股老千股而设。香港老千股比例极高，这类公司不是财务造假就是善于利用资本市场赚取中小股东的钱，实质价值不高，不幸买中很可能使得投资者血本无归。而避免老千股的方法就是看公司有没有频繁筹资，有没有付出足够多的现金股息以及上交足够的税金。第四，有息负债率太高的公司剔除，一般而言，有息负债对净资产比例超过 100% 的公司风险开始偏大。这一条原则是避免财务风险过高和资本支出过大的企业。完成这一轮筛选时间较久，耗费大约四五个小时，看了 200 多家公司财务数据摘要，最终筛选出 57 只股票。这些股票当时的市净率、市盈率及 2012 年 10 月 16 日至 2014 年 4 月 2 日期间的涨跌幅情况如下。

表 10-1 "垃圾"组合个股收益率情况

序号	证券代码	证券简称	行业	市净率	市盈率	涨跌幅
1	1184	S.A.S.DRAGON	电子经销	0.75	4.1	351%
2	2348	东瑞制药	西药	1.13	7.1	262%
3	1668	华南城	房地产	0.51	3.2	248%
4	1999	敏华控股	家庭装饰	1.34	14.0	199%
5	0296	英皇娱乐酒店	赌场	0.91	4.1	156%
6	0954	常茂生物	特种化工	0.66	6.8	147%
7	1382	互太纺织	纺织品	1.84	8.2	136%
8	1883	中信国际电讯	电讯运营	1.23	8.5	103%
9	1292	长安民生物流	物流	0.61	2.5	99%
10	0319	勤美达国际	工业机械	0.64	5.5	92%
11	0609	天德化工	特种化工	1.22	5.8	90%
12	0623	中视金桥	广告	1.63	7.0	90%
13	0696	中国民航信息网络	信息技术	1.28	9.2	87%
14	0483	包浩斯国际	服装	0.99	6.7	86%
15	2313	中洲国际	纺织品	2.44	8.7	84%
16	373	联合集团	其他金融	0.30	3.1	78%
17	1882	海天国际	工业机械	2.56	10.9	76%
18	152	深圳国际	物流	0.85	5.4	75%
19	1899	兴达国际	工业用品	0.63	7.3	65%
20	2868	首创置业	房地产	0.64	3.8	62%
21	0321	德永佳集团	纺织品	1.35	8.1	61%
22	0477	奥普集团控股	家用电器	1.23	7.1	57%
23	0046	科联系统	信息技术	1.11	8.3	52%
24	1234	中国利郎	服装	1.89	6.6	52%

续表

序号	证券代码	证券简称	行业	市净率	市盈率	涨跌幅
25	1137	香港电视	综合电信	0.73	4.2	50%
26	2341	中怡国际	特种化工	0.50	4.5	44%
27	0608	达利国际	服装	0.35	3.0	35%
28	0752	PICO FAR EAST	广告	1.72	9.1	29%
29	1388	安莉芳控股	服装	1.21	9.6	28%
30	0684	亚伦国际	家用电器	0.69	5.1	26%
31	0255	龙记集团	工业机械	0.67	5.6	21%
32	0583	南华早报集团	出版	0.98	6.8	20%
33	1813	合景泰富	房地产	0.74	4.7	15%
34	0099	王氏国际	电子制造	0.72	5.8	15%
35	0533	金利来集团	服装	1.13	7.9	13%
36	2355	宝业集团	建筑	0.53	3.2	10%
37	0647	JOYCE BOUTIQUE	服装	1.31	6.2	9%
38	0921	信佳国际	电子产品	1.13	5.3	7%
39	0444	SINCEREWATCH HK	手表经销	2.34	7.3	1%
40	0336	华宝国际	特种化工	2.07	7.5	1%
41	0375	YGM TRADING	服装	1.42	4.7	-2%
42	3339	中国龙工	工程机械	0.85	3.1	-3%
43	3838	中国淀粉	食品加工	0.64	4.5	-4%
44	0125	新兴光学	眼镜制造	0.76	8.5	-5%
45	0465	富通科技	电子经销	0.66	4.5	-5%
46	0130	慕诗国际	服装	0.75	4.8	-6%
47	0393	旭日企业	服装	0.86	6.8	-7%
48	1863	思嘉集团	基础化工	0.73	3.2	-10%

续表

序号	证券代码	证券简称	行业	市净率	市盈率	涨跌幅
49	0746	理文化工	基础化工	2.04	5.0	-12%
50	1888	建滔积层板	电子元件	0.98	7.9	-13%
51	0685	世界华文传媒	出版	1.94	12.7	-15%
52	1997	峻凌国际	半导体	1.33	5.4	-15%
53	0423	经济日报集团	出版	1.14	11.3	-24%
54	0589	宝姿	服装	1.42	6.0	-25%
55	2368	鹰美	服装	0.84	7.4	-28%
56	0893	中国铁钛	有色金属	0.66	3.5	-30%
57	1198	皇朝家私	家庭装饰	0.42	2.6	-51%
			平均数	1.09	6.3	50.4%

数据来源：wind 资讯股票专家

57 只股票当时平均市净率 1.09 倍，平均市盈率 6.3 倍，平均净资产收益率 17%，截至 2014 年 4 月 2 日，整个组合平均涨幅 50.4%，涨幅最高 351%，跌幅最多 51%，40 只股票取得了正收益，公司最大市值 354 亿元，最小市值 3.57 亿元，平均市值 54.3 亿元。我曾经及现在持有"垃圾"组合中的股票达 6 只，虽然有所受益，但实际的投资收益率仍然远逊于该组合。"垃圾"组合表现之优异，其中原因令人深思，也给人启示。

首先，格雷厄姆式的价值投资在港股市场非常有效。香港市场和国内市场的估值环境存在根本的不同，由于中小盘股票市值小、流动性低，业绩不稳定，中小盘股票被机构研究员覆盖程度低，受到的关注少，股票价值未被充分挖掘。即便机构想要买入，但由于资金体量大，无法买到足够多的份额以适应分散投资需求。这就给了拥有专业知识的散户投资者充分发挥能力的空间，也是其优势所在。不过值得一提的是单纯估值指标低的股票组合未必跑得赢市场，我在选出"垃圾"组合前一年，其实已经选过第一版的"垃圾"组合。2011 年 9 月我也选出 40 多只便宜的"垃圾"股票，到 2012 年 10 月再回头看这些股票，发现捡回来的真的是垃圾，股票平均下跌 7%，而同期恒指上涨了 4%。为什么两版组合差异如此之大？因为第一版的"垃圾"组合单纯考虑估值便宜，没有考虑是老千公司导致股票便宜的情况，选入过多老千公司，这些公司根本涨不起来，不然就是停牌。而加入了现金流、筹资情况、现金分红率等指标以防止选中老千股的第二版"垃圾"组合则表现出明显的超额收益。可是即便如此，在 57 只股票中仍然有 1 只股票思嘉集团因为财务问题停牌。

其次，单纯财务指标选股有效，是性价比最高的选股方式。选股可以很复杂，需要理解技术知识、行业前景、公司战略、领导人风格、竞争结构、市场营销、产品、价值链、企业文化、公司治理等方面。但选股也可以很简单，仅仅懂得净资产收益率、市净率、市盈率、股息率，有息负债率、现金流这几个简单指标再分散投资也可以取得良好回报。我曾经及现在持有"垃圾"组合中的股票达 6 只，这 6 只都做过更深的基本面研究，企图优中选优，但事实是不深入研究的"垃圾"组合完胜研究得辛苦的"精选"组合。这或许就是著名投资大师塞思·卡拉曼所指的信息通常遵循 80/20 原则，即最初 80% 的信息可以在最初所花的 20% 时间内获得。卡拉曼认为知道所有的事实并不总能产生回报，商业信息很容易出现变化，试图收集所有信息只会降低投资者的回报。

最后，是无效市场中的有效性。翻看涨幅前几名的公司会发现一个有意思的现象，这些公司从来就不是完美的公司，在当时来看几乎都存在明显缺陷。涨幅第一的 S.A.S.DRAGON 是家电子供应链管理服务企业，行业并不算好，即便 2013 年创历史利润最高水平，净利润率仍然不足 2%。涨幅第二的东瑞制药和涨幅第四的敏华控股在 2012 年净利润还分别下滑 22% 和 51%，2013 年业绩恢复，属于困境反转型。涨幅第三的华南城是开发和经营商品交易市场的房地产商，如果不是腾讯入股，被解读为线上线下业务融合，增长空间打开，市场估值还苦苦在一倍市净率以下挣扎。涨幅第五的英皇娱乐酒店近年虽然利润一直上涨，但因为大股东的关系一直被市场怀疑是老千股。涨幅第七的互太纺织和第十五的申洲国际是夕阳产业的纺织行业，替品牌服装商打工，技术壁垒低，面临劳动力和原材料不断上涨压力，属于一看就令投资人没兴趣的行业。涨幅第九的长安民生物流专为大股东提供汽车和汽车原材料及零部件运输管理，关联交易及单一客户依赖风险很高。涨幅第十二的中视金桥为央视广告代理商，自然供应商几乎就是中央电视台一家。

当投资者有了上述认识后，还会选择这些公司吗？难道不会选择一些更稳妥点的公司，一些自认为前景更光明的公司吗？这正是我犯的错误，涨幅最大的公司我几乎都没选上或拿住。我就成功抓住了英皇娱乐酒店这一只股票并持有至今，而敏华控股我也曾经拿过，但被巨幅利润衰退给吓跑了，几乎没盈利。涨幅第十一的天德化工，我买后因信息披露内容较少，上涨幅度过慢而卖出，结果它慢悠悠也涨了很多。我当时还买了宝业集团这只地产股，当时它的市净率、市盈率和华南城几乎一样因而两只股票在榜单里排在一起，但宝业集团有息负债率很低，而华南城该指标较高，我保守起见就选择了宝业集团持有至今，略有亏损，而华南城则上涨了 2.5 倍。我后来还买入奥普集团控股和华宝国际持有至今，这两只股票提供的股息较为令人满意。"垃圾"组合里的个股正是由于它们较高的经营风险和不被看好的前景，市场才给了各自的低估值，可这么一群公司组合起来实质风险并不高，一方面因为各自同时发生最差情况的概率很低，另一方面整体的低估值化解了风险。

当然，非常专业的研究员或投资者通过不断地收集公司信息也可能抓住当中的牛股，可是这需要大量的研究。还需要覆盖如此之多的公司。有时候，世界就是太复杂了，根本预计不到公司的发展状况。即便收集到信息，股价非常可能早已走在前面。我观察到涨幅居前的公司目前的净资产收益率情况较选股当时几乎都有上升或者保持持平，而取得负收益的公司净资产收益率竟然全部都是下降的。港股市场价格纠正效率令人感叹。

所以，我才认为这是一个无效的市场，会存在低估的股票，然后它某种程度又是有效的，投资者对这些公司的判断很难超越市场。

不论如何，"垃圾"组合终究属于过去式了，下一个投资机会在哪里？我认为是 A 股的大蓝筹股，单从市场对它们的戏称"大烂臭"可见不受欢迎，但这和港股"垃圾"组合不又有异曲同工之处吗？这些"大烂臭"许多股价低于净资产，却仍然拥有不错的盈利能力，仅是股息就能够提供5%～10%的收益率。

二 可怕的 A 股大烂臭

我曾在 2014 年 1 月 7 日在雪球博客发布了一个名为"大烂臭"的投资组合（http://xueqiu.com/2751308955/26986348），结果 2014 年该组合平均收益率为 70%，超过当年指数水平，而且在 2015 年仍然显示出了超额收益。从 2014 年初到 2015 年 7 月 17 日，该组合平均上涨 123.6%，而同期的沪深 300 指数、中小板指数、创业板指数收益率分别为 78.2%、75.6%、113.4%。"大烂臭"当时筛选指标如下：

可怕的"大烂臭"筛选条件：2012 年 ROE 大于 10%，2013 年 3 季度 ROE 大于 8%，市盈率小于 10 倍，按股息收益率从高到低排名。

"大烂臭"藏身地：银行、白酒、电力、高速公路。

可怕之处：股价跌个没完，平均利润分红才 35%，股息就平均达到 5% 以上，四大国有银行股息 8%。

未来可怕：中国经济进一步下滑，增长降低，资本支出降低，估值再降低。

结果可怕：估值继续降低，分红率继续提高，收益率可怕。

"大烂臭"组合 2014 年 1 月 7 日的市盈率、市净率、净资产收益率、股息收益率及 2014 年初至 2015 年 7 月 17 日区间涨跌幅数据如下。

表 10-2 "大烂臭"组合个股收益率情况

序号	证券代码	证券简称	市盈率	市净率	2012 ROE	2013 ROE	股息收益率	区间涨跌幅
1	000540	中天城投	7.2	2.3	18.5%	24.2%	4.1%	420.5%
2	601800	中国交建	5.9	0.7	13.6%	8.8%	4.3%	347.1%
3	600021	上海电力	8.3	1.3	12.7%	11.5%	4.4%	346.6%
4	601669	中国电建	6.4	0.8	13.2%	9.8%	4.7%	244.6%
5	600012	皖通高速	7.1	0.9	11.6%	9.4%	6.1%	221.9%
6	000679	大连友谊	9.7	1.3	10.8%	10.2%	4.6%	198.8%
7	601668	中国建筑	5.1	0.8	15.4%	12.0%	3.9%	176.8%
8	601518	吉林高速	9.2	1.2	14.0%	9.7%	3.0%	170.5%
9	600350	山东高速	6.4	0.7	11.2%	8.7%	4.8%	169.6%
10	600863	内蒙华电	7.2	1.1	12.9%	11.8%	6.1%	169.6%
11	601998	中信银行	4.2	0.8	15.6%	14.0%	5.3%	168.8%
12	600177	雅戈尔	8.8	1.2	11.4%	9.9%	7.9%	164.8%
13	002304	洋河股份	7.2	2.5	41.9%	26.5%	4.9%	156.7%
14	600795	国电电力	5.9	1.0	14.6%	13.1%	7.5%	147.9%
15	000690	宝新能源	7.1	2.0	11.8%	21.3%	8.1%	145.1%
16	600900	长江电力	9.8	1.3	13.8%	9.9%	5.4%	143.9%
17	600068	葛洲坝	7.8	1.0	12.5%	9.6%	3.8%	141.1%

续表

序号	证券代码	证券简称	市盈率	市净率	2012 ROE	2013 ROE	股息收益率	区间涨跌幅
18	600120	浙江东方	9.7	1.3	11.0%	9.9%	3.3%	140.7%
19	601009	南京银行	5.1	0.9	16.3%	13.0%	5.9%	140.3%
20	600011	华能国际	5.4	1.1	10.6%	15.2%	9.2%	136.8%
21	601328	交通银行	4.3	0.7	15.4%	11.9%	7.1%	131.6%
22	600519	贵州茅台	8.5	3.2	39.0%	28.7%	5.9%	125.0%
23	600004	白云机场	8.7	1.0	10.4%	8.9%	5.8%	124.9%
24	601988	中国银行	4.4	0.8	16.9%	13.5%	8.0%	121.1%
25	002142	宁波银行	5.0	1.0	18.4%	15.8%	3.6%	118.5%
26	601169	北京银行	4.3	0.8	16.3%	14.2%	7.0%	110.1%
27	600000	浦发银行	4.3	0.9	19.3%	15.2%	7.0%	102.8%
28	600015	华夏银行	4.7	0.9	17.1%	13.6%	5.4%	100.2%
29	600660	福耀玻璃	8.7	2.1	21.9%	18.4%	7.6%	96.1%
30	600578	京能电力	6.6	1.2	18.6%	13.7%	3.9%	94.1%
31	600060	海信电器	9.3	1.5	18.3%	12.0%	3.2%	91.1%
32	600741	华域汽车	7.0	1.2	16.1%	12.3%	4.4%	86.7%
33	600036	招商银行	5.0	1.0	22.6%	15.4%	7.0%	86.1%
34	600104	上汽集团	6.0	1.1	17.0%	13.6%	5.3%	84.9%
35	601166	兴业银行	4.2	0.9	20.5%	17.0%	5.0%	84.3%
36	000858	五粮液	5.9	1.6	31.9%	20.2%	5.2%	82.4%
37	601939	建设银行	4.3	1.0	20.5%	16.9%	8.2%	80.9%
38	600778	友好集团	6.2	1.6	23.0%	19.5%	5.0%	80.0%
39	600694	大商股份	6.4	1.6	22.1%	18.3%	4.7%	74.0%

续表

序号	证券代码	证券简称	市盈率	市净率	2012 ROE	2013 ROE	股息收益率	区间涨跌幅
40	002016	世荣兆业	7.3	2.9	15.3%	29.6%	5.6%	72.1%
41	601006	大秦铁路	8.4	1.5	16.4%	13.0%	6.0%	71.8%
42	601288	农业银行	4.3	1.0	19.4%	16.7%	8.1%	70.7%
43	600897	厦门空港	9.8	1.8	16.9%	13.4%	3.1%	69.6%
44	000651	格力电器	8.9	2.9	27.6%	24.2%	4.6%	68.7%
45	600028	中国石化	7.5	0.9	12.4%	9.3%	5.6%	68.1%
46	601398	工商银行	4.6	1.0	21.2%	16.7%	7.8%	63.9%
47	600377	宁沪高速	9.5	1.4	12.5%	11.3%	8.2%	63.6%
48	200152	山航 B	5.9	1.4	23.8%	17.3%	3.6%	62.4%
49	600016	民生银行	4.7	1.1	23.0%	17.5%	4.9%	57.7%
50	600742	一汽富维	9.4	1.2	13.5%	9.3%	3.2%	54.1%
51	601088	中国神华	6.6	1.1	18.8%	12.6%	6.1%	42.5%
52	600067	冠城大通	4.1	1.5	23.2%	27.7%	7.4%	38.0%
53	000568	泸州老窖	7.4	2.7	45.2%	27.1%	7.8%	36.2%
54	600658	电子城	9.5	2.3	18.5%	18.5%	3.2%	10.8%
		平均数	6.7	1.35	18.3%	15.2%	5.6%	123.6%

数据来源：wind 资讯股票专家

10.2　困境反转

　　困境反转型的公司是受事件影响暂时生产经营困顿的公司，这类公司原先经营状况不错，业绩可以，但因为某些灾难事件，生产经营暂时出现困顿，或者仅仅是对投资者的心理产生影响，股价被恐慌心理打压得比较便宜，如果能够从困顿中恢复过来，投资收益率可观。

会对公司生产经营产生重大影响的危机事件从宏观上可以分为：① 经济危机，例如次贷危机和欧债危机；② 政治危机；③ 战争危机；④ 政策危机，因为国家颁布的整顿行业相关政策所引发的危机；⑤ 自然灾害，包括地震、海啸、火灾、传染疾病等。

从微观上看，危机事件可以分为：① 重大事故，包括安全事故、环保事故；② 产品、服务质量危机；③ 舆论危机，因为公司或领导人不恰当的言行造成的舆论压力；④ 投资失败；⑤ 其他导致需求消失事件。

投资困境公司就是相信公司能够走出困境，这需要考虑公司有下列条件支持。① 大股东背景，实力雄厚的大股东一般不会对旗下上市公司陷入困境置之不理；② 公司自身根基，包括此前在顾客心中树立的品牌、产品品质、营销能力、公关能力、行业地位等因素，例如肯德基爆出了多次食品安全问题，可每次事件都没过去多久，消费者还是继续吃。在钓鱼岛事件中，日企汽车虽然受到冲击，但凭着一贯优秀的产品品质，事件消退后销量就恢复了。③ 关联程度越小越好，事件没有直接涉及公司，最好仅是对投资者心理产生影响，顾客推迟购买、减少购买，但不会永远不购买。④检查是否存在别的主要原因导致长期下跌趋势，而危机事件可能只是加重了下跌，即便危机解决了，公司也无法扭转长期颓势。⑤ 事件不具备反身性，事件不会因为造成了公司股价的下跌而反过来对公司的经营产生影响。一些靠融资而活的公司和金融类公司就存在反身性。⑥ 资产负债表是否足以应对事件冲击。危机事件的爆发对公司股票影响的情况不一，有的是事件爆发后仅仅一天就能够见底，而有的则可能需要几个月的时间才见底。

投资困境公司需要结合估值状况，需要足够便宜，在入场时机上最好等待恐慌情绪释放完毕，因为危机事件股价下跌会异常快，短期均线（例如 10 日）走稳是买入信号，保守点等待中长期均线走稳入场。恐慌情绪的高潮点往往会在股票已经便宜得不能再便宜的基础上，开盘交易时，仍然立刻大幅下跌20%～30%甚至更多，但会很快回升，K 线带有很长的下影线，基本这是见底信号。即便如此购买困境公司仍可能会短期套牢，但就是要买在血洒街头时，包括自己的血。

案例：9·11 事件带来的投资机会

提及逆向投资又不得不提约翰·邓普顿，1939 年，正值第二次世界大战爆发后，全球经济处于恐慌时，年仅 26 岁的邓普顿用借来的 1 万美元，买进 104 只股价在 1 美元以下的股票，4 年后全数出售，获利高达 3 倍，赚进入生的第一桶金。后来，美国 9·11 恐怖袭击事件发生，全美陷入恐慌之中，邓普顿故伎重演，逆向买入最受冲击的美国航空业，**为了避免单一公司破产倒闭风险，组合包含多只航空公司个股**，其中美洲航空公司股票，不到半年时间，该笔投资获利高达 61%，如图 10-1 所示，而其他航空公司股票也获利颇丰。虽然恐怖袭击事件发生后，短时间内造成没什么人敢乘坐飞机，但事实上飞机作为长距离最快速便捷的交通工具，人类无法摆脱乘坐飞机的需求，恐怖事件只会暂时推迟这种需求，而且此后美国安保加强，再发生类似的概率微乎其微。如果小概率事件在近期没有发生，那么人们就会低估它们的发生概率；如果近期发生过小概率事件，那么人们就会高估其发生的概率。巨灾发生，虽然保险公司可能赔得很惨，但却强化了人们的灾难意识，购买保险意愿上升，保险公司同样会受益。

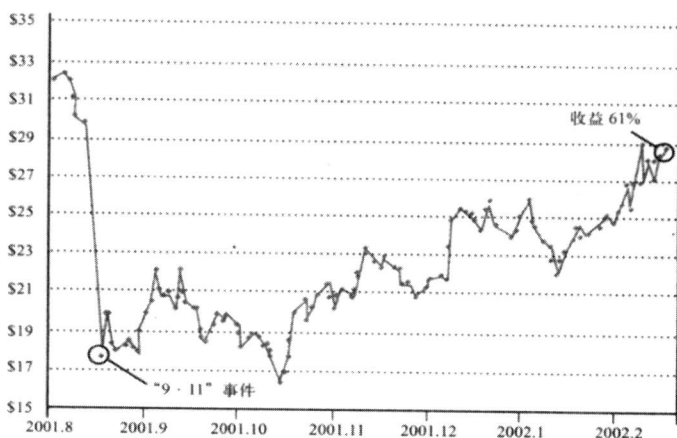

图10-1　美洲航空9.11事件后股价走势图

案例：温州动车事故

2011 年 7 月 23 日，D301 次动车运行至甬温线永嘉站至温州南站间路段，与前行 D3115 次动车发生追尾事故，后车四节车厢从高架桥上坠下，事故造成 40 人死亡，约 200 人受伤，举国震惊。7 月 25 日股市交易，高铁板块个股悉数下跌，其中中国中铁（SH：601390）下跌 5.7%，无疑市场认为中国高铁的发展会因此事件停滞。事实上，中国每天在路上死于车祸的人数更多，只是不那么集中，高铁仍然是最快捷和安全的出行方式之一，出现事故概率极小，但一旦发生伤亡惨重，给人心理造成严重震撼。不过，中国中铁在该事件发生后并未立刻跌到谷底，而是又连续下跌 5 个月，再跌去了 33%，至 2012 年 1 月 6 日才跌到了几乎是历史最低点 2.22 元。从估值角度考虑，7 月 25 日即便经过下跌，中国中铁市净率倍数是 1.14 倍，而此前年度净资产收益率也就在 10%左右，即便考虑增长因素，合理的市净率倍数应该在 1 倍多，所以 1.14 倍的市净率并不显得有多便宜。而阶段低点 2.22 元对于的市净率为 0.75 倍，则是比较具备吸引力的估值水平。中国中铁的历史最低价格出现在 2013 年 6 月 25 日的 2.20 元，对于 0.63 倍市净率，应该是具备吸引力了。从均线角度看，中国中铁直至 10 月 17 日才向上突破 20 日均线，如果此时买入，则再跌 18%到历史底部，如果等到向上突破 120 日均线，则需等到 2012 年 5 月初才能买入，这时较历史底部高出约 13%。此后受到 "一带一路" 政策刺激，如果从历史底部 2.22 元算起，至 2015 年 6 月初，中国中铁最多上涨了 874%，如图 10-2 所示。一只业绩平平股票受一坏一好消息影响，4 年间竟然华丽地成了 10 倍股。类似的案例还有因为日本海啸而造成的福岛核电站泄漏事件，虽然和中国没什么关系，但同样影响了中国核电业的发展。

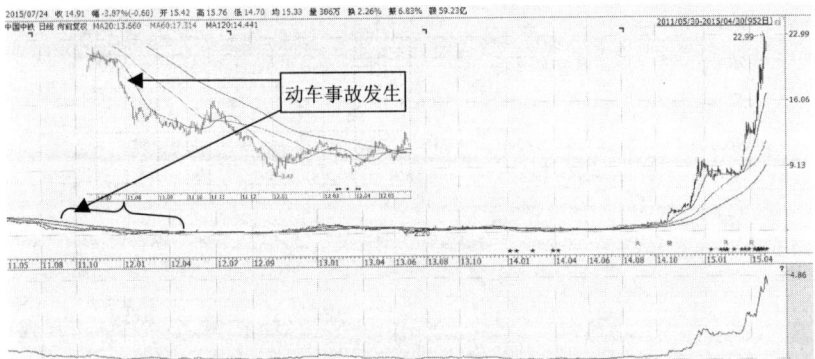

图10-2   中国中铁动车事故后股价走势图

案例：次贷危机和欧债危机

2008 年的美国次贷危机震撼全球，其高潮应该是 2008 年 9 月 15 日美国投行雷曼破产。2008 年 10 月股神巴菲特买入并呼吁买入，股指仍然继续下跌，至 2009 年 3 月最低点 6 469 点，离巴菲特呼吁买入时点也套了 20%～30%，但是此后却开启了美国长达 6 年多的牛市，如图 10-3 所示。如果投资者选择根据 120 日均线操作，应该能够在 8 000 多点买入。

欧债危机始于美国次贷危机之后，2011 年 9 月，欧债危机到达阶段高潮，全世界媒体都在铺天盖地地报道欧债违约事件，当中以希腊违约最严重，金融界的 "地震"、"海啸" 又卷土重来，仿佛世界命悬一线。这本来与香港市场并无直接关系，香港上市公司多为中国内地公司，受到欧债危机影响很小，但无奈香港是国际金融中心，欧债危机使得来自各国的机构投资者不得不抽出资金以应对，这就使得恒生指数大跌，众多缺乏流动性的中小盘股票跌得就更惨了。如图 10-4 所示，恒生指数最低曾跌倒了 16 000 多点，但奠定了日后牛市的基础，至 2015 年 4 月，恒生指数上涨到 28 500 多点。不幸的是，恒生指数在 2015 年的 6、7 月份又再次受到希腊违约的烂事影响，外加中国中小盘股票股灾，在估值不贵的情况下又大幅下挫至 22 800 多点，港股中小盘股票几天内跌幅超过 50%的比比皆是。不过，我认为，这又为恒指另一轮的牛市打开了空间。

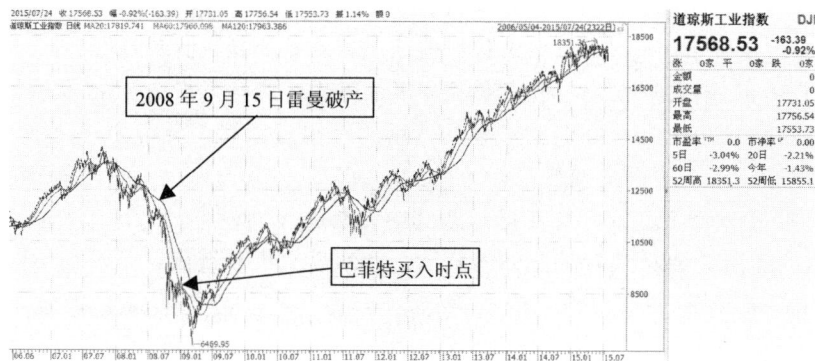

图10-3　道琼斯工业指数走势图

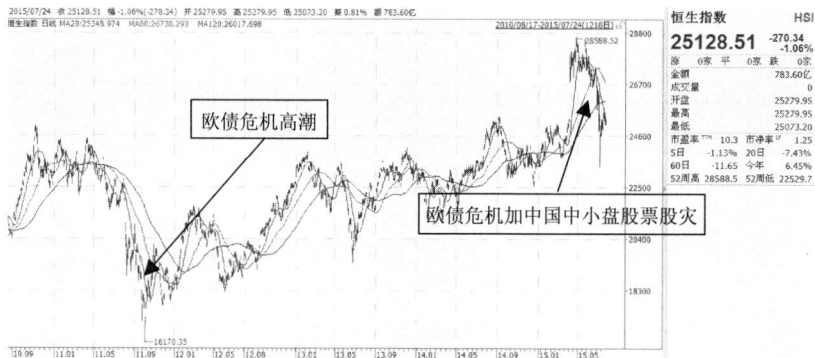

图10-4　恒生指数走势图

案例：三聚氰胺与伊利股份

2008 年 9 月，三聚氰胺毒奶粉致婴儿死亡事件持续发酵，进入高潮，首当其冲的三鹿集团后来就在此次事件中倒闭破产。值得思考的是同样涉及三聚氰胺事件的上市公司伊利股份为什么能够在此次事件中起死回生呢？第一，性质恶劣的程度不同，三鹿集团奶粉抽样样品 100%不合格，而伊利 35 份样品中 1 份不合格，三鹿集团是该事件的发源地，矛头直指。第二，人们更多地将三聚氰胺和乳制品中的奶粉联系，三鹿集团奶粉占其收入的 40%，比例较高，而伊利的奶粉销售占收入的 15%，伊利在消费者心目更熟知的是液态奶。第三，绝大部分的奶企都涉及其中，因而大多数涉案企业的市场份额都不会被竞争对手夺走，伊利作为奶企龙头，产品质量相对保障，消费者迫于无奈也只好烂中选优。三聚氰胺对当时整个乳品行业造成了非常严重的负面影响，但是显然人们无法摆脱对乳制品的需求，这种需求只会被推迟。伊利股份在当时一个月多内股价跌掉一半后见底，市净率最低 1 倍，此后至 2015 年 6 月，股价令人瞠目结舌地上涨了 18 倍，如图 10-5 所示。不过，三聚氰胺事件的飞刀并不好接，伊利股份 2008 年度亏损 16.87 亿元，原因在于三聚氰胺事件影响造成存货报废 8.85 亿元和为恢复市场销售大幅增加促销和宣传费用，亏损后归属于上市公司净资产只剩 27.89 亿元。显然如果乳品需求持续不恢复，伊利股份也不见得能支撑多久。换另一个角度看，与其接牵涉其中股票的飞刀，不如考虑谁能够从中获益。无疑，事后来看是海外的乳品企业和豆浆机制造商。

图10-5　三聚氰胺事件后股伊利股份价走势图

案例：牵涉政治案的雅居乐

雅居乐地产（HK：3383）是全国排名前 20 名的地产商，近年来销售收入高达三百多亿元，ROE 常年百分之十几。2014 年 10 月 10 日，雅居乐公告公司董事局主席陈卓林已经在 9 月 30 日晚间被昆明检察院执行了"指定居所居住"的措施。据悉，此事缘起纪检部门在对原云南省委常委张田欣进行调查时，发现了雅居乐地产因云南地产项目行贿官员的线索。次交易日雅居乐股价大跌，股票竟然以 0.3 倍市净率交易。12 月 14 日，雅居乐宣布,"指定居所居住措施"对陈卓林已不适用,陈卓林将恢复履行其作为雅居乐执行董事、董事会主席及公司总裁的职务。我此前一直关注雅居乐地产,觉得该公司有息负债并不高,即便实际控制人被检察院控制,公司2014 年 10 月、11 月两个月仍然分别获得 50.6 亿元及 52.6 亿元的销售金额,运作正常。2015 年 7 月,雅居乐公布上半年营运数据实现累计销售 208.1亿元,已完成全年业绩目标46.3%。公司的确定性在增加,不过目前股价仍然以 0.44 倍市净率交易,对应股息收益率高达 8%,我认为目前价位机会大于风险,如图 10-6 所示。

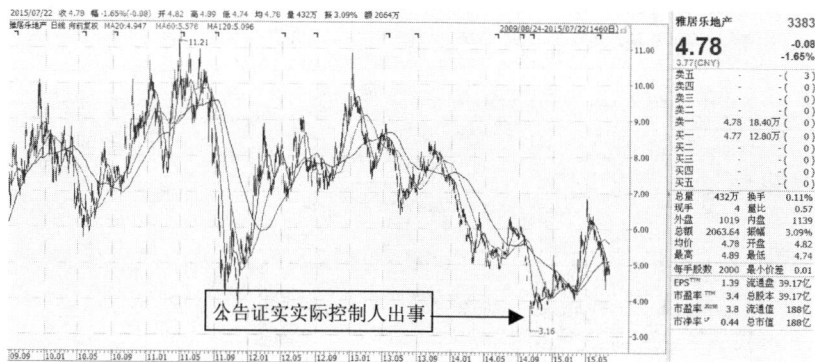

图10-6 雅居乐股价走势图

案例:一蹶不振的霸王集团

霸王集团(HK:1338)以销售含有中药配方的洗发水闻名,公司最高净利润曾达 4.1 亿元。2010 年 7 月 14 日,据香港媒体报道,霸王品牌旗下的中草药洗发露、首乌黑亮洗发露以及追风中草药洗发水,经香港公证所化验后,均含有致癌的二恶烷。消息一出,公司顿时陷入舆论的风口浪尖,股票更是暴跌了 14%。15 日,霸王强调并无刻意在产品中添加二恶烷,其产品中所发现的二恶烷是生产过程中产生的"自然残留",且是目前技术上无法避免。16 日,国家食品药品监督管理局通报霸王洗发水二恶烷含量水平不会对消费者健康产生危害。我也认为这确实是没什么大不了的,相信其他洗发水也有。然而霸王受此事件一蹶不振,此后五年每年巨亏,公司净资产从 23 亿亏到了只剩 1.9 亿元,股价也是一跌再跌,最多曾跌掉 95%,如图 10-7 所示。为什么霸王反转不了呢?我从事后的角度归纳总结投资者如何能避免投资到霸王第一,霸王 2009 年 7 月上市属于新股,业绩的真实性和持续性有待时间考证;第二,霸王在危机公关事件中表现极差,居然爆出上门殴打财经记者的事情;第三,霸王危机事件爆发前公司估值过高,市净率高达 8 倍，单一的洗发水业务居然支撑起 160 亿元的市值，下跌空间本身巨大；第四，霸王产品本身过度依靠营销销售，依靠着"中药世家"、"防脱"这两个概念进行营销上的狂轰滥炸，2006 年～2009 年，公司营运收入分别为 3.9 亿元、9.8 亿元、15.6 亿元、19.9 亿元，成长惊人，但是"中药世家"的故事成疑，"防脱"效果也未必如宣传所说，公司的根基不稳定。而致癌化学物质的曝光，和中药纯天然的属性矛盾，直接冲击了霸王在消费者建立起来的心智，即便花再多的营销费用，也挽回不了消费者受骗后失去的信任，上述因素或许是霸王销售收入从 19.9 亿元又迅速打回 3.7 亿元的原因；第五，如果参考均线所发出的信息，等待 120 日长期均线走稳，或者跟随 20 日短期均线交易，投资者也能够避开很大幅度的下跌。

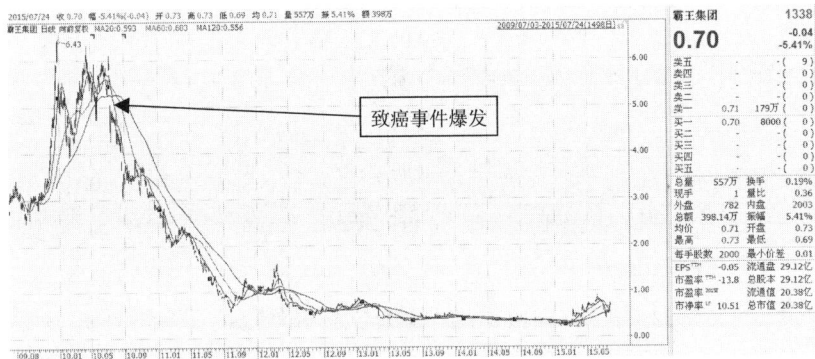

图10-7　霸王集团洗发水致癌事件后股价走势图

10.3　隐蔽资产

隐蔽资产是指公司拥有价值未被市场认识或者被忽视的资产。隐蔽资产可以是现金，可以是公司没有按市价入账的房地产与股权投资，可以是公司所拥有而未被利用的各种矿产资源，可以是特许经营权，可以是尚未发挥效益的公司专利技术，甚至可以是未来盈利时可以用来抵税的巨额亏损。隐蔽资产可能会在公司的财报或各种报告中寻找到蛛丝马迹，但是为了更加充分了解隐蔽资产的价值，投资者需要寻找更多的信息来确认。一旦了解了公司隐蔽资产的真正价值，投资这类公司股票的风险是时间，因为你不知道公司的这种价值何时才能够释放出来，而且隐蔽资产因为公司治理的因素很可能和中小投资者无关，它们宁被管理层烂在手里，也不会交给中小投资者，这种潜在的资产价值会随着时间的推移而消失。隐蔽资产最好结合催化剂，催化剂包括管理层释放隐蔽资产价值的意愿，隐蔽资产的价格上涨，隐蔽资产价值即将实现（例如所投资股权即将 IPO）或者与隐蔽资产相同的资产突然成了市场关注热点等。隐蔽资产型公司非常适合信奉股东激进主义且实力雄厚的投资者购买，将部分甚至绝大部分的股份吃下，然后要求管理层通过拆分、变卖发放股息、实物发放等多种方式释放出隐蔽资产的价值。

案例：拥有庞大旅游资源的香港中旅

香港中旅（HK：0308）主要从事旅行社及相关业务、酒店业务、景区业务、度假区业务、客运服务、高尔夫球会所业务、演艺业务及发电业务。公司最具价值的资产是拥有很多稀缺性的旅游景区，然而公司的主要盈利由酒店、客运、火电、旅行社等传统行业贡献，景区资产因大多处于前期投入阶段及各种原因，目前对公司的盈利贡献较低。公司拥有深圳世界之窗（5A 景区）51%股权，锦绣中华（4A 景区）51%股权，河南嵩山景区（5A 景区和世界地质公园）51%股权，河南鸡公山（4A 景区）65%股权、宁夏沙头坡（5A 景区）51%股权、江西庐山秀峰客运索道80%股权、黄山玉屏客运索道20%股权、黄山太平索道30%股权、南岳索道17%股权、安吉灵峰旅游度假区、海泉湾温泉休闲度假村（占地5.1平方公里）等，还达成联合开发山东水泊梁山景区协议（4A 景区）。旅游景区资源作为稀缺独占资源，在未来国人出游越来越多的情况下，资产具备良好的升值前景。香港中旅近来也出售发电业务、亏损的芒果网、盈利不佳的上海维景酒店，并表示要集中资源发展旅游目的地业务。我 2014 年 6 月 9 日在雪球博客发表的《现金分红股价上涨奥秘与"烟蒂"股投资策略》曾提过香港中旅，当时公司以 0.6 倍市净率交易，股价便宜得惊人，即便公司目前 1.2 倍市净率，市值 189 亿元港币，也远远不能够反映景区资源长期的价值。香港中旅股价走势如图 10-8 所示。

图10-8　香港中旅股价走势图

案例：免费赠私募股权基金的中国光大控股

中国光大控股（HK：0165）为一家跨香港地区和中国内地的多元化金融控股公司，是光大证券（SH：601788）第二大股东（持股比例 33.3%）和光大银行（SH：601818）第三大股东（持股比例 3.37%）。截至 2015 年 7 月 28 日，光大银行 2 080 亿元市值，公司持股价值是 70 亿元，光大证券 708 亿元市值，公司持股价值 235 亿元，此外，中国光大控股持有中国飞机租赁（HK：1848）36.7%的股份，值 15 亿元。光大证券股权价值加中国飞机租赁股权价值是 250 亿元，但中国光大控股按被投资公司的账面净资产计算，资产负债表上仅体现为 134 亿港币（107 亿元），该两项资产就被低估了 143 亿元，而 2014 年底，公司归属上市公司的所有者权益约为 280 亿元。低估的并非上述两项资产，中国光大控股管理着 503 亿港币的各类私募股权基金和产业基金，2009—2014 年，管理资产规模复合年均增长高达 56%，可见私募股权类基金的快速发展。私募股权基金管理是公司未来发展的主要业务，市场已经越来越清晰地看到了中国光大控股的业务转型。在管理的 503 亿元资产中，中国光大控股自己出资占比 19%，相当于 95 亿港币，这部分资产的价值其实也是被低估的，因为这些未上市公司股权，一旦上市价值将显著增值。在这些风险投资中，中国光大控股跟投并管理的基金就有投资号称生物界腾讯的华大基因 4 亿元，显然，这类型的公司上市后价值将天翻地覆。中国光大控股受到股灾拖累，2015 年 8 月股价从 33 元回落到 20 元左右，市值 363 亿港币，仅值 1 倍账面净资产，如果将其资产全部重置计算，管理几百亿港币私募股权基金的业务相当白送。我 2014 年 6 月 9 日在雪球博客发表的《现金分红股价上涨奥秘与"烟蒂"股投资策略》也提过中国光大控股，当时公司以 0.6 倍市净率交易，市值不过 200 亿港币，重置资产后的市净率更低，其股价走势如图 10-9 所示。

图10-9 中国光大控股股价走势图

10.4　业绩提升

业绩提升型公司是指公司过去没有很出色的财务状况，盈利一般甚至亏损，但是近期由于管理改革、生产出新产品等诸多因素，导致原先平淡的财务状况正在向良好甚至是优秀转变，公司的基本面显著提升，因此市场给予该种公司的估值水平会随着公司盈利能力显著提升而得到提升，股价将会有良好表现。

第一种业绩提升型公司会从隐蔽资产型公司转变而来，是隐蔽资产公司释放出了利润，业绩提升型公司大多具备潜质未充分发挥的资产或者资源。第二种业绩提升公司是因为单纯管理提升、机制改革等因素，自身竞争力增强。隐蔽资产型强调的是资产本身的禀赋，而业绩提升型更强调的是人改变公司的主观能动性。第三种业绩提升型公司本身管理团队很优秀，但是还未达到利润形成的时机，例如产能尚未开始投放，或者处于跑马圈地阶段，追求收入增长，甚至收入都不一定增长，只追求顾客数量的增长，后期才强调利润提升。

一　如何挖掘黑马股

（注：该文 2010 年 8 月 28 日发表于新浪博客）

第一和第二种业绩提升型公司初先很普通，后来业绩出色，如同黑马一般脱颖而出，股价则一飞冲天，与传统持续绩优的公司（白马股）形成鲜明对比。以下探讨如何通过一些事件信号捕捉到第二种业绩提升的黑马股。

1．股东。公司基本面改观的一个根本因素是这个公司换了控股股东，或是引进战略投资人。新股东入驻后可能会带来新的经营理念与管理方式，提供资源或者业务上能够协同，可能会更换高级管理人员，也可能设立了各种新的内控制度与激励制度，这些都会对公司盈利能力改善起到关键作用。

2．资产。公司基本面改观的另一个根本原因是资产的变动，可能是注入了盈利能力好的资产，也可能是将盈利能力差的资产剥离。很多公司原来其实就是白马股，可后来多元化投资，没聚焦主业，很多不盈利的资产把公司给拖垮了。伴随烂资产的剥离，公司有更多的资金去偿还负债和用于聚焦主业，资产负债表也会变得更加强健。

3．员工。公司的改变在于人的改变，在于思维的改变，如果还是同一批人，在惯性思维的作用下，恐怕难有实质性变革。而人的改变最主要在于高级管理层人员的变更，设立各项管理制度与激励制度，提升管理效率。

而伴随管理层变革往往会施行股权激励。

4．客户。所有的利润都来自对客户销售产品。新的或是改良的产品以及变革营销方式都可能带来销售额的迅猛增长，拉动利润增长。

5．财务。脱离财务数据的印证，上述几个方面说得再好也都是空中楼阁。基本面显著改观会在收入与利润的迅猛增长，净资产收益率显著提升，毛利率增长、资产周转率加快等财务指标上反映。

以上这 5 个方面构成一个逻辑链,先由股东提出诉求,拥有潜在可盈利的资产,管理层规划做什么,怎么做,客户层反映做的成效,最终业绩体现在财务层。

案例：贪腐案后的古井贡酒

1．股东层面。2009 年 7 月份，公司实际控制人亳州市国资委将古井集团 40%的股权以 4.65 亿元挂牌出售给上海浦创，上海浦创从而间接成为公司的第二大股东，间接持有公司 24.46%的股权。据了解，上海浦创并没有参与公司的日常经营管理，仅委派了一名副总入驻集团公司。此次改制引入民间资本，改变了集团公司完全由国资控股的局面，有利于优化公司的股权结构和治理结构，有利于激发公司员工的积极性，规范公司的管理运营。

2．资产层面。2009 年公司聚焦白酒企业，把三家非白酒业务子公司做了资产处置和置换：把福瑞祥食品有限公司与上海古井金豪大酒店进行置换，转让出派瑞特包装制品有限责任公司和古井大酒店。处置的三家公司中，福瑞祥食品和古井大酒店 2008 年是亏损的，派瑞特公司的盈利能力也远不及白酒主业，这些资产被剥离后，公司轻装上阵，资源能更好地集中到盈利水平高的白酒主业上，盈利能力进一步增强。

3．员工层面。2007 年古井贡酒腐败案案发，涉案高管 10 人。事件发生后，高层人员全部变动，目前曹杰担任公司董事长，新一届公司管理层的平均年龄不到 40 岁，工作积极性高，改革优化公司治理结构和股权结构的愿望较强。公司在 2008 年进行了"新老划断"，职工人数由 2007 年的 6 483 人下降到 2008 年的 3 790 人（其中销售人员为 3 226 人），降幅达 41.5%。同时公司在 2009 年 4 月份又进行了"竞聘上岗"。目前公司管理层及业务骨干员工平均年龄均在 35～45 岁之间。

4．客户层面。公司近两年来着重打造高端产品年份原浆酒，并大力砍掉很多低端产品品类，产品结构明显提升。单品数量从 2006 年的 874 个降到 2008 年的 150 个，直至 2009 年底的 70 个，逐步取消低端产品，恢复品牌形象。主力产品年份原浆自 2008 年 4 季度推出后受到市场认可，2009 年销售额 2.3 亿元，占总收入的 23%，2010 年一季度提升至 35%， 产品的综合毛利率从 2008 年的 38%大幅提升至 71%。

5．财务层面。公司 2007—2009 年 ROE 分别为 2.16%、3.73%、17.09%，2010 年中报达到 12.20%，2009 年和 2010 年中报净利润增长速度分别为 305.15%、201.57%。

股价表现：2009 年年初至 2010 年 8 月累计涨幅 540%。

案例：集中主业的泸州老窖

1．股东层面。在 2006 年 4 季度完成向主要经销商的定向增发，很好地建立起了股东、高管和经销商的利益共同体，并且强化了对终端的控制力度。

2．资产层面。自 2004 年以后，公司致力于发展白酒主营业务，致力于白酒中高档化。发展战略极为清晰。从 2004 年开始，公司清理了酒店、玻璃、高速公路、房地产等其他非主营业务，逐步收缩业务战线，突出发展白酒业务。

3．员工层面。从 2004 年起，泸州老窖逐步进入到历史最好的发展时期。这个发展时期的到来，源于一个优秀的管理团队。这个管理团队年轻且稳定，主要高级管理人员平均年龄不到 43 岁，而且大多来自于企业内部成长，股权激励的实施，使得管理层更趋稳定。在管理方面，公司已于 2005 年实现全面预算管理、成本管理等制度，并逐步实现信息化管理。在员工管理方面，公司在 2005 年已经完成职工身份改制,除了 6 个高管之外，所有管理已经按现代企业执行。这使公司的未来无需支付更多的改革成本，人力资本配置效率显著提高。

4．客户层面。在白酒业务上，公司致力于走中高档路线，打造中高端白酒品牌。公司首先对原有的多品牌进行清理，削减了部分品牌。其次是突出打造国窖 1573 这个超高端白酒品牌，使之成功跻身中国高端白酒市场。最后，公司集中精力恢复泸州老窖特曲的名酒地位，通过提价、换装等方式改变原有市场形象。打造了国窖 1573 和泸州老窖特曲双品牌战略。国窖 1573 的成功，要归功于渠道管理、经销商等多种因素。从餐饮入手，到商超和专卖店，从重点区域开始，向全国范围内逐步铺开，国窖 1573 已经基本完成了重点突破和总体布局。国窖 1573 在北京、重庆、四川、湖南、上海、山东等地市场已经渐趋成熟，在广东、深圳、福建、江苏、浙江等地已经完成了布局。

5．财务层面。公司 2005—2009 年 ROE 分别为 3.07%、14.54%、25.26%、36.23%、39.44%，净利润增长速度分别为 16.80%、628.89%、129.75%、63.70%、32.18%。

股价表现：在净利润增长最快的 2006 年和 2007 年股价分别上涨 485%、197%，两年累计上涨 1 556%。

案例：营销变革的合肥三洋

1．股东层面。合肥市国有资产改革稳步推进，有将荣事达集团持有的合肥三洋的股权转至国有资产控股有限公司的计划，对合肥三洋业绩有了更高的要求。公司第二大股东三洋电机从 2008 年开始已经将一部分海外销售订单向合肥三洋转移，公司 5 月份已经向东南亚成功出口洗衣机 1 万台，随着与东南亚各个市场谈判的深入，合肥三洋 2009 年承接三洋海外订单将达到 10 万～20 万台。

2．资产层面。无

3．员工层面。2008 年初更换了新的董事长及核心决策层。2008 年初公司一改以往的低调政策，提出了 3 年翻 3 番的经营目标，内部进行组织结构调整，强化流程建设，增强监察和管理力度，通过转变观念、引进优秀人才、变革激励机制和营销思路，经营效率明显改善。

4．客户层面。产品层上，公司自 2008 年 5 月份挤进零售市场前十大畅销机型之后，除 6 月份再度出局之外，进入 8 月份之后，零售市场前十大畅销机型公司稳占两款。高端滚筒洗衣机正在逐步成为合肥三洋冲击市场的撒手锏。从 2008 年 9 月开始，合肥三洋计划把搭载变频技术的滚筒洗衣机逐步推向中国市场，未来合肥三洋的滚筒洗衣机将全部搭载变频技术，从而将成为市场上拥有最顶级配置的高端产品。营销方式上，公司深耕一二级市场，拓展三、四级市场，在一、二级市场，增加了大卖场的进店率，国美、苏宁的进店率从 2008 年初的 40% 提升到年末的 60%（2009 年力争增加到 90% 以上）；在三、四级市场，公司扩大了覆盖区域，分公司从 22 个增加到 37 个，销售网点从 2 000 多个增加到 5 000 多个，与之相适应搭建了新的销售团队，完善了以市场为导向的供应链体系，为未来继续向三、四级市场渗透奠定基础。

5．财务层面。公司 2005—2009 年 ROE 分别为 7.50%、9.33%、11.71%、17.86%、24.89%，净利润增长速度分别为 21.73%、29.98%、33.73%、69.06%、79.79%。

股价表现：2008 年下跌 5%，2009 年上涨 200%，2010 年初至 2010 年 8 月下跌 16%，上证指数从 2008 年至 2010 年 8 月跌 48%，同期合肥三洋上涨 150%。

案例:共线生产的一汽轿车

1．股东层面。无

2．资产层面。无

3．员工层面。无

4．客户层面。2006 年 8 月投放的奔腾汽车初步得到市场检验。奔腾汽车是公司基于马自达 6 平台自主开发的中高级轿车。在产品质量上，由于与马自达 6 共线生产，其核心零部件如底盘、发动机和变速器等均与马自达 6 一样，但其内饰要高于马自达 6 且价格显著低于马自达 6。公司未来将实行红旗+马自达+奔腾三大品牌共存的战略。三大品牌在定位上将覆盖高档、中档及中档向中低档延伸产品。旗下红旗品牌将定位于高端产品，马自达定位于 B 级车市场，而奔腾则定位在 B 级车中的中低端市场。定位清晰的三大品牌将有效支撑公司未来产品谱系的延伸，为丰富公司车型奠定基础，有效解决公司利润来源单一的问题。产能利用率的提高导致的规模经济是公司业绩大幅上升的主要原因：公司目前的主要产品集中在中高端产品马自达 6 以及自主品牌奔腾。目前公司的产能设计为 10 万辆，2007 年一季度公司两大产品销量为 1.5 万辆，而 2008 年一季度接近 2.9 万辆，同比增长接近 100%。

5．财务层面。公司 2005—2009 年 ROE 分别为 6.03%、6.55%、9.54%、16.56%、21.35%。净利润增长速度分别为 7.86%、2.89%、59.14%、96.70%、49.80%。

股价表现：2007 年上涨 377%，2008 年下跌 61%，2009 年上涨 270%，2007—2010 年 8 月累计上涨 329%，同期上证综指下跌 1.8%。

案例：物美入主的新华百货

1．股东层面。2006 年 4 月，物美控股以 1.767 亿元的代价，从新华百货第一大股东银川新华百货商店手中获得新华百货 27.7%的国有股。

2．资产层面。2007 年，公司向合资公司寰美乳业转让了夏进乳业 70.81%的股权，产生了 600 多万元的税后投资收益。寰美乳业由新华百货、物美控股、永峰管理公司分别持股 45%、6%、49%组建，至此乳业部分不再纳入新华百货合并报表。夏进乳业 2005 年亏损近 3 500 万。

3．员工层面。大股东物美商业对新华百货在经营上没有施加实际影响，除了派驻一个财务总监之外，管理层均为新华百货自有班子。公司 2007 年支付了国有职工身份经济补偿 2 631.55 万元，计提了奖励基金 1 602 万元（比 2006 年增加 991.9 万元）。物美入主后，公司超市业务的绩效考核、预算管理体系均采用物美模式，经营管理水平得以提升。公司业绩提升源于费用率的下降，其动力来自 2006 年提出的《银川新华百货商店股份有限公司奖励基金管理办法》，根据该管理办法，2006～2008 年间，若当年净利润增长率达到一定水平，则提取部分作为高管奖励基金。

4.客户层面。2007 年，东方红广场通过商品结构的有效调整，经营业绩取得重大突破，仅经历了 2 年的培育期就实现了 1 400 万元的净利润，显示了公司较强的门店管理和培育能力；老大楼也发挥出了新的活力，业绩获得了快速的提升，2007 年实现净利润达 1 662 万元，同比增长 47%；购物中心实现净利润 528 万元，同比增长 11.8%。公司的连锁超市业务面对激烈的市场竞争，向宁夏区域内的二、三线城市进行了积极的门店拓展，扩大了市场占有率，实现净利润 606 万元，同比增长 23%；公司的家电零售业务也通过不断的优化资源配置、创新营销理念和拓展门店数量取得了快速而稳定的发展，实现净利润达 1 580 万元，同比增长 23%，成为公司的第二大利润来源。

5.财务层面。公司 2005—2009 年 ROE 分别为 7.01%、9.14%、11.61%、15.86%、22.4%，销售净利率分别为 2.12%、2.41%、3.04%、3.82%、5.92%，净利润增长速度分别为-5.11%、44.82%、32.66%、41.06%、77.44%。

股价表现：2006 年初至 2010 年 8 月股价累计上涨 880%，同期上证综指上涨 124%。

二 黑马股估值

黑马股的理想估值情况是高市盈率低市净率买入，然后随着业绩的改善市盈率逐步降低，市净率逐步提升。如果达不到理想情况，付出比同行业平均市盈率略高的市盈率、市净率也是可以买入的。黑马股公司的市值启动之初最好是中小市值，这样管理和变革的因素才能对公司价值起到显著影响。

三 寻找黑马股的工具

如果没有庞大的研究团队支持，如何在上千家上市公司中找出那些基本面正在改善的黑马股呢？目前我认识到的有两种方法，一种是通过金融数据库搜寻公司的季报情况，基本面改善最终会反映到财务数据上，关键的搜索指标就是净利润增长率与净资产收益率提升率，然后再进一步就是研究基本面了。另一种方法是通过类似迈博汇金之类的研究报告网站搜索研究报告的题目，可以将搜索研究报告的关键词设置为新产品、新股东、新战略、管理、超预期、入驻、注入、剥离、毛利率、销售、激励等与股东、资产、员工、顾客、财务五个方面相关的词组。

10.5　周期波动

凡是具备高收入弹性、高运营杠杆、高财务杠杆的公司都可以划分为周期型公司，周期型公司除了跟自身经营战略相关，还和宏观经济密不可分，它们的销售收入和盈利难以预测，不是巨幅上涨就是猛烈下跌，股价波动更大。一般而言，周期公司供给产出的时间周期较长，或者产品使用的时间周期较长，行业中供需难以较好匹配，一旦出现供给缺口或需求缺口，产品又是由边际供需定价，价格变动就会非常剧烈。周期公司发展过程则是扩张、收缩、再扩张、再收缩，至于周期的时间和景气程度完全不可知，唯一可以确定就是周期会不断循环往复。如果周期行业又处于成长阶段，就更具备迷惑性。投资周期股不是亏惨就是赚暴，一旦踏错节奏，一套可能长达数年甚至十几年。除非价格极度便宜，否则价值投资不会轻易介入周期股。

时机选择是投资周期型公司股票的关键，投资者必须能够发现公司业务衰退或者繁荣的早期迹象。如果你在钢铁、铝业、航空等周期行业中工作，那么就具备了投资周期型公司股票的特殊优势。

周期公司适用估值方法是市净率估值，股价严重跌破净资产才具备吸引力。周期公司全行业陷入亏损才可能是周期的底部，在时机选择上，大的周期股投资机会往往需要等待数年，必须等待股价向上突破了长期均线才能介入。反过来，周期公司全行业效益都非常不错，各公司纷纷加大资本支出，往往就预示着周期的顶点，股价是账面净资产的几倍，再加上长期均线跌破，则赶快抛掉。如果求稳，周期公司投资买行业龙头最稳，买资产负债表好的公司，如果求暴利，那就买行业最差的公司，它们在行业复苏时涨最猛，当然前提是你熬得到行业的春天。

案例：暴涨暴跌的航空股

图 10-10 所示为南方航空（SH：600029）自 2003 年上市以来的股价表现，可以看到基本与中国 A 股的走势相同，不过是波动加强版，虽然都是 1～10 倍的上涨，但跌起来不跌个 80% 不叫见底。只有在股价跌破净资产均线又处于上升趋势时买入获胜的概率才大。

概括起来，低估绩优策略投资的公司是原来好，未来好，一直好；困境反转投资的公司是原来好，现在差，未来好；隐蔽资产和业绩提升策略投资的公司是原来差，未来好；而周期波动投资的公司是不断的好坏交替。

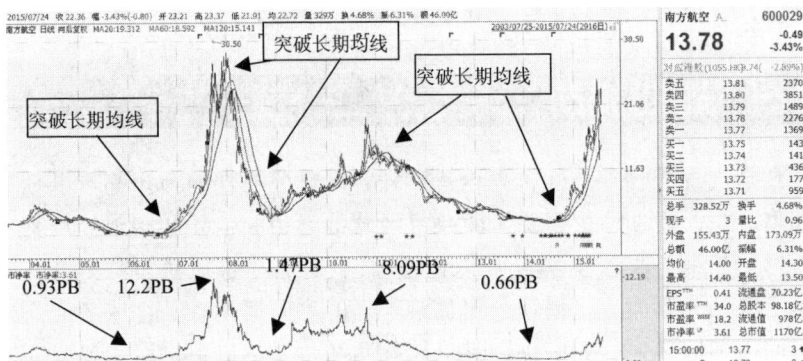

图10-10　南方航空股价走势图

10.6　事件驱动

有些事件的发生会显著改变市场对公司价值的判断，这就考验投资者对信息的反应速度，能否充分对信息深入解读，合理地判断信息对公司价值的影响。信息出来股价会一步到位，甚至涨过头，但是也存在即便上涨也仍然未充分反应公司价值的股票，投资者的机会就在那里。下述事件大多可以被认为是股价的催化剂，它们的发生可能会诱使低估的股票更快向价值回归。值得说明的是事件驱动未必能够保证投资者的绝对收益，但大部分的事件驱动主题股票在大概率上能够跑赢行业指数，因而事件驱动策略更多具备的是对冲后的超额收益价值或者是套利的价值。市场会存在一个有趣的现象，它经常过分高估某些信息对公司的短期影响，但可能会低估这些信息对公司的长期影响。

一　开展相关新业务

原理：公司专注某项业务时，随着时代和技术的发展，该项业务的内涵和空间都在不断扩展，很可能某项业务的产品将来运用到看似不相关的其他行业上。

案例：使用新能源的格力电器

格力电器原先专注于空调生产，经过多年发展，在空调市场已经占领了 40%～50%市场份额，继续提升的空间已经很小。格力电器转而开发中央空调，太阳能空调，无污染供暖，空气能热水器等市场，格力摇身一变已经有新能源供应商的概念，加之雾霾天气，格力进入空气净化领域，和环保行业又沾上了边。通过上述市场进入，为格力营业收入从 1000 亿元向 2000 亿元提供了空间。格力股价已在近十年中上涨了数十倍！

二　引入业务协同股东

原理：吸引业务上有协同效应的股东，能够充分利用双方优势资源，共同打开业务市场，企业增长空间及盈利上升，估值上升。

具体案例可参考此前章节业绩提升型公司部分。

三　引入业务合作伙伴

原理：与潜在业务合作伙伴建立合作关系，能够充分利用双方优势资源，共同打开业务市场，企业增长空间及盈利上升，估值上升。

案例：国金证券与腾讯战略合作

2013 年 11 月 22 日，国金证券发布公告，将与腾讯进行战略合作，在网络券商、在线理财、线下高端投资活动等领域展开深入合作，协助国金进行用户流量导入。同时，腾讯还将为国金开通微信官方公共账户。在合作中，与腾讯网开展的网络券商、在线理财及线下高端投资者活动在协议期内均为独家合作，与腾讯的其他合作为非独家合作。上述事件发生后三个月内，国金证券相对券商指数最多获得 78%的超额收益，其股份走势如图 10-11 所示。

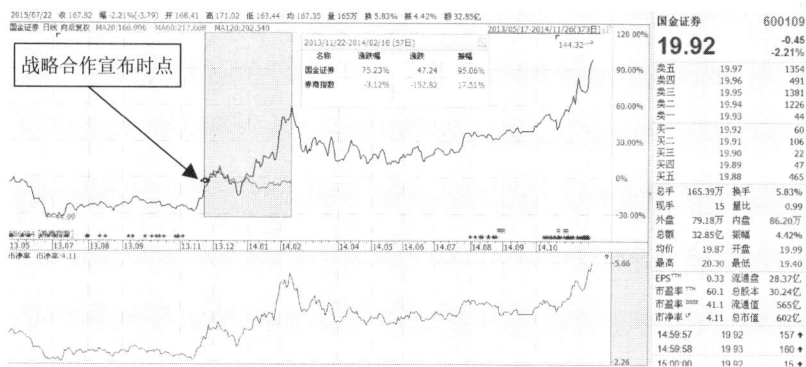

图10-11　国金证券股价走势图

四　不良资产剥离

原理：假设 A 上市公司无负债，拥有 B、C 两个业务。B 业务每年赚 10 元，净资产为 50 元，C 业务每年亏损 2 元，净资产为 20 元。整个 A 公司利润为 10+-2=8 元，市场给 10 倍市盈率，市值为 80 元。A 公司出售 C 业务，但由于 C 业务亏损，以很低的价格卖出（低于净资产），例如 10 元。B 公司还给 10 倍市盈率，甚至摆脱了 C 的拖累市场可能给出更高溢价，那么就值 100 元。而 C 公司卖出价格 10 元。股东财富变成了 110 元，比原来 80 元还多出来 30 元！

案例：剥离房地产业务的恒顺醋业

恒顺醋业（SH:600305)是中国规模最大、经济效益最好的酱醋生产企业。公司是镇江香醋的发源地，前身是成立于 1840 年清朝时期的一家制醋企业，拥有古老的历史，"恒顺香醋酿造技艺"更被列入第一批国家级非物质文化遗产名录。但是由于前几年房地产市场火爆，公司进入不熟悉的房地产领域，拖累整体盈利。2012 年 12 月 6 日，公司发布了一则公告"根据公司未来发展需要，为实现对现有产业布局实施战略性调整，提高公司核心竞争力，加快我公司非主营业务的整合和剥离，尽快调整非主营业务，发挥上市公司再融资功能，经本公司第五届董事会第十次会议审议通过，批准恒顺置业及其全资子公司恒顺房地产存续分立方案"。该方案即宣布了恒顺醋业向大股东剥离房地产业务。2012 年公司房地产业务亏损近 1 亿元，造成公司净利润为-0.37 亿元。次日公司股价涨停。剥离了不良资产房地产业务后，公司回归主业，公司一方面采取找准细分品类定位市场、增加销售终端、加大市场价格体系管控等措施，通过营销改革促进销量增长；另一方面进行产品结构升级，通过扩大黑醋、年份醋等高档产品销售比例以提升均价。2013 年及 2014 年公司净利润上升至 0.37 亿元、0.75 亿元。自 2012 年 12 月 6 日公司剥离房地产业务公告发布后，至 2015 年 7 月 24 日，公司股票上涨 350%，而同期上证综指上涨 100%，超额收益明显。图 10-12 所示为恒顺醋业与上证综指走势对比。

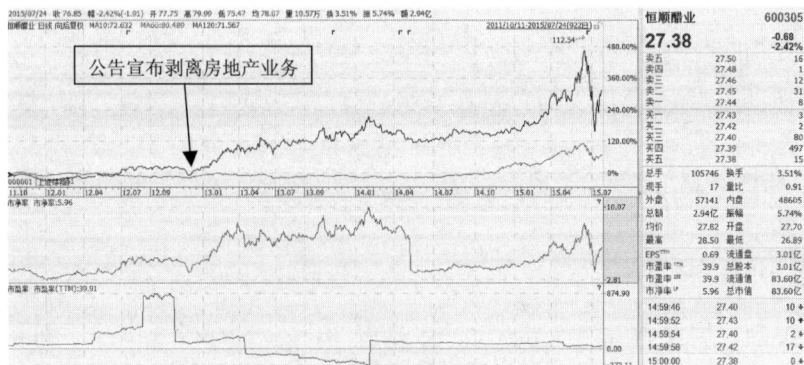

图10-12 恒顺醋业与上证综指走势图

五　破产、清算

公司破产、清算确实不是好事，可却能够形成独特的回报。公司经营业务停顿濒临破产，但是通过重组注入新的资产或新的业务，股价就会大幅上扬。然而，资产重组本身具备很大不确定性，此外，注入新资产或新业务后，公司是否真能起死回生也未知。因此，对于一般投资者而言，投资这类公司股票的风险是不言而喻的，投资者需要具备极高的从公开信息推断重组概率的能力，否则只能通过内幕交易获利。在中国，这种投资演变为炒 ST 股，赌退不了市，还能借壳上市。彼得·林奇对于投资这类公司有独到见解，他认为：投资困境反转型公司股票的最大好处是，这类股票的上涨和下跌与整个股票市场涨跌的关联度最小；虽然多数困境公司并不能反转，投资此类公司股票一旦失败有可能分文不值，但只要在十只这种类型的股票中找到一只能够获取十倍收益的股票，足以抵消其他九只股票投资失败带来的损失。

在中国 ST 股的价格根本不便宜，保守的价值投资者不会参与这种投机。我不建议买快要破产清算公司的股权，不过可以买它们的债券。这类垃圾债券如果能够以账面价值的 2～3 折交易，也是具备投资吸引力的。债券的清偿顺序排在股票前，需潜心研究公司的资产能否以偿还负债，即便只能偿还六成的债券，以 2～3 折买入也会大赚一笔。购买垃圾债券有讲究，除非价格无法抗拒，否则只投资破产公司中的好公司。破产公司中有的是因为发展过快，财务结构不合理导致破产，本身经营状况尚可，具备稳固的市场壁垒、品牌、或者行业地位等优秀基因，这种就是破产公司中的好公司。破产公司中的好公司一是存在着自救可能，只要时间允许，业务可以恢复，二是本身具备价值，股权容易被其他实力买家接盘，债券得以偿还的概率更高。不过，投资者仍需做好债务重组谈判旷日持久的心理准备。在国外，经过债务重组，公司的债券可能被转为股票，但大部分的债权所有者不会对持有转换过后的股票感觉兴趣，他们会在这些股票上市时，赶快卖掉处理，造成了这些股票的低估，因此，同样存在投资机会。

案例：佳兆业集团的垃圾债券

佳兆业集团（HK：1638）是中国排名靠前的地产商，总资产高达 1 000亿元，销售接近 200 亿元，公司原本经营正常，但 2014 年 10 月原深圳市常委、政法委书记蒋尊玉因涉嫌大运会工程腐败、与地产商权钱交易落马，后传闻佳兆业董事局主席郭英成卷入此案。2014 年 11 月 28 日佳兆业两千套房源处于被深圳政府锁定状态。自此，公司现金流出现问题，金融机构开始催债，公司债券出现违约风险，价格一路杀跌，2015 年 1 月份时佳兆业的部分离岸债价格曾经暴跌至 30 美元，出现抄底时机，后来一度反弹到 70 美元左右。佳兆业毕竟是地产商，本身的资产和行业地位都存在价值，相信政府也不愿意看到佳兆业倒闭冲击到员工、客户、供应商、债权人等多方面利益。2015 年 1 月底融创中国（HK：1918）曾一度想收购佳兆业，但后来没和相关各方达成协议。2015 年 5～6 月，佳兆业集团在国内各地的楼盘也陆续解封，又获得深圳、佛山体育中心运营权，似乎危机情形得到缓解。

六　收购

原理：收购同行业公司，能够使市场份额扩大和集中，议价能力增强，规模扩大，业务协同，带来成本下降。而且以高市盈率收购低市盈率公司，同样的盈利卖出更高的价格，收购后市值膨胀更厉害！收购上下游公司也可能在原材料掌控及更贴近市场方面起到协同效应。不过外延式的收购增长很难持久，树不会长到天上，上市公司本身就是各子行业的龙头公司，经过一两轮收购后，很难再找到业务规模足够大的行业前几名公司收购，继续收购面临着越收越小，越收越差的可能，收购的边际效应递减。此外，收购后有 6 成案例整合失败，收购行为是把双刃剑！

案例：详见第 5 章港口资源整合的厦门港务。目前，中国 A 股上市公司正不断涌现并购潮，并且市场不问并购成效，凡是并购发生都乱涨一通，未来终究自食其果。

如果被收购的公司是上市公司，还可以衍生出并购套利。收购方会向上市公司股东发出要约收购，如果以现金收购，出价一般会高于被收购公司现有价格，公司股票会上涨，但股票价格因为收购存在失败风险一般不会立刻上涨到收购价格，存在套利空间，需要投资者自行平衡收益与风险。如果是换股收购，收购方向被收购方支付一定比例收购方股票，通常支付的收购方股票价值会高于被收购方的股票价值，但收购方股票存在下跌风险，因而投资者可以融券卖空收购方股票，买入被收购方股票，锁定价差收益空间，如果收购成功，被收购方股票成功转化为收购方股票，投资者这时再用这些股票偿还融券所欠的股票，并有盈余。并购套利面临的都是并购交易失败的风险。

七　业务分拆

这里所说的分拆会有两种情况，第一种是指母公司将旗下某一块业务独立出来，拆分上市，并且仍然拥有拆分后子公司的股票；第二种是母公司拆分出某一块业务成为独立公司并上市，但是这个独立子公司的股票分配给母公司原来的股东，母公司不再拥有子公司股票。不论如何，拆分的行为总能增加母公司的股东价值。

第一种分拆的原理在于，拆分出来的公司混在原有公司中价值不易被看清，通过拆分并上市，价值获得巨大增长。此外拆分出去的公司更为独立，管理层权力更大，也更易于进行股权激励，并且拆分出去的公司更便于吸收其他战略投资者，利用其他股东资源，共同做大公司。

同方股份（SH：600100）由清华大学的校办企业改制上市，除了是一个高科技企业，还是科研成果的转化基地。同方股份拥有两千多项专利，两百多家子公司。董事长陆致成认为如果分拆不受限，同方股份市值能上千亿元。他表示，公司把做大单个项目的办法寄托在分拆上，由于一些机制方面的原因，一个子公司如果能分拆出去引进战略投资者甚至独立上市，肯定比在同方股份内部更利于发展壮大。比如，公司以同方国芯（SZ：002049）为载体分拆微电子集群上市，市场寄予了很高的评价和估值。公司早先分拆了同方泰德（HK：1206）在中国香港地区上市，把建筑节能业务放在泰德，结果公司从一百万美元发展到几十亿美元的市值。

第二种分拆增值原理：公司存在 A、B 两种不同业务，A 业务可能风险低、现金流稳定，B 业务可能成长高、风险高。但是将 2 个业务合并在一块估值变低，因为想买稳健 A 业务的投资者看见还有高风险的 B，不想买，而想买高成长业务 B 的投资者看到公司还有个拖后腿的 A 业务，也不买了，因此业务分拆，变成两个公司能够达到 1+1＞2 的效果！对于分拆出来的子公司也会因为第一种分拆的原因，公司价值得到增长。不过第二种分拆类型 A 股目前并不存在，存在于港股市场。

宾州州立大学针对美国市场的研究显示，在截至 1988 年的 25 年内，分拆出来的公司的股票在分拆后的前 3 年内，每年的表现超过同行业以及标准普尔 500 指数约 10%。从分拆出来公司股票获得最多利润并不是来自分拆后的第一年，而是第二年，这可能是因为分拆出来的公司股票需要花一整年的时间才能消化掉最初的卖压（投资者可能因为偏好、分拆公司规模太小等原因便宜卖掉所获得的分拆公司股票）。母公司的股票表现也不错，在分拆之后的前 3 年内，每年的回报均较同行高 6%以上。

股票拥有分拆概念是件锦上添花的事情，有时候分拆出来的业务市值随时会大于未分拆前，最好符合 3 个条件：① 母公司长期受忽略，股价很大程度没有反映公司的非主要业务，即将要分拆的业务；② 分拆出来的业务要较母公司本业受市场欢迎，例如新兴产业业务，这样有机会享受高市盈率，增加母公司价值；③ 分拆出来的业务最好规模相对母公司较大，这样才可以令母公司显著增值。

案例：分拆理财业务的光大银行

2015 年 3 月 16 日上午，中金公司称银行将分拆资产上市，想象空间巨大，理财业务、信用卡、私人银行，乃至托管、投行、互联网金融业务等中间业务来源大部分都可以分拆运作。仅从银行理财和信用卡资产分拆重估考虑，中金认为，对现有市值拉动最大的是光大、平安、交行、兴业等，拉动幅度分别为 53%、32%、34%、26%。3 月 18 日，光大银行（SH：601818）发布澄清公告"本公司按照监管机构的政策导向，正在研究推进理财业务改革试点，包括设立独立子公司。该事项尚需履行本公司内部审议决策程序，以及报请监管机构审批，存在不确定性。本公司目前亦无分拆资产上市的相关工作计划"。然而光大银行当天股价大涨 9.5%。3 月 27 日晚，光大银行公告"董事会同意本公司全资设立理财业务子公司，该事项需报请监管机构审批。"，标志着拉开了银行业务分拆设立子公司的大幕。从风险隔离的角度出发，理财业务是一个相对隔离的板块，探索实行子公司后，可以实现风险隔离，理财业务也可摆脱市场对原有银行业务的低估值。图 10-13 所示为中金公司发布分拆信息后，光大银行与银行指数收益率走势图，光大银行显示出了超额收益。类似的案例还有中国石化引入战略投资者分拆石化销售公司，当时也成为国企混改的热点事件。

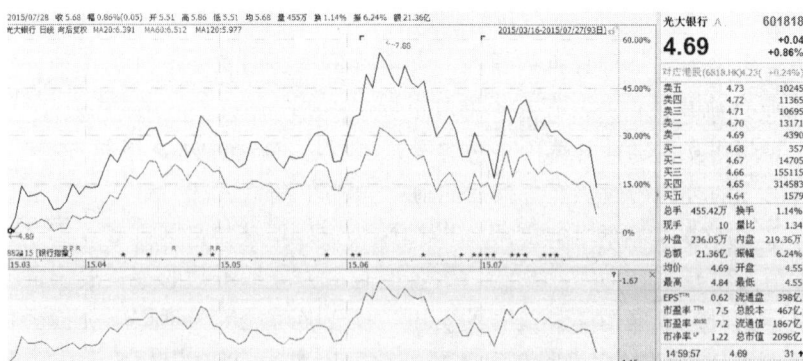

图10-13 光大银行股价走势图

八 股权激励

原理：股权激励能在一定程度上将公司高管及核心团队成员的利益和

公司股东利益捆绑起来，使得它们利益一致，减少代理人风险，共同推进公司发展，公司价值上升。有研究表明，实施股权激励的公司在预案披露后一段时间内股价总体能跑赢大盘。

案例：招商银行员工持股计划

招商银行 2015 年 4 月 11 日发表公告称将实施员工持股计划，以非公开发行方式向招行及子公司员工发行最多 4.34 亿股 A 股，集资 60 亿元，员工持股计划对象为董事、监事、高级管理人员、中层干部、骨干员工等，人数不超过 8 500 人，以现金认购。此次发行价格为 13.8 元人民币，较停牌前 15.66 元人民币，折让约 12%，员工持股计划通过公司非公开发行所认购股票，持股期限不低于 36 个月。4 月 13 日招行股票复牌，当日涨停，即便按 4 月 14 日可以买入招行股票计算，至 2015 年 7 月 22 日，招行股票较银行指数已经显示出了超额收益。招商银行 13.8 元的员工定增价基本在 2015 年末每股净资产附近，平均每个员工要买 70 万元，至少持有 3 年，在便宜的价格基础上，加之公司也不会欺骗广大职工，昭告了此价就是银行股的地板价。图 10-14 所示为宣布员工持股计划后招商银行股价与银行指数走势图。

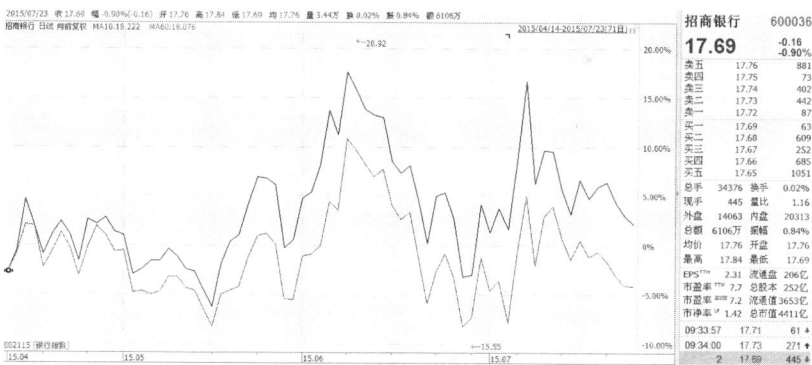

图10-14 招商银行股价走势图

需要强调的是，股权激励也要结合估值情况来看，如果股票明显高估，公司还推出股权激励，不是使员工就是使受此消息买入的投资者遭损失。

九 股票回购

股票回购是指上市公司利用现金等方式，从股票市场上购回本公司发行在外的一定数额的股票的行为。公司在股票回购完成后可以将所回购的股票注销。但在绝大多数情况下，公司将回购的股票作为"库藏股"保留，不再属于发行在外的股票，且不参与每股收益的计算和分配。库藏股日后可移作他用，如发行可转换债券、雇员福利计划等，或在需要资金时将其出售。股票回购可以当作股利政策，可有抵税功能。

大规模持续的股票回购说明公司认为自身股价太便宜了，与其投资其他项目，不如投资自己公司。股票回购后，在外流动股数减少，每股收益增加，有助于公司股价上升。当然，要特别小心有的公司装模作样，股票估值很高也回购一小部分股票，用来挽回股价不断下跌的颓势。

美国联合电信器材公司 1975—1986 年期间，一直采用股票回购现金红利政策，使公司股票价格从每股 4 美元上涨到每股 35.5 美元。

十　股票再融资

原理：在牛市时，股价高企，启动股票增发，外部股东高溢价入股，净资产增厚，估值下降，而筹集的新资金可用于壮大主业，从而使得牛市时，股价表现更惊喜。

案例：增发奠定龙头地位的万科

2006、2007 年地产股龙头万科两次进行股票增发，每增发一轮股价就上涨一轮。当时市场的逻辑是土地是房地产竞争力的核心，拿地越多，房地产股票价值越高。因此存在一个正向反馈的循环圈：拿地→增发→股价上涨→要业绩支持→拿更多的地→继续增发。而中信证券同样在 2006、2007 年的牛市中再融资从而奠定了如今券商的龙头地位。不过事物的另一面是熊市时候这些再融资的股票一般会跌得更惨，而且这一规律也只是在 A 股适用，在港股，如果一个公司频繁融资就会被当作骗子公司，股价在宣布融资方案时大多数立刻下跌。

十一　不同市场上市

原理：各个证券市场由于投资者的不同，拥有不同的投资偏好，造成了同样的公司在不同市场上拥有不同的估值水平。从估值低市场退市转而上估值高市场，或者直接在估值高的市场发行新股都能够令原有股东受益。

案例：子公司转 A 股的新城发展控股

港股新城发展控股（HK：1030），通过新城控股持有新城 B 股（SH：900950）58.86%的股权，新城 B 负责做住宅地产，而大股东新城控股做商业地产。2014 年 7 月 31 日起，新城 B 宣布停牌进行重大资产重组。新城 B 的身份特殊，是纯 B 股公司，公司后续公告提及停牌是为了解决 B 股问题。

众所周知，B 股市场是历史遗留问题，国家也在积极解决，此前已经有东电 B 股转 A 股的先例，新城 B 大股东已在港股上市，拥有港股融资平台，新城 B 转 H 意义不大。在早先 2014 年 3 月时，新城 B 证券事务代表表示，"按照公司的情况，新城 B 转 H 并不是最好的选择，目前正在研究 B 转 A 的方案"。因此，市场基本已经确定新城 B 的重大资产重组和转 A 股上市相关，且获证监会批准概率极高。不过，新城 B 在停牌前，股价是不断下跌的，加上 B 股整体便宜，停牌时的市净率仅大约 0.7 倍左右，市盈率 3～4 倍之间。新城 B 本身质地不错，2013 年前公司 ROE 都接近 30%，2013、2014 年公司净利润分别为 16 亿元和 11.7 亿元。新城发展控股在新城 B 停牌后仍然继续交易，但股价也在不断走低，估值在 0.4 倍左右市净率，显然港股市场并没有意识到新城 B 转 A 对新城发展控股重大的价值增长，而买不到停牌的新城 B 股完全可以有长达几个月充裕的时间购买新城发展控股，此后，新城发展控股从最低 0.6 元上涨到了 1.85 元。2015 年 5 月 11 日，重组方案宣布，新城控股以发行 A 股方式换股吸收合并新城 B，新城 B 转 A 正式确定，当日新城发展控股大涨 10%。吸收合并后的新城控股承诺 2015 年盈利 15.5 亿元，按照 A 股中小地产股估值 15～20 倍市盈率计算，新城控股价值在 230 亿～300 亿元之间，而新城 B 后来连续出现 15 个涨停板，市值最高也达到过 230 亿元，2015 年 7 月回落到 160 亿。如果交易顺利，新城发展控股会持有 68.27% 股权，市值也将超过上百亿元。2015 年 7 月新城发展控股 1.27 元，对应市值为 71 亿港币，即便已经大幅上涨，股价也是便宜的。其股价走势如图 10-15 所示。

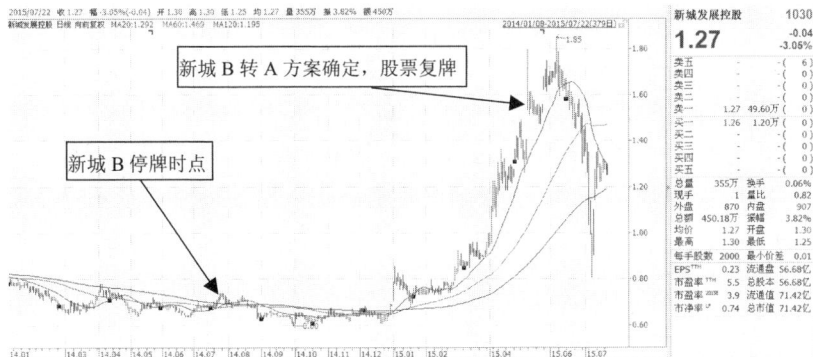

图10-15　新城发展控股股价走势图

公司股票转市场上市还有其他投资方式，例如港股公司筹划发行 A 股，特别是中小公司所发 A 股股价将会明显高于港股，高价发行将增厚原有股东权益，老股东受益，如果港股便宜，拥有发行 A 股主题无疑多了收益保障和向上空间，当然发行失败，股价便宜拿着也无妨。具体的例子有新华文轩（HK：0811）市净率 1.1 倍，秦港股份（HK：3369）市净率 1.2 倍，上述公司都有发行 A 股计划。

十二 私有化套利

2015 年上半年 A 股 TMT 行业走出大牛市行情，相关上市公司股价暴涨，与此形成鲜明对比的是在美国上市的同行业中国概念公司股票市盈率却始终在个位数或十位数徘徊，价值得不到认可，融资功能得不到最大化发挥，高达数十家中概股公司上半年决定私有化想退回 A 股上市。中概股股价本就不高，为了顺利私有化，要约人给出的股权收购价普遍溢价，大约高出私有化前交易股价的 10%～40%。所以对投资者来说，就存在私有化套利的机会。私有化消息一经宣布，股价多数上涨，但不会立刻涨到收购价格，因为还存在私有化不成功的风险，投资者需要判断其中概率，一旦私有化失败，股价就会打回原形。

10.7　相对价值

一 同行业公司卖高买低

同一行业中，某些公司发展状况在短期内会呈现一致性，表现为收入、利润增速的一致性，盈利能力的一致性。在股票市场上，股价表现虽然总体表现一致，但因为市场情绪，股价表现在某些时段并不一致，股价表现会交替领先，股价价差的变动会时大时小。这时候就存在卖出股价涨幅高的股票，买入股价涨幅低的股票，或者卖出估值高的，买入估值低的，以等待它们之间的股票价差重新回到平均水平。股价价差的回归是基于公司之间基本面的一致性，在短时间内上述规律是成立的，但在长时间内，公司之间的发展终究会不同，类似的股价套利行为也存在失效的风险。

案例：招商银行与兴业银行互换

招商银行和兴业银行均是中国领先的股份制商业银行，两者近年来在盈利能力和利润增速等方面呈现出一致性，图 10-16 所示为两者近年的股价价差，可以看到两者股价表现交替领先，但最终会不相上下。2015 年 4 月份左右，由于市场情绪等因素，兴业银行股价曾经涨至 20 多元，而招商银行的股价还停留在 15 元多，兴业银行股价最多高过招商银行 4.79 元，偏离历史均值很多，这时候投资者可以将兴业银行卖出，转而买入招商银行。

后来受到招商银行员工持股计划等消息影响,招商银行股价表现更好,价差又回归到了零,在 2015 年 7 月中小盘公司股灾期间,可能国家偏好购买招商银行,招商银行股价上涨到 20 元,而兴业只有 17 元左右,招行贵过兴业 3.01 元,投资者这时又可以将手中的招行卖出,换回兴业。如果投资者这段时间一直持有兴业银行,会遭受损失,但通过卖高买低,即便不能做到在价差最大时交易,最终结果也能略有盈利。

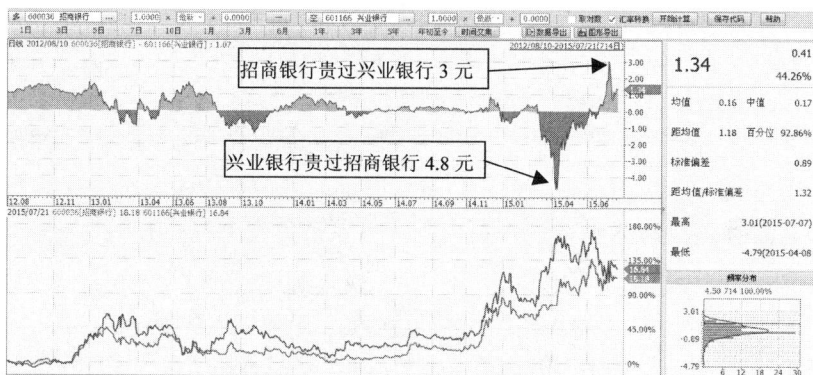

图10-16　招商银行、兴业银行股价价差图

我记得在 2013 年 2 月初,民生银行一度涨到 2 倍市净率,而交通银行也在上涨但市净率仅为 1 倍,虽然民生银行较交通银行公司质地好很多,但是在中国银行同质化的背景下,民生银行的估值是否应该是交通银行的 2 倍存疑。结果从那时的高点至 2015 年 7 月,民生银行仅上涨了 5%,而质地差的交通银行同期上涨了 65%,超额收益高达 60%。2015 年 7 月民生银行的市净率为 1.31 倍,交通银行为 1.23 倍,估值差几乎消失,在此基础上,未来民生银行较交通银行超额收益的概率更大。

三　A/H 股套利

同行业的不同公司股票互换是存在风险的,毕竟公司与公司长期发展肯定会不一样。但是同一家公司不同市场上市的股票肯定是一样的,如果抱有长期投资的心态,理智的做法是哪个市场便宜买哪个,此前我们也论述过一样的公司,便宜股票的长期收益率最终会更高。中国市场上存在着同时具有 A 股和 H 股的公司,特别是沪港通开通后,为 A/H 股套利行为提供了便利。

案例:招商银行 A/H 股套利

以招商银行 A/H 股为例,图 10-17 所示为两者股价走势,可以看到有

时候 A 股招商银行走势更好，而另一些时候 H 股招商银行走势更好。当
A/H 股招商银行几乎一样时，我们持有 A 股招商银行，因为如果存在炒作，
往往 A 股涨起来更快。而当 H 股招商银行明显便宜时，我们可以卖出 A 股
招商银行通过沪港通立刻买入 H 股招商银行，如果之后 A 股又变得便宜，
我们卖掉 H 股招商银行，由于沪港通资金不能够立刻到账，可以借助融资
账户买入 A 股招商银行，等资金到账再偿还负债。2015 年 7 月，由于中国
A 股中小盘股票发生股灾，国家购买大蓝筹托市，其中就包括 A 股招商银
行，但港股招商银行就没那么走运了，继续恐慌下跌，这一涨一跌，使得 H
股招商银行较 A 股招商银行最多折价近 30%，我进行了换股交易，后来股
市平稳，两者价差截至 2015 年 7 月 23 日已经缩小到 5%。值得说明的是，
进行此类交易立足点是长期投资，短期的话，因为各种因素，便宜的 H 股
不一定会涨，贵的 A 股还可能涨更多，价差甚至会不断扩大。

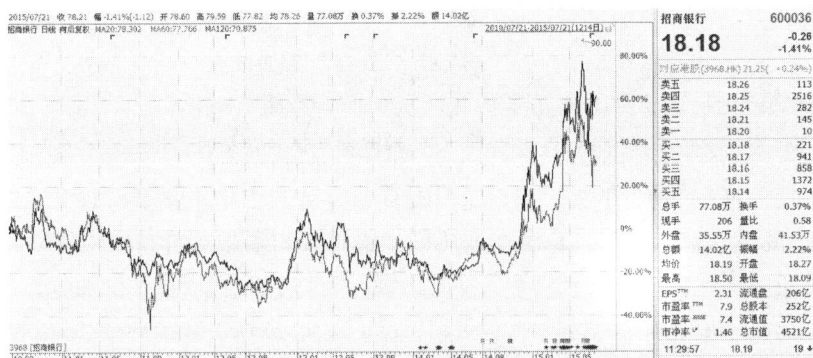

图10-17　招商银行A股与H股价走势图

10.8　可转换债券/优先股

　　金融市场存在一些金融产品赋予投资人在买入后还能够根据市场变化
情况调整自己决策的权利，这就好比打牌时，能够先看到对手底牌再决定
出什么牌。这种金融产品的例子是可转换债券和可转化优先股。
　　可转化公司债券是指一定条件下可以被转化成公司股票的债券，此债
券在发行时规定了转换股票的价格，持有人可以把可转债转换成股票也可
以把债券持有到期还本获息。可转债的价值等于作为普通债券的基础价值
加上内含的股票期权价值，是一种既具有债性又具有股性的混合债券产品。
当可转化债券价格跌破 100 元时候，持有可转债比持有正股更划算，因为
投资正股后看错了，股价下跌，投资者会遭受损失，而投资 100 元以下的

可转债，正股下跌，可转债有债券价值支撑，耐心持有到期，加上债券利息还有得赚。如果正股上涨，可转债能够按一定价格和比例转化为正股（转股价格和可转债募集说明书公告日时的正股价格差不多，如离现价太远非常可能会下调转股价格），可转债收益率和正股也差不多。因此，可转债收益上不封顶（随着正股的上涨而上涨），下有保底（不会随着正股价的大幅下跌而下跌）。并且可转债转股价格会随着正股现金分红下调，如果公司股票在连续一定数量的交易日中价格低于当期转股价格一定比例（一般为85%、90%），公司就可以向股东大会提出下调转股价。这些条款的设立都对可转债投资者非常有利，赋予了根据市场变化见机行事的权利。在可转债转化为股票期间，如果可转债的价格小于转股价值，则可进行套利，买入可转债，进行转股，同时融券卖出正股，然后将转换后的股票偿还融券，并有盈余。

可转化优先股类似可转债，不过性质是股权，同样可以领取股东现金股息，还可以在市场有利的时候转化普通股，享受普通股上涨的权利，这颇受股神巴菲特喜欢，不过我国并无此交易品种。

1987 年，巴菲特的伯克希尔·哈撒韦公司投资 7 亿美元购买所罗门公司的可转换优先股，年票面利率为 9%，即所罗门公司每年付给伯克希尔6 300 万美元利息，占所罗门公司年利润约 15%，这种优先股特别要求公司提拨偿债基金，1995—1999 年间分批赎回。另一方面，该优先股的转换价格为 38 美元，若所罗门公司股价高于 38 美元，巴菲特可以选择转换成普通股。

1989 年，巴菲特投资 6 亿美元买入吉列可转换优先股，每年可以分享8%的固定股息，同时还约定了一个可转换普通股的转换价格。当 1991 年吉列公司的股价超过了约定转换价格时，巴菲特将可转换优先股转换为普通股，此后一直持股不动，2004 年底市值增长到 43 亿美元，投资收益率高达6 倍以上。

2008 年，高盛公司受到美国次贷危机冲击，濒临倒闭。此时伯克希尔·哈撒韦公司投入 50 亿美元获得股息率为 10%的高盛优先股，还获得未来 5年内任意时间购入 50 亿美元高盛普通股的认股权，价格为每股 115 美元。到了 2011 年，高盛公司终于恢复了元气，公司又向巴菲特赎回了这批优先股，但前提是支付10%的溢价——即巴菲特这几年每年安安稳稳地拿着 10%的股息，最后还可以以 55 亿美元的价格把当年 50 亿美元买来的优先股出手。

类似的投资巴菲特还做过许多笔，这正是股神的精明之处，他总是趁火打劫与对方公司签订利于自己的协议条款，如果他看错了，上市公司经营不善，普通股价格会大跌，但他可以拿到固定股息，相反，如果股市大涨则可以按照约定的时间与价格转换成股票，分享股票上涨的收益。正是由于优先股的投资，让巴菲特达到了无论牛熊，进可攻、退可守的境界。

10.9　指数定投

　　看完上述章节，可能会有投资者觉得投资真的是太复杂啦！确实如此，如果想当一个主动型投资者，要操心选股、选时、资产配置等问题，而且付出精力后还未必真的能够长期战胜指数，但是投资也可以很简单，傻瓜地当一个被动型投资者，每个月定期投资指数基金，就算不选股、选时仍然可以获得不错的资产增值，这是以简单的方式应对复杂的金融系统，简单的行为背后所蕴含着大智慧。

　　每个月定投一定数量的金额，在股市上涨时，股票或者基金价格变贵了，买到的份额就少了，而在股市下跌时，股票或者基金价格变便宜了，买的的份额在增加，定投能够避免人们因为股市下跌而不敢买入的心理，真正做到了低买。大部分投资者往往后知后觉，他们会在股市最火的时候投入最多的钱，例如上证综指 4 000、5 000、6 000 点的时候，然后指数一下子崩盘，套牢长达数年，而定投指数者就算 4 000、5 000、6 000 点也在高位投资，但是他们在 1 000、2 000、3 000 点时也在买入，而且那时买入的份额更多。事实上，市场越熊对定投者越有好处，他们能够有更充裕的时间在低位吃入更多的股票资产。当未来几年后，上证综指重新回到 6 000 点时，一次性买股票的投资者辛苦等了长达 10 年的时间，才最终回本，而定投指数者，因此前不断低买摊低价位，6 000 点时肯定早已盈利数倍。

　　雪球网友伯格头通过一篇名为《股市当然是提款机，定投恒生指数给你千万退休金》的文章（http://xueqiu.com/8754285358/42058748）向我们展示了定投指数惊人的回报。他的文章解答这样一个疑问：一个香港的普通劳动者，如果把每年收入的 20%用来买恒生指数的成分股，退休时他会有多少钱？结论是：一个最最普通的香港打工仔，他一辈子的收入都是普普通通的中位数。假如他 1964 年 18 岁开始工作，每年存 20%收入来买恒生指数的成分股，每年的投入从 500 多元慢慢增长到 2 万多元。到 58 岁退休时（2004 年）他会有 660 万元。如果他到 2014 年 68 岁才退休，就可以有 1 576 万元。而完成这一切，他每年定投的本金总共只有 65 万元而已！其实，后面几年就算不投资对于整个投资结果已无足轻重。所有这些只需要你定投恒生指数，不用动任何脑筋，不用管牛市熊市，不用猜测波峰波谷。没有多么惊心动魄一掷千金名垂青史的投资案例，只有年复一年简单无聊的定投。

如果我们假设这个投资者再精明一些，懂得前一章所提到的资产动态再平衡，指数估值高位时少投，而估值低位时投更多，结果应该是财富可以在累计 1 576 万的基础上再增长许多。

取得上述结果只是基于恒生指数过去四五十年长期每年 10%的复利增长，而中国的指数长期回报可能会更高一些，至少沪深 300 指数推出十年来，即便经过 2015 年 6 月底的大跌，也从 1 000 点上涨到了 4 000 多点，平均每年 15%的复利增长。

所以，投资不是企图通过一轮牛市赌博而得来的一夜暴富，也不是企图在资本市场频繁交易，博那么几角几元的价差，赚个零花钱，而是在正确投资理念指导下通过长期坚持不懈地投资获得最终的财富自由。

个人结语

资本市场上存在各种方法一时间获得了暴利，不过很可能都是历史阶段的产物又或者可能只是一种偶然，只有价值规律才会永恒、不间断地在资本市场上充分上演，虽然短时间内它未必有效，但终究有效。价值投资以简单的投资逻辑应对了这个世界上最复杂的金融系统，它虽然道理简单，但因为世界的复杂以及人性的存在，实践起来却并不容易。最后，我想要悲伤地告诉读者，即便你懂得比别人多得多，想要长期战胜市场仍然是一件非常非常困难的事情，我们对自己的期望不要太高！

参 考 文 献

[1] 约翰·聂夫：《约翰·聂夫的成功投资》，机械工业出版社，2008。

[2] 格林威尔：《价值投资：从格雷厄姆到巴菲特》，机械工业出版社，2002。

[3] 蒂姆·科勒：《价值评估：公司价值的衡量与管理》，电子工业出版社，2007。

[4] 蒂姆·科勒、理查德·多布斯、比尔·休耶特：《价值：公司金融的四大基石》，电子工业出版社，2012。

[5] 克莱顿·克里斯坦森：《创新者的窘境》，中信出版社，2010。

[6] 帕特·多尔西：《巴菲特的护城河》，广东经济出版社，2009。

[7] 黄世忠：《财务报表分析 理论·框架·方法与案例》，中国财政经济出版社，2007。

[8] 格雷厄姆：《聪明的投资者》，人民邮电出版社，2010。

[9] 魏炜、朱武祥：《发现商业模式》，机械工业出版社，2009。

[10] 张化桥：《避开股市的地雷》，中国人民大学出版社，2010。

[11] 霍华德 M.施利特：《财务诡计》，机械工业出版社，2012。

[12] 中能兴业：《公司基本面分析实务：把握能把握的机会》，地震出版社，2012。

[13] 罗森维：《光环效应》，北京师范大学出版社，2007。

[14] 迈克尔·波特：《竞争优势》，华夏出版社，2005。

[15] 迈克尔·波特：《竞争战略》，华夏出版社，2005。

[16] 迈克尔·波特：《国家竞争优势》，华夏出版社，2002。

[17] 孙旭东：《年报掘金》，中国财政经济出版社，2009。

[18] 罗伯特·卡普兰、大卫·诺顿：《平衡计分卡：化战略为行动》，广东经济出版社，2004。

[19] 郭永清：《透视公司财报数字》，大连出版社，2011。

[20] 李杰：《股市进阶之道》，中国铁道出版社，2014。

[21] 杰里米·西格尔：《股市长线法宝》，机械工业出版社，2009。

[22] 杰里米·西格尔：《投资者的未来》，机械工业出版社，2007。

[23] 巴菲特：《巴菲特致股东的信：股份公司教程》，机械工业出版社，2004。

[24] 帕特多尔西：《股市真规则》，中信出版社，2006。

[25] 斯蒂芬 A. 罗斯：《公司理财》，机械工业出版社，2007。

[26] N.格里高利·曼昆：《经济学原理》，北京大学出版社，2009。

[27] 王成：《策略投资》，地震出版社，2012。

[28] 史丹·温斯坦：《称傲牛熊市的秘密》，中国青年出版社，2008。

[29] 彼得·林奇、约翰·罗瑟查尔德：《彼得·林奇的成功投资》，机械工业出版社，2007。

[30] 劳伦 C•邓普顿、斯科特•菲利普斯：《邓普顿教你逆向投资》，中信出版社，2010。

[31] 埃斯瓦斯•达莫达兰：《打破神话的投资十诫》，机械工业出版社，2006。

[32] 埃斯瓦斯•达莫达兰：《投资估价：评估任何资产价值的工具和技术》，清华大学出版社，2004。

[33] 乔尔•格林布拉特：《股市天才》，中国青年出版社，2011。

[34] 乔尔•格林布拉特《股市稳赚》，中信出版社，2007。

[35] 约翰•罗斯查得：《戴维斯王朝》，东方出版社，2005。

[36] 斯蒂芬•A. 加里斯洛夫斯基：《投资丛林》，中信出版社，2009。